国家社会科学基金一般项目：生态学视阈下体育教师教学知识（PE-PCK）的建构机制与提升路径研究（批准号：18BTY084）

不同成长阶段体育教师
学科教学知识研究

A Study on the PE-PCK for
Physical Education Teachers in Different
Growth Stages

袁广锋 著

社会科学文献出版社
SOCIAL SCIENCES ACADEMIC PRESS (CHINA)

目　录

第一章　研究阐释

第一节　引　言

　　"百年大计，教育为先""强国必先强教，强教必先强师"。党和国家历来重视教师队伍建设，习近平总书记指出，教师是教育发展的第一资源，是国家富强、民族振兴、人民幸福的重要基石，并强调要把教师队伍质量建设作为教育事业最重要的基础工作来抓。学校体育对于促进学生积极参与体育运动，养成健康生活方式和健全人格品质，提升国民素质，实现中华民族伟大复兴，推动社会文明进步有重要价值。[①] 学校体育要想在建设健康中国和体育强国中逐步发挥其应有的导向、教育以及治理等不同功能，就必须建设一支高素质专业化的体育教师队伍。学校体育工作和体育教师队伍建设一直备受党和国家的高度重视，国家层面密集出台《关于加强青少年体育增强青少年体质的意见》（2007）、《关于进一步加强学校体育工作的若干意见》（2012）、《关于强化学校体育促进学生身心健康全面发展的意见》（2016）、《关于深化体教融合促进青少年健康发展的意见》（2020）、《关于全面加强和改进新时代学校体育工作的意见》（2020）、《〈体育与健康〉教学改革指导纲要（试行）》（2021）等政策来加强学校体育工作和体育教师队伍建设，将学校体育和体育教师的重要性提到了前所未有的高度。体育教师是推

[①]　中华人民共和国教育部：《义务教育体育与健康课程标准》，北京师范大学出版社，2022，第 1 页。

动学校体育健康发展的中坚力量，建设符合新时代要求的高质量体育教师队伍是加强学校体育工作的关键一环。[①]

教师队伍建设的目的主要是提高教学质量，而教学从本质上看，就是教师将学科知识转化为学生可以理解的学科知识的一种活动，而教师所拥有的学科教学知识（Pedagogical Content Knowledge，PCK）正是实现这一转化的关键性知识。因此，PCK 成为教师专业知识的核心领域，教师专业发展的核心问题就是发展他们的 PCK。体育教师作为教师群体的重要组成部分，其专业发展过程中的教学知识（Physical Education-Pedagogical Content Knowledge，PE-PCK）也引起了关注。本书正是在此现实与理论背景下，从生态学的视角，分析国内外关于体育教师 PE-PCK 的研究动态，借鉴国外发达国家体育教师 PE-PCK 建构的经验，剖析我国不同成长阶段体育教师 PE-PCK 的现状特点及其建构的影响因素，系统阐释我国不同成长阶段体育教师 PE-PCK 的提升路径，为我国新一轮的体育教师分层分级培训提供科学建议，促进我国体育教师队伍质量的整体提升。

第二节　研究缘起

一　作为体育学科教学论课程教师的"我"在教学实践中的境遇

选择体育教师 PE-PCK 的建构与提升作为研究课题，不是一时兴起，也不是跟风趋同，而是基于笔者作为体育学科教育论课程教师长期在教师教育实践中的困惑。笔者本科是体育教育专业，硕士攻读体育教育训练学，自 2000 年硕士毕业起一直教授学校体育学、体育课程与教学论、体育课堂教学技能、体育教育专业教育实习等学科教学论课程。2003 年攻读博士学位，笔者的博士学位论文就是研究中学体育教师教学知识的来源与发展。教学过程中，笔者时常对学科课程的性质和专业价值产生困惑。首先，就是体育学科教学论课程是理论课程还是技术课程之争。在体育学科内部，体育学科教学

---

① 王琪、项鑫：《中小学体育教师学科教学知识对教学投入的影响机制：有调节的中介模型》，《北京体育大学学报》2022 年第 8 期。

论课程通常被归入体育人文社会学，在很多人看来，体育人文社会学都是理论课程。在这种学科分类下，学科教学课程也难逃"被理论化"的命运，所以一般分配理论教室上课，术科课程（指篮球、排球、足球、田径、体操、武术等以运动项目技术为主，以实践性为主要特征的课程）才有固定的室外上课场地。所以每当需要进行教学技能训练的时候，学科教学论教师只能自己到处找场地，哪里有空地就去哪里，实在找不到只好找一个空间大点的地方将就上课，多年来一直如此。笔者认为学科教学课程固然有理论性质，但归根结底应该是面向实践的课程，综合性和实践性强，需要长期系统训练。学生要综合运用已经学过的生理学、解剖学、保健学、教育学、心理学、篮球、排球、田径等学科知识，制定具有可操作性的教学目标，并选择适宜的教学内容、教学组织形式、方法与手段，进行合理的教学设计和科学的教学评价，围绕着运动技能的传授来展开，教学空间大，有的还需要特定的器械，需要实施控制的因素多。这些技能都带有"操控技术"性质，只不过这些技术和传统意义上的篮球、排球等技术不同，但其复杂性并不亚于这些传统技术。所以，从本质上来说，学科教学课程更应该是技能性课程，更需要专业的场地。学校现有的微格教室适合其他学科教学论的教学，对于体育来说，场地空间和器材设施明显不能满足体育教学技能训练的要求。其次，关于学科教学论课程的价值。从本质上来说，学科教学课程是理论与实践并存、实践性更突出的课程。但是在"运动技能中心论"的思想主导下，"掌握好运动技能就能教好体育课"的观念在体育界一直根深蒂固，受此思想的影响，学生也是普遍重视术科课程（各门运动技术课程），在很多学生看来，体育学科教学论课程就是理论课程外加一点儿模拟教学的"花架子"，考前两周集中突击一下就可以了。课余到各个运动场馆里活动的同学，绝大多数是在练习术科项目，或集体或个人，却很少见到主动学练教学技能的同学。只有在毕业应聘前夕才能看到同学训练教学技能，"临时抱佛脚"的现象比较普遍。尽管笔者对学科教学论课程教学的价值从不怀疑，但面对当前现实和各相关方的态度，时常有或无力或沮丧的感觉。"如何才能尽快扭转这种局面？什么样的理论和实践才能使人更信服学科教学的价值？我能否在其中做点小贡献？"这些问题时常萦绕心间。

二 作为体育教育实习指导教师的"我"对教育实习的反思

作为学科教学论教师，自2000年入职起笔者每年9月都会作为大四师范生教育实习指导教师，先带领他们在大学校内进行为期一个月左右的教育实习前的准备工作，主要训练内容为队列队形、口令、广播操、教案撰写、教学技能训练、关于中小学体育课堂教学管理等；然后再带他们到实习基地进行8~12周的教育实习，实习内容以体育课教学为主，辅以课间操、运动训练、班主任工作和班级管理等。20多年来，除了近几年实习时间增加4周、个别年份增加片段教学之外，基本上每年的内容都是这些。在教育实习中，笔者发现虽然经过4年的专业学习，基本上中小学常教的项目师范生在大学都学习过，但是很多师范生在实习中并不能有效地进行课堂教学，突出表现在以下几个方面：对运动项目的掌握不够，示范不正确，重难点把握不好，不知道如何设置渐进式教学任务解决学生的学习困难，单一的碎片化教学现象普遍存在；不了解学生，课前无法预判学生会出现什么样的错误，课中发现不了学生的错误或发现了也无法采用针对性措施解决学生的错误；教学形式单一，缺乏创新，教学单调枯燥，不知道如何调动学生的积极性，等等；教学反馈少，师生情感互动匮乏，教师成了发令员和纪律管理员；等等。我对一个学生L的教育实习经历记忆特别深刻。她2022年毕业于体育教育专业，篮球专项，代表学校参加过省运会、大学生运动会等篮球比赛，大学四年综合积分排名都是全年级第一（全年级149名学生），毕业时保送某大学专硕体育教学方向研究生。即便是这样一个优秀的毕业生，她在实习中的经历也非常有代表性："老师，这一节课我上原地单手肩上投篮技术，课前做了大量准备，教案设计也花费了好长时间，教学步骤也是一步一步循序渐进地进行设置的，怎么上课的效果完全和预想的不一样？学生都不听我的，我讲解他们不听，纠错他们也是听听就算了，也不按照我说的方法纠正错误动作，整个课堂乱哄哄的，学生都不配合我，老师，我该怎么办呀？"她这种就是典型的对学生缺乏深入了解导致教学内容和教学策略不符合学生的实际情况。我和她认真分析了她的教学对象的心理特征和技能基础："你教的班级是高一篮球选项男女混合班，有的同学篮球技能比较差，但相当多的学生已经有了很好的篮球基础（校队或班队成员），你还是像教小学生那样详细进行讲解示范，然后模拟练习，再到完整练习，最后集体纠错和总结，整节课都在练习单一的原地单手肩上投篮技术，这些练习对水平稍差的学生尚可，但对水平高的来说太简单了，所以他们都不想练。他们大多希望做些挑战性的练习或者打点儿比赛，这些小儿科的单一技术练习对他们来说太无聊了。所以你想上好课，就必须提前了解班级学生情况，特别要了解学生的运动技能基础和体能基础，把握好教材内容的前后联系，设置教学任务时既要考虑渐进性，也要有一定的挑战性，同时照顾学生的个别差异，这样学生才能认可你的教学方式。"

这些大学学习成绩相当优秀、运动技能水平较高的师范生在教育实习中遇到各种教学问题的案例不胜枚举，这至少说明了学习好、运动技能水平高的师范生的教学水平不一定也高，"运动技能好就能上好体育课"的老观念是该改变一下了。在职体育教师的情况应该也是一样的。每一门学科的教学都有自己内在的知识基础。对于具有以身体练习为主、有适当的运动负荷、教学主要在室外进行、需要借助特定的场地器材、教学组织特别复杂等特征的体育课来说，体育教师要想提高教学质量，更要有自己内在独特的专门面向教学的知识基础。不同成长阶段体育教师这种知识基础的现状如何？受哪些因素的影响？它是如何形成与发展的？

三　对不同成长阶段体育教师的课堂教学呈现效果的追问与反思

作为大学体育学科教学论课程教师，师范生无疑是笔者接触最多的，他们的专业成长让笔者有了充分证据证明"运动技能好就能教好体育课"的传统观念是不对的。同时，作为教育实习教师，笔者有足够多的机会进入处于成长不同阶段的体育教师的课堂教学现场。此外，笔者也经常担任各级别的体育教学技能大赛或体育优质课评比之类活动的评委，有机会观察各地推选上来的参赛体育教师的课堂教学呈现特征。笔者发现，大多数新手体育教师在课堂教学方面有一些共性问题，如不知道如何管理学生，不知道如何确定重难点，不知道如何选择教学策略，等等，但是有少数新手教师在这方面做得非常好，他们的专业成长也非常快，有的才工作几年就获得了多项教学大奖，他们是怎样做到的呢？获得各种荣誉称号的优秀体育教师，两极分化较为严重，一部分教师的课堂教学效果特别好，也有部分教师上课质量平平，甚至还不如新手教师。熟手教师和经验教师的教学也表现出同样的情形。那么，什么样的知识能够让体育教师更高效地进行体育教学呢？如何能够让更多的新手体育教师更快成长为高效的体育教师？优秀体育教师的教学智慧是怎样形成的？如何让优秀体育教师的教学智慧成为促进所有体育教师成长的教学宝藏？

自 2000 年担任体育学科教学论课程教师以来，上述这些问题一直指引着笔者不断探索体育学科有效教学的秘密，在 2003 年攻读博士学位时，笔者有幸发现了国际教师知识研究的热点——PE-PCK 研究，它就像黑暗中的一盏灯，笔者感觉到似乎有了解决问题的思路，所以笔者的博士学位论文就是研究中小学体育教师 PE-PCK 结构、特征与来源，但对于不同成长阶段体育教师的 PE-PCK 课堂呈现特征、建构过程中的影响因素和提升路径等一直到近几年才逐渐进入笔者的研究视野。

第三节　研究背景

一　学界成果：PE-PCK 成为体育教师专业发展的核心

美国斯坦福大学教授舒尔曼（Lee S. Shulman）在研究美国教师资格认证形式及教师行业标准的过程中发现，1985 年的测验是用纸笔测试的形式测查学科知识，测试内容也只停留在事实性知识的记忆上，教学知识的测查则是课程设计和评价、识别学生的个性差异、班级管理与教育政策等内容，基本上这部分内容与"学科"无任何关联。舒尔曼认为教师知识本来应该是一体化的，却被人为地分割成两个相互分离的部分，即学科知识和教学知识，导致学科方面的内容完全没有在教学知识中出现，他将这个现象称为"缺失的范式"（Missing Paradigm）。[①] 1985 年舒尔曼在美国教育研究协会年会的主席就职演讲中，针对"缺失的范式"提出了"学科教学知识"

---

① L. S. Shulman. Those who understand knowledge growth in teaching. *Education Researcher*, 1986, 15（2），pp. 4-14.

（PCK）的概念。[①] 1986 年舒尔曼认为，教师需要一种在真实教学情境中使用的、有别于纯粹的学科知识和一般教学知识的知识，即 PCK。PCK 概念的提出引起了美国教育界的广泛关注与认可，众多研究者对教师 PCK 的概念、内涵、结构、测量与评价及发展进行了多角度的探讨，学者们普遍认为教师 PCK 是教师开展教育教学活动的关键性前提，影响教师教学内容和教学行为的选择，对学生的学习兴趣以及教学质量有较为深远的影响。学界对 PCK 的研究大致经历了三个阶段，第一阶段以 20 世纪 80 年代教师知识的专业化转向为特征，第二阶段以 20 世纪 90 年代 PCK 的动态提升为特征，第三阶段以 20 世纪末至今的多元化、学科化研究为特征。[②] 2008 年，桑德拉·埃布尔（Sandra K. Abell）在其评论中说道："虽然 20 多年过去了，但 PCK 仍然是一个富有意义的概念。"尽管关于 PCK 的理解尚有一些分歧，但无一例外的，学者们均认为 PCK 是教师专业知识的核心领域，教师专业发展的核心问题就是发展他们的 PCK。[③]

舒尔曼提出 PCK 概念以后，PCK 受到教育领域学者的广泛关注，对其讨论与研究不断展开。经过 30 多年的深入研究，PCK 开始向具体的学科渗透，逐渐形成了具有具体学科特性的 PCK 研究理论与实践。随着学者对 PCK 的研究逐渐向某一学科发展，体育学者也开始研究体育教师 PE-PCK 的发展对其教学行为的影响。学者认为 PE-PCK 培养可以帮助体育教师进行高质量教学。由于 PCK 强调了学科知识与教学情境之间的联系，而体育教学主要在户外教学环境中开展，面临的环境更为复杂，教学组织更为多变，因此体育教师更加需要这种类型的知识。在体育教学领域中，PE-PCK 影响体育教师的教学行为，教学行为又决定教学效果，进而影响体育教师的专业发展。因此体育教师只有构建丰富的 PE-PCK，才能在一个特定的教学情境中，以自身的理解为基础，将某个练习内容以最简单、最容易让学生理解和

[①] L. S. Shulman. Knowledge and teaching: foundations of the new reform. *Harvard Educational Review*, 1987, 57 (1), pp. 1-22.

[②] 唐泽静、陈旭远：《"学科教学知识"研究的发展及其对职前教师教育的启示》，《外国教育研究》2010 年第 10 期。

[③] 范良火：《教师教学知识发展研究》，华东师范大学出版社，2013。

掌握的形式传授给学生，根据学生不同的水平和能力采用最适合的方法，把练习内容呈现给学生，促进学生更好地掌握体育与健康知识、技能和方法，使体育教学效果达到更佳。所以体育教师的 PE-PCK 同样决定着体育课程教学质量，从而成为体育教师专业发展的核心。①

二 课改需求："核心素养本位"的体育课程改革期盼提升体育教师的 PE-PCK

进入 21 世纪以来，信息通信技术的迅猛发展和广泛应用意味着人类从工业化时代进入了信息化时代，人类的很多工作将由机器代替，对操作性技术工人的需求大量减少，需要复杂思考能力和有一定创新能力的人才需求不断增加，这给传统学校教育人才培养模式带来巨大冲击。② 一直以来学校的职能主要被定位为传授学科知识，但是在信息时代，学生在教育的过程中不仅需要掌握知识与技能，更要具备运用知识与技能去解决复杂问题的能力，这需要教育理念发生根本性变革：从培养掌握知识与技能的人向培养具备核心素养的人的转变。因为知识不能直接转化为素养，简单地记忆、理解和掌握是不够的，只有通过教学活动情境化的设计使个体将知识内化、转化、升华才有可能达成核心素养的培育。③ 基于此，美国、英国、加拿大、澳大利亚等国家纷纷提出了本国的核心素养体系，并将其融入本国的课程改革体系，进行了一系列的教学实践，世界教育进入了被称为"素养本位"的教育改革新时代。我国教育部 2012 年颁布的各学科的国家级课程标准要求建立培养学生核心素养的知识与技能体系。2014 年教育部颁布《关于全面深化课程改革落实立德树人根本任务的意见》，提出"教育部将组织研究建立各阶段学生发展核心素养体系，明确学生应具备的终身发展和社会发展所需要的必备品格和关键能力"，首次以官方文件的形式将"课程改革"、"核心素养"与"学科教学"联系起来。

我国体育与健康课程改革已经走过了 20 多年的历程，特别是 2011 年

---

① 张晓玲：《中小学体育教师 PCK 研究》，上海体育学院博士学位论文，2018，第 3~5 页。
② 尹志华：《体育学科核心素养的解构与阐释》，华东师范大学出版社，2021。
③ 尹志华：《体育学科核心素养的解构与阐释》，华东师范大学出版社，2021。

后，将培养学生的体育学科核心素养作为体育课程教学质量关注的出发点和落脚点，将党的"立德树人"教育方针具体化为通过体育课程培养学生的运动能力、健康行为和体育品德三个方面的核心素养。经过多年努力，课程改革无论是在课程理论还是在教学实践方面，特别是在教师的教学行为和学生的学习行为方面，都产生了积极影响。但许多顽疾仍然困扰着学校体育，如学生的体质健康水平依然令人担忧，大多数学生上了 12 年体育课并未掌握一项运动专长，学生不喜欢体育课进而不喜欢体育锻炼等。① 这些问题自然受到学校、家庭、社会、文化等多种因素影响，但体育教师也难辞其咎，不少体育教师的教育观念尚未切实转变，如单一技术的碎片化教学、教学方式单调乏味、体育课堂氛围沉闷、教学过程中忽视品德教育等。② 在"运动技能中心论"的思想主导下，"掌握好运动技能就能教好学"的观念一直根深蒂固。受此影响，很多体育教师自师范生起就在"重技术轻教学"的氛围下成长，入职后教学技能掌握有限。而且运动项目众多，但体育教师擅长的往往只有 1~2 个，这些都影响了教师对教学内容的理解和掌握，加上我国的体育课大多是大班上课，学生较多，所以教师对学生的了解也有限，课堂中采用的教学方法针对性不强，很多时候成了发令员，与学生的交流和互动较少。这种教学长期下来，学生很难享受到体育运动特有的快乐，从而导致学生远离体育锻炼。那么如何提高体育教师课堂教学的质量呢？PCK 相关的理论研究和实践探索为解决这些顽疾提供了新的思路。美国国家体育科学院院士、俄亥俄州立大学教授沃德（Phillip Ward）认为，"在体育教学中，体育教师迫切需要知道如何展示运动技术，如何教这项运动或技术，如何结合学生的特点让其更快地掌握并且熟练运用"。在体育教育学中有很多东西并不是概念认知层面的，而是实践操作层面的，体育教师处于这种实践且自由开放的环境中，所以我们就必须用社会生态学的视野去予以研究。因此，行为分析需要在某种特定的自然条件下才能正常开展，分析过程和结果才能够使

---

① 季浏：《使命与光荣：我国基础教育阶段体育与健康课程改革 20 年回顾》，《首都体育学院学报》2021 年第 6 期。

② 季浏：《为核心素养而教——〈义务教育体育与健康课程标准（2022 年版）〉简析》，《中国学校体育》2022 年第 6 期。

其更容易被理解。① 体育教师如何展示运动技术，如何教这项运动或技术，如何结合学生的特点让其更快地掌握并且熟练运用这些问题都是体育教师 PE-PCK 研究重点关注的内容；体育教学行为更多是师生实践操作层面的，必须要用社会生态学的视野解读体育教师的教学行为提示我们要用生态学的视角去分析体育教师的教学行为。这也从侧面证明了本研究从生态学视野探讨体育教师 PE-PCK 建构机制与提升路径的重要性和必要性。

第四节　研究目的和意义

一　研究目的

本书首先梳理国内外教师 PCK 和体育教师 PE-PCK 研究的现状，归纳总结体育教师 PE-PCK 的内涵、结构与特点；其次应用张晓玲的《体育教师学科教学知识（PE-PCK）调查问卷》分析不同成长阶段体育教师的"宣称 PE-PCK"现状与特点；再次，通过笔者自编《体育教师学科教学知识（PE-PCK）课堂观察分析量表》分析不同成长阶段体育教师"使用 PE-PCK"的课堂呈现特点；最后通过问卷调查和访谈总结分析体育教师 PE-PCK 的建构过程中的影响因素。通过以上系列研究，本书希望能够让各方了解当代中国不同阶段体育教师 PE-PCK 建构面临的状况、问题，反思其中的得与失，纠正不同成长阶段体育教师 PE-PCK 发展过程中的实践偏差，助力有关部门更快找到一条适合当代中国国情的不同成长阶段体育教师 PE-PCK 提升的新路径，具有积极的实践价值。

二　研究意义

（一）理论意义

1. 进一步丰富了体育教师 PE-PCK 的相关理论

自 20 世纪 80 年代 PCK 概念被提出以来，引起众多学者的强烈关注和高

---

① 尹志华、刘皓晖、闫铭卓等：《有效教学的知识基础：体育教师应掌握什么样的知识？——美国国家体育科学院院士 Phillip Ward 教授学术访谈录》，《体育与科学》2023 年第 3 期。

度认可，目前 PCK 研究主题已由最初的概念、内涵、结构、重要性等理论研究延伸到各个具体的学科内部开展实践研究，如科学、数学、物理、化学、英语、体育等。国外学者较早开展体育教师 PE-PCK 的研究，在时间线上几乎与其他学科同步，国内学者关于体育教师 PE-PCK 研究晚于其他学科。目前体育领域仅有袁广锋、张晓玲、张磊、柴娇等对 PE-PCK 概念、内涵、结构、测量进行了研究，但当前研究多是围绕体育教师 PE-PCK 的某个局部环节展开，缺乏系统的观点整体分析体育教师 PE-PCK 是如何发展与建构的。基于课堂观察的不同成长阶段体育教师 PE-PCK 课堂呈现效果如何，基于实践研究的提升体育教师 PE-PCK 具体实施措施如何，还鲜少见到有研究涉及。因此，本研究能够对体育教师 PE-PCK 理论做些补充工作，对于开阔体育教师 PE-PCK 研究视野、丰富其理论体系有重要意义。

2. 为体育教师 PE-PCK 课堂呈现效果提供了测评框架与方法

在 PCK 研究中，关于它的测量和评价研究一直是各国学者关注的焦点。由于 PCK 具有缄默性、情境性和复杂性等特征，其深藏于教师的头脑中，外显于教师的课堂教学行为中，有时连教师自己都很难解释自己的某些行为和想法。因此研制 PCK 测评工具是一项非常具有挑战性的工作。但是，只有了解 PCK 的现状如何，才能有针对性地采取进一步的措施，否则如何提高、如何建构等都是空谈。因此自 PCK 概念提出以来，国内外学者对它的测评研究一直没有中断过，学者研制了许多经济、有效、广泛运用的 PCK 测评工具，如纸笔测试、情境测评、PCK 图谱、内容表征模型和量规测评等。这些研究给我们的启示是：没有一种方法是万能的，多种方法测评是提高教师 PCK 测评准确性的重要保证。目前，我国学者关于体育教师 PE-PCK 测量工具的研究大多还停留在问卷测查层面，少数学者进行了课堂呈现的质性分析，关于课堂呈现的量化分析很少有研究涉及。本研究通过文献探讨确定了体育教师 PE-PCK 课堂观察测评框架，并据此研制了体育教师 PE-PCK 课堂呈现测查指标和评价标准，通过多次的访谈调查和课堂实测研制了《体育教师学科教学知识（PE-PCK）课堂观察分析量表》，并运用该量表对中小学体育教师 PE-PCK 的课堂呈现进行测评。这种测评方法的运用为研究者测评体育教师 PE-PCK 提供了新的思路和方法。

（二）实践意义

1. 为不同成长阶段体育教师的职前培养和在职进修课程内容优化提供参考

教师的发展是一个具有阶段性的螺旋式上升的过程，不同年龄段的教师具有不同的特点和发展需求。因此，国内外的许多研究者立足于教师的成长过程，如国外学者富勒（Fullera）、卡塔（Kata）、斯泰菲（Steffy），我国学者白益民基于个人理解提出各具特色的教师专业发展阶段理论。当前，我国在体育教师培训上投入很大，但并没有达到预期的成效，其中的原因无疑是多方面的。固然有少部分教师惰性较强、悟性不高、觉醒程度不够等问题，但不可否认，无论处于什么发展阶段的教师，教师教育机构进行培训时基本都是"一刀切""齐步走"：同样的讲座、同样的课程内容、同样的要求。这样的培训不可避免地存在针对性不强，对教师的特点和基础把握不准，对教师的专业需求界定不清，对发展的方向、目标和途径界定不准的问题。因此，要想根本改变目前教师培训模式，需要对不同发展阶段的教师专业的发展现状、发展需要和发展途径进行详细调研，正确评估教师的专业发展水平，进而进行准确分层。本研究将体育教师分为新手教师（执教 1~5 年）、熟手教师（6~10 年）、经验教师（10 年以上，中级职称）、优秀教师（10 年以上，高级职称）四个成长阶段，采用张晓玲编制的《体育教师学科教学知识（PE-PCK）调查问卷》、笔者自编的《体育教师学科教学知识（PE-PCK）课堂观察分析量表》分别测评了四个成长阶段的体育教师，分析了每个阶段体育教师 PE-PCK 的建构现状及特点、其 PE-PCK 的优势与不足，可为不同阶段体育教师在职培训和职前教师课程设置优化提供新的思路。

2. 助力提升中小学体育与健康课程的教学质量

《义务教育与体育健康课程标准（2022 年版）》明确指出，课堂教学要落实"教会、勤练、常赛"一体化的要求，采用多样化的教学方式与手段，引导学生在对抗练习、体育展示或比赛等真实、复杂的运动场景中获得丰富的运动体验和认知，坚持课内外有机结合，切实提高学生技战术水平和体能水平，同时培养学生良好的体育精神、体育道德、体育品格，唯有如此，才能落实"立德树人"根本任务和"健康第一"教育理念，才能有助于学生三个方面核心素养的形成，才能从根本上解决当前学校体育的三大顽疾：学生体质水平低、学生的运动技能水平差、学生的运动兴趣低。这要求教师的教学从过分关注传授知识与技能真正转向培养学生的核心素养，意味着绝大多数体育教师要打破早已习惯的"讲解示范—模拟练习—分解练习—完整练习"四步骤传统教学过程，转向新的"学练赛"教学理念指导下的教学过程，也意味着教师必须走出原有的"职业舒适圈"进入新一轮的专业发展过程。PE-PCK是体育教师专业发展的核心知识领域，因此，教师进行新一轮的专业发展过程实际上也是教师建构自身新的PE-PCK的过程。本研究基于生态学视野，从PE-PCK是教师专业发展的核心出发，运用多种方法分析当前体育教师PE-PCK的现状、建构过程、影响因素和提升路径，以及自身教学的优势与不足，在建构过程中会有什么样的顾虑、什么样的困难，将为相关部门制定决策提供参考。

第二章　文献综述

本章首先从哲学、经济学、心理学、教育学等视角对知识做简要探讨，其次梳理目前主流的知识观，同时明确本研究所采用的知识观，最后主要梳理三个方面的研究：一是教师知识的内涵与分类，二是教师 PCK 的内涵、结构、建构过程与提升策略研究，三是体育教师 PE-PCK 的内涵、结构、建构过程与提升策略的研究；基于以上三个方面的综述分析，提出未来的研究方向和本书的研究内容。

第一节　知识的性质及分类

在回答"体育教师 PE-PCK 的内涵与结构"之前，先要对"知识"的概念与性质的演变做一简单回顾，这样不仅可以为本研究提供一个更广阔的认识论背景，而且对理解体育教师 PE-PCK 的概念也有帮助。PCK 研究出现如此之多的学说，主要是因为研究者在一定程度上忽略了将认识论上已经相当成熟的有关"知识"的研究成果引入 PCK 的研究中。另外，如果不能回答"什么是知识"，也就不能回答"什么是教师 PCK"，也就无法确定将要展开的体育教师 PE-PCK 发展的理论框架。因此，对"知识"的分析是开展本研究的基础。

一　知识的多角度定义

知识一词，在日常生活中的使用频率较高，人们谈论各种各样的知识，学习各种各样的知识，教授各种各样的知识，但对于"什么是知识"这一问题一直是仁者见仁，智者见智，充满激烈的争论。

（一）哲学视野中的知识

知识论的研究在西方哲学史上一直占有十分重要的地位，在现代西方科学哲学中更占有核心地位，甚至可以把西方哲学发展的历史看成不断追问知识的历史。在哲学史上，哲学家对于"什么是知识"有各种各样的说法。虽然历来哲学家都同意，知识的来源是学习，但是对知识是如何学习到的、知识的性质以及知识的可靠性等问题，一直众说纷纭，争论不休，主要有以下几种。

知识即真理：以柏拉图、笛卡尔、斯宾诺莎、莱布尼茨以及康德为代表的理性主义哲学家强调知识构成中的逻辑成分及知识形成中的理性作用，"知识是证明了的真的信念"。

知识即经验：以培根、洛克、贝克莱、休谟为代表的经验主义哲学家认为，知识是对外部世界各种联系的反映，所有的知识都来源于感觉经验。

知识即实用：以杜威为代表的实用主义哲学家将知识看成一种行动的"工具"，效用是检验知识的唯一标准，也是衡量真理的尺度。另外，知识不是固定不变的，而是暂时性的，是在实践中不断发展和完善的。

知识即人的主观建构：以福柯、德里达、利奥塔等为代表的主张后现代知识观的哲学家认为知识内在于人的主观创造，是建基于客观性上的主观建构，是一个动态的、开放的生态系统。

可见，不同的时代背景下，人们会有不同的知识概念。到目前为止，哲学中对于"什么是知识"，并无一个唯一公认的定义。

（二）经济学视野中的知识

由于知识在经济增长中的重要作用，很多经济学家都将知识作为经济管理中一个重要的因素来论述。

最早明确表达知识在经济中的重要性的是新古典经济学家马歇尔，他认为"知识是最有效的生产手段"，每个公司都具有同样确定的知识。

同新古典经济学家相反，哈耶克和熊彼特（尤其是哈耶克）强调每个经济主体所拥有的独特知识，而不是由各经济主体共享的知识。①

1961年，美国学者斯蒂格勒把知识定义为经过加工的信息，认为知识是信息的一部分。世界银行每年出版一册《世界发展报告》，每年的报告都有一个主题，1998年的报告以"知识和发展"为主题，这个报告将知识定义为用以生产的信息（有价值的信息）。②

1996年，OECD在题为《以知识为基础的经济》的报告里，把对经济有着重要作用的知识分为四类并加以说明。

（1）Know-What，即关于事实的知识，这类知识与通常所说的信息概念比较接近，可以计量，许多领域的专家需要掌握这类知识以完成他们的工作。

（2）Know-Why，即关于科学原理以及自然规律的知识，这类知识是许多产业里技术进步和产品及工艺发展的基础。

（3）Know-How，即做事的技巧和能力，技能往往是单个的企业所拥有的，由其自身发起的并仅限于其自身范围而不向外传播的知识，往往是一些秘诀或技巧。

（4）Know-Who，即拥有知识的人，包括谁知道什么和谁知道如何做什么的信息和特殊社会关系的形成。

国务院科技领导小组办公室于1998年在《关于知识经济与国家知识基础设施》的研究报告中对"知识"做了如下定义：知识是"经过人的思维整理过的信息、数据、形象、意象、价值标准以及社会其他符号化产物，不仅包括科学技术知识——知识中最重要的部分，还包括人文社会科学知识，商业活动、日常生活和工作中的经验和知识，人人获取、运用和创造知识的知识，以及面临问题做出判断和提出解决方法的知识"。③

（三）心理学视野中的知识

知识本身虽然不是心理学的研究对象，但是，有关知识的传递、巩固、理解、领会、应用、掌握等仍然是其重要内容。现代心理学将心理活动分为

---

① 李顺才：《基于知识经济的知识存量与流量的测度研究》，华中科技大学博士学位论文，2002。

② 刘国武：《时间序列知识资本蚀耗价值研究》，华中科技大学博士学位论文，2002。

③ 转引自尤玉平《知识贸易机理研究》，华南农业大学博士学位论文，2002。

三类：认知活动、情绪活动和意志活动。[①] 在现代心理学视野中，知识的问题主要是认知的问题。代表人物是皮亚杰，他的建构主义知识观认为，知识的本质是解释和假设，知识建构具有一定的情境性，是个体积极主动的学习过程，是个体通过新旧知识经验之间的相互作用而完成的。[②] 建构主义知识论试图在经验主义与理性主义之间寻求平衡。心理学家研究"知识"的主要目的就是如何通过概念、命题、产生式、元认知等的改善，提高人经由知识的学习改善内部认知结构和解决实际问题的能力，并综合发展认知能力以提高人的智力水平，实现人与环境的良好适应。

（四）教育学视野中的知识

众所周知，知识与教育二者关系密切。一方面，教育是知识筛选、传播、分配、积累和发展的重要途径；另一方面，知识又是教育的重要内容和载体，所有教育目标的实现离不开知识教育。根据《教育大辞典》中对知识的定义，知识"是对事物属性与联系的认识，表现为对事物的知觉、表象、概念、法则等心理形式。可通过书籍和其他人造物独立于个体之外"。《中国大百科全书·教育卷》中对知识的定义是"所谓知识，就它反映的内容而言，是客观世界在人们头脑中的主观印象。就它反映的活动形式而言，有时表现为主体对事物的感性知觉或表象，属于感性认识；有时表现为关于事物的概论或规律，属于理性认识"。[③]

可见，对"什么是知识"，不同学科的解释不尽一致，即使在同一学科中看法也不尽相同。如果不了解知识观的演变过程，是无法对如此之多的"知识"概念做出判断的，下面就从知识观的演变过程分析知识的本质。

二　知识观的演变

知识观是指关于知识的本质、起源、种类、范围、获得等问题的观点的

---

① 李贵希、刘花雨：《建构主义知识观及其对我国学前教育评价的启示》，《教育理论与实践》2009 年第 30 期。

② 转引自李贵希、刘花雨《建构主义知识观及其对我国学前教育评价的启示》，《教育理论与实践》2009 年第 30 期。

③ 转引自靖国平《教育的智慧性格——兼论当代知识教育的变革》，华中师范大学博士学位论文，2002。

总和。知识观的历史源远流长，内容浩如烟海，流派纷呈多样。在今天，人们对知识的看法与过去相比已有了很大变化。下面介绍对我国基础教育影响较大的三种知识观。

（一）客观主义知识观

客观主义知识观历史悠久，其源头可追溯至古希腊时代。许多伟大的思想家持此观点，其中三种观点影响较大。

1. 理性主义知识观

柏拉图认为知识是人类理性认识的结果，知识就是真理，是人们对于事物本质的反映和表述，不同于人类感性认识所产生的"意见"。所有的感觉经验都不能构成真正的知识。柏拉图的这种观点在西方哲学史上为一些哲学家所赞同，如笛卡尔、斯宾诺莎、莱布尼茨以及康德等也都强调知识构成中的逻辑成分及知识形成中的理性作用。"知识是证明了的真的信念"这一解释在 19 世纪以前的西方哲学家中特别盛行。① 可见，知识得以成为知识必须满足"真理""相信""证明"这样三个基本条件。柏拉图关于知识的三条件说，构成了西方哲学史上关于知识的第一个定义。②

2. 经验主义知识观

与理性主义知识观相对的是经验主义知识观。从总体上说，经验主义知识观反对任何先验的观点和范畴，认为人类所有的知识都来自感觉经验，都是对外部世界各种联系的反映。培根和洛克是经验主义知识观的代表。③ 培根顺应时代要求，讴歌科学文明，深刻地阐述了科学知识在人类生活中的巨大作用。他还以唯物主义的观点解释了知识的客观基础。在他看来，知识就是存在的反映，人的一切认识都必须从感官的知觉开始。认识自然，解释自然，必须接触自然。离开自然，人们就一无所获。感觉经验是人类认识的基础，知识是感觉经验的产物。只有遵循自然，清除假象，才能获得真正的知

---

① 王庆节：《知识与怀疑——当代英美哲学关于知识本性的讨论探析》，《中国社会科学》2002 年第 4 期。

② 王庆节：《知识与怀疑——当代英美哲学关于知识本性的讨论探析》，《中国社会科学》2002 年第 4 期。

③ 季诚钧：《从知识观的演变看高等学校教学过程》，《中国大学教学》2002 年第 3 期。

识。真正的知识就是对外界事物真实的反映。洛克更鲜明地提出，人的心灵如同一张白纸，没有任何先验的观念。所有的观念都是通过感觉得来的，感觉是人们获得知识的唯一途径。知识就是对两个观念之间"一致性""相似性""因果性"的认识。人类认识的道路是从个别现象的感知经由归纳的途径逐渐获得对一般原理的认识。①

显然，经验主义和理性主义在知识概念以及相关问题上有许多不同之处，甚至是截然相反的。但是它们之间也有许多共同之处：一是知识的绝对性。它们都将"知识"概念与"真正的知识"或"真理"联系在一起，与"谬误""偏见""假象"等区分开来，区别主要是如何"去发现"。二是非历史的认识论倾向。认识主体一旦获得了知识，那么这种知识就是一种终极的、不需要再怀疑的知识，知识本身被看成是非历史的产品。②

3. 实证主义知识观

19 世纪末 20 世纪初的实用主义哲学观对知识概念提出了截然不同的观点。学者提出了一种新的知识概念，这种知识概念不再将知识与主体的理性联系在一起（理性主义），也不再将知识与客体的属性联系在一起（经验主义），而是将知识看成一种行动的工具。一是知识本身不是目的而是手段。更确切地说，知识是人类在应对环境时使用的有效工具。杜威认为，知识教育的本质不在于传输凝固的知识，而在于对知识的改造。这是一种典型的工具主义知识观。二是知识具有前瞻性，即知识本身是过去的，但其唯一的价值是未来的。也就是说，知识不仅对过去事情起作用，对仍在进行的事情起作用，还对未解决的事情起作用。三是知识具有实用性，即知识不是无用的奢侈品，知识的价值就在于它的实用性。一方面，知识在应用时受到实践的检验，那些能帮助我们主动地改造一定的环境，排除某种特殊困难和苦恼的知识，就被证明是可靠的、有效的、好的、真的；相反，那些不能消除困难的知识则是无效的、假的。因此，效用是检验知识的唯一标准，也是衡量真理的尺度。另一方面，知识不是永远固定不变的，而是暂时性的，是在实践

---

① 季诚钧：《从知识观的演变看高等学校教学过程》，《中国大学教学》2002 年第 3 期。

② 季诚钧：《从知识观的演变看高等学校教学过程》，《中国大学教学》2002 年第 3 期。

中不断发展和完善的。[①]

以上三种观点尽管侧重点不同，但本质上有许多相同之处，均属于客观主义知识观的范畴。

（二）建构主义知识观

心理学家也对知识进行了界定，特别是 20 世纪以来，瑞士心理学家皮亚杰、苏联心理学家维果茨基、美国认知心理学家布鲁纳等，虽然对知识提出不同的看法，但均认为一切的知识都是学习者在作用于多样的现象并从其自身的经验中引出某种意义之际，由每一个学习者主动建构的。建构主义在当代形成了多个各具特色的流派，有个人建构主义、社会建构主义、激进建构主义、批判性建构主义等，教育领域影响较大的是个人建构主义和社会建构主义。

1. 个人建构主义知识观

瑞士著名哲学家、心理学家皮亚杰是个人建构主义的突出代表，其建构理论的核心是提出了发生认识论。发生认识论认为，世界是客观存在的，但是对于世界的理解和意义赋予却是由每个人自己决定的。发生认识论认为，知识不是外界客体的简单摹本，也不是主体内部预先形成的结构的展开，而是由主体与外部世界不断相互作用而逐步建构的结果；认识是一种主动积极和不断的建构活动，发展不是由内部成熟或外部教学支配的，而是一个积极的建构过程，儿童要通过自己的活动，一再建构形成他的智力的基本要领和思维形式。[②]

2. 社会建构主义知识观

作为当今建构主义思潮中一个重要范型的社会建构主义主要是以维果茨基的理论为基础的。维果茨基强调了社会历史文化对个体心理发展的影响，因此其理论也被视为社会建构主义等理论流派的重要思想来源。他特别强调活动和社会交往在人的高级心理机能发展中的突出作用。他提出人的心理发展的两条规律：其一，人所特有的被中介的心理机能不是从内部自发产生

[①] 季诚钧：《从知识观的演变看高等学校教学过程》，《中国大学教学》2002 年第 3 期。

[②] 季诚钧：《从知识观的演变看高等学校教学过程》，《中国大学教学》2002 年第 3 期。

的，它们只能产生于人们的协同活动和人与人的交往之中；其二，人所特有的新的心理过程结构最初必须在人的外部活动中形成，随后才可能转移至内部，成为人的内部心理过程的结构。这种外部心理过程向内部心理过程的转化，实质上就是"内化"过程。他认为，人的活动是实现主观与客观之间相互作用的桥梁。

自20世纪末以来，建构主义对教学、学习以及学校课程的影响与日俱增。尽管建构主义流派众多，对"如何建构"存在分歧，但是，大多数建构主义理论对学习有三点共识。

第一，学习者建构自己的理解。知识是认识主体与认识对象之间、认识者新旧经验之间的相互作用及其过程和结果，是个体基于一定的文化环境，在原有知识、经验的基础上，建构当前事物的意义的过程。

第二，新的学习获得依靠现有的理解。最近发展区概念是维果茨基在1931~1932年将总的发生学规律应用于儿童的学习与发展问题时提出来的。维果茨基将最近发展区定义为"实际的发展水平与潜在的发展水平之间的差距。前者由儿童独立解决问题的能力而定，后者则是指在成人的指导下或是与能力较强的同伴合作时，儿童能够解决问题的能力"。维果茨基将学生解决问题的能力分成了三种类别：学生能独立进行的、即使借助帮助也不能表现出来的、处于这两个极端之间的借助他人帮助可以表现出来的。维果茨基明确指出了教学与发展之间的关系，教学促进发展，教学应该走在发展的前面。

第三，社会性的互动可以促进学习。由于学习是在一定的情境即社会文化背景下，借助其他人的帮助即通过人际的协作活动而实现的意义建构过程，因此建构主义学习理论认为"情境""协作""会话""意义建构"是学习环境中的四大要素或四大属性。"情境"指学习环境中的情境必须有利于学生对所学内容的意义建构。教学设计不仅要考虑教学目标分析，还要考虑有利于学生建构意义的情境的创设问题，并把情境创设看作教学设计的最重要内容之一。"协作"发生在学习过程的始终。协作对学习资料的搜集与分析、假设的提出与验证、学习成果的评价直至意义的最终建构均有重要作用。"会话"是协作过程中的不可缺少环节。学习小组成员之间必须通过会话商讨如何完成规定的学习任务。在此过程中，每个学习者的思维成果（智慧）为整个学习群体所共享，因此会话是达到意义建构的重要手段之一。"意义建构"是整个学习过程的最终目标。所要建构的意义是指事物的性质、规律以及事物之间的内在联系。在学习过程中帮助学生建构意义就是要帮助学生对当前学习内容所反映的事物的性质、规律以及该事物与其他事物之间的内在联系达到较深刻的理解。

（三）后现代主义知识观

20 世纪 60 年代以来，西方出现具有反西方近现代体系哲学倾向的思潮，这种思潮后来发展成为当代西方深具影响力的一种文化思潮——后现代主义。总体来看，"后现代主义"（postmodernism）是一个相当模糊的概念。其内涵和外延在西方哲学界甚至在被公认的主要后现代哲学家中也并没有一致的看法。国内研究后现代哲学思潮的著名学者王治河先生认为，后现代哲学所讲的"后现代"（postmodern）主要不是指"时代化"意义上的一个历史时期，而是指一种思维方式。这一后现代思维方式是以强调否定性、非中心化、破碎性、反正统性、不确定性、非连续性以及多元性为特征。① 近年来，随着思想界对主导于工业社会的科学理性主义的反思，西方一些学者对承袭科学主义和实证主义传统的知识观提出了尖锐的批评，有人把它称为后现代主义知识观。以福柯、德里达、利奥塔等为代表的后现代思想家，对现代知识性质的认识发生了深刻的变化，引发了对现代知识性质的质疑和解构。后现代主义知识观从根本上要求对知识有一种批判性质疑的态度。人与知识相遇，不再表现为被动认同，盲目接受，而最重要的是要有对知识的判断力、鉴别力和批判性质疑能力。后现代主义知识观对多元真理论的强调，对单一视角的批判，对"对话"的推崇，对"差异"的认同，对"本体论的平等"的信仰以及对"唯一正确的解释"和"独一无二的真理"的拒斥等都提醒我们对待知识须有批判的理性态度。可以说，后现代知识性质的建构是直接立足于对现代知识性质的批判和解构的基础之上的，就其批判和解构的目的

---

① 张永祥：《知识观视野下的我国当前基础教育改革研究》，西北师范大学博士学位论文，2010，第 114 页。

而言，既包括对现代知识性质的否定，也包括对后现代知识性质的新阐述，这不仅有利于人类更好地理解知识世界和知识生活，而且促使了人类更好地、更理性地进行知识生产和知识消费。①

目前，人类正处于由客观主义知识观向后现代主义知识观转变的过程中，这种转变主要体现在以下四个方面。

第一，从客观性到文化性。后现代思想家认为，现代知识所宣称的知识的客观性是不可能实现的，它所需要的那些条件是不能成立的；知识的性质不可避免地受到其所在的文化冲突和文化模式的制约，与一定的文化体系中的价值观念、生活方式、语言符号乃至人生信仰都不可分割，因而就其本性而言，它是"文化的"而非"客观的"。现代知识的"客观性"信念依赖于独立于认识主体之外的客观事物或实体的存在的假设。因此，后现代思想家对现代知识"客观性"的批判，首先集中在对作为认识对象的客观事物或实体假设的批评。他们认为，认识对象无论是作为一种事物、一种关系还是一个问题，都不是"独立的""自主的""自在的"，它与认识者的兴趣、利益、知识程度、价值观念、生活环境等都有着密切的关系。不是认识的对象"激发"了认识主体的认识兴趣，产生了认识主体的认识行为，恰恰相反，是认识主体的认识兴趣"选择"了认识对象，使认识的对象从无知的、安静的、遥远的世界中"凸现"出来，成为完整的、现实的认识过程的一个要素。缺乏这种主体的认识兴趣，缺乏其他许多与认识行为相关的条件，就不会有任何的认识对象，认识行为就会陷入一种无的放矢的境地。这就是说，认识对象是由社会因素所建构的，而不会是脱离认识主体的"独立的""自主的""自在的"，这种社会因素归根到底就是建立在一定的社会政治、经济和文化发展状况基础上的对"有价值"的知识的需要，不可避免地"掺杂"着人类文化的因素，如已有的理论传统、认识者的价值期待等。只有在这样的文化因素的背景之下，作为认识主体的人才能"找到"自己感兴趣的问题。换句话说，认识主体从认识对象那里看到的不仅有认识对象的自然属性，而且包括了由认识主体所处的文化境域所决定的社会属性。

---

① 谢登斌：《现代知识性质的解构与后现代课程知识的抉择》，《学术论坛》2003年第2期。

第二，从普遍性到境域性。后现代思想家认为，代替知识"普遍性"的是"境域性"，即任何知识都是存在于一定的时间、空间、理论范式、价值体系、语言符号等文化因素之中的；任何知识的意义也不仅由其本身的陈述来表达，更由其所位于的整个意义系统来表达；离开了这个特定的境域，既不存在任何的知识，也不存在任何的认识主体和认识行为。

第三，从中立性到价值性。随着对现代知识"客观性"的解构以及其被"文化性"所代替，现代知识的"中立性"神话也被打破，暴露出其本来的文化和价值特性。后现代思想家认为，所有的知识生产都受到社会价值需要的牵引。价值的要求已经代替求知的渴望，成为后现代知识生产的原动力。正如利奥塔所指出的，20世纪60年代以后，支配科学家和研究人员研究行为的已经不是18世纪的启蒙理想，而是国家和企业的知识与技术需求。科学家和知识分子已经不再是或主要不是为着知识的兴趣或人类的利益而进行研究，而是为着市场的知识购买力而从事研究。不仅所有的知识都是受着价值的牵引，而且所有知识本身都体现着一定价值要求。尤其是在社会和人文知识领域中，根本就不存在纯粹的事实，有的只是由价值建构的事实；也根本就不存在价值中立的陈述语言，有的只是在一定历史文化中形成的独特的概念和范畴。因此，社会知识和人文知识总是包含着一定的价值要求。实际上，对于社会和人文学家来说，与其宣称"价值中立"，不如在陈述知识的时候，陈述自己的文化立场特别是价值立场，以便别人对自己的研究有更深刻的理解。①

第四，知识有多种类型。传统知识观只承认"科学知识"，完全排斥"叙事知识"。而在后现代主义知识观看来，大量的个体经验，如叙事知识、民俗知识、地方性知识、个人知识等都作为重要的知识领域而受到重视。从人类学来看，知识可分为言传性知识和意会性知识，英国学者波兰尼称之为"显性知识""隐性知识"。恰恰是这些为现代知识观所不屑的意会性知识或隐性知识，是人类科学进步和文化发展的重要源泉。② 普通人的知识身

---

① 石中英：《知识转型与教育改革》，教育科学出版社，2001。
② 姜勇、阎水金：《西方知识观的转变及其对当前课程改革的启示》，《比较教育研究》2004年第1期。

份得以改变，他们不仅被视为单纯的知识消费者，同时也被视为知识的传播者、解释者和生产者，每个人都成为整个社会的、历史的知识链条或知识网络中的一个环节。知识走向丰富性与多样性。①

当前，随着后工业社会的来临，后现代主义知识观从各个方面强烈地冲击着人们原有的对知识的本质、价值、获得、范围、标准等的种种假设、见解与信念。后现代主义知识观蕴涵内在、开放、动态的知识本质观，多维互补的知识价值观和积极内化、主动生成、合作建构的知识获得观。②

三　知识的类型

事实上，即使了解知识观的演变过程，要想从根本上回答"知识是什么"，仍然是一件十分困难的事情。为了有效地、多方面地把握知识的基本含义及其特征，人们通常采用知识分类的方法对知识加以研究，正如皮尔斯所指出的："知识存在着如此之多的不同的类型，而每一种类型又具有如此之多的方面，这就很容易让人忽视其中的某些方面从而产生一种仅包含该领域之局部的理论。要确保不遗漏任何方面的一个途径是对不同类型的知识作一个大致的分类。"知识分类是知识积累和创新的重要前提。它能克服知识的局限性和零乱性，使知识系统化、条理化，从而确保知识的不断积累和不断创新。

在认识论上，孔德将知识划分为"宗教知识""形而上学知识""实证知识"。罗素曾区分过两类知识：关于事实的知识（大致上等同于命题性知识）和关于事物的知识。舍勒将知识划分为"拯救的知识""文化的知识""实践的知识"。哈贝马斯在《知识与人类兴趣》一书中指出，有三种基本的知识类型可囊括人类所有的理性领域，它们是经验——分析的知识，即各种旨在理解物质世界的本质与规律的知识；历史——理解的知识，即致力于理解意义的知识；批判——定向的知识，即揭示人类所遭遇的压抑和统治的条件的知识。这三种知识与人类对技术的控制、理解自身和自由发展这三种

---

① 石中英：《知识转型与教育改革》，教育科学出版社，2001。
② 潘洪建：《当代知识观及其对基础教育课程改革的启示》，《课程·教材·教法》2003 年第
8 期。

兴趣是相对应的。赫斯特把知识划分为"科学的""数学的""宗教的""道德的""历史的""社会的""审美的"七种形式。①

关于知识的分类情况，传统教育心理学的歧见较多，如有的根据个体获得知识的方式，将知识分为直接知识和间接知识；根据知识本身的层次，将知识分为感性知识和理性知识，或称为实践知识和理论知识；有的根据学科的不同来划分，将知识分为语文知识、数学知识、物理知识、化学知识等，并分别阐述不同学科知识的学习及教学方式；还有的根据知识的性质，将广义知识分为知识与技能，并分别阐述知识的掌握过程与技能的形成过程，然后再阐述知识技能的掌握与智力发展的关系。以上这些分类方式，主要是根据客体化知识本身的性质和特点来划分的，并没有注意到个体在获得知识方面的心理过程和特点。

当代教育心理学家比传统教育心理学家前进了一步，他们注意到了根据个体获得知识方面的心理特点来划分知识的类型，对知识分类贡献较大的当代教育心理学家，首推奥苏贝尔和加涅。奥苏贝尔提出了有意义言语学习理论，他将有意义言语学习分为表征学习、概念学习、命题学习、解决问题与创造，并相应地将知识分为表征、概念、命题、解决问题与创造五类。加涅将学习分为连锁学习、辨别学习、具体概念学习、抽象概念学习、规则学习、高级规则学习，与此相应将知识分为连锁、辨别、具体概念、抽象概念、规则与高级规则。奥苏贝尔和加涅都力图根据个体获得知识的学习的性质来对知识进行分类，使知识的类型能反映出个体学习的不同心理过程，从而为教师进行课程的教学设计提供重要的心理学依据。当然由于他们二人尚缺乏对知识获得的信息加工过程的实验性研究，因此其对知识类型的划分还难免带有一些思辨色彩。②

20 世纪 80 年代以来，一些现代认知心理学家针对上述当代教育心理学家关于知识分类的不足，在加涅有关知识分类的基础上，根据对个体学习的信息加工过程的实验研究的结果，对知识重新进行了分类。梅耶在 1987 年

① 靖国平：《教育的智慧性格——兼论当代知识教育的变革》，华中师范大学博士学位论文，2002。

② 卢炳惠、张学斌：《试论知识的类型与教学》，《南华大学学报》（社会科学版）2001 年第 1 期。

提出了广义知识的分类：陈述性知识——个人具有的有关世界是什么的知识，相当于加涅所说的言语信息；程序性知识——个人具有的有关"怎么办的知识"，相当于加涅所说的智慧技能；策略性知识——对自身认识过程调节控制的知识，指关于个体如何获取知识的知识，这种知识侧重于学习或问题解决过程中隐藏在事实知识背后的方法与技巧，相当于加涅所说的认知策略。①

1996年，经济合作与发展组织把知识按知道的内容分为四类：一是知道是什么的知识，指关于事实方面的知识；二是知道为什么的知识，指自然原理和规律方面的科学理论；三是知道怎样做的知识，指做某事的技艺与能力；四是知道是谁的知识，指谁知道和谁知道如何做某些事的信息。②

20世纪50年代初，伴随着现代知识观的逐渐解构，英国物理化学家和思想家波兰尼在研究科学知识和一般知识的性质时，特别是在批判近代以来知识界形成的实证主义知识观时，将人类通过认识活动形成的知识区分为"显性知识"（又称为明确知识或外显知识）和"隐性知识"（又称为缄默知识或内隐知识）。波兰尼指出，隐性知识就像显性知识一样是大量存在的，甚至从数量上说比显性知识还要多，并由此提出了他最著名的认识论命题——"我们所认识的多于我们所能告诉的"。显性知识是指那些通常意义上可以运用语言、文字或符号的方式加以表达的知识，而隐性知识则是指那些无法言传或不清楚的一类知识。波兰尼认为，隐性知识具有以下特征。第一，不能通过语言、文字或符号进行逻辑的说明。因而，波兰尼将隐性知识称为"前语言的知识"（pre-verbal knowledge）或"不清晰的知识"（inarticulate knowledge），将显性知识称为"语言知识"（verbal knowledge）或"清晰知识"（explicit knowledge or articulate knowledge）。第二，不能以正规形式加以传递。正因为隐性知识的不可言传性，它是一种连知识的拥有者和使用者也不能清晰表达的知识，它不能像外显知识那样，通过正规的形式，如学校教育、大众媒体等进行传递，不能够同时为不同的人们所分享，具有高度

---

①　靖国平：《教育的智慧性格——兼论当代知识教育的变革》，华中师范大学博士学位论文，2002。

②　李京文：《知识经济：21世纪的新经济形态》，社会科学文献出版社，1998。

的个体性特征。第三，不能加以批判性反思。① 显性知识是人们通过明确的"推理"过程获得的，因此也能够通过理性加以批判和反思；而隐性知识是人们通过身体的感官或理性的直觉而获得的，因此不能够通过理性加以批判和反思。隐性知识是非常重要的一种知识类型，它支配着整个认知活动，在很多情况下，隐性知识是个体获得显性知识的向导和背景知识。长期以来，由于人们对于隐性知识及其作用的忽视，不仅阻碍了人们完整地和深刻地理解认识现象或知识问题，而且也极大地影响了理论和实践的关系，使人们看不到实践背后的隐性知识基础，极大地影响着实践目的的实现。所幸的是，随着现代知识标准被后现代知识标准所取代，随着人们对实践的知识基础越来越深入和全面的认识，随着认知心理学对于建构主义学习理论的阐释，隐性知识及其重要意义也越来越被更多的人所认识。

四　小结：知识的基本含义与特征

综上所述，知识是一个复杂性概念，不同的学科解释不尽一致，即使在同一学科中看法也不尽相同。罗素称"知识是一个高度模糊的、不能得到精确定义的字眼"。杜威和本特利在《知与被知》一书中屡次称知识是一个"不精确的名字"或"模糊的字眼"。② 我国学者石中英认为"什么是知识的问题也是一个开放的问题，不可能一劳永逸地加以解决"。③ 谢弗勒在《知识的条件：认识论与教育导论》一书的前言中说："我希望读者自己参与到对知识性质和条件的哲学反思中来，鼓励他自己寻找解决问题的办法，并对它们的教育意义做出自己的评价。"④ 要对知识下一个本质的定义，如果不能说是不可能的，也是一件极富挑战性的很难做到的事情，亦非本书的研究目的。因此，本书并不想提出也不可能提出一个被所有人认可的知识的定义，而主要采用文献综述与综合归纳相结合的方法，通过回顾知识观的演变和对

---

① 石中英：《知识转型与教育改革》，教育科学出版社，2001；郭秀艳：《内隐学习和缄默知识》，《教育研究》2003 年第 12 期。

② 转引自郭秀艳《内隐学习和缄默知识》，《教育研究》2003 年第 12 期。

③ 石中英：《知识转型与教育改革》，教育科学出版社，2001。

④ 转引自范良火《教师教学知识发展研究》，华东师范大学出版社，2003。

知识类型的探讨得出与本研究相适应的知识的基本含义与特征。

本书中"知识"的概念类似于皮连生的广义知识观下的知识概念，与谢弗勒在《知识的条件：认识论与教育导论》一书中描述的知识概念及范良火在《教师教学知识发展研究》一书中的知识概念也极为相似。皮连生认为，知识就是"主体通过与其环境相互作用后获得的信息及其组织"。知识观可以区分为广义与狭义两种。按狭义的知识观，知识仅包括它的贮存和提取。布卢姆认知教育目标分类中的"知识"、加涅认知学习结果分类中的"言语信息"、安德森的"陈述性知识"和梅耶的"语义知识"都是属于狭义的知识。我们平时说，不仅要掌握知识，而且要形成能力，这里的知识也是指狭义的知识。按广义的知识观，知识不仅包括它的贮存与提取，而且包括它的应用，即所谓"真知"。加涅的智慧技能，布卢姆的领会、运用、分析、综合、评价，都是指知识的应用。奥苏贝尔的知识论强调个体的心理意义的习得以及个体的良好认知结构的塑造。他所讲的知识属于真知，包括知识的理解、应用、解决问题等。他的知识观是广义的知识观。广义的知识观已将知识、技能与策略融为一体了。把技能纳入广义的知识范畴，只是就知识掌握深度和熟练程度而言的；把策略性知识也纳入广义的知识范畴，则知识概念的内涵和外延都发生了深刻的变化。[①] 谢弗勒在《知识的条件：认识论与教育导论》中认为知识包括"熟悉事物、地点、人物；从事各种操作的能力；拥有关于事实及信念方面公开的真理；拥有科学和日常经验中可能有误的内容，以及数学与形而上学中确定无疑的内容。它不仅是简单描述的专门知识和各类经验，它还表达了我们在认知艺术的范围和恰当处理方面的标准、理想和趣味，即不仅包括我们知道的内容，而且还包括我们认识的方式，以及我们整个理智方面的遗产"。范良火在《教师教学知识发展研究》一书中认为"主体对客体的知识是指主客体间一种交互作用的智力结果，强调知识，无论是信念、记忆或理解，可以是'正确的'也可以是'错误的'，只要它源于一种相互作用"。

综合上述学者的观点，结合笔者的理解，本书将知识定义为主体与其客观

---

① 皮连生：《智育心理学》，人民教育出版社，1996，第40页。

环境相互作用后所获得的认识、体验和行为策略。这一定义的基本含义如下。

第一，知识内在于人的主观创造，是建立于客观性上的主观构建。个体的知识既不是对外界客体的简单摹本，也不是主体内部预先形成的结构的展开，而是由主体与外部世界不断相互作用而逐步建构的结果。其中，认识主体及其思维结构在认识活动中是主动的，具有选择、变通和重组的作用。[1]

第二，客观环境可以是"任何事物，比如一个地方、一件事情、一种方法、一个过程、一个人、一项活动、主体本身或他人过去已经知道了的知识、一门学科等，或是这些事物的任意组合"。[2]

第三，强调知识获得过程是个体与环境相互作用的过程。这一过程反映了人类对自然、社会乃至自我的探究过程，知识正是在这一过程中，在感觉的基础上由作为主体的人与客观世界相互作用后主动建构。这一过程是"主体对于、关于或作用于客体的认识、观察、经验、反思、推理、思考以及类似的过程，但不是纯粹的猜想、任意的想象或是无意义的梦幻"。[3]

第四，强调知识的范围广泛。从获得具体信息到机体的认知结构再到行为的根本变化，都属于知识范畴。

第五，本书的知识概念借鉴皮亚杰和谢弗勒的广义的知识概念，强调将传统知识观下的知识、技能与策略融为一体，不再对三者进行区分。[4]

第六，强调知识，无论是认识、体验还是行为策略，可以是正确的，也可以是错误的，只要它是主体与其客观环境相互作用后获得。[5]

第二节　教师知识的内涵与结构研究

教师知识研究起源于人们对"教师进行有效教学到底需要什么样的知识

---

[1] 潘洪建：《当代知识观及其对基础教育课程改革的启示》，《课程·教材·教法》2003 年第 8 期。

[2] 靖国平：《教育的智慧性格——兼论当代知识教育的变革》华中师范大学博士学位论文，2002。

[3] 范良火：《教师教学知识发展研究》，华东师范大学出版社，2003。

[4] 范良火：《教师教学知识发展研究》，华东师范大学出版社，2003。

[5] 范良火：《教师教学知识发展研究》，华东师范大学出版社，2003。

基础"的追问，因而，任何关于教师知识的研究都不能脱离教师知识研究背景。PCK 这一概念是在对教师知识基础的探索中诞生的，因此，对于教师 PCK 的分析必须建立在理解教师知识的内涵与发展基础上，才能在更广阔的认识论背景下理解教师 PCK 的建构与提升问题。因此，本节对教师知识内涵与结构研究现状进行综述。

在实际的研究中，研究者常常对"教师知识"和"教师的知识"不加以区分，通常指"教师所拥有的知识"，教师是知识的主体。本研究也将它们视为同义词，而且此处的"教师所拥有的知识"不是教师作为一般人或作为学校教育的其他管理人员所拥有的知识，而是教师作为某一学科课堂教师时所拥有的知识。正如人们对知识的性质有不同的看法一样，不同的人对"教师知识"亦有不同的理解。

一　不同知识观下教师知识的内涵

（一）教师知识问题的历史变迁

在原始社会里，现实生活化的模仿和实践基本能满足需要，因此教育活动是在劳动和生活中进行的，具有生产劳动和社会生活经验的长者，如家庭中的父母兄长、氏族部落的首领、长者等承担着教师的责任，也就没有专门的教育机构和教师职业。[①]

古代官学、私学形成后，教师从业有了一个资格问题。一个人要做教师，至少应该掌握文字并会使用文字。此外，对教师的政治要求和道德要求也很高。当时的教学质量完全取决于教师的水平，因为教什么、何时教、怎么教都由教师说了算，社会对学校和教师的要求并没有统一的标准。因此，掌握文字并会使用文字（有知识）是当时人们对教师在知识方面具备的唯一要求。[②]

随着普及义务教育和班级授课制的实施，人们开始认识到，仅有"知识"虽然可以做教师，但如果缺乏职业训练，就会直接影响教育的质量和效

---

① 刘捷：《专业化：挑战 21 世纪的教师》，教育科学出版社，2002。
② 教育部师范教育司：《教师专业化的理论与实践》，人民教育出版社，2003。

果，他们就难以成为好的教师。于是，对教师进行专门职业培训的师资培训机构开始出现。这些早期的师资培训机构培训时间很短，主要采用"学徒制"的方法，使学生获得一些感性的认识和教学的经验，教育理论知识尚未进入正式的课堂，教师的培训仅被视为一种职业训练而非专业训练。这时，对教师的要求是具备一定的知识、教育教学的技能和管理的才干。

到 18 世纪中下叶，随着普及初等义务教育为资本主义国家所普遍接受并以政府的名义要求实施，再加上教育理论界和教育实践界所推进的教育科学化运动，现代教育方法渐成体系，教育理论有了长足的进步，为教师从事职业训练提供了理论的指导和实践的依据。教学开始作为一个专业从其他行业中分化出来，形成自己独立的特征。这些专门的师范教育机构在注重教师的教育内容的同时，也开始注重对教师教学方法的培训，因此，除了对教师进行文化知识教育外，还开设教育学、心理学等方面的课程，开展教育实习，对教师进行专门的教育训练，并把专门的教育训练看成提高教育质量的重要手段。这时，对教师的要求是具备一定的文化知识和教育教学的能力，强调的是教师的教学技能以及与此相关的其他行为的"能力"，以此来提高教师工作的有效性。20 世纪以后，"能力本位"的师范教育理念开始占据这一领域的主要舞台。

到 20 世纪 60 年代，随着出生率的下降和公众对教育质量的不满，许多国家对教师"量"的急需逐渐被提高教师"质"的需求所代替。20 世纪 70 年代以来，在教与学的领域中，研究者普遍认为，"教学是一种复杂的认知活动"，因而不能仅仅通过外在的、可观察的活动来理解教学。与其他问题解决活动一样，教师的教学活动在很大程度上也依赖于具体情境下所具备的知识。由此，有关教师领域的研究焦点从传统上对教师可观察的外在行为或技能，逐步转移到研究教师知道什么以及如何在教学中表达其所知，教师知识研究迅速增多，成为教师教育研究的一个焦点议题。[①]

教师知识是教师专业发展程度的重要标志，近年来教师知识研究已日渐成为世界教师教育研究的焦点。林崇德、申继亮认为教师知识是指"教师在

---

① 申继亮、辛涛：《教师素质论纲》，华艺出版社，2001。

特定的教育教学情境中解决问题时所具备的科学文化知识，它是教师从事教育、教学工作的前提条件"。范良火认为，教师的知识是指"教师（作为教师时）所知道的东西"，包含教师的"信念"——如对教授某一特定内容，哪种策略是最为有效的；"记忆"——如一本教科书的结构是什么；以及"理解"——如怎样运用某种教学方法；等等。研究表明，教师拥有怎样的知识以及教学中如何表征知识对学生的学习至关重要，同时也在一定程度上决定教师自身的专业发展高度。由此，20世纪80年代以来，教师知识研究逐渐成为世界教师教育研究的热点。国外代表人物有刘清华在其博士学位论文《教师知识的模型建构研究》中将教师知识定义为"教师在教育教学活动中能动地表现出来的，为达到有效教学必须具备的一系列信念、知识、技能与特点等的总和"。根据前面对知识的分析可以看出，有的研究者对教师知识的定义是在狭义知识观（或现代知识观）下做出的，如林崇德和申继亮。有的研究者对教师知识的定义是在广义知识观（或后现代主义知识观）下做出的，如范良火和刘清华。笔者比较赞同广义知识观（或后现代主义知识观）下教师知识的概念。正如回答"知识是什么"一样，回答"教师知识是什么"也是一件十分困难的事情。同样，为了有效地、多方面地把握教师知识的基本含义及其特征，需要对教师知识问题的历史变迁、内涵及其结构加以研究。

1. 理性主义知识观下关注教师的学科知识

从历史发展的进程来看，客观主义知识观有多个流派，理性主义知识观影响较大且被众多学者反复论述过，强调知识的客观性，知识是客观世界存在的永恒不变的本质的反映，知识不受认识者的信念、情感、态度、性别、种族、价值观、文化环境等因素的影响等观点，把知识当作外在于主体的客观存在，认为一切知识均源于理性所显示的公理，是一种"绝对的""永恒的"存在，而且知识是可以通过"科学的""线性的"方式进行测评和分析。[①] 这种知识观将教师知识看作静态的、孤立的理论性知识，在很长一段

---

① 袁维新：《从授受到建构——论知识观的转变与科学教学范式的重建》，《全球教育展望》2005年第2期。

时间里，人们认为教师只要具备了某一学科的专业知识，就能够很好地教授该学科；忽视了教师知识的教育性和实践性等本质特征，将教师的学科知识等价于教师知识。由此可看出，这一时期学者对教师知识的认识还较为狭隘，在一定程度上将其等价为教师所具有的学科知识，并希望通过教师的教学行为、教师学历、所修读过的专业课程数量等因素来分析教师知识，并未对其内涵进行深入探讨，研究的结果也必然未能揭示教师知识的实质内涵。究其原因，可认为当时学者秉持了理性主义知识观，用机械化的视角看待教师知识。[1]

2. 经验主义知识观下关注教师个人的教学实践和教学情境

由于理性主义知识观下有关教师知识的研究结果与教育现实有着较大差距，学者逐渐意识到，教师在教学中所需要用到的知识和教师所学习过的知识有着很大的不同[2]，即使教师拥有精深的学科知识也未必能够教好学。这时经验主义的知识概念开始进入研究者的视野，经验主义知识观反对任何先验的观点和范畴，认为人类所有的知识都来源于感觉经验，都是对外部世界各种联系的反映，知识是经验的产物而不是理性的产物。同时伴随着认知心理学的兴起，20 世纪 70 年代中后期，学者的研究焦点逐渐转向教师的认知过程，关注教师的决策和思维，教师知识的个体性、主体性、主观性和情境性受到学者关注。学者也从关注教师的学科知识和教学行为，逐渐转移到关注课堂教学的一般特性，教师知识的差异性、情境性和经验性逐步得到学者的认可。这一时期的教师知识研究以艾尔巴兹、舍恩、康内利、克兰迪宁等为代表。加拿大学者艾尔巴兹提出了实践性知识（practical knowledge）的概念；美国学者舍恩提出了教师是反思型实践者，教师知识是通过行动中及行动后的反思（reflection in action, reflection on action）获得的。加拿大学者康内利和克兰迪宁提出了教师个人实践知识（personal practical knowledge）是通过叙事的方式获得的教师知识。至此，西方国家教师知识的研究逐渐体系化。

---

[1] 黄友初：《欧美教师知识演变评析》，《高教探索》2018 年第 11 期。

[2] J. Hiebert, R. Gallimore, J. W. Stigler. A knowledge base for the teaching profession. *Educational Researcher*, 2002, pp. 3–15.

在经验主义知识观的影响下，学者认为教学是复杂情境下的专业实践，教师知识是教师在专业实践活动中逐渐形成的，指出了教师知识具有实践性这一特点。其中，艾尔贝兹认为课程是理论的，但教学是实践的，而教师是从理论到实践的联结体，只有实践才能让教师成长，教师也只有通过实践才能获得教学所需要的知识，因此教师知识是经验的、内隐的和难以编码的，是一种默会的经验性知识。舍恩在认同教师知识实践性的同时，还十分看重教师的反思，提出了行动中的反思和对行动的反思这两种教师知识活动的模式。

经验主义知识观不但认同实践对教师知识的影响，也重视实践环境对教师知识的作用，认为在教学实践中，周围的环境会对教师教学所需要的知识产生较大的影响。[①] 康内利、克兰迪宁研究小组运用现场笔记、采访、交谈、日志、自传材料、口述史、教师故事等多种实地考察方式记录教师的真实生活，提出教师个人实践知识概念，它是教师个体的先前知识结合教学情境形成的知识，是当我们在经历自己的故事、复述和通过反思再经历那故事时去建构和再建构的知识。[②]

3. 建构主义知识观下关注教师知识的实践性和情境性

经验主义知识观下的教师知识研究，突出了教师个人的实践活动和教学环境对教师个体知识形成的重要性，但是这类研究多是案例研究或者新手与优秀教师的比较研究，往往带有较浓的个人经验主义色彩，而且对教师进行有效教学需要具备哪些知识，如何获得这些知识缺乏深入研究，对教师知识的内涵的论述也较少，因而对教学实践的指导较为有限。20 世纪 60 年代后，伴随认知心理学的发展，建构主义知识观的影响逐渐加深，学者开始在建构主义知识观的引领下进行教师知识研究。

进入 20 世纪 80 年代，教师知识已经成了欧美教育研究的一个焦点议题。1986 年，美国学者舒尔曼提出了 PCK 的概念，此后，他通过对教师个案的研究，认为教师知识是教师在实践活动中通过与环境的相互作用而构建

---

① 黄友初：《欧美教师知识演变评析》，《高教探索》2018 年第 11 期。
② 张冠群：《小学英语阅读教学中教师的学科教学知识表现及其影响因素研究》，东北师范大学博士学位论文，2019。

而成的，它包括了一般教育法知识、课程知识、PCK 等 7 个部分。很多学者从教师专业发展的角度，就教师知识的内涵进行了研究，提出了较多的教师知识结构模式。科克伦等人以多名教师的成长为例，研究表明教师知识既不是教师通过感觉也不是通过交际而被动获得的，而是教师通过积极主动的建构，新旧知识不断互动而产生的结果，因此采用教学内容认知（Pedagogical Content Knowing，PCKg）的概念，比舒尔曼的 PCK 更合理，更能说明教师知识的产生过程。该理论将教师知识分为教育学知识、学科内容知识、有关学生的知识和有关教学环境的知识四个方面。

4. 后现代主义知识观下关注教师 PCK 的建构过程及其有效表征

后现代主义知识观从根本上来说是建构主义知识观发展的高级阶段，总的要求是对知识有一种批判性质疑的态度。知识性质已经从客观性转变为文化性、从普遍性转变为境域性、从中立性转变为价值性、从单一性转为多元性。这种知识观的转变对教师知识的研究也产生了较大的影响，主要体现在教师知识建构的多元性、教学表征的多样性和教师知识结构的多样性。20 世纪 80 年代早期，由于民众对教育现状的不满情绪持续积累，舒尔曼教授和他的同事启动了名为"教师专业知识"的研究计划。他们在研究美国教师资格认证形式及教师行业标准的过程中发现，1985 年的测验是用纸笔测试的形式测查学科知识，测试内容也只停留在对事实性知识的记忆上；PCK 的测查则包括课程设计和评价、识别学生的个性差异、班级管理与教育政策等内容，基本这部分内容与"学科"无任何关联。舒尔曼认为教师知识本来应该是一体化的，却被人为地分割成两个相互分离的部分，即学科知识和 PCK，导致学科方面的内容完全没有在 PCK 中出现，舒尔曼将这个现象称为"缺失的范式"（missing paradigm）。[1]

舒尔曼及其同事的研究，尤其是 PCK 概念的提出，引起了学术界的强烈反响。自此，学界掀起了研究教师 PCK 的热潮，很多学者从教师专业发展的角度，就教师 PCK 的内涵与建构进行了研究，提出了较多的教师 PCK

---

[1] L. S. Shulman. Those who understand knowledge growth in teaching. *Education Researcher*, 1986, 15 (2), pp. 4-14.

结构模式。其中以舒尔曼、格罗斯曼、帕克、马格努森、盖斯纽森、科克伦等人的研究成果影响较大。

舒尔曼关于 PCK 的主张有两个重要概念，一是教学表征（instructional representation），另一个是迷思概念（misconception）。所谓教学表征，教师就是其最有效的表达形式，如运用类比、说明、举例、解释、演示等方式转化自己的学科内容知识，即帮助学生学习学科内容的呈现方式。"教学推理与行动模式"（model of pedagogical reasoning and action）是将学科内容知识转换为教学表征的方法，包括理解（comprehension）、转化（transformation）、教学（instruction）、评价（evaluation）、反思（reflection）、新的理解（new comprehensions）几个环节。其中，转化是一个重要环节，又分为准备（prepatation）、表征（representation）、选择（selection）、改编与调适（adaptation and tailoring）四个步骤。[①] 这个教师教学推理过程，实质上是教师针对特定学科内容所做的教学思考过程，也是将教师的学科内容知识转化为符合学生理解的教学行为，在课堂中予以呈现的过程。除了教学表征，PCK 的另一个重要概念是迷思概念，指学生对学科内容知识中的某些概念所持的错误的、混淆不清的、解释不当的理解。迷思概念产生的原因，一是学生日常生活经验对一些概念的自我习得，二是对教师教学的一知半解。PCK 强调教师对学生的易犯错误有所预判，要针对不同的学生特征，以符合学科特性的教学表征消解学生的迷思概念。PCK 通过教学表征和迷思概念，提高了教师对内容知识和 PCK 的理解能力，教师运用 PCK 的过程就是对学科内容知识进行一种符合学生理解的教学转化过程。

科克伦认为，舒尔曼提出的 PCK 本质上是属于静态的理解，他对其进行了修正，强调个体在知道与了解的过程中扮演主动的角色，提出了 PCKg 的概念，并将其定义为一种教师整合学科知识、教学法知识、学生知识、情景知识四个构成因素的综合理解。教师对社会政策、文化或外在环境因素的了解，有助于 PCKg 的发展，提出了综合与整合是 PCKg 的本质特征，并提

---

① L. S. Shulman. Knowledge and teaching: Foundations of the new reform. *Harvard Educational Review*, 1987, 57（1），pp. 1-23.

出了学科教学认识的发展综合模型。

教师成长是一个漫长的过程，包括职前和职后，在这个过程中，教师知识是怎样建构而成的？教师知识在建构过程中受到哪些因素的影响？帕克、范良火等学者皆探讨过影响教师知识发展的因素①，刘清华分析了影响教师知识建构的因素②，廖冬发等人分析了中小学教师 PCK 的来源③，中国台湾研究者张惠昭、黄桂妮也有相关论文分析 PCK 发展的来源④。

关于教师知识建构，一般依据教师成长历程分为三部分：一是教师在接受正规的职前培训之前作为学习者的经验；二是职前培训期间的经验；三是教师入职后的经验。在对以上三部分进一步细化时，以往各项研究提出的子来源繁简不同、数量各异。舒尔曼较早提出教师知识的主要来源，分别为学科领域的学术研究、教学实践、正式的教育学术研究、实践的智慧等。格罗斯曼和李科特认为教师知识的来源有四项：学徒时期的观察、学科知识、教育专业课程、实际教学经验。范良火提出了九种子来源，又将在职期间的四种子来源进一步划分为九种更为具体的来源，最终从全部来源中保留七种来源进行定量调查，分别是作为中小学学生时的经验、职前培训、从教后接受的专业培训、有组织的专业活动、和同事的日常交流、阅读专业书刊、自身的教学经验和反思。⑤ 后续的大多数研究借鉴了以上框架或在其基础上调整。

二 教师知识的结构

教师知识是教师专业发展程度的重要标志，近年来教师知识研究已日渐成为世界教师教育研究的焦点。学者基于大量的文献和实证分析，结合课堂

① S. Park, J. S. Oliver. Revisiting the conceptualisation of pedagogical content knowledge（PCK）: PCK as a conceptual tool to understand teachers as professional. *Research in Science Education*, 2008, 38, pp. 261-284；范良火：《教师教学知识发展研究》，华东师范大学出版社，2013。

② 刘清华：《教师知识研究的问题与建构路向》，《教育理论与实践》2005 年第 11 期。

③ 廖冬发、周鸿、陈素苹：《关于中小学教师学科教学知识来源的调查与分析》，《教育探索》2009 年第 12 期。

④ 张惠昭：《高中英文教师教学专业知识之探究》，台湾师范大学硕士学位论文，1996；黄桂妮：《国中数学教师的数学教学知识之分析——关于文字符号的使用》，高雄师范大学硕士学位论文，1997。

⑤ 范良火：《教师教学知识发展研究》，华东师范大学出版社，2003。

观察、文本分析和质化取向的个案研究，提出了各具特色的教师知识内涵，在此基础上诞生了丰富多样的教师结构框架，有的学者建立了不同的模型去探索教师进行有效教学所需要的知识。因此，要对教师知识有一个比较全面和系统的了解，就要了解影响较大的一些中外学者对教师知识结构的研究概况，这对下文将要开展的 PE-PCK 的结构维度的划分具有重要的启迪意义。

（一）国外有代表性的教师知识结构

对教师知识的系统而全面的研究始于 20 世纪 70 年代，是国外教师研究中开始较早的研究领域之一。一方面，它是认知心理学应用于教师研究的一种表现；另一方面，教师专业化理念的形成与推广也促进了对教师知识的研究。然而对这一问题较为系统的研究却是最近 20 多年来的事。[①] 自 20 世纪 80 年代初起，教师知识成为国外迅速增长的教师教育研究的一个焦点议题。[②] 目前国外较有代表性、影响较大的教师知识结构的研究者有舒尔曼、格罗斯曼、艾尔巴兹等。

1. 美国教育学院协会的初任教师知识基础

美国教育学院协会（American Association of Colleges for Teacher Education）于 1986 年成立"教师教育改革中心"（Center for Change in Teacher Education），在这个中心的赞助之下，许多工作小组开始探讨各种教师教育改革方案。其中有一个工作小组名为"知识基础行动小组"（Knowledge Base Action Group），其任务是试图建立一套新任教师必备的知识基础，该小组最终完成了《新教师的知识基础》（*Knowledge Base for the Beginning Teacher*）一书。

该小组认为，教学工作的确依赖某些特定的知识基础，这些知识是教师必备的专业理解、专业技能及专业判断，并且凸显了教师称职与否的差异。其基本假设是，教师的知识与专业表现关系到学生的学习改进，而且这是可以证实的。教学是一种非常不确定的复杂的工作，需要判断、行动和反思的能力并能根据观察与洞悉事物的理解来修改自己的决定。教师的成熟判断有

---

① 叶澜等：《教师角色与教师发展新探》，教育科学出版社，2001。
② 范良火：《教师教学知识发展研究》，华东师范大学出版社，2003。

赖于对教学、学习、学生、学科等因素及其相互关系的深刻理解，因此教师必须拥有专门的知识。

一是有关任教学科方面的知识，包括内容知识，即各学科里的事实、概念、原理、理论等；实质知识，即一个学科领域的主要逻辑框架与概念框架；章法知识，即一个学科领域里新知识被引入的方式和研究者对知识的追求与探究或思考的方式等，以及有关学科的信念。

二是有关教学理念方面的知识，包括新教师必须拥有"教学"的四种理念，而不只受到某种单一理念的影响。在每一个理念之下，教师都还有尚待克服的困难。教师需要逐渐摆脱某一个理念取向的限制。这四种教学理念就是教学是文化的传递、教学是技能的训练、教学是培养自然的发展、教学是促进概念的改变。

三是有关学生与学习方面的知识，包括教师必须了解学生的学习、认知与思考方式，以便及时协助学生克服各种学习困难，并引导学生负起积极的学习责任，以及改进学生的自我监控、学习技巧、学习动机和认知策略等。此外，教师还必须知道学生的自我概念发展、道德发展和社会概念发展等方面的知识。

四是有关班级组织与管理方面的知识，包括新教师通常面临的问题是如何管理好一个班级，如何营造良好的班级学习气氛，如何处理与课堂教学有关的种种事情，例如如何安排学习环境、安排教室座位、建立班级规章制度、安排学习活动时间、进行恰当的学生分组和实施个别指导等，新教师必须具备这些知识。

五是有关教学的社会背景、政治背景、文化背景等方面知识，包括教师必须了解教学的各种背景。教学是被各种背景所包围的，如教学语言环境、物理环境、分班的方式、学校组织、社区组织、学校与家庭社区的关系、国家教育制度、文化环境、政治环境等。

六是有关特殊儿童教育方面的知识，包括教师必须了解班级里有哪些需要特别照顾的儿童，知道如何帮助他们解决各种特殊的学习问题，如何帮助他们留在班级里或安排他们到其他班级或学校去学习，如何利用其他资源开展对这些有特殊需要儿童的教育，如何与特殊儿童的父母或其他教师合作进行最佳的教育。

七是有关课程论方面的知识，包括教师必须知道各个层次的课程计划，如国家层次、学校层次、课堂层次和学生层次，以及这些层次之间课程计划的关系。专业的教师不仅应是课程的执行者，更应是课程的规划者、发展者、评价者。因此教师必须拥有与课程相关的一些基本概念及理念。

八是有关评价方面的知识，包括在教育教学中教师经常做出许多有关学生未来的决策，这些决策的正确与否对学生的发展十分重要。评价则是做出正确决策的一个基础，良好的评价可以提供有助于决策的信息。因此教师必须知道如何评价、评价什么、如何解释评价的资料、如何设定评价的标准、如何使用现成的测验工具等。这些都是有关评价的知识。

九是有关各学科教育学方面的知识，包括教师必须知道如何把自己所拥有的学科知识加以转化，并以适当的方式呈现，以引导学生理解并进而建立自身的认知结构。因此教师必须知道采取什么有效的方法与途径，将学科知识以符合学生已有认知结构与经验基础的形式传授给学生。不同的学科除有一些一般性的教学论方法外，还有不同的其他方法，这就是学科教育学知识。

十是有关阅读和写作教学方面的知识，包括阅读和写作是每个学生必须具有的基本要求，因而教师必须知道如何具体指导学生阅读，如何提高学生的阅读能力，如何指导学生写作，如何提高学生的写作能力。教师必须了解与阅读和写作及其教学有关的知识。

十一是有关数学教学方面的知识，包括教师必须知道如何帮助学生在学习数学时形成对概念的理解，而不是一味地要求进行数字的运算与处理。因此教师必须知道如何以不同的表现形式来帮助学生发展数量性思考，并通过数学概念来理解世界。每名中小学教师都要具备一定的数学知识。

十二是有关人际沟通、协调合作方面的知识，包括教师不仅要善于与儿童沟通，更要善于与成人沟通、协调合作，如上级、同事、家长等。这种能力有助于教师解决许多日常的教学问题、辅导问题、特殊儿童问题，并能协助改善学校里的教学环境。而形成这种能力是以一定的知识为基础的，例如沟通技巧、协同技巧、团体程序技巧、咨询技巧、问题解决技巧、系统理论、组织发展等方面的知识。

十三是有关教师的法定权利与义务方面的知识，包括教师必须知道许多法律上的权利与义务，尤其是与教师本身有关的内容，如教师的任用、解聘，教师在教室外所拥有的言论自由权、政治活动权、生活风格选择权等。教师也必须知道自己受到什么限制，自己应尽什么义务等。

十四是有关教学的道德与伦理层面方面的知识，包括由于教师的所作所为深深地影响着学生与社会，因此教师必须知道如何有效利用其知识、价值观及技能。教师不但自己要做出理性的抉择，还经常要协助学生做出理智的抉择。因此教师必须知道如何帮助学生理性地判断，如何启发学生善良的心灵，如何培养其关怀他人的情操，更要知道如何激发学生的道德行为。

2. 舒尔曼的教师知识结构

舒尔曼与其同事和学生自 20 世纪 80 年代中期一直坚持教师知识的研究。他们在对在职教师的个案研究中提出专家型教师知识共分为七种类型。[①] 一是学科内容知识，指教师的学科课程知识，包括具体的概念、规则和原理及其相互之间联系的知识；二是一般教学法知识，指超出学科内容之外的各学科均用得上的课堂教学管理与组织的一般原则与策略，如拟定教学大纲、班级组织与管理等；三是课程知识，指对作为教师"职业工具"的教材和教学计划全面及整体架构的掌握，包含课程理论、教科书、教师手册、实验指导等的知识；四是学科教学法知识，指将所教的学科内容和教育学原理有机融合，由此形成对具体课题、问题或论点如何组织、表达和调整以适应学习者的不同兴趣和能力以及进行教学的理解；五是有关学生及其特点的知识，指学生学习过程中身心状况的各种知识，教师应具有了解学生兴趣、需求及优缺点的知识；六是相关教育环境的知识，指教师有关学习环境的知识，学习环境包括班组或课堂的情况、学校、地区、家庭和国家等，这些均可能直接或间接影响教师的教学工作成效；七是教育的目标、目的和价值以及相关哲学和历史基础的知识，包括教育哲学、教育学、心理学、社会学等指导教

---

① 转引自朱益明、秦卫东、张俐蓉编著《中小学教师素质及其评价》，广西教育出版社，2000。

师进行教学的知识。

3. 格罗斯曼的教师知识结构

格罗斯曼等人对教师知识内涵的认定与其他学者大致上相同，只是结构方式上有所不同，其结构方式如下。一是内容知识，包含学科知识及 PCK；二是学习者与学习的知识，包含学习理论的知识、学生身心特征和认知发展、动机理论及运用以及学习的背景（如性别、家庭等的差异）；三是一般性教学法知识，包含班级组织和班级管理的知识，以及一般普遍的教学方法知识；四是课程知识，包含课程发展的过程，以及学校各课程间横向、跨年级课程纵向的知识；五是相关背景知识，包含环绕教师工作的各种背景，例如学生的家庭背景、学校、所在学区等的状况；六是自身的知识，包含教师个人的价值观、意向、优缺点、教育哲学观点、对学生的期望以及教学目的等知识。[①]

4. 艾尔巴兹的教师知识结构

根据艾尔巴兹的观点，教师需要拥有广博的知识，包括学科知识；课程知识，指关于学习的经验及课程内容的建构；教学知识，指关于课堂管理、教学常规以及学生的需要、兴趣、能力；教学环境的知识，指关于学校及周围社区的社会结构；自身的知识，指其作为教师的优势和弱点。她把这些知识称为实用知识，认为当教师遇到"各种任务和问题时"，这些知识可以引导教师的工作。[②]

（二）国内有代表性的教师知识结构

2005 年，在认知心理学、建构主义知识观和后现代主义知识观的影响下，教师的职责发生了巨大的变化，除了传道、授业、解惑之外，教师还要站在教育和学生的立场上选择知识、组织知识、呈现知识和传授知识，促使和帮助学生掌握知识、理解知识、运用知识和探究知识，在此基础上追求个体智力、情感、品德和体质的全面发展。[③] 同样，对于正常担任教师角色需要"什么样"和"多少"必需的知识这一问题，也发生了巨大的变化。

---

① 教育部师范教育司：《教师专业化的理论与实践》，人民教育出版社，2003。
② 转引自刘捷《专业化：挑战 21 世纪的教师》，教育科学出版社，2002。
③ 石中英：《当代知识的状况与教师角色的转换》，《高等师范教育研究》1998 年第 6 期。

我国学者关于教师知识的系统研究始于20世纪80年代。北京师范大学的林崇德等人较早对教师知识及其结构进行了比较系统的研究，他们经过十多年的研究与实验，从认知心理学的角度对教师知识提出了比较完善的一套理论。他们认为，教师的知识是指教师所具备的科学文化知识及其掌握程度，包括各种科学文化的基础知识、专业学科知识、教育科学和心理科学知识。另外，教师在长期教学工作中不断探索、总结出一套行之有效的课堂情境知识和解答难题知识，前者大多属于教师的间接知识，而后者属于教师的直接知识。由此，他们提出将教师知识分为本体性知识、条件性知识、实践性知识和普通文化知识。[1] 其基本观点如下。

本体性知识是教师所具有的特定的学科知识，如语文知识、数学知识等，是人们所普遍熟知的一种教师知识。不可否认，教师需要掌握和了解一部分学科知识，并达到一定水平，然后才能教授学生。教师的本体性知识是教学活动的基础，决定着教给学生什么，在具体教学活动中直接影响着对教材的处理和组织。在教学活动中，教师的一切努力都是围绕着本体性知识的有效传授进行的。教学的最终绩效也是用学生掌握的本体性知识的质量来衡量的。但是，国内外学者在研究中都得出同样的结论：在教育教学活动中，教师的本体性知识必须达到一定水准，但其水平与教学效果之间并非线性相关。本体知识超出一定水平之后，它与学生成绩之间将不再呈现统计上的相关性。具有丰富的学科知识仅仅是成为一个好教师的必要条件。[2]

条件性知识涉及教师对"如何教"问题的理解，即如何将本体性知识以学生易理解的方式表达、传授给学生。在教与学领域中，教学过程被看作教师将其具有的本体性知识转化为学生可以理解的知识的过程。在此过程中，教师使用教育学和心理学的规律来思考本体性知识，即对具体的本体性知识做出教育学和心理学的解释，例如如何激发学生学习动机、在课堂中如何组织教学、如何设计和实施测验等，教育学和心理学知识是教师成功进行教育教学的条件性知识。教师的条件性知识又可以具体化为三个方面：学生身心

---

① 刘清华：《教师知识的模型建构研究》，西南师范大学博士学位论文，2004。
② 范良火：《教师教学知识发展研究》，华东师范大学出版社，2003。

发展的知识、教与学的知识和学生成绩评价的知识。①

实践性知识是教师在教学行为中所具有的课堂情境知识以及与之相关的知识，这种知识是教师教学经验的积累。教师的教学不同于研究人员的科研活动，具有明显的情景性，专家型教师面对具有内在不确定性的教学条件能做出复杂的解释与决定，能在具体思考后采取适合特定情景的行为。在这些情景中，教师所采用的知识来自个人的教学实践，具有明显的经验性。而且，实践知识受一个人经历的影响，这些经历包括个人的打算与目的以及人生经验的累积效应。所以这种知识的表达包含着丰富的细节，并以个体化的语言而存在。②

普通文化知识具有普遍性，在此不展开论述。

林崇德等人认为，教师的本体性知识是教学活动的实体部分。在教育教学活动中，为有效地传递本体性知识，教师需要结合教育对象的特征对本体知识做出符合教育学与心理学原则的解释，以便教学对象能够很好地接受和理解。因此可以说，条件性知识是对本体性知识的传授起理论性支撑作用的知识。另外，出于教育情境的具体特征，教师的间接知识是有一定局限的，它很难涵盖所有教学情境。而从专家解决问题方式的研究中可以得出的结论是专家解决问题往往是靠"直觉"，即不完全靠推理。专家的经验作为其直接知识往往可以缩短推理过程，并对特定情境的处理和疑难问题的解决起指导作用。因此，实践性知识能对本体性知识的传授起到实践性指导作用。一名优秀的专家型教师不能仅仅具备本体性知识，因为他面临的是教学这样一个交互过程。

在国内，有关教师知识问题的研究近年来得到一些学者的关注，他们提出了许多不同的看法。谢维和认为教师知识主要包括三大类：关于学生的知识（了解不同文化遗产、语言、家庭背景、性别、社区对学生经验与学习能力的影响、发现和认识学生的特点、掌握学生学习和发展规律、因材施教）、关于课程的知识（掌握任教专业课程的知识，掌握专业课程的组织、传递、

---

① 申继亮、辛涛：《教师素质论纲》，华艺出版社，2001。
② 申继亮、辛涛：《教师素质论纲》，华艺出版社，2001。

评价的知识，知道与自己专业课程相关的课程知识，连接课程目标、课程资源与课程技术的知识）、关于教学实践的知识和技术（使自己的教学成为其他人可以接受的知识，设计教学环境、建构教学模式的知识，激励学生学习的知识，分配教学时间的知识，促成学生协作互动的知识，评价学生的知识，与家长交往的知识）。傅道春将教师知识分为原理知识（学科原理、一般教学法知识）、案例知识（学科教学的特殊案例、个别经验）、策略知识（将原理运用于案例的策略）三类。叶澜认为教师的知识结构应具有多层复合的结构特征，将教师知识分为当代科学和人文知识、1~2门学科的专门知识与技能、教育学科知识三类。① 陈向明将教师知识分成两类：理论性知识和实践性知识，前者通常可以通过阅读和听讲座获得，包括上述学科内容、学科教学法、课程、教育学、心理学和一般文化等原理类知识，后者包括教师在教育教学实践中实际使用和（或）表现出来的（显性的和隐性的）知识。除了上述行业知识、情境知识、案例知识、策略知识、学习者的知识、自我的知识、隐喻和映像外，教师知识还包括教师对理论性知识的理解、解释和运用原则，前者通常停留在教师的头脑里和口头上，是教师根据某些外在标准认为"应该如此的理论"，后者是教师内心真正信奉的、在日常工作中"实际使用的理论"，支配着教师的思想和行为，体现在教师的教育教学行动中。②

三　小结：本书中教师知识的内涵

从上述国内外学者对教师知识结构的构建中，可以看到由于各研究者对教师知识性质理解和研究的侧重点等的不同，出现了许多"教师知识"的概念和许多"类别"的教师知识，甚至教师知识有哪些类别、各类知识相互之间有哪些联系以及如何建立结构框架本身也已成为研究的领域，由此可以在一定程度上体会到教师知识问题的复杂性。但有一点是相同的，那就是国内外的研究者对教师知识进行建构时，都不再把教师知识看作传统知识观下的

---

① 转引自叶澜、白益民、陶志琼等《教师角色与教师发展新探》，教育科学出版院社，2001。
② 陈向明：《实践性知识：教师专业发展的知识基础》，《北京大学教育评论》2003年第1期。

"教师知识"，即教师所具备的"科学文化知识"这一传统的概念，而是包括教师所掌握的科学文化知识在具体的教育教学情境中的运用，即把教师在具体的教学实践中通过自己的体验和反思总结出来的、一种在具体的教学情景中知道应当如何做的知识形态（我们习惯于称其为"教学能力"或"教学技能"）包括在教师知识的范畴内。因为如果将"教师知识"和"教师能力"一分为二，就很容易出现重视一方忽视另一方的现象。如在 20 世纪 60 年代前，"能力本位"的师资培养模式在让师范生单纯操练技术的过程中，把"只要掌握各种技术，就能有效地工作"的假设传递给了他们，从而使他们渐渐失去了批判地分析、思考复杂的教育背景和过程的愿望，放弃了根据自己的思考而决定自己行动的责任感，这样的教师培养是不可能造就真正有效从事教学工作的教育者的。而在 20 世纪 60 年代后，"教师知识"则占据了上风，教师的职前培养和职后培训注重专业理论知识的传授，忽视那些动态的与教学实践直接相关的基本教学技能与技巧方面的学习就是最好的证明。

综上所述，本书中教师知识是指教师与其课堂教学环境相互作用后所获得的认识、体验和行为策略，是教师在教学实践活动中通过与环境的相互作用而构建而成的。

第三节　教师 PCK 的研究

近年来，随着后现代主义知识观的兴起及教师知识研究的逐渐深入，一种教师将高度内化的学科知识与教育专业知识运用于具体的教学实践过程并从中体验和反思总结出来的知识形态得到了越来越多研究者的注意，并将其纳入教师知识范畴。这种知识形态，不同的研究者有不同的提法。舒尔曼等学者将其称为"PCK"或"教学内容知识"，康内利和柯兰迪宁、鞠玉翠称之为"教师个人实践理论"，张立昌称之为"教师个人知识"，陈向明称之为"教师教学实践知识"，范良火称之为"教师教学知识"。近年来随着 PCK 逐渐深入学科教学的内部，各学科教师 PCK 的研究增长较快，我国多数学者如马云鹏、孙兴华、柳迪、高成等皆倾向于将 PCK 翻译成"学科教学知识"。

本书比较赞同使用"PCK"来代表这一特殊的知识形态，理由有五。一是当前国内外大多数教师教育研究者使用"PCK"这一术语进行学术对话与交流。研究者有时用同一术语表示教师知识的不同方面，有时又用不同术语表示教师知识的相同方面，这种结构上的不统一影响了学者间的交流，引起了混乱，阻碍了建设性对话。二是PCK并不完全是个人的。虽然PCK中的确有一部分知识是无法通过语言、文字或符号进行逻辑说明，也不能以正规的形式加以传递，但不可否认的是，PCK中毕竟有一部分知识是可以进行传递的，因此，用"教师个人知识"或"教师个人理论"等术语是不妥当的。三是"教学实践知识"并不是只有教师才具有的，普通人也可能有一些教学实践知识。另外，每个人都具有一定的实践知识。因此，用"教师实践知识"不足以说明PCK的特征。四是认识来源于实践并归于实践，教师的知识最终要应用到教学中，教学是教师的实践区别于其他人的实践的最大特征。五是PCK研究目前已深入具体学科某主题下的特定内容，出现了众多的PCK，如语文学科PCK、数学学科PCK等，因此，加上"学科"二字更能说明PCK研究的专门性和特殊性。所以本书还是沿用国内外大多数学者的说法，使用教师PCK这一术语进行研究。

一 研究的发端：舒尔曼提出教师PCK的概念

如前所述，20世纪80年代早期，美国斯坦福大学教授舒尔曼研究团队开启了"教师专业知识"的研究计划并首次提出了PCK的概念，意在唤起人们关注学科知识与一般教学法知识之间关系。舒尔曼将PCK定义为："教师所运用的最有效的表征形式，最有说服力的类比、举例说明、图示、解释与示范。简而言之就是教师用学生能理解的方式，将学科内容表征出来。PCK还包括教师应理解学生在学习特定概念时感到容易或困难的原因，也应理解不同背景、不同年龄的学生在学习这些内容时所持有的观念与先前知识。"1987年，舒尔曼在《哈佛教育评论》上发表了另一篇论文，对PCK的性质进行了进一步的精细化表述："教师将学科内容知识与教学法知识融合在如何组织、表征某个特定的主题问题或论点上，使教学适应学习者的不同兴趣和能力。"①

舒尔曼明确指出，学科内容知识和一般教学法知识都不足以支撑具体的教学，因而有必要清晰地整合这些类型的知识。为此，他提出了一个包括学科知识以及可教性方面在内的新的知识形式——PCK，指出教师不仅需要知道教授哪些知识，而且要知道如何去教这些知识。舒尔曼随后主持了由卡内基基金会资助的"国家教师专业标准"研究项目，随后 PCK 被美国 30 多个州的教师专业标准列为必要的组成因素。自此舒尔曼的 PCK 研究受到广泛的关注。

二　普适性的理论探讨阶段：PCK 的内涵与结构

（一）国外学者对 PCK 内涵与结构的理解

舒尔曼提出 PCK 的概念，这是教师知识研究历程中具有重大意义的事件，越来越多的研究者开始关注这一领域，并在不同学科领域以各种不同的方法进行了深入的研究，力求揭示 PCK 的组成部分，这些研究同样表明 PCK 如何因学科的不同而不同，对之后的教师知识研究和教师教育产生了重要影响。随后，格罗斯曼、科克伦、盖斯-纽曼、马格努森、鲍尔等人的研究较有代表性，下面就以上述学者的观点为例说明学界对 PCK 内涵与结构的理解的认识发展过程。

1. 舒尔曼对 PCK 内涵与结构的理解

舒尔曼认为 PCK 是包含在学科知识中的一种属于教学的知识，是一种最适于"可教性"的学科知识，简单来说就是教师能够将学科知识与教育学知识结合起来，形成一种新的知识类别——PCK（见图 2-1），这种知识让教师能够在面对特定主题时知道如何针对学生的不同兴趣与能力，将学科知识加以组织、调整与呈现，使用类比、图解、说明、范例、解释、示范等多种方式呈现教学内容。这是区分教师和学科专家的关键所在，是教师知识的核心。

---

① 转引自柳笛《高中数学教师学科教学知识研究：对新手教师与经验教师的深度分析》，科学出版社，2019。

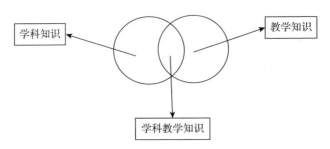

图 2-1　舒尔曼的教师 PCK 结构

资料来源：L. S. Shulman, Those who understand：Knowledge growth in teaching. *Educational Researcher*, 1986, 15（2），pp. 4-14。

舒尔曼提出 PCK 的概念并不只是基于理论的推演，而是基于大量的实证研究。正如鲍尔所指出的，舒尔曼对优秀教师进行了大量研究，观察到优秀教师在阐述重要的数学思想时常常既会考虑学生的学习情况，又会考虑学科知识，以便对学科知识进行更加恰当的解释。[①] 可见舒尔曼的 PCK 概念重点关注三个方面的内容：一是教师对学科知识的理解，二是教师对教学策略的理解，三是教师对学生的学习水平、学习困难和疑惑内容的理解。舒尔曼重点阐释了三者之间的关系，指出学生在学习特定的内容之前对于学习的内容有自己的先在知识，这些知识或许有存疑之处，教师教学前需要充分了解学生的这些先在知识和疑惑，并在教学中采取有效的策略进行呈现。

2. 格罗斯曼对 PCK 内涵与结构的理解

格罗斯曼继承了舒尔曼的理论，她以舒尔曼的研究为基础，认为教师知识由学科知识、一般教学法知识、PCK 和情境知识四部分构成，其中 PCK 处在教师知识的中心位置，并与其他知识有着密切的关系（见图 2-2）。她认为 PCK 的来源为课堂观察、学科教育、教师教育期间特定课程、课堂教学经历。PCK 主要包括特定主题教学的策略和表征的知识（knowledge of strategies and representation for teaching particular topics）、学生关于这些特定主

---

① D. L. Ball, M. H. Thames, G. Phelps. Content knowledge for teaching：What makes it special？ *Journal of Teacher Education*, 2008, 59（5），pp. 389-407.

题的理解、概念和迷失概念的知识（knowledge of students' understanding conceptions and misconceptions of these topics）、特定主题教学目的与信念的知识（knowledge of orientations for teaching particular topics）、课程知识（knowledge of curricular）四个部分。

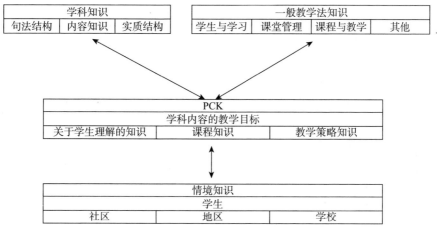

图 2-2　格罗斯曼的教师 PCK 结构

资料来源：P. L. Grossman. A study in contrast：Sources of pedagogical content knowledge for secondary English. *Journal of Teacher Education*，1989，40（5），pp. 24-31。

格罗斯曼的模型被广泛运用，但是许多学者指出，格罗斯曼的 PCK 结构的四个部分是相互独立的，但是 PCK 的各个组成部分并不是孤立的，而是相互之间有着非常密切的交互与综合。

3. 科克伦等对 PCK 内涵与结构的理解

科克伦等认为，舒尔曼关于 PCK 的内涵与结构的理论观点是静态的，这与建构主义的观点不一致。于是他们基于建构主义的思想，将 PCK 改为了"学科教学认知"（PCKg），并从教与学的过程出发进行了概念界定：教师对教学法、学科内容、学生特征和学习情境四个构成因素的综合理解，各要素之间按照一定的联系相互作用即形成了动态 PCK 结构（见图 2-3）。可以看出，科克伦等强调 PCK 是一种行动中的认知，是学习者主动创建的，特别强调其动态的本质。从建构主义的观点来看，教师必须通过实际的教学活动和学生接触来建构符合真实情境脉络的经验。每个学生兴趣、能力、背景等不同，教师对学生的了解越多，在教学上就能越有效率。因此，教师是在具体的教学场景中、在思考如何去教的过程中不断建构与发展其 PCKg。虽然 PCKg 从教师 PCK 发展的角度认为 PCK 是动态的建构过程，但 PCK 与 PCKg 在本质上是一致的：二者都强调教师对教学内容的理解，要求教师重视学生对学科内容的先在知识和迷思概念，重视教学设计创造性的教学策略以帮助学生能够在教学情境中建构自身对学科内容的理解。

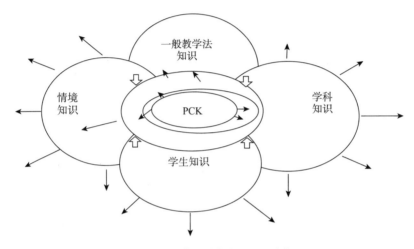

图 2-3　科克伦的教师 PCK 结构

资料来源：K. Cochran, H. DeRuiter, R. King. Pedagogical content knowing: An integrative model for teacher preparation. *Journal of Teacher Education*, 1993, 44（4）, pp. 263-272。

图 2-3 中圆及圆外的箭头代表个体对这四种构成因素的理解过程，这种变化是基于个体在不同领域的前经验、经验及反思活动等。图中心的椭圆及椭圆外的箭头表示随着四种知识的不断综合和扩展，个体学科教学认知水平得到不断提升。重叠部分意在说明，理论上讲构成 PCKg 的四种因素是相互关联、整合在一起的，这四种因素的整合过程就是个体观念变化、整合最终形成学科教学认知的过程。[1]

科克伦等学者关于 PCK 动态性发展的观点得到了很多建构主义学者的认可，很多学者基于科克伦等的 PCK 结构对各自学科教师 PCK 的现状、建

---

[1]　K. Cochran, H. DeRuiter, R. King. Pedagogical content knowledge: An integrative model for teacher preparation. *Journal of Teacher Education*, 1993, 44（4）, pp. 263-272.

构过程和提升路径进行探讨，是教师知识研究影响较大的理论之一。

4. 马格努森等对 PCK 内涵与结构的理解

马格努森等认为灌输式和探究式的不同定位下会有不同的策略活动，因而他们将目标定位知识加入 PCK 结构。他们基于格罗斯曼的框架，并从建构主义角度提出了科学学科教师的 PCK 结构，认为 PCK 包括如下五个方面。一是教学定位：有关教学目的、目标和信念，它是教学决策的基础；二是课程知识：知道课程的目的和具体目标、课程的具体计划；三是科学素养评价知识：知道有关科学仪器、特定单元的程序、方法和活动；四是学生对特定主题理解的知识：学生理解特定的科学主题的知识，比如学习的需要和学习的困难；五是教学策略知识：特定学科策略、特定主题策略、特定情境策略。马格努森等继续完善 PCK 内涵，并阐明要素间的关系（见图 2-4），PCK 是将学科知识转化形成了特殊的知识使学生受益，二者是教师知识中的不同维度。1999 年，马格努森、克拉奇克和博尔克认为 PCK 的本质可以从以下两个方面理解：一是教师 PCK 的各个方面需要有关于每个主题的特定知识，教师需要根据他们所教的所有主题来发展 PCK 的每一个方面；二是把 PCK 的功能作为一个整体来看待。PCK 具有多样性，不同学科背景教学中教师所展现出来的 PCK 也有所不同。[①]

5. 威尔等对 PCK 内涵与结构的理解

威尔和麦肯斯特根据布鲁姆的目标分类法绘制了教师 PCK 来源及其层级关系的金字塔模型（见图 2-5、见图 2-6），详细说明 PCK 的层次结构及其属性。威尔等认为，只有教师理解学生在教育教学中的重要性，才能逐步学习并增加 PCK 中的其他知识，从图 2-5 来看，PCK 位于金字塔的中心位置，意味着它在教师教学中的重要性，它由课程知识、情境知识、教学知识、评价知识、环境知识、课堂管理知识等八类知识有机融合而成。从图 2-6 来看，PCK 位于金字塔的顶端，中间层是关于学生的知识，处于最底层的是学科知识，意味学科知识是教学的基础，关于学生的知识是教学的关

---

① S. Magnusson, J. Krajcik, H. Borko. Nature sources and development of pedagogical content knowledge for science teaching. *Examining Pedagogical Content Knowledge*. Dordrecht: Springer, 1999, pp. 95-132.

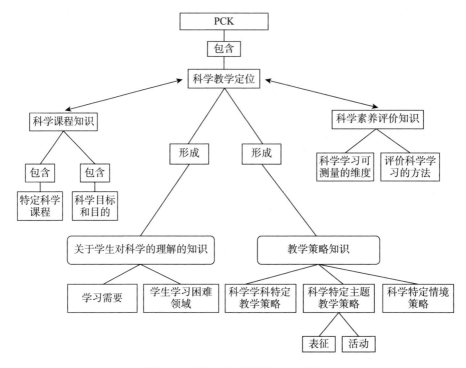

图 2-4 马格努森的教师 PCK 结构

资料来源：S. Magnusson，J. Krajcik，H. Borko. Nature sources and development of pedagogical content knowledge for science teaching. *Examining Pedagogical Content Knowledge*. Dordrecht：Springer，1999，pp. 95−132。

键。教师只有了解学生的基本情况才能充分地应用在其上层的 8 类知识进行学科知识的教学。金字塔模型并不意味着成为一个合格的教师是一个线性发展的过程；相反，它意味着一个教师只有在整合其他知识的同时，才能发展学科内容知识和关于学生的知识。对于教师来说，通常内容知识的发展先于关于学生的知识的发展，随着时间的推移，通过教学专业发展和非正规学习经验的相互整合，教师的知识金字塔会逐渐发展。①

威尔等还基于从一般到具体的方法，提出了教师具体 PCK 的分类分层组织模型（如图 2-7 所示）。

---

① W. R. Veal. Pedagogical content knowledge taxonomies. *Electronic Journal of Science Education*，1999，p. 3.

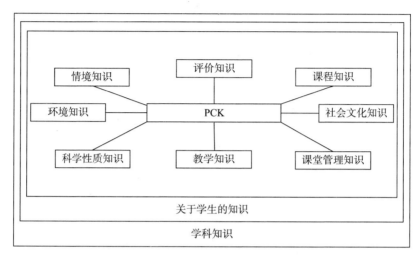

图 2-5 威尔的教师 PCK 结构（俯视图）

资料来源：W. R. Veal. Pedagogical content knowledge taxonomies. *Electronic Journal of Science Education*, 1999。

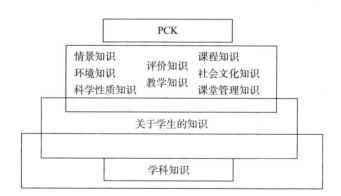

图 2-6 威尔的教师 PCK 结构（侧视图）

资料来源：W. R. Veal. Pedagogical content knowledge taxonomies. *Electronic Journal of Science Education*, 1999。

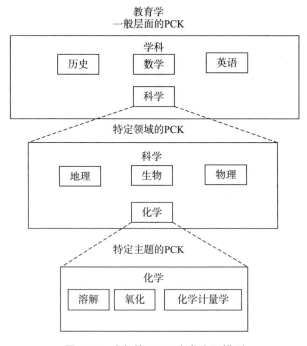

图 2-7 威尔的 PCK 分类分层模型

资料来源：W. R. Veal. Pedagogical content knowledge taxonomies. *Electronic Journal of Science Education*, 1999。

第一层是一般层面的某个具体学科 PCK，比如历史、数学、科学、英语等 PCK。

第二层是特定领域的 PCK，例如科学中物理、化学、生物等 PCK，体育教学中关于篮球教学的 PCK。

第三层是特定主题的 PCK，如化学中有关溶解、氧化、化学计量学等内容的 PCK，体育教学中篮球体前变向换手运球、田径跨越式跳高、体操鱼跃前滚翻等内容的 PCK。

不同层面的 PCK 研究有其不同的价值和意义，研究者可以根据研究的需要选择研究一般层面的、特定领域的或特定主题的 PCK。从已有的文献看，越来越多的研究者认为特定主题的 PCK 更重要一些，原因在于教师在日常教学中经常讨论的是具体的主题如何教学，对具体主题的教学思考更有助于教师快速成长。因此，关于特定主题 PCK 的研究增长非常迅速，学科研究者从各自学科教学的特点出发，研究本学科独特的 PCK 的内涵、发展现状、建构表现、提升策略等，为学科教学理论繁荣和教学实践质量提升做出了一定的贡献。

6. 帕克等对 PCK 内涵与结构的理解

帕克等在 PCK 结构上继承了马格努森的观点。与科克伦相同，他也认为教师的 PCK 是动态的，提出了行动中的 PCK（PCK in action）和关于行动的 PCK（PCK on action）来突出教师 PCK 的实践性。他认为 PCK 是在某种文化、情境和社会学习环境中，借助多元教学策略、教学表征、教学评价等传达给某个学生群体，以帮助他们理解特定的学科内容。他借助科学这一门学科建构了 PCK 五边形结构（如图 2-8 所示）。

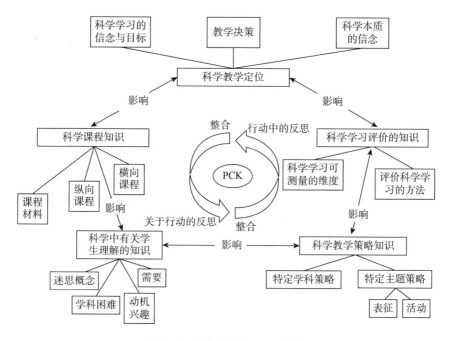

图 2-8 帕克的教师 PCK 结构

资料来源：S. Park, J. S. Oliver. Revisiting the conceptualisation of pedagogical content knowledge（PCK）: PCK as a conceptual tool to understand teachers as professionals. *Research in Science Education*, 2008, 38, pp. 261-284。

7. 鲍尔等的研究

密歇根大学的鲍尔等学者在舒尔曼 1986 年关于教师知识分类的基础上，对数学教师为了教学所应具备的知识开展研究。鲍尔等对数学教师应具备的知识进行重新分类，把课程知识并入 PCK 中，指出数学教师应掌握的知识由学科内容知识和 PCK 两部分组成。其中学科内容知识，由一般内容知识、特殊内容知识和横纵向内容知识组成，而 PCK 由内容与学生的知识、内容与教学的知识以及内容与课程的知识组成（见图 2-9）。在这几类知识中，鲍尔等强调特殊内容知识、内容与学生的知识、内容与教学的知识是教师教学工作所特有的，这几类知识与其他受过教育的成人拥有的数学知识和技能截然不同。①

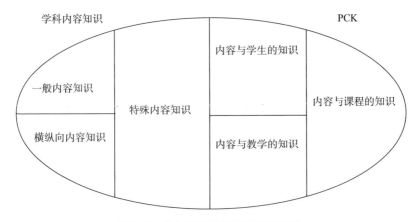

学科内容知识

PCK

内容与学生的知识

一般内容知识

特殊内容知识

内容与课程的知识

横纵向内容知识

内容与教学的知识

图 2-9 鲍尔等的教师知识基础结构

资料来源：D. L. Ball, M. H. Thames and G. Phelps. Content knowledge for teaching：What makes it special? *Journal of Teacher Education*, 2008, 59 (5), pp. 389-407。

鲍尔等的研究特别强调学科内容知识的重要性，要对学科内容进行横向与纵向的理解。尤其是学科内容知识中的特殊内容知识，它不是数学家拥有的高深知识，而是教师从事特定的教学任务时需要的知识；既是教师对教材进行的教学理解，也是教师采取有效教学表征行为的基础。马立平的研究证明了鲍尔等的理念，她通过中美小学数学教师的对比研究发现，教师对学科

---

① D. L. Ball, M. H. Thames and G. Phelps. Content knowledge for teaching：What makes it special? *Journal of Teacher Education*, 2008, 59 (5), pp. 389-407.

知识概念性理解的深度和广度，极大地影响着他们在各类数学主题教学中，对教学表征和教学策略的多样化选择。① 上述研究在荷兰也得到普遍认可，数学教师学科内容知识与学生的学习成果是正相关的，因此应该在提高教师学科内容知识方面投入更多的精力。②

8. PCK 共识模型

自 PCK 概念被提出以来，由于其巨大的学术价值和实践意义，各国教师教育研究者纷纷报以极大的兴趣。特别是进入 21 世纪以来，理论探讨和实证研究成果颇丰。舒尔曼等研究者重新审视了多年来 PCK 研究的发展历程和丰硕成果，认为学术界对 PCK 的内涵与结构缺乏必要的共识，这不利于研究的深入，不利于研究者之间的对话。于是，2012 年，舒尔曼连同格罗斯曼、盖斯纽森、洛克伦、朴顺惠等 22 名来自全球 7 个国家的 13 个研究团队的 PCK 领域知名学者在美国召开会议，共同讨论并最终构建了以 PCK 为主题、连接知识与实践的教师专业知识与技能模型，简称共识模型（Consensus Model）。该模型由教师专业知识基础、具体主题的专业知识（共同体 PCK）、教师个人的增/减效因素、课堂实践（个人 PCK）、学生个人的增/减效因素、学生成绩 16 个相互关联的要素构成，每个要素又涵盖若干成分（如图 2-10 所示）。③

舒尔曼等众多研究者提出的共识模型将 PCK 放在了更大的系统中，得到了学界的广泛关注。该模型对 PCK 进行了更为细致的解构，并厘清了 PCK 众多要素之间的复杂关联，呈现了教师专业知识由理论到实践的全过程。有学者通过对物理教师的专业知识关系、学科内容结构与学生成绩的相关性研究进一步验证了该模型的有效性。④

---

① 〔美〕马立平：《小学数学的掌握和教学》，李士锜等译，华东师范大学出版社，2011。

② 翟俊卿、王习、廖梁：《教师学科教学知识（PCK）的新视界——与范德瑞尔教授的对话》，《教师教育研究》2015 年第 4 期。

③ J. Gess-Newsome. A model of teacher professional knowledge and skill including PCK：Results of the thinking from the PCK summit, in A. Berry, P. Friedrichsen & J. Loughran（eds.）, *Re-examining Pedagogical Content Knowledge in Science Education*. New York：Routledge, 2015, pp. 28-42.

④ S. Liepertz, A. Borowski. Testing the consensus model：Relationships among physics teachers' professional knowledge, interconnectedness of content structure and student achievement. *International Journal of Science Education*, 2019, 41（7）, pp. 890-910.

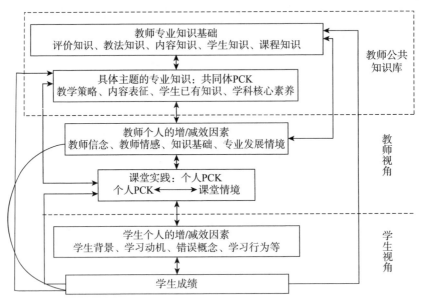

图 2-10　教师专业知识与技能的共识模型

资料来源：J. Gess-Newsome. A model of teacher professional knowledge and skill including PCK：Results of the thinking from the PCK summit, in A. Berry, P. Friedrichsen & J. Loughran（eds.），*Re-examining Pedagogical Content Knowledge in Science Education*. New York：Routledge，2015, pp. 28-42。

（二）我国学者对 PCK 内涵与结构的理解

我国最早引入 PCK 概念的学者是白益民，他不仅对舒尔曼、格罗斯曼、科克伦等学者关于 PCK 的研究进行了系统的介绍和分析，同时根据我国的国情初步探讨了符合我国国情的 PCK。白益民认为将特定内容知识有效呈现给特定的学生是 PCK 的核心，教师 PCK 由关于特定学科性质知识、关于课程的知识、关于学生身心发展特点的知识、关于教学情境的知识等构成；教师 PCK 是一个动态发展的过程，具有明显的个人特征和学科特点，是教师个人在自己所教学科范围内不停地将诸多因素整合、创新的过程。①

对 PCK 最早进行实证研究的学者是范良火，其关于 PCK 来源的理论影响较大，我国学者后来开展类似研究基本上是基于他的框架。范良火认为

---

① 　白益民：《学科教学知识初探》，《现代教育论丛》2000 年第 4 期。

PCK 是使学生可以高效地掌握所学学科内容的一种知识，并将 PCK 分为与学科相关的内容知识、与学科课程相关的知识和与学科教学相关的策略性知识。[①]

马云鹏和他的团队在国内较早开始 PCK 实证研究，涉及学科较多，研究主题较广泛，研究方法丰富多样，他们认为："PCK 应该是教师在特定情境里，基于对学生和特定学科内容的综合理解，选择教学策略表征，将学科知识转化为学生理解的知识过程中所使用的知识。教师需要在特定情境下，整合相关知识，为某一特定群体的学生计划并实施教学。不管 PCK 如何演绎，至少这一基础始终没有动摇，即教师通过对教学和内容理解的融合来影响其教学方式，帮助学生更好地理解与学习。其中教学内容表征、对于学习特定困难的策略知识以及基于学科知识对学生理解的知识是具有普遍共识的 PCK 核心。"[②] 高成认为，PCK 是教师在教授特定课程主题、面对特定的学生时，运用特定的教学表征方式将课程内容转化为学生易于理解的方式时所运用的最核心的知识，具体包括关于课程的知识、关于学生的知识、关于这个策略与表征的知识以及关于教学评价的知识。[③] 何耀慧认为教师在进行有效教学的过程中运用到的决策性知识是 PCK，它是将与所教学科有关的教学法知识、与学科有关的内容知识、与学生身心发育特点有关的知识、与学科课程有关的知识及与教学环境有关的知识整合起来针对教学而进行的最优化选择和利用的决策性知识。[④]

（三）宣称 PCK 与使用 PCK

从类型上说，PCK 既有理论知识，也有实践知识；既有静态的陈述性知识，也有动态的程序性知识和策略性知识；既有外显性的公共知识的性质，也有内隐性的个体知识的性质；既有静态的一面，也有动态的一面；既有可以言明的内容，也有难以言说的一面，因而想调查其现状和特点有相当难

---

① 范良火：《教师教学知识发展研究》，华东师范大学出版社，2003。

② 解书、马云鹏、李秀玲：《国外学科教学知识内涵研究的分析与思考》，《外国教育研究》2013 年第 6 期。

③ 高成：《中学化学教师学科教学知识（PCK）建构研究》，西南大学博士学位论文，2019，第 51 页。

④ 何耀慧：《我国体育教师学科内容知识（CK）测评工具研制及其运用研究》，华东师范大学博士学位论文，2018，第 12~14 页。

度。本书借鉴高成的理论将 PCK 分为宣称 PCK 和使用 PCK。

（四）小结

通过文献梳理可知，舒尔曼提出 PCK 概念后，有关这一概念的研究已经成为国际教师教育研究领域的热点，国内外的研究者纷纷基于自己的研究经历发表了对这一概念的内涵和结构的观点。但是由上述综述可知，学者对 PCK 的概念内涵还有一些争论，对其构成要素的理解也有一些分歧，但是这些争议和分歧大多体现在概念名称或内涵的描述上，关于这个概念的重要性、内涵和要素的认识没有发生改变。

第一，舒尔曼对 PCK 这一概念的理论价值和实践意义的重要性的论述，即认为该领域的研究将对教师教育产生重要影响，对学生学习的促进作用将是巨大的，学者们对这一点深信不疑。

第二，关于这一概念的核心内涵没有改变，即将学科知识转化为学生可学的形式，也就是说只有理解了每个学生的现有基础、学习难点和易错点等才能实施高效教学。

第三，关于这一概念的构成要素没有改变。关于 PCK 的研究已经持续了 30 多年，有一个关键观点始终没有动摇，即在特定的教学情境下，教师通过对教学和内容理解的融合来影响其教学方式，帮助学生更好地理解与学习。其中教师对教学内容的理解以及对学生所学内容的基础的理解、选择有效教学表征策略是 PCK 的三个核心。

三 深入研究阶段：PCK 的建构

有关 PCK 的研究成果可谓纷然杂陈，研究者对学科教学知识整合要素及侧重点的认识也各持己见，但是对 PCK 之于教师职业的重要价值，即 PCK 是教师职业所特有的专业知识，是区分学科教师与学科专家的关键所在，在教师专业知识结构中处于核心地位，学者们具有普遍共识。正是基于这一概念的重要性，所以自舒尔曼提出 PCK 概念以来，学者关于"PCK 是如何形成与发展的"的讨论就没有停止过。尽管如此，关于"PCK 是如何建构的"这一根本性问题，学者们的看法也存在分歧，下面列举一些国内外学者具有代表性的观点分析 PCK 建构研究的现状。

（一）国外学者关于 PCK 建构过程的研究

1. 舒尔曼的转化理论

1986 年，舒尔曼提出 PCK 概念的初衷是弥补学科知识与一般教学知识之间的鸿沟，以促进学生高效学习。1987 年，舒尔曼研究了新手教师的教学，提出了著名的教学推理与行动模式（the model of pedagogical reasoning and action），认为教师自己要能够理解教学内容，经过消化吸收后用恰当的教学方式对学科内容进行重组和拆分等加工，通过比喻、练习、案例和演示等方式将各种教学决定付诸实施，使教学内容转化为学生可理解的内容，从而实现将教师的知识转化成学生的知识，在这一过程中教师的 PCK 得以发展与形成。舒尔曼等将行动过程步骤化为理解、转化（准备、表征、选择、调整）、教学、评价、反省、新理解六个阶段，各阶段的内涵见表 2-1。舒尔曼强调教学推理模式中的活动是循环的，它们之间并没有固定的次序或阶段。该模式的核心观点是教师成长以实践为基础，是教师成长理念的巨大转变。

表 2-1　舒尔曼教学推理与行动模式的内涵

理解	教师必须对学科内容有充分的理解与掌握，不仅要了解学科中的概念、教学目的、学科架构，还必须知道这些概念和其他领域间的关系
转化	教师如何将学科知识转换成可教的内容，是教师进行教学活动前的准备与计划，转化过程分为几个步骤： 准备：教学前准备教科书、教材，并能批判性地分析、解释教科书的重点 表征：表征主要是思考教科书或课程中主要概念可以运用什么方式呈现，它包括模拟、隐喻、举例、示范、展示、解释，这些表征形态是教师和学生之间教学理解的沟通桥梁 选择：教师必须重新组织教材内容，以可运用的表征方式呈现并且从教学组成要素中选择方法 调整：考虑学生先前的概念、偏误概念和困难性、语言、文化和动机、班级、性别、年龄、能力、态度、兴趣、自我概念和注意力等因素来调整教材的内容
教学	形成一套教学设计与策略，用以进行实际的课堂教学，并通过课堂管理、学生课堂问答的互动，有效地呈现教学内容
评价	教师可以通过课程或单元结束后的测验来评估学生在教学互动中的理解程度与错误概念，以了解学生的学习状况。而教师不仅要了解学生理解的程度，而且需要对所教的教材和学习的过程有一定深入的认识，才能达到评价的效果

反省	可以通过录音、录像的设备或是回顾的方式，于课后重新建构及批判性地分析个人及班级的表现
新的理解	教师从经验的学习中强化对教学目的、学科、学生及教学本身新的了解

资料来源：孙兴华：《小学数学教师学科教学知识建构表现的研究》，东北师范大学博士学位论文，2015。

2. 盖斯纽森的整合-转化模式

盖斯纽森认为PCK是教师拥有的一种独特知识，可以通过建立一个连续的PCK建构模式的续谱来考察教师的PCK整合和转化模式。

在该建构模式续谱的一端是整合模式，教师在教学活动中，整合不同领域、支撑教学活动的有益知识，主要包括学科内容、教学和情境三方面的知识，三者重叠部分就是教师所拥有的PCK，这种PCK类似于化学中的"混合物"：教师自身所具有的学科、教法和背景方面的知识混合于课堂教学实践中，形式上它们是一个整体，实际上它们各自保持原来的化学性质，课堂反思时，能够从各种渠道反向寻找到各自的本源。这种模式下，教师所拥有PCK本身并不是作为一个独立的知识领域存在的，而是三种知识融合在一起，无法准确进行辨识。正如1999年盖斯纽森指出的，"教师的任务是选择性地利用学科内容、教学和情境三种独立的知识基础，整合三者来达成有效学习的需要"。[①]

该建构模式续谱的另一端是转化模式，教师将教学内容、教学策略和教学情境三种知识转换成某种新的形式，对教师教学产生积极影响，它就是教学活动有效部分的新主体PCK。这时候PCK类似于化学中的"化合物"，已经不是最初各方面知识的简单混合，而是产生的一种新知识。从该新知识中已经无法直接看出初始组成部分的成分，只有通过一定的方法、手段才能探究各自原始领域的来源。[②]

---

① 转引自孙兴华《小学数学教师学科教学知识建构表现的研究》，东北师范大学博士学位论文，2015，第33页。

② 谷晓沛：《小学数学教师学科教学知识建构模式研究》，东北师范大学博士学位论文，2018，第19页。

盖斯纽森认为关于教师 PCK 两种模式区别细微，因此可以用化学上的概念进行比喻，当学科内容知识、教学知识及情境知识这三者结合在一起时，可以是混合物（整合模式），也可以是化合物（转化模式），三种元素结合在一起就成为发挥最大效能的 PCK。①

3. 格罗斯曼和马格努森的转化观点

格罗斯曼等以中学英语教师知识为研究对象，构建了模型，学科内容知识、一般教学法知识、学科教学知识和背景知识相互作用，新的 PCK 得以产生。

马格努森等也认为教师的知识基础之间是互动的，但是认为 PCK 和学科知识之间应该用双向箭头连接，因为产生的新 PCK 反过来也能够对发展知识基础领域起作用。②

（二）我国学者关于 PCK 建构的研究

自白益民 2000 年将舒尔曼的 PCK 概念引入我国以来，其迅速成为我国教师教育研究的热点领域，涌现了大量的研究成果，起初以理论介绍和探讨类文献居多，实证研究论文 2010 年以后才逐渐增多。在中国知网中以篇名精确查找"学科教学知识"，共有 810 篇论文，输入"学科教学知识+建构""学科教学知识+形成""学科教学知识+发展""学科教学知识+发展"模糊查找，只有 62 篇文献，多数是理论性探讨，实践研究很少，实证研究多数是硕士、博士学位论文，期刊论文有大部分也是硕士、博士学位论文的研究成果。这些数据足以说明关于 PCK 建构过程和建构机制研究难度之大，这也与国外情况极其类似。我国学者从 PCK 概念传入之初就意识到建构研究的重要性，一些学者十分敏锐地意识到这将是未来研究的热点和难点，很早就开始关注 PCK 建构方面研究。下面从理论和实践两个方面介绍我国学者在 PCK 建构方面的研究成果。

1. 理论探讨

实际上，自 2010 年白益民将 PCK 引入我国，学者们在探索它的内涵和

<hr>

① 孙兴华：《小学数学教师学科教学知识建构表现的研究》，东北师范大学博士学位论文，2015，第 32~33 页。

② S. Magnusson, J. Krajcik, H. Borko. Secondary teachers' knowledge and beliefs about subject matter and their impact on instruction, in J. Gess-Newsome and N. G. Lederman (eds.), *Examining Pedagogical Content Knowledge*. Dordrecht: Kluwer Academic, 1999, pp. 95-132.

结构的时候，已经在不经意间将 PCK 建构的相关理论表现出来，只是学者们关注的主题是它的内涵而不是如何建构。

应国良和袁维新应该是国内较早专门撰文分析 PCK 建构的学者，他们认为教师 PCK 建构主要通过三种途径。一是教材加工建构，即通过对教材的教学法加工建构 PCK。加工建构过程取决于两个系统的相互作用：一个是教材知识系统，另一个是教师自身的知识系统。教师在了解学生的原有认知结构中的背景知识的基础上，通过自己对教学内容的加工提炼建立要素明确、联系性好、概括性强、亲和力高的知识结构，将教学内容作为师生之间、生生之间对话的"话题"，使教学内容与学生的原有知识经验挂钩，从而贴近学生实际，贴近生活实际，促进知识意义的建构。二是反思建构，就是教师通过持续反思自我角色、反思课程与教学、反思教学方法与策略等积极建构或重建有关 PCK，促进自我专业成长。三是对话建构，通过学习共同体的对话建构 PCK，表现为资深教师与青年教师的互动、教研室同事之间的互动（集体备课、听课、说课、评课等）。[1]

李鹏飞认为 PCK 是教师所独有的知识领域，其在教学中的行动机制实质上表现为一种"转化"的智能，在这个转化过程中，PCK 促发了学科知识形态的两次嬗变：一是学科知识的教育学（转）化；二是学科知识的个体（转）化。未来 PCK 研究需立足学科教学实践，以教师和学科教学论专家为能动主体，加强对学科知识和教育学知识的学习，主动拓辟更多联结的可能和意象以促进 PCK 的生成；加快 PCK 的理论研究进程，通过建制保障构建学科教育学研究层级式发展的学科教育理论体系；加强循证教学研究，积极推进针对特定主题 PCK 的研究与开发，搭建资源共享平台实现 PCK 更广泛的传播和共享；创造持续的社会性互动的机会，积极寻求开放式的转化协同体，促进 PCK 更高效、更高水平的转化。[2]

但武刚、万灿娟也提出了与李鹏飞相似的观点：学科知识与教育学知识在教育实践中相互作用转化为 PCK，在这个过程中，教师所理解的知识转化

---

① 应国良、袁维新：《论教师的学科教学知识及其建构》，《教育发展研究》2006 年第 19 期。
② 李鹏飞：《专业语境中的学科教学知识：行动机制与建构路径》，《当代教育科学》2019 年第 11 期。

为学生可理解、可学的知识。教师 PCK 转化的路径也应该适应新时代背景的变化而发生改变：教师要构建"立体化"的学科知识体系从源头上厘清 PCK 的方向；积极地寻求"开放式"转化协同体，以促进 PCK 更高效、更高水平的转化。①

金心红、徐学福等认为教师 PCK 生成的内在机制包括核心机制、外围机制和动力机制三个基本部分。核心机制是一个多重嵌套的交互循环机制，其中包括学科内容知识与 PCK 之间的转化、学科内容知识与 PCK 的内部循环、学科内容知识循环与 PCK 循环的联动循环等多重逻辑，揭示教师如何实现从学科内容知识到 PCK 的转化。外围机制揭示 PCK 如何适切于具体的教学事理系统，教学场域中的时间、空间、人、行为、信息、意义等因素要求 PCK 的生成应"物合事理"。动力机制揭示 PCK 生成的动力系统：选择动力、持存动力、变革动力是 PCK 生成的三种基本动力。核心机制、外围机制和动力机制三者的协同作用推动 PCK 的有效生成。②

除了上述学者，国内还有王建、钱海锋、刘燕楠、郑志辉、梁永平等学者就 PCK 建构进行分析，大多是借鉴国外学者的理论成果分析我国教师教育改革的方向，为推动新时代我国教师教育的转型提供了理论指导。

2. 实践研究

2010 年后，我国 PCK 建构的实证研究逐渐增多，主要分为两类，一类是建构现状与特点的研究，另一类是关于建构机制的研究，下面分别综述这两类研究的现状。

关于 PCK 的建构现状与特点，东北师范大学马云鹏团队在这一领域进行了长期卓有成效的研究，他的博士生孙兴华、解书、谷晓沛、尹瑶芳等采用课堂观察法、访谈法、问卷调查法等丰富的研究方法，从数学、化学、英语等多个学科视角对教师 PCK 的建构现状与特点进行了深入分析。孙兴华通过聚类分析发现，小学数学教师 PCK 建构的综合表现类型有四种：卓越

①　但武刚、万灿娟：《学科教学知识转化：内涵、过程及路径》，《外国中小学教育》2019 年第 3 期。

②　金心红、徐学福：《教师学科教学知识生成的内在机制》，《教育科学》2019 年第 2 期。

型、经验型、缺失型、单一型。① 谷晓沛基于盖斯纽森等学者的PCK建构模式理论，分析处于不同发展阶段的8名小学数学教师的PCK建构模式的类型、特征及影响因素，按相关要素的完整度将教师的PCK划分为要素完整型和要素缺失型，小学数学教师的PCK建构模式可分为整合模式、转化-整合模式、整合-转化模式和转化模式四种类型，其中新手教师（1~3年）PCK建构模式表现为转化-整合模式，熟手教师（4~9年）分化为整合或整合-转化模式，经验教师（10年以上）多数表现为转化模式，也有少数教师仍停留在整合模式。谷晓沛的研究还发现，"教学观摩""教师自身的教学经验和反思""教科书及教学参考书"是影响教师PCK建构的主要因素，"网上资料"是影响教师PCK建构的次要因素，"专业共同体""在职培训""阅读专业书刊"也是影响教师PCK建构的因素。② 解书等人认为影响新手教师和优秀经验教师PCK建构的主要因素差别明显，提出了课堂教学实践过程中PCK建构的实质体现在PCK各要素在认知过程的高级阶段，PCK中对课程要素的深刻理解是PCK建构的关键，PCK与其他各要素的统整是PCK成功建构的保证，PCK建构是静态与动态PCK不断相互转化的过程。③

目前关于建构机制或转化机制的实证研究论文较少，2015年后才开始逐渐有少量研究，还有较大的研究空间。高成通过对两名优秀化学教师PCK建构过程的个案研究发现：PCK建构过程分为搜索与提取、理解与内化、统整与外化、表征与实施和反思与升华五个阶段。④ 还有一些学者如李昱、何双双等也就PCK建构机制进行了初步探讨，总的来说多是借鉴相关学者的理论在我国教师教学实践中进行验证，研究深度和创新性都需要进一步扩展和加强。

---

① 孙兴华：《小学数学教师学科教学知识建构表现的研究》，东北师范大学博士学位论文，2015，第 I 页。
② 谷晓沛：《小学数学教师学科教学知识建构模式研究》，东北师范大学博士学位论文，2018，第 140 页。
③ 解书、马云鹏、李秀玲：《国外学科教学知识内涵研究的分析与思考》，《外国教育研究》2013 年第 6 期。
④ 高成：《中学化学教师学科教学知识（PCK）建构研究》，西南大学博士学位论文，2019，第 III 页。

（三）小结

基于 PCK 这一概念之于教师成长的重要作用，自舒尔曼提出 PCK 概念以来，学者们关于"PCK 是如何建构的"讨论就没有停止过，毕竟，研究如何让所有教师拥有丰富的 PCK，从而提高课堂教学的有效性才是最终目的。尽管如此，目前，关于"PCK 是如何建构的"的相关研究中文献数量较少，且理论逻辑推理较多，实证研究较少，得到学界一致认可的建构机制理论与模型较少。事实上，自 PCK 发端以来，在众多的关于 PCK 建构的理论探讨和实证研究中，学者们更倾向于舒尔曼最早提出的"转化模式"，也就是说教师在教学实践过程中"转化"形成了一种新的类型的知识，即 PCK，众多对新手教师和专家教师的比较研究也从侧面证明了这种知识的确在教师的教学实施中起着非常重要的作用，决定着教师采取何种教学决策来处理课堂教学中的各种与教学内容教学有关的问题。因此，"转化"是教师 PCK 建构的核心，"转化"成为沟通教师、学生与教材的桥梁。在"转化"过程中，学科知识与学生个体经验知识实现了沟通与对接。不仅如此，转化能力的高低也成为区分专家和新手教师的关键。专业教师能将他所拥有的内容转化成为具有教学性的、适合于不同能力和背景的学生。本研究在讨论分析教师 PCK 的建构时也是以转化模式为前提的。

四　"学科化"阶段：不同学科教师的 PCK 现状与提升研究

20 世纪末，随着 PCK 在学术界的广泛传播，它的重要性得到了普遍认可：教师的 PCK 状况将直接影响其教学设计的质量、教学决策和课堂行为，进而影响学生的学习成效，因而 PCK 的发展对教师专业能力发展至关重要。[①] 学者开始将这一领域的研究成果应用在具体学科中，截至目前，据不完全统计，舒尔曼的两篇文章被 38694 篇期刊论文引用，出现在 125 种不同的期刊中，涵盖了法律、护理、数学、科学、英语、化学、科学、语言学、体育等多个专业。研究者不仅着眼于传统的 PCK 普适性理论研究，而且将

---

① S. Park, J. Suh, K. Seo. Development and validation of measures of secondary science teachers' PCK for teaching photosynthesis. *Research in Science Education*, 2018, 48（3）, pp. 549-573.

PCK 应用到实际的学科教学中，开始进行具体学科的实践研究，采用量化和质化相结合的方法以探究不同学科教师的 PCK 现状、教师 PCK 与学生成绩之间的相关性及 PCK 提升路径、PCK 测评工具的研制等。但是在各个领域中研究的发展还不平衡，而通过文献检索发现，涉及 PCK 的文章中大约有 1/4 集中在科学教育，其他学科相对比较少。

关于教师 PCK 的现状，国内外有很多学者对此进行了调查，主要借助量化统计工具、质性观察访谈了解教师 PCK 在教学现实情境中的掌握程度、运用程度等，其中，多以发放问卷进行现状调查和提供策略建议的模式进行文章架构，再辅之以课堂观察法、访谈法、对比分析法等，旨在从现状中探求影响教师 PCK 的背景因素并针对性提供改进路径。王燕荣等认为职前教师在 PCK 方面存在教学目标确定和实现的盲从性、教学内容理解的肤浅性、课堂教学导入的程式化、教学对象认识的匮乏性、教学策略的低效性以及教学评价的单一性等问题。[1] 张磊等的研究发现职前体育教师 PCK 状况不容乐观，绝大部分职前体育教师 PCK 总体情况以及关于体育学科内容的知识、关于学生的知识、关于体育教学策略的知识处于"笼统或有限理解 PCK"水平。[2] 在职教师的情况也存在类似的情况，孙兴华的研究发现在职小学数学教师 PCK 建构的综合表现类型有卓越型、经验型、缺失型、单一型四种类型，其中经验教师主要集中表现为卓越型、经验型，职初教师主要集中表现为缺失型。[3]

关于教师的 PCK 与教师的教学水平或者学生的学业成就之间的联系，国内外很多学者已在这方面进行了研究。有学者研究表明，具有良好 PCK 的教师比一般的教师在教学中表现更出色，学生的学业成绩也更突出；有学者通过实证研究表明，教师的 PCK 直接影响教师的教学质量；也有学者研究发现教师的 PCK 与学生的学业成绩之间存在正相关，并提出要提升学生

① 王燕荣、韩龙淑：《职前教师学科教学知识的现状及提升路径研究》，《教育理论与实践》2018 年第 22 期。

② 张磊、孙有平：《职前体育教师学科教学知识在性别、年级和学校上的差异》，《体育学刊》2018 年第 3 期。

③ 孙兴华：《小学数学教师学科教学知识建构表现的研究》，东北师范大学博士学位论文，2015，第 147 页。

的学习就必须提高教师的 PCK，并将其看作成功教师应该具备的三个基本要素之一。由此可见，发展教师的 PCK 对提高教师专业素质、提升教学质量具有重要的意义。

无论是探索具体学科教师的 PCK 现状还是分析 PCK 与学生成绩之间的关系，都有一个绕不开的问题，即如何科学评量教师的 PCK 发展情况，只有准确掌握教师 PCK 发展的优势与不足，才能够对症下药并采取有针对性的策略提升教师的 PCK，这对教师群体和个体的专业发展均有长远影响。荷兰莱顿大学教育学院院长、PCK 研究专家扬·范德瑞尔说："我认为目前最为焦点的问题是如何采取有效的方式来衡量与评价教师的 PCK，它的有效性要像我们的书面测试一样，但是这种测试又必须与他们的实践有关。"范德瑞尔认为测量教师的学科内容知识和学生成绩这两个变量难度不大，因为有许多公认的测试标准，最大的问题是如何有效地测量 PCK。[①] 近年来学者发现，开展 PCK 测评研究的前提是必须了解教师的 PCK 是什么，由哪些要素构成，具有哪些特征，只有能够正确解读教师 PCK 的内涵才能使其测评研究更加科学、有效。[②] 尽管教师 PCK 的测量是一项十分具有挑战性的工作，但还是有很多专家在这一领域进行了开拓性的研究。回望过去 30 余年来 PCK 领域的研究，不同时期学者对于 PCK 的内涵、本质特征等方面认知各异，影响了相应 PCK 测评工具的发展指向。PCK 发展的伊始阶段，学者们一直未找到测量教师 PCK 的合适方法，多借助访谈、观察等质化研究方法来描述教师 PCK 的面貌。随后，克鲁姆莱和伦弗罗等人认为舒尔曼的 PCK 概念偏向静态性，并采用了多项选择题、概念图、卡片分类等方法对教师 PCK 知识层面进行了水平测试。[③] 随着对于 PCK 认知的逐渐深入，许多学者

---

① 翟俊卿、王习、廖梁：《教师学科教学知识（PCK）的新视界——与范德瑞尔教授的对话》，《教师教育研究》2015 年第 4 期。

② S. Park, J. Suh. From portraying toward assessing PCK: Drivers, dilemmas, and directions for future research, in A. Berry, P. Friedrichsen, J. Loughran (eds.), *Re-Examining Pedagogical Content Knowledge in Science Education*. Abingdon: Routledge, 2015, pp. 104–119.

③ J. D. Kromrey, D. D. Renfrow. Using multiple choice examination items to measure teachers' content-specific pedagogical knowledge. Paper Presented at the Annual Meeting of the Eastern Education Research Association, Boston, 1991, pp. 1–17.

概念化了不同形式的 PCK 以代表 PCK 的本质特征。

近年来，PCK 的内涵和本质特征在多年的争论中渐趋稳定，教师 PCK 的综合性、缄默性、情境性、阶段性等得到了学者的普遍认同。因而想要完整解读 PCK 的复杂建构，仅靠单一的研究工具或手段几无可能，需要用多种途径去搜集教师"知道什么、做了什么、为什么这么做"的相关资料才能反映出教师 PCK 的真实面貌。基于此，国外学者们开发了 PCK 测试调查型测评、PCK 图像表征型测评、PCK 内容表征型测评、PCK 量规评价型测评等不同的测评工具来探索 PCK 的复杂本质。① 鉴于 PCK 研究在国际教师教育领域中呈现出来的学术价值与实践意义，国内部分学者也积极关注 PCK 测评工具及方法的开发与应用。如杜明荣和冯加根基于对教师 PCK 具体结构的明晰，论述了采用纸笔测试法从不同角度测评教师 PCK 掌握情况的可行性。② 黄家红和黄致新则采用文献研究法对科学课程教师 PCK 的测量方法进行了分析与总结，并提出有关科学课程教师 PCK 的实证研究范式发生了很大变化，但仅有少数国内学者关注到了前沿的 PCK 研究方法变革。③ 李硕和刘丽艳用实例分析了 PCK 测试调查型测评、PCK 图像表征型测评、PCK 内容表征型测评、PCK 量规评价型测评等测评工具的结构、特点、适用范围及其有效性。④

综上所述，鉴于各国学者对 PCK 理论在教师教育领域理论价值和实践意义的认可，具体学科的 PCK 研究大量增加，这些研究主要集中于具体学科教师 PCK 或 PCK 的某个构成要素的发展现状、教师 PCK 与学生学业成绩之间的关系等方面。就研究结果来看，无论是职前教师还是在职教师，他们的 PCK 都不容乐观。教师所拥有的 PCK 状况将直接影响其教学设计质量、教学决策和课堂行为，最终必然影响学生的学习行为和学习成效。随着世界各国基于学生核心素养培育的课程改革的持续推进，如何提升教师的 PCK

---

① 李硕、刘丽艳：《国外学科教学知识（PCK）测评工具评析》，《比较教育学报》2021 年第 6 期。

② 杜明荣、冯加根：《教师学科教学知识的测评探析》，《课程·教材·教法》2020 年第 1 期。

③ 黄家红、黄致新：《科学课程教师 PCK 的测量方法评析》，《物理教学探讨》2019 年第 4 期。

④ 李硕、刘丽艳：《国外学科教学知识（PCK）测评工具评析》，《比较教育学报》2021 年第 6 期。

以促进教师的专业发展这一议题将越发引起人们的重视。

五　小结

从上述研究中还可以看出，学界对 PCK 的组成并无统一标准，这也反映出它的复杂性，主要体现在两个方面。一是 PCK 是教师在教学实践中建构而成的，受到其他 PCK 基础和教学情境的影响，具有动态性特征，会伴随其他知识的增加或减少而不断改变；二是 PCK 研究成果运用于各个具体学科，基于学科自身对 PCK 的理解也不同，具有一定学科特性，呈现一定"学科化"倾向，未来 PCK 的研究也更加立足于具体学科（语言、数学、科学等），学科化特征将更加明显。尽管学者关于 PCK 的内涵和组成具有一定分歧，但是经过近 40 年的讨论，PCK 的核心内涵和要素在争论中渐趋稳定，即在特定的教学情境下，教师通过对教学和内容理解的融合来影响其教学方式，帮助学生更好地理解与学习，其中"教师对教学内容的掌握程度""对学生已有基础的了解""选择有效教学策略"是具有普遍共识的 PCK 的三个核心。

第四节　体育教师 PE-PCK 研究

随着 PCK 在各具体学科的广泛运用，国内外体育学界也逐渐意识到其在体育教师专业发展中的重要性。与其他学科研究类似，体育学界关于 PE-PCK 的内涵与结构的理论探讨基本尚未脱离舒尔曼、格罗斯曼、科克伦等最初的研究框架，体育学者认同"教师对教学内容的掌握程度""对学生已有基础的了解""选择有效教学表征策略"是体育教师 PE-PCK 的三个核心要素。目前，体育学界的实证研究也是集中在应用相关理论、采用量化和质化相结合的方法探究体育教师 PE-PCK 的现状，分析体育教师 PE-PCK 与学生成绩之间的相关性，体育教师 PE-PCK 测评工具，总结体育教师 PE-PCK 发展的优势、不足及提升路径四个方面。同理，体育学者关于体育教师 PE-PCK 的研究也是来自为了实施有效的体育教学，体育教师究竟应该具备什么样的知识与技能的追问，所以下文将首先论述国内外关于体育教师知识结构的研究现状，然后分别综述国内外体育学界在上述四个方面的研究成果。

一 国内外关于体育教师知识结构的研究

自 20 世纪 70 年代以来，随着教师知识理论思潮的传播，体育教师知识研究成为美国学校体育研究的主要研究方向，一些在全美影响较大的体育学者也专门著书探讨这一议题。1974 年，西登托普提出体育教师的知识结构：一是体育教育的学科规律，包括人类体质培育的知识、实现体育教学效果的手段的知识、人类身体活动的美学知识、游戏的知识与竞技的知识五个要素；二是体育教师职业的认识，包括体育教师职业历史演进的知识、体育教师职业社会地位与社会处境的知识两个方面；三是对于未来体育教师职业发展的判断能力。罗韦尼奥在对体育教育专业职前教师学科知识研究中发现，强调职前体育教师的创造力和运动方法的提升比关注运动和技能本身更重要，并进一步阐释了运动方法的内涵：一是深刻理解并区别对待体育学科内容知识和 PCK，用批判的态度逐步积累 K-12 年级的教学经验；二是充分理解不同层次的体育运动方法的形成；三是通过实践经验的积累来学习，学会在实践中反思。2009 年，沃德借鉴了数学领域鲍尔的关于学科知识的理念，认为一个体育教师不仅应该知道如何完成一项体育运动，更重要的是如何教授这项运动。他指出区别一个体育教师和一般运动者的最大不同，就是体育教师不能局限于知道"如何做运动"（how to play），更应该具备关于"如何教授运动"（how to teach）的知识，知道如何熟练地教授运动比知道运动的规则、技术、战术，知道如何去做运动更重要。以篮球为例，对一个体育教师来说，会打篮球固然很重要，但更重要的是，他要懂得如何采取有效的方式将篮球这项运动教给他的水平各异的学生。据此，他指出体育教师知识体系主要包含学科内容知识（Content Knowledge，CK）和 PCK 两大部分。其中，CK 又可进一步分为一般内容知识、特殊内容知识；PCK 又可进一步分为课程知识、教学法知识、内容知识、学生知识、教学情境知识五个方面。①

① 尹志华、刘皓晖、闫铭卓等：《有效教学的知识基础：体育教师应掌握什么样的知识？——美国国家体育科学院院士 Phillip Ward 教授学术访谈录》，《体育与科学》2023 年第 3 期。

二　国内体育教师知识结构的研究

笔者在中国知网以"体育教师+知识"为篇名进行精确查找，1985～2023 年，关于体育教师知识的研究总计有 182 篇论文。笔者根据篇名、关键词、研究内容等对这些文献进行了深入的逻辑分析，发现体育教师知识研究可分为三个阶段。第一阶段，1985～2005 年，研究论文多以"知识""知识结构""知识能力结构""专业知识"等概念作为篇名或关键词。第二阶段，2006～2015 年，一些篇名带有新概念的论文开始出现，如"实践性知识""教学知识""隐性知识""缄默知识""学科教学知识"，说明部分体育学者对教师知识研究的取向发生了变化，但是这类文献较少，只有 20 篇，其余更多的文献还是在传统知识观下进行研究。第三阶段，2015～2023 年，关于教师知识的研究文献数量开始减少，每年在 6～10 篇，其中以"学科教学知识"为关键词的文献量不降反增，说明体育教师学科教学知识研究逐渐成为研究热点。

基于以上数据，国内体育教师知识研究的三个阶段如下。

第一阶段，1985～2005 年，体育教师知识研究的萌芽期，关注普适性理论构建。这一时期的文献以普适性的理论探讨为主。当时国内关于体育教师知识的研究虽没有表明是在何种知识观引领下进行的，但是研究论文多以"知识""知识结构""知识能力结构""专业知识"等概念为篇名或关键词，折射出研究者所秉持的大多是科学主义世界观。这种知识观强调知识的客观性、中立性、普遍性，不受认识者的信念、情感、态度、性别、种族、价值观、文化环境等因素的影响等观点，在这种知识观引领下，体育教师在教育教学实践中所获得的技能与经验不具有客观性、普遍性的特征，因此无法进入研究者的视域。这一时期的研究以理论思辨为主，强调建构具有普遍意义的理论来指导实践。我国体育学者黄渭铭和周铁军首先分别对高校体育教师和合格初中体育教师的知识能力结构进行了论述。国内较早对体育教师知识进行研究的肖焕禹和方立认为高校体育教师的知识结构应包括三个层次七个方面的内容：第一层次是普通基础知识（政治和社会科学理论、自然科学知识），特点是"博"；第二层次是学科专业知识（人体科学理论知识、专业运动理论知识、应用科研学科理论），特点是"深""宽""新"；第三层次是教育学科理论（教育理论和体育教育理论）。肖焕禹和方立认为第一层次是结构的基础，是体育教师形成教学能力和其他能力及对学生进行思想品德教育的基础；第二层次是结构的重心，制约着体育教师教学、训练、科研和保健能力的高低；第三层次是结构的支架，它对体育教师的教学能力起决定作用。[①] 王维群等则在问卷调查的基础上指出，未来中学体育教师应具备三大类六个方面60门课程的知识结构。第一类是普通基础知识，包括各学科体育教师都应具备的知识，如哲学、电脑应用、心理学、教育学、中英文；体育教师应具备的基础自然科学知识，如数学、物理、化学和生物学。第二类是体育学科专业知识，包括人体科学学科、运动理论和技术学科、体育应用学科、体育人文社会学科四个方面。第三类是体育教育学科知识。[②] 可见，王维群等的观点与肖焕禹等的观点基本相同，只是分类更加详细，这种观点的分类结构对我国体育教育专业人才培养产生了很大的影响，即使在目前我国体育教育专业的课程设置中也能够看到它的影子。可以看出，2005年以前，体育学界关于体育教师知识结构占主流的观点就是"基础知识+学科专业知识+教育理论与方法"，重视理论知识的学习；反映在教师培养上，就是职前教师教育注重设置大量的基础理论课程和体育运动项目课程，职后教师教育重视专家理论讲座，职前教育实践课时很少，职后教育忽视以校为本的研修等。职前体育教师教育的"一专多能"思想、职后体育教师教育主要在大学"听专家讲座或去高校进修"就是最好的证明。

　　第二阶段，2006~2015年，体育教师知识研究的发展期，关注体育教师知识发展现状与提升策略的研究。这一时期的体育教师知识研究的认识论基础是多个知识观并存，理论探讨持续深化，同时实践调研类的论文数量有一定增长。在教育界大量关于认知心理学、建构主义知识观和后现代主义知识观的研究成果的综合影响下，部分体育学者对体育教师知识的价值取向发生了较大的变化，体育教师知识的实践性、差异性和情境性逐步得到学者的认

---

① 肖焕禹、方立：《高校体育教师的知识结构与能力结构》，《体育科学》1992年第2期。
② 王维群、钱铭佳、廖玉光等：《未来中学体育教师的知识结构》，《体育学刊》2001年第3期。

可，"实践性知识""个人知识""缄默知识""教学知识"等概念开始出现在关于体育知识的研究论文中。2006年，笔者在后现代主义知识观视域下对体育教师PCK的内涵、特征及培养途径进行剖析，认为PCK具有身心统一性、实践性、境域性、综合性、对话性、双重性等特征，并编制了PCK测评的问卷，调查中学体育教师PCK的现状及发展的阶段性特征，是国内较早系统研究体育教师PCK的学者。杨健科等对体育教师实践性知识的特征、建构以及传承等进行分析，认为体育教师的实践性知识包含了经验性、行动性、综合性、个体性及动态性等特征，体育教师获得实践性知识需要经历一个自主建构的过程，并强调体育课堂是实践性知识传播的重要场所。① 肖海波从知识管理的视角出发，将体育教师个人知识分为隐性知识与显性知识两类，详细阐述了体育教师显性知识和隐性知识的内容、特点，并对当时体育教师个人知识管理的现状及其存在的问题进行了分析，探讨了体育教师个人知识管理的含义、目标、内容、特征、过程与方法等理论与实践问题，提出了体育教师个人显性知识与隐性知识管理的策略和方法。② 总体上这类论文数量仍然较少，只有20篇论文，且以理论探讨为主，对当时的体育教师教育实践的影响较为有限。这说明大部分学者仍然是在传统知识观下研究教师的知识，教师知识的实践性、情境性等仍然没有引起学界足够的重视。尽管如此，这些在新的知识观引领下进行的探索为体育教师知识研究注入了新鲜血液，为后来者打开了新世界的大门，为接下来新阶段体育教师PCK研究的深入发展做好了铺垫。

第三阶段，2016~2023年，体育教师知识研究的深化期，关注面向学科教学和课堂实践的体育教师知识研究。与上一阶段相比，2016~2023年，体育教师知识研究论文数量下降较多，但是篇名中带"教学知识""实践知识""个人知识"等概念的文献达到了30篇，其中关于体育教师PE-PCK方面的论文有17篇，包括硕士学位论文9篇，学者们以体育教师PE-PCK现状的问卷调研为主，辅以课堂观察或访谈，试图通过多种研究方法揭示不

---

① 杨健科、赵冠明、陈昆云：《体育教师实践性知识的特征、建构与传承》，《体育学刊》2009年第6期。

② 肖海波：《普通高校体育教师个人知识管理的理论探索》，湖南大学硕士学位论文，2010。

同成长阶段体育教师 PE-PCK 的优势与不足，进而提出相应的发展策略与建议。徐燕霞采用文献资料法、问卷调查法、个案研究法、观察法、访谈法、数理统计法等研究方法，开发职前体育教师 PE-PCK 测评量表，并应用其对广州市职前体育教师的 PCK 进行测评。[①] 张洪伟编制体育教师 TPACK 调查问卷，测量体育教师 TPACK 发展现状，结合访谈法发现影响体育教师 TPACK 的因素，并提出体育教师 TPACK 提升策略。[②]

综上所述，无论国内或国外，在对体育教师知识进行的研究中，学者逐渐将研究重心转移到了体育教师知识在学科教学和课堂实践中的呈现以及学生体育学习的效果，因此学科知识和 PCK 成为体育教师知识研究的两个重要领域。本研究选择 PE-PCK 作为研究主题正是基于体育教师知识研究转向的时代背景，接下来对我国体育教师 PE-PCK 的研究现状、发展趋势进行总结，分析本研究理论视角和研究内容提出的理论价值和实践意义。

三 国外关于体育教师 PE-PCK 的研究

（一）体育教师 PE-PCK 内涵研究

研究发现，国外体育界并没有一个普遍认可的 PE-PCK 概念。三个研究团队在体育教师 PE-PCK 内涵方面做出了重大贡献，分别以美国罗韦尼奥、法国阿玛德-斯科特、美国沃德为代表。[③]

1. 罗韦尼奥的观点

罗韦尼奥最早将 PCK 理论应用于研究体育教师的教学实践。PE-PCK 基础研究是由她完成的。她应用质性研究描述和解释 PCK。当很多学者还在生态学视域下关注体育课时间分配、任务安排及调整、任务陈述的明确性、反馈的及时性以及不同学习类型的效果时，罗韦尼奥已经开始融合生态学观点，研究在一定的教学情境下教师所教知识、任务呈现、反馈和教

---

① 徐燕霞：《职前体育教师学科教学知识测评量表的编制及应用》，广州大学硕士学位论文，2022，第 I 页。

② 张洪伟：《体育教师整合技术的学科教学知识（TPACK）提升策略研究》，天津体育学院硕士学位论文，2022，第 I 页。

③ P. Ward. Pedagogical content knowledge：Conceptions and findings in physical education. *Journal of Teaching in Physical Education*，2016，35（3），pp. 194-207.

学等的质量。① 她认为体育教师不仅要知道如何将学科知识转化为可教的内容以及知道转化过程中知识之间的关系，而且教师对学生个体、教学任务和教学环境等相互作用中所形成的特定情境的理解也很重要，表现为教师将教学内容细化、分化到足以适应学生在特定环境中的学习，并给予学生必要的反馈。②

罗韦尼奥同时认为 PCK 是一种实践知识，在实践中产生又作用于实践。③ 她认为如何分解细化教学内容、设置有序的教学任务以及了解学生学习的特征对职前体育教师 PCK 特别重要，只有拥有这些 PCK，职前体育教师才能针对教学内容决定采取何种教学决策和如何安排教学内容学习步骤。这里提出的教师对学科知识的"分解与有序性"，为教师深入理解学科知识并将其转化为学生可学的学科知识提供了具体途径。她总结出对学科知识的分解和排序有五种模式，分别是线性模式、层级模式、螺旋模式、非线性模式和矩阵模式。她认为上述理论视角为解释体育教师教学内容决策和教学内容进程提供了基础。④ 可见罗韦尼奥关注产生高质量体育教学内容的思维过程。但是她后期的研究认同 PCK 是缄默的个人知识，语言难以描述，因而也难以在教师间分享，而行动 PCK，例如描述教师教三年级学生运球采用的方法，却可以在教师间交流，对具体运动技术外显 PCK 的描述可以反映内隐 PCK 的状况。例如罗韦尼奥将三年级学生运球的 PCK 概括如下。其一，将运球教学内容看作相互联系的动作和战术网络；其二，根据学生已有的知识，改进动作模式；其三，通过运球活动教给学生该项技能。教师是这样做

① P. Ward. Pedagogical content knowledge: Conceptions and findings in physical education. *Journal of Teaching in Physical Education*, 2016, 35（3）, pp. 194-207.

② I. Rovegno. Learning to teach in a field-based methods course: The development of pedagogical content knowledge. *Teaching and Teacher Education*, 1992, 8（1）, pp. 69-82.

③ I. Rovegno, W. Chen, J. Todorovich. Accomplished teachers' pedagogical content knowledge of teaching dribbling to third grade children. *Journal of Teaching in Physical Education*, 2003, 22（4）, pp. 426-449.

④ I. Rovegno. Theoretical perspectives on knowledge and learning and a student teacher's pedagogical content knowledge of dividing and sequencing subject matter. *Journal of Teaching in Physical Education*, 1995, 14（3）, pp. 284-304.

的，显然也是这样思考的。[1] 可见，罗韦尼奥不仅重视体育教师将学科知识转化为学生可学的教学内容的认知过程中各类知识如何相互作用，还特别强调教师对学生个体、练习任务、教学环境等所形成的特定情境的理解对 PE-PCK 生成的重要性，这些观点体现了罗韦尼奥关于体育教师 PE-PCK 研究的建构主义和生态学取向。

2. 阿玛德-斯科特的观点

阿玛德-斯科特综合应用人类学研究和定性访谈与正在课堂上进行指导的教师和学生进行面谈，提出用教学联合行动研究解释教师和学生之间复杂的相互作用所涉及的 PE-PCK。[2] 阿玛德-斯科特将 PCK 和欧洲学术界研究的学科教授法做了比较。她认为 PCK 关注教师对教学内容的选择和表征使其成为学生可学的内容，而学科教授法研究更关注学科知识经过复杂的转化后在课堂上如何呈现，关注教师的教和学生的学的复杂的相互作用，并认为其在教学过程中起决定性因素。学科教授法有三层含义，宏观层面将学术性的学科知识转化为学校课程，中观层次将学科课程知识转化为学生可以接受的教学内容，微观层次教学内容在真实的教学情境中不断调整转化为真实的教学内容。她认为两者的相同点是都重视体育教学内容，认为体育教学内容是特定体育教学背景下高度专门化的身体活动和运动，随着专业知识发展而发展，并受到专业知识系统的内部约束。[3] 她用"关键教学事件"的方法对体育教学内容进行了研究，"关键教学事件"法基于对教学过程中关键时刻的定性描述和分析，用以抓住教师和学生行为及行为结果背后的意义，并描述学科知识向实际教学内容转化的复杂过程。"关键事件"被定义为一种特

① 贺昆：《国内外 PCK 概念在体育教育领域中的演绎》，《体育科学研究》2020 年第 6 期；I. Rovegno, W. Chen, J. Todorovich. Accomplished teachers' pedagogical content knowledge of teaching dribbling to third grade children. *Journal of Teaching in Physical Education*, 2003, 22 (4), pp. 426-449。

② P. Ward. Pedagogical content knowledge: Conceptions and findings in physical education. *Journal of Teaching in Physical Education*, 2016, 35 (3), pp. 194-207.

③ C. Amade-Escot. The contribution of two research programs on teaching content: "Pedagogical content knowledge" and "didactics of physical education". *Journal of Teaching in Physical Education*, 2000, 20 (1), pp. 78-101.

殊情况——尽管教师尽力帮助学生掌握教学内容，但是大部分学生在完成学习目标时还是遇到了困难。然后一定要由体育课程方面的专家观察、评估和解释关键事件，这是该方法的核心。课前访谈分析教师实践前对教学内容和任务的设计，体现了教师对学科知识教学化的理解，是中观的教学内容，属于认知层面；课中录像和学生访谈主要是分析预先计划的教学内容和任务在师生互动中变化的结果，是微观的教学内容，是教师实践中的语言或行为表现，是行为层面的。可见在阿玛德-斯科特的研究中学科教授法和 PCK 已经没有实质上的区别。①

阿玛德-斯科特总结了教授法研究中将学科知识转化为教学内容的三种模式。其一，以去情境化的身体动作形式为核心进行再创造；其二，体现一系列高水平运动的规则或原则；其三，依据具体情境、问题设置、学生水平，发现活动操作规则。体育教师既可以这样设计教学内容也可以在实践中体现这种设计。

综上可知，阿玛德-斯科特的研究关注教学内容在教学关键事件中的呈现，重视体育教师教学行为和行为结果的溯源，重视从宏观、中观、微观等生态学视野解释教师课堂实践中真实教学内容形成过程的生态性。

3. 沃德的观点

沃德和他的团队应用行为分析认识论，根据体育教师表征知识的方式、安排的教学任务、依据学生需要对指导任务所做出的调整等方面研究他们的 CK、PE-PCK 及其相互关系以及二者与学生成绩的关系。② 沃德指出体育教师知识体系主要包含 CK 和 PE-PCK 两个部分。其中，CK 又可进一步分为一般内容知识（CCK）、特殊内容知识（SCK）；PCK 又可进一步分为课程知识、教学法知识、内容知识、学生知识、教学情境知识五个方面。

沃德及其团队成员的大量研究表明，CCK、SCK 和 PCK 呈正相关，体育

① C. Amade-Escot. The critical didactic incidents as a qualitative method of research to analyze the content taught. *Journal of Teaching in Physical Education*, 2005, 24（1），pp.127-148.

② P. Ward, I. Kim, B. Ko, et al. Effects of improving teachers' content knowledge on teaching and student learning in physical education. *Research Quarterly for Exercise and Sport*, 2015, 86（2），p.131.

教师的 CCK 和 SCK 水平提高，PCK 水平也会相应提高，反之亦然。因此，沃德等人将研究重心放在了 CCK 和 SCK。为了进一步分析 CK 与 PCK 的关系，沃德借鉴鲍尔的做法将 CK 分为两种知识：CCK 和 SCK。CCK 指的是一项运动"是什么""如何做"的知识，比如知道竞赛规则、安全知识、运动技术知识和战术策略知识。后来他的学生何耀慧又进一步将 CCK 划分为两个部分：一是以理论性的内容知识（Knowledge about Common Content Knowledge，以下简称 CCK-K），如某一项目的发展历史、项目规则、安全事项等；二是以操作或者外在实践动作存在的展示性一般内容知识（Performance about Common Content Knowledge，以下简称 CCK-P），如足球的传球、运球、射门等。SCK 是专业化的内容知识，指体育教师对所教"体能、运动技能和健康教育"内容的理解，知识间的相互联系及学生学习知识的顺序、步骤和方法等知识，具体体现为辨别和纠正学生错误的知识、任务呈现知识和任务设置知识等与内容"如何教"紧密相关的知识。

简言之，沃德认为运动技能可以代表 CCK，而用来教授 CCK 的教学内容可以代表 SCK，两者都是纯粹关于内容的描述。实际上，CCK 主要回答了"是什么"（What）和"如何做"（How to Play）的问题，而 SCK 主要回答了"如何教"（How to Teach）的问题，是体育教师需要掌握的"专业化知识"。但当体育教师在真实的教学环境中，除了要拥有 CCK 和 SCK，还要对学生的学习基础、学校资源、教学策略等有充分的理解，才能决定选择教什么内容以及如何将选定的内容教给处于特定环境中的学生，这时体育教师的 CCK 和 SCK 在与特定学生、特定地点、特定时间和特定情境相互作用下产生了其教学决策，教学决策一经做出，随即产生的内容表征和教学任务，就是体育教师的 PE-PCK 的具体表现，因此可以将教师所设计的教学任务和呈现的教学表征作为测量体育教师 PE-PCK 的指标。[1]

2015 年，沃德等认为舒尔曼 PCK 概念仅指出了教学应该努力的方向，不具有可操作性。他认为 PCK 可操作性的定义为教师呈现、设计或描述的

---

[1] P. Ward, S. Ayvazo, H. Lehwald. Using knowledge packets in teacher education to develop pedagogical content knowledge. *Journal of Physical Education*, *Recreation and Dance*, 2014, 85 (6), pp. 38–43.

教学表征和练习任务。内容表征传递一种教师对学生学习内容的理解，它常常提供与学生已有知识相联系的隐喻或类比来帮助学生理解教学内容。例如，网球教师会告诉你，击球随挥结束时手腕的位置就如同你看表时的手腕位置；而练习任务就是教师设计的练习手段，如教师会用 4 对 1 拦截球的游戏进行将球传给无球队员的教学。教学任务从消极防守（如走动、封盖、没有抢截）到积极防守（如跑动、封盖、没有抢截）再到竞争性防守（如跑动、封盖、抢截）。这样一来，进攻方的无球队员学习到在防守不断增强的情境下如何跑动接球。这些内容表征方式和练习方法就是体育教师 PE-PCK 在课堂教学实践中的主要呈现，是教师在特定情境基于对多种基础知识（如教育、学习、动作发展、学生、情境和课程等）的理解，及时做出的关于教学内容的决策，教学决策一经做出，随即产生的内容表征和教学任务，可以作为测量 PCK 的标尺。[①] 可见，基于行为主义分析者的观点，沃德及其团队关注 PCK 和 PE-PCK 在教学实践中的行为表现，并以此作为评量体育教师 PE-PCK 水平的标尺。

沃德认为"在体育教育学当中，有很多东西并非概念认知层面的，而是实践操作层面的，体育教师处于这种实践且自由开放的环境中，所以我们就必须用社会生态学的视野去予以研究"。因此，行为分析需要在某种特定的自然条件下才能正常开展，分析过程和结果才能够更容易被理解。[②]

4. 小结

综上所述，三位国外学者分别从建构主义、行为分析主义等不同的视角分析 PE-PCK 的重要性。尽管分析视角不同，但是他们对 PE-PCK 结构的多元性、建构过程的复杂性均有相同的观点。正是由于这种特征，三位学者均提议要用生态学视野分析体育教学实践中复杂样态的 PE-PCK。

（二）体育教师 PE-PCK 的现状研究

通过多年的研究，PCK 的内涵与结构已在争论中基本达成共识，目前世

---

① P. Ward. Pedagogical content knowledge：Conceptions and findings in physical education. *Journal of Teaching in Physical Education*，2016，35（3），pp. 194-207；贺昆：《国内外 PCK 概念在体育教育领域中的演绎》，《体育科学研究》2020 年第 6 期。

② 尹志华、刘皓晖、闫铭卓等：《有效教学的知识基础：体育教师应掌握什么样的知识？——美国国家体育科学院院士 Phillip Ward 教授学术访谈录》，《体育与科学》2023 年第 3 期。

界学者的 PCK 研究已深入各具体学科教学内部，如何提高学科教师的 PCK 整体水平、如何提高 PCK 各组成要素的水平、如何使 PCK 各要素的相互作用发挥最大的效能进而提高学生的学习成效等成为学者关注的核心领域，PE-PCK 的测量问题也必将成为各学科专家研究的焦点。沃德是体育学科 PE-PCK 测量研究的代表，他带领其团队从 2006 年开始研究如何测量 CCK、SCK、PCK 以及如何提高体育教师各类知识水平等。

在 1995~2005 这十年从事体育教师的理论研究和指导体育教师专业发展的实践过程中，沃德发现很多体育教师对自己所教的运动项目的基本知识了解不够，对如何示范运动技术、如何教运动技术、如何结合学生的特点提高其学习效果等更是非常缺乏认识。他曾经就有关中小学篮球教学的规则、技术、常见错误以及教学方式方法等 24 个基本问题调查了美国 3000 多名体育教师，结果发现，仍约有 85% 的体育教师在回答这些问题上的准确率不到 50%。[①] 正是因为意识到了运动项目知识对体育教师的重要性且发现了美国体育教师的运动项目知识的缺乏，2006 年至今，他一直致力于 PE-PCK 及其构成要素水平的测量。

关于 CK 测量，相对于 PCK 的其他要素来说，沃德认为相对容易些，因为有各运动项目的专业标准作为参照。他开展了很多这方面的研究，并于 2021 年出版了《职前体育教师和学生的内容知识测试问题》一书。体育教师应该具备的 CCK-K 以理论知识形式呈现，最常见的测量工具就是知识性问卷，即将体育教育中的理论性内容以判断题、选择题或填空题等形式列出，然后让体育教师完成测试问卷，最后根据问卷进行打分；而体育教师应该具备的 CCK-P 则主要以外在动作展示的形式出现，因此在测试时主要采用动作技术观察的方式进行，由专业人员针对确定的评分点进行评分。

关于 SCK 的测量，则比 CCK 的测量复杂得多，沃德提出"体育教师知识包"（Knowledge Packet）的概念，建议针对不同教学内容和不同类型知识开发不同的知识包，并进行了实验干预，当前在羽毛球、排球、足球等教学

① 尹志华、刘皓晖、闫铭卓等：《有效教学的知识基础：体育教师应掌握什么样的知识？——美国国家体育科学院院士 Phillip Ward 教授学术访谈录》，《体育与科学》2023 年第 3 期。

方面整体效果很好。

在知识包的基础上，沃德借鉴美国康奈尔大学 Novak 团队的概念图理念，构建了体育教师 SCK 的测量方法：内容图、编码系统和评分系统。内容图的分析单位是教师传授概念所用的具体练习任务单位，绘制内容图时，采用"自下而上"的构建流程，先确定特定运动项目的教学内容范围和顺序，然后采用交叉连线的方式将不同知识、技术和战术连接起来。它不仅体现教师对不同教学内容先后顺序的理解，而且描述了这些教学内容之间的关系，反映了教师对教学内容的理解水平。[1]

编码系统主要是根据体育教师所构建的 SCK 内容图，分析体育教师在单元教学体系中如何给学生设定学习活动以及活动的具体类型。沃德等根据内容分析与开发理论，将不同内容归类为七种不同的活动形式，即初始任务、扩展任务、改善任务、扩展运用任务、改善运用任务、应用游戏任务和应用无游戏任务。[2]

沃德的学生基姆依据沃德对 PCK 的定义，设计了测量 PCK 的评价指标体系，后经过沃德和基姆的应用和调整得到如下指标体系（见表 2-2）。Selection）。在体育教师向全班学生安排整体教学任务时被测量，它包括成长。[3]

表 2-2　Ward 等 PCK 测量指标体系

一级指标	二级指标	三级指标
任务选择的适合度	发展适合	适合学生准备 适合学生能力
	结构适合	适合技术发展 适合比赛发展

---

[1] 贺昆：《国内外 PCK 概念在体育教育领域中的演绎》，《体育科学研究》2020 年第 6 期；尹志华、刘皓晖、闫铭卓等：《有效教学的知识基础：体育教师应掌握什么样的知识？——美国国家体育科学院院士 Phillip Ward 教授学术访谈录》，《体育与科学》2023 年第 3 期。

[2] 贺昆：《国内外 PCK 概念在体育教育领域中的演绎》，《体育科学研究》2020 年第 6 期。

[3] 尹志华、刘皓晖、闫铭卓等：《有效教学的知识基础：体育教师应掌握什么样的知识？——美国国家体育科学院院士 Phillip Ward 教授学术访谈录》，《体育与科学》2023 年第 3 期。

一级指标	二级指标	三级指标
任务表征的 质量水平	语言表征	指导 描述 类比和隐喻 提示 具体正确度反馈
任务表征的 质量水平	视觉表征	示范 任务卡片/图片/图表/视频 辅助纠正动作
任务调整	任务间调整 （面向全班同学）	了解任务 扩展任务 改善任务 应用任务
	任务内部调整 （面向小组或个人）	修改任务的复杂性 精练或分解任务 重复任务 拓展任务 差异任务 竞赛任务

资料来源：I. Kim, P. Ward, O. Sinelnikov, et al. The influence of content knowledge on pedagogical content knowledge: An evidence-based practice for physical education. *Journal of Teaching in Physical Education*, 2018, 37 (2), pp. 133-143。

（三）体育教师 PE-PCK 的建构研究

目前，国外学者关于体育教师 PE-PCK 相关的文献大部分集中在 PE-PCK 的结构与内涵、PE-PCK 整体或部分发展现状测评、PE-PCK 提升与学生学业成绩表现等之间的关系、PE-PCK 提升策略等，讨论关于 PE-PCK 的建构过程和机制的文献较少。大多文献使用"成长或发展""来源""影响因素"等表达体育教师 PE-PCK 提升的过程或策略，虽没有直接用"建构"一词，但是从研究内容来看，与其建构有一定的关系，这里从理论和实践两方面总结学者在这方面的探索。

理论方面，学者们认为 PCK 是在实践中获得的，他们经常使用强大、差的、成熟或者丰富等词语描述教师 PCK 的发展程度。通过反复向相似的学生群体教授某一项目，教师逐渐掌握学生的特征，能够辨别并有效纠正学生的错误，能给予他们良好的反馈，从而获得高水平的 PCK。[1] 这意味着 PCK 作为一个整体，是从不成熟到成熟不断变化的，PCK 是成熟度和有效性的连续统一体，内容表述和教学任务的质量不同，PCK 的成熟度不同。不同成熟度的 PCK 教学效果不同，即便是相同的 PCK 对同一班级不同学生的效果也不同。

实践方面，学者们主要通过一些培养方案、新手教师与经验教师教学实践的对比反映教师的 PCK 可以通过学习或培训得到提高。解释性定性研究指出新手教师和熟手教师之间 PE-PCK 的差异，教师培养方案（特别是课本和教学材料）对新手体育教师的课程设计有强烈的影响，相反，熟手教师的课程设计则经常受教学经验、参与的具体的专业发展项目以及学校课程等的影响较大；新手教师的课程计划强调课堂管理和学科知识活动，较少关注学科知识开发，熟手教师则较多强调学科知识及其开发，怎样调整教学内容才能达到最佳效果；关注教师教学行为的研究发现新手教师比较依赖课时计划，熟手教师则可抛开课时计划而依据学生的能力和理解力呈现 PE-PCK。这些差异表明体育教师的 PE-PCK 与他们和学生交流的经历有关，能够随着时间而变化。描述性定量研究应用实验干预分析了提高体育教师的 CCK 对教师和学生行为的影响，研究表明提高体育教师的 CCK 可以提升他们的 PE-PCK，进而促进学生学习。这两种类型的研究都证明了特定专业发展计划能够提升体育教师的 PE-PCK。格雷伯对 20 名体育实习生、15 名体育教师进行研究发现，在各种知识中，实习教师在 PCK 的运用上最为困难；此外，来自同一地方的实习教师均认为他们的指导教师在对他们进行指导时影响了其教学方式。[2] Chen 研究了 4 名职前体育教师 PE-PCK 是如何获得的，研究结果表明，职前教师认为，某种特定的教学组织形式，能够帮助职前教师增长其内容方面的知识和教学相关知识，但是对于学生身心发展特征方面

---

[1] S. Ayvazo, P. Ward. Pedagogical content knowledge of experienced teachers in physical education: Functional analysis of adaptations. *Research Quarterly for Exercise and Sport*, 2011, 82（4），pp. 675-684.

[2] K. C. Graber. The influence of teacher education programs on the beliefs of student teachers: General pedagogical knowledge, pedagogical content knowledge, and teacher education course work. *Journal of Teaching in Physical Education*, 1995, 14, pp. 157-178.

的知识，他们认为还存在一定的教学困难。① 詹金斯等在体育教材教法的教学过程中，将 8 名职前体育教师作为研究对象，探讨以特定的同伴教练的组织形式开展教学，能否帮助其 PE-PCK 成长，研究结果表明，职前教师只要将课堂的管理与学生教学方面的知识紧密联系在一起，把课堂管理到位，就可以将学科知识、学生、教学和情境整合起来，他们认为能够通过同伴教练这种组织形式来促进 PE-PCK 的成长。② 对此，沃德认为如果没有深刻理解内容知识的相关内涵，教师就无法在教学的开展过程中得到有意义的教学结果。③

可见，关于体育教师 PE-PCK 的建构，理论研究多基于 PCK 构成从逻辑上探讨其整体或要素的来源，实践方面多基于当前教师成长与发展的主要途径探讨这些途径在 PE-PCK 建构中的实际效果，真正深入 PE-PCK 内部探讨其建构机制的复杂过程和内外部影响因素对 PCK 影响作用的文献还鲜有见到。

（四）小结

综合国外 PE-PCK 的研究成果，发现以下特点。第一，自 PCK 概念提出以来，体育学者就一直关注这方面的研究，学者对 PE-PCK 的内涵和重要性基本达成一致，即 PE-PCK 是体育教师将体育学科知识转化学生可学的内容的重要知识基础，对学生的学习有重要影响。第二，影响较大的几位学者都表达了生态学理论指引下研究 PE-PCK 的必要性，主要基于 PE-PCK 结构的多元性、建构过程的复杂性、影响因素的多主体性和提升路径的联动性等特点。第三，目前以 PE-PCK 建构机制为研究主题的文献较少。比较有影响的研究基本集中在学科知识（CCK 和 SCK）对 PE-PCK 的影响、体育教师 PE-PCK 课堂呈现及与学生学习成效的关系等，大部分研究通过教师的叙述、课时计划和直接观察等方式研究教师如何呈现知识或者如何设置指导任

---

① W. Chen. Learning the skill theme approach: Salient and problematic aspects of pedagogical content knowledge. *Education*, 2004, 125 (2), pp. 194-212.

② J. M. Jenkins, M. L. Veal. Perspective teachers' PCK development during peer coaching. *Journal of Teaching in Physical Education*, 2002, 22, pp. 49-68.

③ P. Ward. The role of content knowledge in conceptions of teaching effectiveness in physical education. *Research Quarterly for Exercise and Sport*, 2013, 84, pp. 431-440.

务评估教师 PE-PCK 水平。学者大多是在研究 PE-PCK 相关领域时简要提及它的建构问题,大多数内容是基于教育学领域的理论做一些泛泛而谈的论述,体育特征不明显,具体建构过程如何、建构过程中受到哪些内外部因素的影响则很少有文献提及。

四　国内关于体育教师 PE-PCK 的研究

（一）国内体育教师 PE-PCK 研究的整体情况

在中国知网以"体育教师+教学知识"和"体育教师+PCK"为篇名进行精确查找,发现 1985 年至 2023 年,关于体育教师 PE-PCK 的文献总计有59 篇,2011 年以前论文数量较少,2013 年后论文数量逐年增加,近几年数量渐渐稳定在每年 7 篇左右,博士学位论文只有 2 篇,理论研究较多,高水平成果较少。这一领域仍然没有吸引较多的学者关注。

根据篇名、关键词、研究内容等对这些文献进行了深入的逻辑分析,发现体育教师 PE-PCK 研究分为两个阶段。2006 年,笔者以"教学知识"为中文关键词对中小学体育教师 PE-PCK 的现状和影响因素进行了研究,是国内体育领域关注体育教师 PE-PCK 最早的学者。2011 年之前,教育领域关于 PCK 的观点尚未达成一致,表现在对"PCK"的中文翻译上,"教学知识""教学内容知识"等均指 PCK,体育领域发表的论文亦是如此。2011 年,柴娇从教师专业化的角度,首次以"学科教学知识"为关键词对其在体育教师专业化中的作用进行了理论探讨。此后,随着教育领域关于 PCK 内涵的观点渐渐趋同,国内关于体育教师 PE-PCK 的研究多以"学科教学知识"为中文关键词,说明学者对这一概念的内涵虽然还有些许不同的看法,但对该概念对于学科教师教学及学生学习的重要性基本达成一致,即对 PE-PCK 的研究,不应局限于理论探讨,而应与体育学科教学密切结合,研究体育学科、具体项目和具体技术的 PCK 与教学实践的关系,实践研究开始增多。

（二）体育教师 PE-PCK 的内涵与结构

中国台湾学者较早定义 PE-PCK 的概念,普遍认为 PE-PCK 是多种知识综合或融合的产物。阙月清强调了 PCK 的"认知特质",颜贝珊等强调了PE-PCK 的"专业表现"和"组织呈现",而张禄纯在上述概念的基础上强调了"知识转化"。[①]

中国大陆学者对 PE-PCK 概念的界定大多移植了教育学的研究成果。袁广锋认为 PE-PCK 是在学科内容和教育学原理有机融合的过程中建构的，强调学科内容和教育学内容的有机融合，强调建构的过程性。[②] 柴娇等将 PE-PCK 定义为"知识点的呈现方式"。[③] 张磊等将 PE-PCK 定义为"转化学习内容表征的专门知识"和"转化教学内容的教学信息集合"，强调 PE-PCK 是转化学习内容时所需要的专门知识。[④] 刘峥等的定义则有一定的矛盾性："有效呈现知识"的能力是狭义知识观，"行动的知识"则是广义知识观，一定程度上表明在研究时的知识观指向尚不明确。[⑤] 何耀慧认为 PE-PCK 是教师面对学生、教学环境、内容、课程以及教学法做出的教学决策，强调教师的课堂教学行为表现。[⑥] 贺昆认为 PE-PCK 是产生高质量教学内容的思维过程和以语言、影像、行为等表征的思维结果，强调 PE-PCK 的内隐和外显双重内涵。[⑦]

综合上述中国关于 PE-PCK 内涵的研究，有以下发现。第一，从 PE-PCK 的重要性上看，学者保持高度一致：PE-PCK 是体育教师特有的，只有具备这种知识，体育教师在面对体育教学具体情境时，才能将以体育与健康知识、技能与方法等为主要学习内容表征的知识成功转化为符合学生需求、易于被学生理解和掌握、能够有效达成体育教学目标的表征形式。第二，从 PE-PCK 的表现形态上看，中国多数学者强调 PE-PCK 的行为表现，如何耀慧、柴娇、申建芳、刘峥等，少数学者则重视其思维过程的作用，如阙月

---

① 阙月清：《初任体育教师学科教学知识与角色知觉之相关研究》，汉文书店，2003；颜贝珊、阙月清：《体育教学内容知识相关研究之文献回顾》，《大专体育学术专刊》2003 年；张禄纯：《中等学校体育教师学科教学知识与教学反思关系之研究》，台湾体育大学博士学位论文，2016。

② 袁广锋：《中学体育教师教学知识发展研究》，福建师范大学博士学位论文，2006。

③ 柴娇、郑风家、李林鹏等：《学科教学知识对培养体育教师专业化途径的研究》，《西安体育学院学报》2011 年第 3 期。

④ 张磊、董国永、吴蓉蓉：《专业化视角下的体育教师 PCK：概念模型与特征》，《体育科学研究》2017 年第 1 期。

⑤ 刘峥、唐炎、崔康丽：《基于体育教师知识结构的体育教育专业主干课程重构》，《西南师范大学学报》（自然科学版）2014 年第 6 期。

⑥ 何耀慧：《我国体育教师学科内容知识（CK）测评工具研制及其运用研究》，华东师范大学博士学位论文，2018，第 12~14 页。

⑦ 贺昆：《国内外 PCK 概念在体育教育领域中的演绎》，《体育科学研究》2020 年第 6 期。

清、袁广锋等,只有极少数学者关注到了 PE-PCK 的认知过程和外在表现的不同内涵,如贺昆。第三,从 PE-PCK 的生成与发展来看,大多数学者的 PE-PCK 概念内涵呈现静态的特点,只有个别学者如袁广锋、贺昆等关注到了 PE-PCK 建构的动态性,强调 PE-PCK 是在教学实践过程中建构而成的。第四,大部分学者非常重视教学情境在体育教师 PE-PCK 建构与使用过程中的重要作用,在其概念中明确指出了 PE-PCK 是在教学的具体情境中呈现的,也是在情境中逐渐丰富与完善的。

（三）体育教师 PE-PCK 的现状研究

随着 PCK 研究的深入,国内体育学者逐步将教育学中的 PCK 研究成果应用于体育学科。2002 年,台湾学者对体育师范生的 PCK 进行了实证研究,其中林静萍的研究较具代表性,该研究确定了体育教师 PCK 的基本结构。[1] 2016 年,张禄纯通过编制 PCK 量表探究 PCK 和教学反思之间的关系,在体育教师 PCK 研究方面也取得了一些成果。[2]

大陆学者对体育教师 PCK 进行研究源于对体育教师知识基础的反思。2006 年,袁广锋首次使用自编量表测量体育教师的 PE-PCK,发现各教龄段教师 PE-PCK 总体情况处于中等偏上水平。此外,研究还发现各年龄段体育教师的教学反思知识得分均低于其他维度的知识得分,说明教师的日常反思是不够的,建议教师教育机构在开展教师培训时,要特别关注在教师中开展关于"教学反思"的教育,使教师认识到反思的重要性,并养成反思的习惯。[3] 袁广锋的研究在一定程度上开启了国内体育教师 PE-PCK 实证研究的先河。此后,对体育教师 PE-PCK 的研究在很长一段时间内局限在理论上,直到 2015 年郭艳红的博士学位论文才打破这一局面。郭艳红发现职初教师和经验教师在教学目的知识、体育内容知识、课堂内容组织知识、学生理解知识、效果反馈知识、教学策略知识上均存在显著性差异。[4] 此后,体育教

---

[1] 林静萍:《体育师资生学科教学知识之研究》,台湾师范大学博士学位论文,2002。
[2] 张禄纯:《中等学校体育教师学科教学知识与教学反思关系之研究》,台湾体育大学博士学位论文,2016。
[3] 袁广锋:《中学体育教师教学知识发展研究》,福建师范大学博士学位论文,2007。
[4] 郭艳红:《高中体育职初教师与经验教师 PCK 比较的个案研究》,《现代中小学教育》2018 年第 3 期。

师 PCK 研究范式开始转向实证研究，以问卷调查为主、辅以小范围的课堂观察和访谈等方面的论文数量增加。牛孟君、李卫东等对新手教师和经验教师的 PCK 进行对比，也得出了相似的研究结论，即新手体育教师与经验体育教师 PE-PCK 在很多方面有显著性差异。钱柠檬研究发现体育教师对"学生基础""学生错误动作识别""向学生提供教学反馈"的掌握情况较差，不同教龄和职称的体育教师 PE-PCK 存在不同程度的差异。[①] 2016 年，张磊对体育师范生在术科教学过程中的 PCK 发展现状进行研究，发现绝大部分体育师范生 PCK 总体情况及各维度的知识情况处于"笼统或有限理解"的水平，总体掌握情况不容乐观。虽然大部分体育师范生对体育学科基础知识掌握较好，但是仍存在对学习术科课程的价值认识不到位、对学生的了解还处于一种"想象的理解"状态、对教学重难点的认识总体情况比较混乱、对教学方法的了解程度不高、教学组织与管理准备不足等问题。[②]

综上可知，我国学者关于体育教师 PE-PCK 现状的研究以问卷调查为主，以案例研究和课堂观察为辅，研究结果表明体育教师 PE-PCK 总体上是不理想的，特别是多名学者的研究发现处于不同发展阶段的体育教师 PE-PCK 的多个方面差异明显。如何更快缩小这种差异，促进更多的教师更快成长为优秀教师，减少教师自我探索的时间成本，这也是本书研究的空间所在。

（四）体育教师 PE-PCK 建构研究

关于体育教师 PE-PCK 的建构，探讨其建构机制的复杂过程和内外部影响因素的文献还鲜有见到。理论研究多是基于 PCK 构成从逻辑上探讨其整体或要素的来源，实践方面多是基于问卷调查或访谈研究体育教师 PCK 提升的途径、各种途径作用大小以及在此过程中的影响因素等，全面分析体育教师 PE-PCK 建构机制及其影响因素的论文还比较少。

林静萍在研究一所学校的实习指导教师和实习教师的过程中，认为实习指导教师与周围的环境是实习教师 PE-PCK 的重要来源，实习教师在实习过

---

① 钱柠檬：《宁波市中学体育教师学科教学知识（PCK）特点的比较研究》，南京师范大学硕士学位论文，2021。

② 张磊：《基于 P-PE-PCK 发展的术科教学改革研究：从理论到实践》，华东师范大学博士学位论文，2016，第 273 页。

程中教学经验逐渐积累凝聚，对其教学理解有促进作用。[1] 阙月清对新手体育教师进行研究，认为其职前的学习经历和实习经验、职后的体育课堂教学经验和体育教师培训等是新手体育教师 PE-PCK 的主要来源。[2] 袁广锋将中学体育教师 PE-PCK 的成长分为三个阶段：阶段一，中小学时的体育经历——对体育教师或教练的观察；阶段二，职前体育教师教育经历——大学阶段的课程学习、对体育专业教师教学的观察、教育实习；阶段三，职后体育教学经历——在职进修、专业活动、体育教师的教学实践和教学反思、教学研究。[3] 柴娇等认为 PE-PCK 是帮助体育教师的专业发展得到显著提升的重要手段，促进 PE-PCK 成长的重要途径有建立跨学段多形式的实习模式、开设与 PCK 有关的课程、丰富体育学习评价体系等。[4] 张晓玲等认为 PE-PCK 是 PCK 在体育学科的具体运用，它有助于职前体育教师在学习的过程中理解该怎么进行有效教学，因此应该将 PE-PCK 作为职前体育教师课程的发展重心，并通过这种方式提升他们的教学技能，而重要的成长途径有教育实习、课例研究等。[5] 牛孟君发现新手教师和经验教师在学科内容、教学目的、学生理解、内容组织、效果反馈、教学策略等方面均存在显著性差异，据此提出新手教师可通过工作期间的专业培训、观摩名师教学、与经验教师交流以及自身的教学经验与反思等途径来促进 PCK 的发展。[6]

综上可知，现有关于 PCK 形成与发展的研究多是基于问卷调查或者课堂观察总结分析当前体育教师 PE-PCK 发展的现状和特点，发现问题所在，据此提出相应的提升途径，关于这些具体途径在当代体育教师 PE-PCK 发展过程中作用如何，受哪些因素的影响和制约，影响程度如何尚缺少进行全面

---

[1] 林静萍：《体育师资生学科教学知识之研究》，台湾师范大学博士学位论文，2002。

[2] 阙月清：《体育初任教师学科教学知识之研究》，《台湾教育学报》2003 年第 35 期。

[3] 袁广锋：《中学体育教师教学知识发展研究》，福建师范大学博士学位论文，2007。

[4] 柴娇、郑风家：《学科教学知识对培养体育教师专业化途径的研究》，《西安体育学院学报》2011 年第 3 期。

[5] 张晓玲、张庆文：《PE-PCK：提升职前体育教师教学技能的基石》，《上海体育学院学报》2016 年第 1 期。

[6] 牛孟君：《北京市大兴区小学体育教师 PCK（学科教学知识）的课堂案例研究》，首都体育学院硕士学位论文，2016。

和深入探讨的文献。

（五）小结

综合国内 PE-PCK 的研究成果发现：第一，在概念方面，我国学者与国外学者观点的核心内容基本一致，即 PE-PCK 是体育教师将体育学科知识转化学生可学的内容的重要知识基础，对学生的学习有重要影响；第二，关于体育教师 PE-PCK 现状的研究结果表明体育教师 PE-PCK 总体上是不理想的，特别是多名学者的研究发现处于不同发展阶段的体育教师 PE-PCK 差异明显；第三，目前将不同成长阶段体育教师 PE-PCK 的建构特征及影响因素作为研究主题的文献极少。现有研究成果缺乏深入理论基础和必要的实践调研，总结分析体育教师 PE-PCK 建构过程，建构过程中受哪些内外部影响因素制约的文献鲜少见到。

第五节　文献述评

舒尔曼提出的 PCK 概念，即教师将学科知识转化为学生可学形式的能力，已成为教师教育研究的热点。PCK 的核心要素包括教师对教学内容的理解、对学生学习基础的理解以及对有效教学表征策略的选择，对教师教育和学生学习具有重要影响。尽管 PCK 的重要性已经得到广泛认可，但关于其建构机制及不同成长阶段教师 PCK 建构特征的实证研究相对较少。在体育教育领域，国外研究集中在体育学科知识对 PE-PCK 的影响以及体育教师 PE-PCK 水平与学生学习成效的关系。国内研究更多关注 PE-PCK 基础理论及对体育教师 PE-PCK 现状的实证研究，其中基础理论研究文献大多是将教育领域中成果迁移至体育领域，具有体育学科特性的研究较少；实证研究文献虽然近年来数量有所增长，但它们或是对处于某一成长阶段教师（如优秀教师）PE-PCK 建构特征的研究，或是优秀教师与新手教师的对比研究，鲜有研究涉及体育教师队伍整体。本书试图在这方面做些填补工作，探究处于不同职业发展阶段体育教师 PE-PCK 的建构特征和影响因素，为不同成长阶段体育教师的职前培养和在职进修课程内容优化提供参考，助力提升中小学体育与健康课程的教学质量。

第三章　研究设计

第一节　核心概念内涵解读

一　PE-PCK 的内涵

综合学者的研究成果，结合笔者的理解，从操作性的角度出发，本书将 PE-PCK 界定如下：体育教师在一个具体的教学场景中，在教授一个具体的运动知识时，基于对学生已有的运动基础的综合理解，选择特定的教学策略，在将运动知识转化为学生易于理解和掌握的形式的过程中所运用的知识，它具有综合性、转化性、情境性、实践性、阶段性等特点，是体育教师专业发展的核心知识领域，对发展学生体育核心素养、提高体育教学质量有非常重要的价值。这一定义的基本含义如下。

第一，从性质上说，本书秉持广义知识观，不再对传统知识观下体育教师的"教学知识、教学能力、教学技能"三者进行区分。同样，本书对"体育教师学科 PCK"和"体育教师的 PCK"两个概念也不加以区分，均指"体育教师所拥有的 PCK"，体育教师是 PCK 的主体。本研究只关注体育教师作为授课教师进行体育实践课程教学时所拥有的 PCK，即 PE-PCK。其他如体育理论课、早操、课间操、课外体育训练、课余体育竞赛、体育俱乐部指导、社区体育指导等不在本研究范围内。

第二，从功能上讲，体育教师的 PE-PCK 无论是认识、体验还是行为策略，可以是正确的，也可以是错误的，只强调它是通过体育教师与其课堂教学环境相互作用后获得的。体育教师 PE-PCK 对体育教学的影响非常复杂，只包括对体育教学起到积极的、辅助和引导作用的有益的知识（正向 PE-PCK），它也可能干扰和阻碍体育教学的正确发展（负向 PE-PCK）。当然，学者对 PE-PCK 进行研究的目的就是力图让不同成长阶段的体育教师在专业成长过程中建构有效体育教学必需的正向的 PE-PCK，并在教学实践中加以完善。因此学者谈到 PE-PCK 时一般多从正向的角度来理解它。本书亦是如此。

第三，从类型上看，体育教师的 PE-PCK 可以是多种形式或类型；既有理论知识，也有实践知识，既有静态的陈述性知识，也有动态的程序性知识和策略性知识，既有外显性的公共知识的性质，也有内隐性的个体知识的性质，既有静态的一面，也有动态的一面，既有可以言明的内容，也有难以言说的一面。因而想要完整解读 PCK，仅靠单一的研究工具或手段几无可能，需要通过多种途径去搜集教师"知道什么、做了什么、为什么这么做"的相关资料才能反映出教师 PCK 的真实面貌。

第四，从获得途径上看，体育教师 PE-PCK 主要是在指导学生掌握系统的体育基础知识及技术与技能、锻炼身体、增强体质、促进健康、发展个性，实现良好的思想品德的学习与实践活动相统一的过程中形成的，强调"在职经验"和"教学实践"在体育教师 PE-PCK 形成中的重要作用。但需要指出的是，笔者并不否认和排除职前培训和中小学时作为学生的经历对体育教师 PE-PCK 的重要影响。与其他学科教师相比，这两个阶段在体育教师 PE-PCK 发展过程中有非常重要的作用。因为体育学习主要是运动认知性学习，体育教师自己的运动经历对其教学可能有非常大的影响。如他在教篮球的时候，可能会想以前自己的体育教师是怎么教的，顺序如何，采用什么样的练习方法。如果他认为当时自己的运动体验很好，他就有可能仍然采用其教师的方式进行教学。但无论如何，在职阶段是最重要的，因为不管是中小学时作为学生的经历还是职前培训，这两个阶段所具有的 PE-PCK 都要在真实的教学实践中运用，都要受到真实的教学实践的检验。

二　PE-PCK 结构的研究

关于 PCK 的研究已经持续了近 40 年，尽管学者关于 PCK 的内涵和组成有一定分歧，但是经过近 40 年讨论，结合 PCK 在各具体学科中研究的成果，PCK 的核心内涵和要素在争论中渐趋稳定，即在特定的教学情境下，教师通过对教学和内容理解的融合来影响其教学方式，帮助学生更好地理解与学习。其中"教师对教学内容的掌握程度""对学生已有基础的了解""选择有效教学表征策略"是具有普遍共识的 PCK 的三个核心。同时，与其他学科教师不同，体育教师要通过体育教学培养学生的运动能力、健康行为和体育品德，教学主要在空间较大的体育场馆进行，学生在课堂中身体处于活动状态，必须依据季节、气候、学生性别、体育基础、身体素质、教学内容、学校器材设备等因素的不同情况来组织教学和选择教学方法，这些都要求体育教师除了要理解教学内容、熟悉学生基础、掌握教学策略之外，还必须对学生家庭、学校、社区等方面有充分了解，才能更好地组织教学。因此，本书认为教学情景知识是体育教师 PE-PCK 结构必不可少的内容。下面将分别介绍体育教师的内容知识、学生知识、策略知识、背景知识四个方面的具体内容。

（一）内容知识

内容知识是体育教学的基础，也是体育教师 PE-PCK 转化的基础。体育教师 PE-PCK 是关于体能、运动技能、健康教育等知识。由于本研究只关注体育教师作为授课教师进行体育实践课程教学时所拥有的 PE-PCK，而体育实践课教学是以运动项目为载体来实现体育学科培养学生核心素养的目标，因而，本研究中的内容知识主要指体育实践课上所教授的与运动项目相关的知识，主要包括以下几点。

1. 理解运动项目的特点与功能

体育教师要能回答"教这个运动项目有什么用"。体育教师教学时较多关注解释动作方法、规则、安全事项、技术战术教学方法等"这个运动项目是什么"的相关内容，对所教运动项目的意义关注不够。其实，被选入教材的运动项目天然就具有教育学特征，但这一特征并不是彰显在外的，很多是含而不露的，体育教师需要充分理解运动项目的教育学意蕴，深度挖掘运动项目内在的教育价值及其对学生发展的教育学意义，并在教学实践中实现与发扬这种价值。体育教师要清楚了解"为什么要教这个运动项目或技术"，可以从运动项目或技术在整个运动系统中的地位、学习这个运动项目或技术对学生身心发展和未来生活生产中的实际应用等层面入手。比如，教篮球行进间单手肩上投篮，体育教师除了要知道行进间单手肩上投篮这个技术在篮球技战术体系当中的地位和作用，还要知道篮球这个大项目的特点、功能、价值，理解篮球技战术学习对学生现阶段身心发展以及对学生未来终身学习、生活、生产中的意义，才能在篮球教学中凸显这项运动的育人价值。

2. 确定运动项目教学的广度

体育教师要能知道"教什么"。学科课程标准没有规定每一条教学内容的具体要求和广度。比如，《义务教育体育与健康课程标准（2022年版）》水平三在篮球技战术运用方面要求学生能够做到"在篮球对抗练习中运用运球突破、运球投篮、接球、投篮等组合技术"，但是并没有明确规定在什么样的对抗练习中使用什么样的组合技术，这就放宽了教学内容的限制，教师有了更多的自主权，但同时也会产生"到底应该教些什么"的疑问。这就要求教师必须具有内容选择的知识，以课程标准为基础，结合学生的基础确定教学内容的广度。

3. 确定运动项目教学的深度

体育教师要知道教材"教到什么程度"。新课改的重大变化就是教学内容安排的"循序渐进"，根据学生的认知特点和身心发展水平，在不同时期学习不同的内容，难度层层递进。比如，还是篮球技战术运用，从水平二的学生能够做到"在篮球游戏中运用所学的篮球基本动作和简单组合动作，在篮球对抗练习中灵活运用传球、运球、投篮"，水平三学生做到"在篮球对抗练习中运用运球突破、运球投篮、接球、投篮等组合技术，以及侧掩护、传切配合、关门等简单战术"，再到水平四学生能"在篮球对抗练习中灵活运用传球、运球、投篮等基本动作技术和动作组合技术，以及快攻、传切配合、掩护、协防等攻防技术"，难度逐渐加大。这要求体育教师必须理解课标，还要"吃透教材"，明确某个运动项目在某一阶段要教到什么程度，学生应达到什么水平。

4. 分析运动项目的重点

重点通常是身体练习本身固有的、在教学中学生必须理解或掌握的技术关键或技术环节。体育教师要了解对某一阶段的学生来说，想掌握一项运动技术、提高运动成绩，最关键的环节是什么，只有正确确定教材重点，才能够采取恰当的教学策略围绕重难点去开展教学。要想正确确定教材的重点，体育教师必须熟悉课标对教材安排的要求，理解教材的知识结构、各部分之间的前后逻辑关系，分析学生已经学会了什么、什么内容还没有掌握，没有掌握的内容就是教材的重点。比如，行进间单手肩上投篮技术，这项技术由跨步接球和跳起投篮两个环节构成，跳起投篮这个环节除了脚步动作与原地单手肩上投篮动作不同外，上肢动作和原地单手肩上投篮是一样的。七年级学生学习该技术之前，肯定已经掌握了原地单手肩上投篮。从动作的先后顺序来看，跨步接球在前，跳起投篮在后，而且跨步接球的正确与否、能否快速超越对手决定整个动作的质量，因此，经过分析行进间单手肩上投篮的动作重点就是跨步接球与跳起投篮的步法节奏。

（二）学生知识

PE-PCK 指向学生的学习，教师决定教什么与如何教是基于对学生已有的运动基础、学习困难、心理特征等方面的综合理解，由此选择特定的教学策略，将运动知识转化为学生易于理解和掌握的教学任务，教学任务设置是否恰当决定了课程教学的质量所在，而教学任务的合理性很大程度上取决于教师对学生的了解程度，决定了教师能否站在"学生的立场"上思考将外在的运动项目转化为适合学生特点的内容。

1. 对学生运动技能基础和体能基础的理解

教师课前要深入细致地观察学生，通过座谈及个别访问了解班级学生的人数、年龄特点、体育基础、体质健康状况、兴趣爱好以及学生掌握本次课教材的情况，从多数学生的实际情况出发选择教材的难易程度，防止教学内容过难或过易，确定教学的起点，以满足不同层次学生个体发展的需要。比如，学习蹲踞式跳远，体育教师在课前要深入学生内部了解学生学过哪些跳远技术、程度如何、跳远需要的爆发力和弹跳力如何、学生水平差异大不大等，教师对这些了解得越充分，教学任务设计就越符合学生的实际情况。

2. 对学生难点、易错点和纠正方法的理解

学生在学习中可能遇到的问题和阻力往往会成为他们进一步学习的困难与发展的障碍，教师如果能及时发现这些困难与障碍，并且能够及时地帮助学生克服这些困难和障碍，学生就能获得真实的发展。因此，教师在备课中要努力去关注和发现学生在学习中可能遇到的困难和障碍，具体分析这些困难和障碍产生的原因，思考相应的具有针对性的教学策略。教师能够对学生运动学习中出现的困难和容易产生的错误进行判断，并给予一定的指导，有针对性地解决学生存在的问题。比如，七年级学生学习排球正面上手头上传球，这个年龄段常见的错误就是传球手形、击球点和击球位置。

3. 对学生心理特征的理解

学生在身心发展、成长过程中，其情绪、情感、思维、意志、能力及性格还极不稳定和成熟，具有很大的可塑性和易变性。教师通过分析了解他们当时的心理与学习该内容是否匹配及可能产生的知识误区，能够充分预见可能存在的问题，使教学工作具有较强的预见性、针对性和功效性。具体地说，对处在某年龄阶段的学生，看他们长于形象思维还是抽象思维，乐于发言还是羞涩保守，喜欢跟老师合作还是抵触老师，教师可以通过学习一些发展心理学的简单知识来分析这些特点，也可以凭借经验和观察来灵活把握。还有，不同年龄学生感兴趣的话题也不同，教师一方面要尽量结合学生兴趣开展教学，另一方面要适当引导，不能一味迁就学生的兴趣。

（三）策略知识

广义教学策略既包括教的策略又包括学的策略，而狭义教学策略则专指教的策略，即教师在特定教学情境中为完成教学目标和适应学生认知需要而制订的教学程序计划和采取的教学实施措施，本研究关注教师教的策略。策略知识是教师 PCK 的核心组成部分，是教师综合考虑了特定教学内容、特定学生特点、特定教学场景做出的选择，具有较强的综合性，是教师内在知识的外在表达。教学策略选择是否恰当会直接影响教师的学科知识向学生个体的学科知识转化的质量。体育教学以身体练习为主要手段，以培养学生的运动技能、体能、健康行为和体育品德等核心素养为目标，所以在教学策略方面比较复杂。从便于操作的角度出发，同时结合体育教学的特点，可主要

从以下几个方面判断教师的教学策略水平。

1. 实施差异教学

受遗传因素影响，学生在身体与技能方面先天差异较大，因而在学习过程中，学生的学习成效与其努力程度往往不成正比。比如，100 米对身体素质要求高，身体素质好的同学不需要太多努力就能取得好成绩，而身体素质不好的同学无论如何努力，也赶不上身体素质好的同学的体育成绩。因此体育教师要针对学生不同的体能基础、运动基础和兴趣爱好因材施教，提出不同的学习目标和学业要求，为学生创造公平的学习机会，促进每名学生产生良好的学练体验，增强其学习信心，使其在原有基础上得到更好的发展。

2. 教学方式的多样性

教学方式的多样性是指教师依据教学内容、教学情境和教学对象的不同特点，采取灵活的教学方法。教学方式是教师与学习者之间的桥梁。多样化的教学方式是教学灵活性、多样性和变化性的表现，它有助于教师保持良好的课堂教学环境和气氛，调动和维持学生的积极性，以保证教学的有效性。在体育教学中，教师要将示范讲解与学生自主学习、合作学习和探究训练有机结合，将集体学练、分组学练和个体学练相结合，引导学生积极思考、主动探索，培养学生分析问题和解决问题的能力及创新意识。

3. 教学任务的渐进性

这里的"任务"主要是指教师在教学中为达成教学目标而设计的练习步骤，包括任务介绍、任务组织和任务目标。任务介绍是向学生简要介绍他们需要做什么、如何做；任务组织需要对任务顺序、人数、空间、器材、练习要求、练习时间、负荷大小等做具体的安排；任务目标是指教师要向学生强调任务完成的标准。教学任务的渐进性主要指教师能否依据学生特点深刻理解教学内容，将难度较大的任务分解成几个难度较小的片段，学生依次完成这些小片段，最后达成教学目标，从而增强学生学习信心。比如，初一学生学习接力棒技术，学生在小学阶段对该技术有一定的基础，所以在教学中应当强调动作的质量，通过体操棒的游戏练习熟悉握棒和了解左右手在交接棒中的作用，通过圆圈传接棒练习等提高技术动作的熟练性和稳定性，通过圆圈接力跑比赛发展学生技术动作的运用能力，通过预跑点的设计提高行进间交接棒的能力。这样层层递进教学任务设置，难度逐渐加大，学生在练习中自然提高了传接棒技术和应用能力。

4. 骨干辅助教学

目前，班级教学仍然是我国体育课教学的基本组织形式，但是班级人数较多，不利于照顾学生差异和因材施教，因此分组教学成了众多体育教师选择体育教学组织形式的主要趋势。然而，分组教学虽然克服了班级教学的缺陷，但是教师只有一个，不能同时兼顾多个小组，这时如果有体育骨干协助教学，就可以大大减轻教师的工作压力，同时也可以培养学生的团队精神。因此，如何发现骨干和培养骨干，教学中如何充分发挥骨干小教员、小裁判、小助手的作用，也是体育教师要考虑的重要问题。

5. 教学反馈的及时性

过程性评价，也被称为形成性评价，是在教学过程中为调节和完善教学活动、保证目标得以实现而做出的确定学生学习成果的评价。它有助于及时了解学生学习的进展情况、存在的问题，以便及时反馈和有效调整教学过程，促使学生有效学习和不断进步。体育教学不能像其他学科如语文、数学等一样，有些内容忘记了还可以打开书本再复习一下。体育学习需要借助学生的视觉、听觉、触觉和本体感觉器官来直接感知动作，运动时的身体姿势、动作轨迹、动作时间、动作速度、动作速率、动作力量和动作节奏，这些都无法复制。如果老师在教学中不能给予学生及时的反馈，这些身体运动时的时空感很快就会消失，对学生运动技能的形成不利。

6. 运动负荷的合理性

合理的运动负荷是保证学生安全、增强学生身体素质、提高学生运动技能的必备条件。体育教学应尽量减少教师讲解示范、队形调动等时间，让所有学生充分动起来，增进学生体质健康，促进学生掌握运动技能。每节课群体运动密度不低于75%，个体运动密度不低于50%，练习密度一般不低于40%，每节课应达到中等运动强度。班级所有学生平均心率原则上为140～160次/分钟。每节课应有十分钟左右，体现多样性、补偿性、趣味性和整合性的体能练习。

（四）背景知识

背景知识是指体育教师对将体育教学活动必须具备的客观因素综合组织起来的环境的认识，这里的环境包括物质环境和社会环境；其中物质环境主要是体育场地、体育器材设备、体育类书籍等，社会环境主要是校风、班风、人际关系、社会文化等。对教师教学有直接影响的环境主要有班级、学校、家庭和社区情况，班级人数、班风、班主任特点、学校的场地设施、自然环境、体育资料和学校体育文化等也对体育教师教学有较大影响。此外，学生的家庭情况，如父母受教育水平和工作单位、家庭经济及社区的场地设施、体育氛围、体育组织等对体育教师开展教学有一定的影响。体育教师通过深入了解和分析这些环境，最终决定体育教学的具体内容、实施方式和策略。

三　PE-PCK 的特性

（一） PE-PCK 具有综合性特点

PE-PCK 的综合性体现在以下几个方面。首先，体育教师面对的是具有多种需求的学生。在丰富、鲜活、生动的体育教学中，教师的 PE-PCK 必然需要有机融合多个学科知识才能解决教学中面临的复杂问题：既需要理智的参与，也需要非理性的热情参与；既需要运用已有的知识经验解决学生运动学习过程中遇到的问题与难题，也需要运用对话与沟通的互动方式与学生一起建构对运动的体验、态度与观点。正是在这种整体性参与的教学实践中，教师逐渐建构起个体的 PE-PCK。[①] 其次，体育教师 PE-PCK 覆盖面甚广，综合了许多领域的知识。它涉及普通基础知识、人体科学知识、运动理论与技术学科知识、体育应用学科知识、体育人文社会学科知识、体育教育学科知识等，以及在体育教学实践中这些知识有机融合而形成的对具体课题、问题或论点如何组织、表达和调整的认识、体验和行为能力与策略等方面的知识。最后，体育教师的 PE-PCK 除了有科学的或规范的知识外，还有由日常生活知识、社会活动知识衍生的教学知识，如从家庭成员或者同事朋友那里

---

① 姜勇：《论教师的个人知识：教师专业发展的新转向》，《教育理论与实践》2004 年第 11 期。

获得处理师生关系的经验等。

尽管 PE-PCK 综合性强，但是为了便于研究，也防止将其无限扩大，从而将影响教学的一切因素均囊括入 PE-PCK 结构中，学者建议主要应思考哪些知识决定体育教师课堂教学行为，这些行为将对学生的学习产生重要影响，体育领域目前得到广泛认可的 PE-PCK 四要素，即运动知识、学生知识、策略知识、环境知识四个要素，是一种新的知识。PE-PCK 是体育教师特有的，也是有效教学的关键所在，能够将体育教师与体育专家或教练区别开来。

（二） PE-PCK 具有转化性特点

PE-PCK 不是单一孤立的知识，而是一个由多种要素构成、在体育教育实践中转化而来的"知识体"。学者对于 PE-PCK 内涵的理解，始终围绕着"转化"这一核心要素。"转化"成为沟通教师、学生与教材的桥梁。在"转化"的过程中，学科知识与学生个体知识实现沟通与对接，教师、教材、学生、策略、环境等也从彼此孤立走向有机统一。因此，这种转化的过程就是教师 PE-PCK 的形成和发展过程，同时转化后学生学习的效果是体育教师 PE-PCK 水平高低的体现，转化能力的高低也成为区分专家教师和非专家教师的关键。

（三） PE-PCK 具有情境性特点

PE-PCK 是体育教师在特定情境下，在教给特定学生特定运动知识的过程中形成的。这里的特定情境包括三个方面：一是指学生的年级、性别、身心发育水平、运动能力和兴趣爱好以及学生家庭的经济状况、父母的教育观念等；二是指学校的体育资源，如器材设备和课时数、学校文化和体育氛围等；三是指学校所处地区（农村、郊区、城市）和所处地区的社会经济状况。体育教师对这些情境知识的掌握程度很大程度上将会影响他们在课堂教学中的决策。

PE-PCK 是情境性的，因为它必须在特定情境的教育现场才能形成。实践总是一定情境中的实践，没有情境的实践是不存在的。前已述及，体育课教学主要在体育场馆内进行，教学环境开放，教学空间大，施控因素多。体育教师依据季节、气候、学生性别、体育基础、身体素质、教学内容、器材设备等各种因素来组织教学和选择教学方法，所有因素都处在变化之中。一切被体育教师感受到的变化都可能影响 PE-PCK 的建构，一切不可被体育教师直接感受到的情境变化也可能对教学产生潜移默化的影响，从而影响其 PE-PCK 数量上的增减或质量上的变化。可见，经过特定教育情境"熏陶"与"锻造"的体育教师的 PE-PCK，是该情境之外的任何人都难以拥有的，因为它根植于日复一日的具体教学情境，也是体育教师区别于体育专家和教练的根本所在。正是这种情境性使 PE-PCK 具有鲜明的个性，而没有太多的"普遍的理念"和"哲学的思考"。①

（四）　PE-PCK 具有宣称与使用的双重性

本研究借鉴高成的理论，将体育教师 PE-PCK 分为宣称 PE-PCK 与使用 PE-PCK。宣称 PE-PCK（有学者称之为静态 PCK）是指教师课前把自己预设的 PE-PCK 四要素通过语言、文字或图表等表征出来，以外显形式存在的知识。使用 PE-PCK（有学者称之为动态 PCK）是指教师在教学实施过程中实际使用的关于 PE-PCK 四要素的知识。教师的行动总是与自己的使用 PE-PCK 相一致，使用 PE-PCK 重在解决教学实践中的问题，优秀的老师能够说出部分使用 PE-PCK 的具体所指，但大部分处于高认知水平的 PE-PCK 的要素则内隐于教师行动过程中。

（五）　PE-PCK 是成熟度和有效性的连续统一体

PE-PCK 是在长期的教学实践中形成与发展起来的，是体育教师特有的，能够将体育教师与体育专家或教练区别开来。这意味着，体育教师 PE-PCK 是在实践中建构的，又是关于实践的，还是指向实践的。② 所谓在实践中建构，是指教学实践是体育教师建构 PE-PCK 的基本舞台。体育教学一般在体育场馆进行，采用分组教学形式使用多种器材进行，学生身体处于不断变化、多种形式的运动之中，小组与小组之间个人与个人之间的交往频繁。如此丰富的教育实践活动使教师面对事实，独立思考，自己解决问题，随机应变，把教育活动组织好。也就是说，体育教师建构 PE-PCK 的直接动力来自教学实践中真实的问题。体育教师的 PE-PCK 还是有关教育实践的。体育

① 姜勇：《论教师的个人知识：教师专业发展的新转向》，《教育理论与实践》2004 年第 11 期。

② 陈振华：《解读教师个人教育知识》，《教育理论与实践》2003 年第 21 期。

教师的 PE-PCK 多是关于教学现场"如何做才能更好",这些具体的做法镶嵌在一个个具体而生动的案例之中,由无数此时此地"是什么""为什么""怎么办"构筑而成。体育教师的 PE-PCK 是指向教学实践的。这是说体育教师建构 PE-PCK 的一个重要动机来自对教学实践合理性的追求。为了实现理想的有效教学,体育教师要不断反思自己的实践活动并及时改进,正是在这样的反思与改进中悟出了道理,建构自己的 PE-PCK。

学者认为在反复向相似的学生群体教授某一项目的过程中,体育教师逐渐掌握学生的特征,能够辨别并有效纠正学生的错误,能给予他们良好的反馈,从而获得高水平 PE-PCK。它是成熟度和有效性的连续统一体。

第二节 体育教师 PE-PCK 建构的理论基础

一 生态系统理论

生态系统强调生物与环境是一个不可分割的整体。生态系统类型众多,一般可分为自然生态系统和人工生态系统。随着人类活动范围的扩大与多样化,人类与环境的关系问题越来越突出。因此近代生态学研究的范围,除生物个体、种群和生物群落外,已扩大到包括人类社会在内的多种类型生态系统的复合系统。

生态学研究给我们的最大启示就是用生态观点观察事物、研究世界,全面、辩证、整体地把握研究对象,系统、整体、平衡地看待问题。系统观是指系统是具有确定功能和综合行为的统一体,由相互联系、相互依存、相互制约的事物和过程组成;整体观要求把不同层次水平的研究对象作为一个生态整体来对待,注意其整体的生态特征,在研究过程中始终把对象的各个方面与整体联系;平衡观,则是把生态平衡当作生态系统的重要特征,生态系统通过自我调节能力实现结构上和功能上的平衡,当系统承载力超过限度后,平衡被打破或发生转变,系统则从一种稳态走向另一种稳态。可以说,生态学的产生让人们以另一种思维和角度来看待整个自然界和存在的生命体,其迅猛发展的势头使其理论也不断渗透进入社会领域的各个方面,生态学的理论内涵和适用范围得以拓展更新。

二 人类发展生态系统

在人类发展生态系统理论出现之前，学者对儿童心理发展的研究是对处于某一特定环境下儿童的某一特定行为进行实验或观察，实验中对儿童的行为加以约束以使实验更为精确。

20 世纪 70 年代，布朗芬布伦纳用生态系统理论对人类发展的基本问题和争论做出详细的解释分析，在世界范围内引起巨大反响。布朗芬布伦纳意识到人类发展生态环境的复杂性，他把人的发展放在一个多层次的生态系统中进行考察，提出了 5 个层次的环境系统，从最私密的到最一般的环境分别是微观系统、中观系统、外在系统、宏观系统和时序系统。其中，前四个系统就像层层嵌套的中空圆柱体一样，将发展的个体包围在中间，而第五个系统时序系统则为这个模型加上了时间维度。

布朗芬布伦纳进一步指出，这些系统中的每一个系统都对儿童的发展有着复杂的生态学意义；各个系统是相互联系、相互制约的，其中任何一个系统的变化都会波及另外一个系统；儿童的发展过程是其不断扩展对生态环境的认识的过程，从家庭到幼儿园再到社会；儿童的生态过渡（即生态环境的变化）对其发展具有举足轻重的作用。

三 体育教师 PE-PCK 建构过程的生态系统理论

1976 年，美国教育学家克雷明提出教育生态学概念，标志着运用生态学的系统观、平衡观、联系观、动态观来考察教育问题的开始。教育生态学是研究教育学与生态学的交叉学科，我国的教育生态研究学者认为教育生态学探究研究教育实践活动的主体（人或人群组成的教育结构单元）与其外部社会、自然界及内部人群、个体之间进行物质、能量、信息交换与动态平衡的规律。教育生态系统是指以个体、教育环境与教育活动为重点，以促进学生在不同学习阶段的可持续性发展为目的而形成的开放性结构，由多元主体和环境构成[①]，其中主体包含了与教育活动相关的个体和组织机构，环境则包含了与教育活动相关的自然环境、社会环境和人文环境。教育生态系统内的各主体与环境之间相互影响，使教育生态系统具有流动性、多层次性和功能性的特征。

从以上对生态系统和教育生态系统的内涵的分析，可以这样理解体育教师 PE-PCK 的生态系统理论：在体育教师专业发展过程中，与体育教师 PE-PCK 有密切关系的主体和环境对教师专业发展起到了制约、促进和调控作用。其中主体包括与体育教师 PE-PCK 发展相关的不同层次的机构与个体，环境则是影响体育教师 PE-PCK 的自然环境、社会环境与规范环境。本研究借鉴布朗芬布伦纳的人类发展生态系统理论，将体育教师 PE-PCK 建构过程的生态系统理论分成四个层面。

个人层面（微观系统）：这一层是体育教师 PE-PCK 成长的基础，也是一切 PE-PCK 活动的根基。主要是指体育教师的知识结构、心理特点、职业理想、教学动机、自主学习等与教师个人有关的内容，这一层面对体育教师专业发展影响较大，职业理想和自主学习积极性是教师持续学习和发展的动力。

人际层面（中观系统）：这一层是与教师个人有直接接触的同事、家人、朋友，与他们的交往可能会对体育教师的 PE-PCK 有一定影响，比如，体育教师可能会从同事和朋友处获知一些重要的专业信息，如师生交往、场地布置、错误动作纠正等，也可能从家人处（如照看孩子）或者从配偶处获知一些如何进行课堂管理的方法。

学校层面（外在系统）：这一层是对体育教师 PE-PCK 影响范围最广的一个系统。学校是体育教师专业成长的主要场所，教师常年在学校从事体育教学，学校的政策制度、领导行为、物质环境、教研室活动、学校的教研活动、专业交往、课堂氛围感知等方面都对教师专业发展进程有直接影响。因此，研究体育教师的 PE-PCK 发展应该立足学校。

社会层面（宏观系统）：这一层是指对体育教师 PE-PCK 有重要影响的

[①]　吴鼎福、诸文蔚主编《教育生态学》，江苏教育出版社，1990，第29页。

社会文化、意识形态和价值观念、国家教育政策、教师政策等，这些因素渗透在体育教师的日常生活和教学活动中，对体育教师的 PE-PCK 发展产生强烈影响。

每一个系统中的每一个生态因子都对体育教师的 PE-PCK 有着复杂的生态学意义，而且各个系统相互联系、相互制约，其中任何一个系统的变化都会波及另外一个系统。研究这些系统的最终目标是最大限度地调控这些因素，发挥其积极作用，并使其不良影响降到最小。然而体育教师 PE-PCK 发展会受到体育教师个人、社会、学校、家庭、教育机构等多个层面的多种因素的交互影响，每一个因素在体育教师 PE-PCK 发展的不同阶段又有不同的作用和效果，同时这些因素本身也在不断发生变化，更凸显了体育教师 PE-PCK 的多因性、多样性与多变性特征。在这些生态因子中，有些又是很难控制的，因而要全面研究和控制体育教师成长全过程中 PE-PCK 发展的生态因子几乎是不可能的，但是可以抓住那些能够研究并且可能对体育教师 PE-PCK 有重大影响的生态因子，以求提高体育教师的工作绩效。

四 建构主义理论

20 世纪以来，建构主义形成了多个各具特色的流派，有个人建构主义、社会建构主义、激进建构主义、批判性建构主义等，对教育领域影响较大的是个人建构主义和社会建构主义。

个人建构主义的代表人物是著名哲学家、心理学家皮亚杰，其建构理论的核心是提出了发生认识论。发生认识论认为，世界是客观存在的，但是对于世界的理解和意义赋予却是由每个人自己决定的；知识不是外界客体的简单摹本，也不是主体内部预先形成的结构的展开，而是由主体与外部世界不断相互作用而逐步建构的结果；认识是一种主动积极和不断的建构活动，发展不是由内部成熟或外部教学支配的，而是一个积极的建构过程。

社会建构主义主要是以维果茨基的理论为基础的。维果茨基强调了社会历史文化对个体认知发展的影响，特别强调活动、社会交往在个体认知发展中的突出作用。他提出人的认知发展的两条规律：其一，人所特有的新的心理机能不是从内部自发产生的，它们只能产生于人们的协同活动和人与人的交往之中；其二，人所特有的新的心理过程结构最初必须在人的外部活动中形成，随后才可能转移至内部，成为人的内部心理过程的结构。这种外部心理过程向内部心理过程的转化，实质上就是"内化"过程。他认为，人的活动是实现主观与客观之间相互作用的桥梁。

20 世纪末，建构主义对教学、学习以及学校课程的影响与日俱增。尽管建构主义流派众多，对"如何建构"存在分歧。但是，大多数建构主义理论对学习有三点共识。第一，学习者建构自己的理解。知识是认识主体与认识对象之间、认识者新旧经验之间的相互作用过程和结果，是个体基于一定的文化环境，在原有知识、经验的基础上，建构当前事物的意义的过程。第二，新的学习获得依靠现有的理解。第三，社会性的互动可促进学习。

五　教师成长的阶段性理论

（一）国内外关于教师成长阶段的理论观点

在教育教学中，教师的专业发展具有至关重要的意义。因此，对教师成长阶段和规律进行研究有助于系统梳理和分析这一发展过程的特点和现状，进而推动理论研究的深入，促进实践工作的推进。

实际上，早在 20 世纪 60 年代，国外就开始对教师的专业发展进行深入研究，各学者提出了不同的教师成长阶段划分。福勒构建的《教师专业发展问卷》为教师专业成长理论奠定了基础，将教师的发展过程分为执教前关注、早期关注、关注教学情境和关注学生四个阶段。[①] 休伯曼等则基于教师对发展主题的认知和理解差异，提出了教师专业发展的五个阶段理论，该理论更为详细和有针对性。[②] 伯林纳依据教师对专业知识和技能的学习与掌握情况，将教师的专业发展分为新手、进步的新手、胜任、熟练和专家五个不同的阶段。他的研究指出，能够达到专家阶段的教师为数不多，因此我们的

---

① 转引自张琳《教师专业发展阶段理论研究述评》，《创新创业理论研究与实践》2018 年第 22 期。

② Michael Huberman, Charles L. Thompson, Steven Weiland. Perspectives on the teaching career, in Bruce J. Biddle, Thomas L. Good, Ivor F. Goodson (eds.), *International Handbook of Teachers and Teaching*. Springer, 1997, pp. 11–78.

努力方向应该是帮助教师从新手阶段逐步发展到熟练阶段。[①] 澳大利亚教育体系对教师的专业发展进行了四个层次的划分，涵盖准教师、胜任教师、优秀教师和领导教师。这些层次的确定建立在专业知识、专业实践和专业参与这三个关键维度之上。[②]

我国对于教师专业发展阶段的研究相对较晚，最早始于 20 世纪 80 年代，并在 21 世纪后逐渐成为热点。这方面的研究多受到国外研究成果的影响，主要侧重于教师的社会化过程。对于教师类型的划分，苏晓林将新手型教师定义为师范大学毕业生（已完成教育实习）或从教不满五年的教师。在其研究中，具有五年以上工作经验且拥有中级以上职称的教师被归类为熟手型教师。[③] 潘振华则将满足以下条件的教师纳入专家型教师范畴：具备高级职称并从教满十年以上，或曾获得省级以上的优秀教师等荣誉称号。此外，基于潘振华的理论，职称为二级及以下的教师被视为新手型教师。[④] 考虑到教师职称、工作年限和绩效等多方面因素，连榕将教师分为三类：专家型教师，具有特级职称或高级职称且从教满 15 年以上；熟手型教师，工作年限为 6~14 年，且接受过特定教师培训；新手型教师，拥有三级或以下教师职称，且从教不满五年。[⑤] 孟繁胜等研究者从内在机理和职业年龄特征的角度划分了教师的专业成长，将其分为四个阶段，包括新手型（0~5 年）、适应型（6~10 年）、熟手型（11~20 年）以及专家型教师（21 年以上）。这四个阶段的教师在行为特征方面存在明显的差异。[⑥]

综上所述，不论是在国内还是在国外，对于教师专业发展的研究虽各具特色，但有一些共通的内在特点。首先，它们普遍将教龄作为不同阶段的划

[①] David C. Berliner. *The Development of Expertise in Pedagogy*, AACTE Publications, 1995, p.136.

[②] 崔杨、蒋亦华：《中小学教师专业成长的阶段划分及相应标准建构》，《湖南师范大学教育科学学报》2020 年第 3 期。

[③] 苏晓林：《高中新手—熟手型物理教师课堂教学行为差异研究》，苏州大学硕士学位论文，2006，第 26 页。

[④] 潘振华：《新手—熟手—专家型中学数学教师教学策略的比较研究》，福建师范大学硕士学位论文，2007，第 50 页。

[⑤] 连榕：《教师教学专长发展的心理历程》，《教育研究》2008 年第 2 期。

[⑥] 孟繁胜、曲正伟、王芳：《不同阶段中小学教师发展需求比较分析》，《东北师大学报》（哲学社会科学版）2017 年第 3 期。

分基准的重要参考指标，强调教师的发展阶段与从业年限有重大关联，因此教师成长需要经历一系列有序的过程，难以突破性地跃迁。其次，尽管教师的整体发展历程有相似之处，但个体差异明显，因此有必要为不同类型的教师提供有针对性的培训和支持。最后，随着研究的深入，我们能够认识到教师的专业发展是一个持续不断的、漫长而动态的过程。

（二）不同成长阶段体育教师的操作性定义

本书主要从职称、教龄、绩效三个方面出发，将体育教师分为新手、熟手、经验、优秀四个阶段，各个群体教师的操作性定义将在下文进行说明。

1. 新手体育教师

当前学界对新手体育教师名称的界定并没有统一标准，新手教师可以被称为"新体育教师""初任体育教师""职初体育教师"。不同学者对新手教师的认知存在差异，徐碧美认为入职一年内的教师可以被称为新手教师，施澜、李蔷等学者认为新手教师应该是教龄为 1~3 年内缺乏经验的教师，还有部分教育研究者认为，根据教师的成长规律，有 1~5 年工作经验的教师可以被称为新手教师。[①]笔者认为，将新手教师教学年限定义在 3 年以下存在不合理之处，原因有二。其一为新手教师入职之初需要在与不同人群（如学生、同事、领导等）的交流中积累教学经验，从而达到促进和提高教学能力的目的。辛晓玲的研究指出教学经验是教师在实践过程中生成的个人知识、缄默知识；是教师内部认知活动的结果，具有鲜明的个体性和默会性，这就导致新手教师在借鉴其他教师教学经验的路径上存在较大困难，因其个体性和缄默性的特点，该研究还指出自身教学经验需通过"外显化"即一定的"反思实践"才能进一步促进和提高。[②] 因此新手教师教学经验的累积是较为复杂的过程，需要一定的时间跨度才能够完成足量的积累。其二是新手教

---

①　徐碧美：《如何开展案例研究》，《教育发展研究》2004 年第 2 期；施澜、郑新华：《职初教师和经验型教师应用元认知教学策略的比较研究》，《上海教育科研》2020 年第 7 期；李蔷：《国际中文教育初任教师和经验教师教学行为比较研究》，东北师范大学博士学位论文，2023，第 5~7 页；张建平：《小学初任教师入职支持体系建设研究》，南京师范大学博士学位论文，2014，第 8 页。

②　辛晓玲：《教学经验的知识属性及其表征与转化——基于波兰尼的个人知识理论》，《教育理论与实践》2023 年第 28 期。

师入职之初不仅要积累教学经验，对新环境的融入、新职业的适应也需要一定的时间。因此笔者认为，将新手教师的教学年限定为 1~5 年更为合理，基于此，本研究将新手体育教师定义为毕业后从事体育教学工作，进入体育教学工作岗位任教 1~5 年（含 5 年）的体育教师。

2. 熟手体育教师

国内外学者采用各种不同标准，将教师的成长过程分为三个、四个或五个阶段。以连榕为例，他将教师的成长划分为新手型、熟手型和专家型三个不同阶段，每个阶段在职业心理、工作动机、认知能力和个性特征等方面都呈现独特特征。[1] 另外，孟繁胜等研究者将教师成长划分为四个不同阶段，涵盖了新手型、适应型、熟手型和专家型教师。在不同阶段，教师的关注焦点和教学行为都存在差异。[2] 然而，无论采用何种分类方式，学者都普遍认同熟手是新手向专家的过渡阶段。但是对于熟手教师的定义还未统一。按照五个阶段理论，熟手型教师对应于第四个阶段，也就是在教育岗位工作五年或五年以上的阶段。在这一阶段，教师表现出对于教学情境的高度敏感，教学技能已经达到了一种自动化的认知水平，他们的教学行为变得流畅和灵活。因此，熟手型教师的定义主要关注教育者的知识和实践技能。[3] 在国内，连榕在伯利纳等前人研究的基础上，对熟手型教师进行了界定。根据他的定义，熟手型教师指的是那些在教育领域已经工作了 5 年以上（6~14 年）的教育者。这些教师具备了熟练掌握基本教学操作程序的能力，能够有效地控制课堂教学，处理教学问题时能够按照常规方法进行，他们的主要工作动机是实现任务目标，强调教学本身的价值以及学生的理解和兴趣。然而，他们在教育教学创新方面的能力和水平尚未达到很高水平。[4] 连榕的界定主要强调了教师的熟练度和在常规教学方面的表现水平。

综上所述，可以明显观察到，不同的研究者根据不同的标准对熟手教师

① 连榕：《教师教学专长发展的心理历程》，《教育研究》2008 年第 2 期。
② 孟繁胜、曲正伟、王芳：《不同阶段中小学教师发展需求比较分析》，《东北师大学报》（哲学社会科学版）2017 年第 3 期。
③ R. S. Brandt. On the expert teacher：A conversation with david berliner. *Educational Leadership*, 1986, 44（2）, pp. 4-9.
④ 连榕：《教师教学专长发展的心理历程》，《教育研究》2008 年第 8 期。

的定义存在差异。尽管教龄并不是评判熟手教师和专家型教师的唯一标准，但它仍然是大多数教师成长的必备条件，因为只有通过一定量的实际经验积累，教学技能的深化才能得以实现。综合前人的相关定义，本研究将那些从教6~10年、拥有较高教学策略、能够熟练应对各种课堂教学情境的体育教师定义为熟手体育教师。

3. 经验体育教师

杨鲁新等认为经验教师是指工作一定年限后，具备了充分教育教学经验的成熟型教师。[①] 程嘉恒将经验体育教师定义为已工作超过10年，拥有深厚的教学知识，能有效管理课堂并熟练掌握教学的关键和难题，但是教学技巧还未达到完善程度的体育教师。[②] 连榕等将拥有三级资格并且拥有0~4年教龄的教师称为新手教师，拥有高级职称且15年教龄以上的教师是优秀教师，处于新手教师与优秀教师中间的是经验教师。[③] 张小菊等认为经验教师是指入职5~10年，尽管已经对自己的教育工作相当熟练，并且已经对如何进行教育工作有一些理解，然而这些理解仍然相当局限的教师。[④]

根据以上学者的界定，本研究将经验体育教师界定为工作10年以上，具备较丰富的教学经验，能够较好地把控课堂和掌握教学重难点，但教学技能仍不够完备，没有取得高级职称并且没有在省市级及以上教学技能大赛中获奖的教师。

4. 优秀体育教师

优秀体育教师应当具备优秀的运动能力、多元的教学手段等。目前对其界定主要有两种方法。一种是研究者得出的相关概念。如周登嵩在其研究中提出，优秀的体育教师应当具备崇高的职业道德、高效的教学成果、卓越的

---

① 杨鲁新、张宁：《英语经验教师专业发展研究：回顾与展望》，《外语教学》2020年第2期。
② 程嘉恒：《初任体育教师与经验体育教师学科教学知识（PCK）比较研究》，广州大学硕士学位论文，2018。
③ 连榕、孟迎芳：《专家——新手型教师研究述评》，《福建省社会主义学院学报》2001年第4期。
④ 张小菊、王祖浩：《能手与熟手教师学科教学知识差异研究》，《教学与管理》2016年第30期。

工作表现、独特的教育风格与理念，并且得到同行认同、学生喜爱、社会肯定。[1] 胡定荣认为在教学方面颇有建树、爱岗敬业、热爱教学、时常进行自我反思且具备较高专业水平的教师可以被认为是优秀的体育教师。[2] 另一种指的是具备优秀体育教师特征的群体，如周登嵩在他的研究中专门指出，1992 年全国评选出的千名中小学体育教师为优秀体育教师。[3] 综上所述，笔者认为优秀体育教师的定义应当包含"优秀"及"因何而优秀"，因此，本研究较为赞同周登嵩的观点，将优秀体育教师定义为具备崇高的职业道德、高效的教学成果、卓越的工作表现、独特的教育风格与理念，并且得到同行认同、学生喜爱、社会肯定的体育教师。同时，为便于调查对象的选择，将具备以下条件的体育教师界定为"优秀体育教师"：一是具备十年以上教学工作经验；二是职称是高级或以上；三是获得以下荣誉之一：（1）省级或市级教学技能大赛一等奖；（2）省级或市级学科带头人；（3）特级教师称号；（4）省级或市级名师工作室主持人。

第三节　生态学视域下体育教师 PE-PCK 建构过程的理论探讨

在体育教学领域中，PE-PCK 影响体育教师的教学行为，教学行为又决定教学效果，进而影响体育教学的质量。因此体育教师只有构建丰富的 PE-PCK，才能在一个特定的教学情境中，以自身的理解为基础，根据学生不同的水平和能力，采用最适合的方法将某个练习内容以最简单、最容易让学生理解和掌握的形式呈现给学生，促进学生更好地掌握体育与健康知识、技能和方法，使体育教学效果达到更佳。所以体育教师的 PE-PCK 决定着体育课程教学质量，从而成为体育教师专业发展的核心。所以，PE-PCK 结构、内

---

[1]　周登嵩：《论体育名师标准》，《中国学校体育》1999 年第 9 期。

[2]　胡定荣：《影响优秀教师成长的因素——对特级教师人生经历的样本分析》，《教师教育研究》2006 年第 4 期。

[3]　周登嵩：《我国优秀体育教师成才的阶段性规律与促进因素的研究》，《体育科学》1994 年第 6 期。

涵、建构过程研究得到了众多国内外学者的关注，研究逐年增多，但是体育教学的复杂性、PE-PCK 结构的多元性、建构过程的内隐性及相关主体的多层次性等决定了体育教师 PE-PCK 发展的复杂性，因此许多国内外知名体育学者倡导在生态系统理论视野下研究体育教师 PE-PCK 的建构过程。

一 建构机制

随着建构主义理论在教育领域影响的逐步加深，"建构"这个词作为一个泛化的动词，被广泛运用于各种与"建造、树立、建设、构造"等意义有关的教育学语境中。在教育学中，建构就是指知识、观念或行为等不断持续完善的过程。"机制"通常有几种解释：指有机体的构造、功能及其相互关系；机器的构造和工作原理；某些自然现象的物理、化学规律；一个工作系统的组织或部分之间相互作用的过程和方式等。一是事物各个部分的存在是机制存在的前提，因为事物有各个部分的存在，就有一个如何协调各个部分之间关系的问题。二是协调各个部分之间的关系一定是一种具体的运行方式，机制是以一定的运作方式把事物的各个部分联系起来，使它们协调运行而发挥作用。

综合以上关于"建构"和"机制"的解释以及建构主义相关理论观点，本书中体育教师 PE-PCK 的建构机制就是体育教师 PE-PCK 的各组成要素在教学实践中不断持续完善的原理、过程和方式。本研究正是以建构主义理论为基础，应用生态学的观点，将体育教师 PE-PCK 的建构过程置于教师个体层面、人际层面、学校层面、社会层面等微观、中观、宏观等环境中，借助来自相关人员、学校、教育政府部门、教育培训机构等的支持，以体育教师自身内在的认知结构、教育信念为基础，研究体育教师面向教学的教学内容、学生特点、教学策略等知识在课堂教学中相互融合、相互作用的过程，分析其课堂呈现特点，总结体育教师 PE-PCK 建构的生态环境现状，揭示体育教师 PE-PCK 建构机制，为体育教师实施高效体育教学打下坚实基础。

二　体育教师 PE-PCK 的建构机制

（一）体育教师 PE-PCK 建构的实质

1. PE-PCK 建构的核心：转化

不同研究者对 PCK 结构要素与结构模型的论述不尽相同，但对其本质内涵的理解基本一致，就是把学科知识转化为学生可以学习的形式。同理，体育学科能否通过体育学科中运动技能、体能、健康教育等的教学，培养学生的体育核心素养，关键在于学科内容"转化"的质量，体育专家和体育教师需要对内容知识经过几个层层递进的转化阶段使之变成学生能够学习的运动知识，达到培养学生体育核心素养的目标。图 3-1 是内容知识转化的不同阶段。

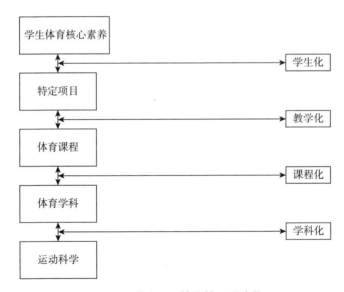

图 3-1　内容知识转化的不同阶段

资料来源：本章中所有图表均由笔者自制，以下不再单独标注。

第一阶段：从运动科学到体育学科的学科化阶段。这一阶段是运动科学进入学校教育的阶段。这一阶段的任务主要是确定学生进入学校接受学校教育，体育作为一门学科，需要思考的是，学校教育中为什么要有体育，它的功能和价值是什么，学校体育究竟能够为全面发展的人做出什么样的贡献，等等。这一阶段转化的任务是将运动知识转化为得到各界认可的体育学科知识，主要由教育部门、教育专家、学科专家、学科教育专家及基础教育优秀体育教师完成。

第二阶段：体育学科到体育课程的课程化阶段。这一阶段转化的主要任务是基于素养本位课程体系下的体育学科核心素养的要求，根据学生运动技能形成规律和身心发展规律，整体设计学校教育期间的体育课程目标、课程内容、评价标准等，确保学生掌握结构化的运动技能、提高体能和健康水平，为学生参与运动和养成健康的生活方式奠定基础。这一转化任务仍然主要由教育主管部门、教育专家、学科专家、学科教育专家及基础教育优秀体育教师完成。

第三阶段：从体育课程到特定项目的教学化阶段。这一阶段转化的任务是体育教师基于体育学科核心素养，根据学生的运动技能基础、体能基础和心理发展特点，结合所教运动项目技术的特征，合理确定教学重点、难点和教学目标，对特定教学内容进行教材化处理，选择多样化的教学策略，将教学任务呈现给学生，引导学生在对抗练习、展示或比赛等真实复杂的运动情景中获得丰富的运动体验和认知，根据教学实际情况进行适时调整，关注学生的个体差异，力争让每一名学生的技战术水平、体能水平都在原有基础上得到提高，培养学生良好的体育精神、体育道德和体育品格。

第四阶段：学生体育核心素养形成阶段。经过前三个阶段的努力，学生经过系统的体育课程学习，掌握了所教运动项目的基本知识、基本原理、基本技能和规则礼仪。这一阶段的转化主要由体育教师和学生完成。体育教师转化的任务是加强课内教学与课外体育锻炼的有机结合，以及家庭、学校、社区的多元联动，积极组织、指导学生参与丰富多样的课外体育活动和课余体育比赛，布置学生与家长共同完成的体育作业，促进学生进一步理解与内化课堂上所学的技战术等知识，促使学生形成体育核心素养。

上述四个阶段，每个阶段知识转化的核心任务和转化的主体不同，以体育教师作为转化主体的主要是第三阶段教学化和第四阶段学生化，这也是本研究主要关注的两个阶段。在这一过程中，体育教师在一个具体的教学场景中教授一个具体的运动知识，基于对学生已有的运动基础的综合理解，选择特定的教学策略，将运动知识转化为学生易于理解和掌握的形式，探索不同阶段体育教师宣称 PE-PCK 的现状、使用 PE-PCK 的课堂转化特点，分析其建构过程中的内外部作用机制和影响机制，为推动体育教师成长、促进体育教师队伍整体优化做出努力。

2. 动态 PE-PCK 和静态 PE-PCK 不断循环建构 PE-PCK 系统

前文已经述及，体育教师的 PE-PCK 有宣称 PE-PCK 和使用 PE-PCK 之分，且二者并不总是一致的。宣称 PE-PCK 可以通过语言、文字、图式等表达出来，因而是可以言说的，相对容易在教师之间进行传递和共享，也有学者将这种宣称 PE-PCK 称为静态 PE-PCK。教学过程中，教师会使用这些宣称或静态 PE-PCK，将之转化为具体的教育教学行为，静态的宣称 PE-PCK 随即转化为教学实践中动态的使用 PE-PCK。使用 PE-PCK 经过一段时间的实践、改革、磨合、创新、验证，如果被教师认为是有效的，教师就会有意识地去总结并渐渐将其内化为教师固有的教学认知，这种认知和体验就会逐渐发展为教师静态 PE-PCK。动态 PE-PCK 和静态的 PE-PCK 之间是可以相互转化的，二者的辩证运动实现了 PE-PCK 的建构。因此可以说，PE-PCK 既是体育教师进行教学实践的前提，也是教学实践的结果，既在教学实践中产生，又面向教学实践，是为了改善教学实践而做出的努力。体育教师的 PE-PCK 就是在教学实践中通过动态 PE-PCK 和静态 PE-PCK 的不断循环来建构和完善自己的 PE-PCK 结构（见图 3-2）。

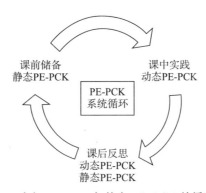

图 3-2　动态 PE-PCK 与静态 PE-PCK 的循环过程

（二）体育教师 PE-PCK 的建构机制

PE-PCK 是体育教师个人在对学生、教材、教学环境有充分理解的基础上，通过长期的教学实践，在与真实的教学情境互动过程中建构的结果，其建构过程受到体育教师个体、人际、学校、社会等多个层面的多种因素的交互影响，每一个因素在体育教师 PE-PCK 发展的不同阶段又有不同的作用和效果，同时这些因素本身也在不断地发生变化，凸显了体育教师 PE-PCK 的多因性、多样性与多变性特征。笔者基于多年对学科体育和体育教学实践的理解，运用生态学理论、教师 PCK 理论、知识建构理论等，从内在机制和外围机制两个方面探索 PE-PCK 建构过程中体育教师个体层面、学校层面、人际层面、社会层面等的交互作用（见图 3-3），全面呈现体育教师 PE-PCK 建构过程的原理、规律、功能。

1. 体育教师 PE-PCK 建构的内在机制（个人建构）

体育教学过程中，理论与实践紧密结合，脑力活动与体力活动相互融通，学生身体要承担较大的负荷，教学组织复杂多样。必须在时间和空间上合理安排与组合教师、学生、教学内容、教学方法、教学手段等要素，体育教学活动才可以顺利开展。这决定了体育教学难度很大。因此，教育实践对体育教师 PE-PCK 的重要性不言自明。PE-PCK 本质上是一种在教学情境下使用的教学知识，是体育教师在长期的教学实践中通过与情境（学生、教材、策略）的互动建构而成的。因此，体育教师个人的教育实践对于 PE-PCK 的转化、形成和发展极为重要。没有教师个体的实践和反思，PE-PCK 不可能形成。因此，探索建构 PE-PCK 的内在机制对体育教师的专业成长尤其重要。运动知识转化成学生可学的知识形式主要经过三重转化：一是运动项目的特点与功能转化成教师的运动教学理念与目标；二是运动项目的结构与要素转化成教师的教学语言；三是运动项目学习程序转化成教师的教学活动程序。

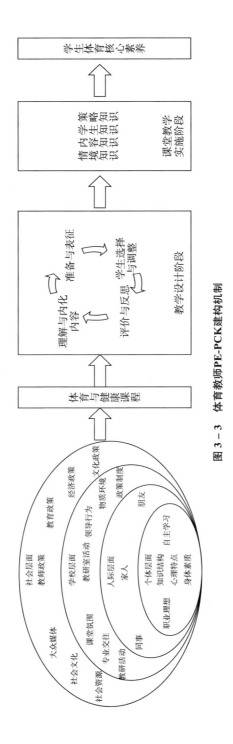

图 3 - 3　体育教师PE-PCK建构机制

第一，运动项目的特点与功能转化成教师的运动教学理念与目标。首先，体育教师需要充分理解运动项目的教育学意蕴，深度挖掘运动项目内在的教育价值及其对学生发展的教育学意义，并在教学实践中实现与发扬这种价值。体育教师课前准备时要清楚知道"为什么要教这个运动项目或技术"。其次，体育教师还要调查分析学生在学习所教授的运动项目的时候是如何理解这个运动项目的，他们对这个运动项目的理解与这个运动项目真实的特点与功能差距何在。教师的作用就是找到一种恰当的方法来缩小这种差距。最后，体育教师尝试根据自己的理解和课前准备所形成的教学理念与目标，引导学生形成正确的运动学习理念与目标。

第二，运动项目的结构与要素转化成教师的教学语言。运动项目的结构与要素是 种专业语言，通常以书面语言表达出来，便于体育工作者的交流和沟通，为了不引起误解，语言结构一般比较严谨，表述较为烦琐，过于符号化和抽象化。相对于学生的生活经验和生活语言来说，这些语言不容易理解，如果教学中直接使用这些术语对学生学习进度有一定影响。体育教师的作用就是运用自己的教学语言缩小运动项目的书面语言和学生的生活语言之间的差距，先将运动项目的书面语言转化成为教师的教学语言，同时结合学生生活语言的特性，以学生能够理解但又与学生的生活语言有某种差异的语言形式与学生对话。教师将运动项目的书面语言转化成教师教学语言的过程，就是为学生学习"搭脚手架"的过程，促使学生在学习过程中更好地理解运动项目的书面语言。比如，双手头上前掷实心球的书面语言："一、预备姿势，两脚前后开立，前脚掌离起掷线 20~30 厘米，前后脚距离约一脚掌，左右脚间距离半脚掌，后脚脚跟稍微离地，两手持球自然，身体肌肉放松，重心落在两脚中间偏前，眼睛看前下方。二、预摆，预摆是为最后用力提高实心球的初速度创造良好条件，预摆次数因人而定，一般是一至两次，当最后一次预摆时，此时球依次是从前下方经过胸前至头后上方，加大球的摆速，此时上体后仰，身体形成反弓形，同时吸气。三、最后用力，最后用力是投掷实心球的主要环节，动作是否正确直接影响球的初速度及抛球角度。最后用力动作是当预摆结束时两手握球用力积极从后上方向前上方前摆，此时的动作特点是蹬腿、送髋、腰腹急震用力，两臂用力前摆并向前拨指和腕，旨在提高手臂的鞭打速度。"这些专业语言冗长烦琐，不利于学生的记忆和理解。体育教师上课前需要先根据今天上课的主要目标有选择性地进行讲解和示范，并依据对学生的了解对这些专业语言进行教学化加工和处理，比如教师可将这些语言转化为"准备：两脚前后开立，后脚脚跟稍离地，上体前倾，持球于体前。预摆动作：重心后移，屈膝，抬头挺髋身体成反弓，两臂屈肘于脑后。最后用力，蹬地，收腹，两手握球快速向约45度角方向做鞭打动作，将球掷出，球离手后降低重心保持平衡"。为便于学生记忆，有的教师还将烦琐的书面语言总结成朗朗上口的口诀："持球后仰成满弓，蹬地收腹臂前挥"，语言精练、生动形象，高度概括了这项技术的结构和重点，极大减轻了学生的学习负担，能有效提高学生的学习信心。

第三，运动项目学习程序转化成教师的教学活动程序。运动项目多数是基于成人的身体、认知能力、心理发展而创设的，竞技性强，对身体素质和运动能力要求较高，有各具特色的系统训练方法。而学生身心尚未发展成熟，运动储备较少。很多项目如果直接拿来教给学生的话，难度较大，大多数学生体验不到运动带来的成功感，会影响他们学习体育的积极性。教师的作用就是根据教育的规律、体育课程的目标、学生的特点和需要以及学校的条件等对这些适合成人进行的运动项目进行加工改造，将其转化成适合相应年龄段学生学习的教学活动程序，让学生循序渐进地掌握动作。教师要在充分了解运动项目学习方法和逻辑程序的基础上，课前准备时要分析学习某一运动项目学生需要什么样的身体素质和运动技术基础，当前学生已经具备了哪些身体素质和运动技术基础，还有哪些身体素质和运动技术基础尚未达到这个项目本身的要求，这些尚未达到的身体素质和运动技术基础有哪些是当前学生经过努力后可以达成的，教师的工作就是发展学生的这些身体素质和运动技术，并创设恰当的教学活动程序引导学生探索和体验这项运动，学生在学习过程中逐渐体会运动项目特有的练习方法，改正自己的错误，形成符合个人特点的练习方式。

2. 体育教师 PE-PCK 建构的外围机制（社会建构）

上文分析了体育教学过程的复杂性决定了体育教师个人的教学实践在其PE-PCK 建构过程中的重要作用，所以 PE-PCK 需要教师个人的自我建构。

但同时也应该看到，在全球化、信息化、智能化等时代背景下，单靠教师个人的实践、反思发展，可能带来 PE-PCK 转化速度较慢、转化质量不高、转化方式滞后等问题。社会建构主义理论认为，学习是学习者在一定的情境即社会文化背景下，借助其他人的帮助，利用必要的学习资料，即通过人际协作活动而实现的意义建构过程。因此，"协作"和"会话"等社会性的互动可以促进学习。体育教师 PE-PCK 的社会互动主要有两个方面，一是重要他人引领，二是外部支持环境，二者共同作用于体育教师 PE-PCK 发展，进而提高教师的教学决策质量，最终实现培养学生体育核心素养的目标。

第一，重要他人引领。体育教师的 PE-PCK 既包括理论知识，也包括实践知识；既包括静态的陈述性知识，也包括动态的程序性知识和策略性知识；既有外显性的公共知识的性质，也有内隐性的个体知识的性质；既有静态的一面，也有动态的一面；既有可以言明的内容，也有难以言说的一面。因而想要建构完整的 PE-PCK 结构，单凭体育教师个人的力量很难，与其他主体的交互能有效增进对体育教学活动的认知与理解。特别是体育教学的身体活动性、教学负荷安排的复杂性、教学环境的时空等特征决定了体育教师 PE-PCK 的内隐性更强，有相当一部分"只能意会，无法言传"，现场观察、师徒带教、案例分析等可以有效获取这类内隐较强的知识。因此体育教师应该积极寻求同事、专家学者、家长、专业共同体等方面的协助，充分挖掘学校内部、校际或者线上的资源，获取优质的资料和资源，就共同关注的问题进行学习与交流。

第二，外部支持环境。体育教师 PE-PCK 的建构需要强有力的外部条件的支持。国家政策支持、学校组织支持、专业组织支持、家人支持等是体育教师 PE-PCK 建构的主要支持环境。

第四节　研究内容与研究思路

一　研究内容

现有文献或通过问卷调查探讨教师的宣称 PE-PCK，或通过个案分析教师的使用 PE-PCK，且研究多集中在教师的某一类群体（如新手教师）或两类教师的对比（如新手和熟手）等，将新手、熟手、经验、优秀等不同成长阶段体育教师队伍整体作为研究对象、从纵向和横向两个角度分析不同成长阶段体育教师宣称 PE-PCK 和使用 PE-PCK 的建构特征和差异、系统阐释不同成长阶段体育教师 PE-PCK 建构过程中的影响因素的综合性研究很少。因此，本书的主要内容如下。

第一，新手、熟手、经验、优秀等不同成长阶段体育教师宣称 PE-PCK 研究。主要通过问卷调查、访谈等方法从横向角度分别讨论新手、熟手、经验、优秀等不同成长阶段体育教师宣称 PE-PCK 的现状，进而分析教师的个人背景信息对其 PE-PCK 影响，了解当前体育教师队伍在认知层面对其 PE-PCK 的评价，试图发现其宣称 PE-PCK 建构现状的一些规律性特征。

第二，新手、熟手、经验、优秀等不同成长阶段体育教师使用 PE-PCK 研究。主要通过文本分析、课堂观察和访谈等方法从横向角度分别探究新手、熟手、经验、优秀等不同成长阶段体育教师使用 PE-PCK 的现状，剖析不同成长阶段体育教师 PE-PCK 的课堂呈现特点，主要通过教师的课前教学设计、课中教学决策、课后教学反思等教师的"所想所思及课堂教学行为"来综合分析其使用 PE-PCK 的发展水平，总结不同成长阶段体育教师课堂教学实践中的 PE-PCK 建构水平。

第三，新手、熟手、经验、优秀等不同成长阶段体育教师 PE-PCK 建构特征的综合对比与分析。主要通过数理统计、比较等从纵向角度分析新手、熟手、经验、优秀等不同成长阶段体育教师 PE-PCK 的差异，试图发现各阶段教师 PE-PCK 发展的优势与不足，为新课标颁布后新一轮的体育教师培训方案修订提供建设性意见。

第四，新手、熟手、经验、优秀等不同成长阶段体育教师 PE-PCK 的影响因素研究。主要分析个人主观因素、学校组织因素、社会制度因素三个方面对不同成长阶段体育教师宣称 PE-PCK 的影响，并根据数据分析结果，对各个影响因素对 PE-PCK 影响程度进行对比，揭示不同成长阶段体育教师成长过程中对其专业发展影响较大的因素，建议相关部门关注这些因素，为促进更多体育教师更快走向优秀提供参考。

二 研究思路

宣称PE-PCK是教师本人认为的其所拥有的PE-PCK水平，也可被称为认知层面的PE-PCK，是教师自认为他能做到的。但事实上教师所具备的PE-PCK水平通常是他在实践过程中所"使用"的PE-PCK[①]，即使用PE-PCK。正因为本研究的目的是对体育教师的PE-PCK水平进行呈现，所以有必要全面了解体育教师"认知层面"和"使用层面"的PE-PCK，并通过对比两个层面的差异，更清晰地了解体育教师PE-PCK的整体建构特征，更有针对性地提出相关建议。

关于宣称PE-PCK，本研究将通过问卷调查的形式进行研究。张晓玲对台湾体育大学张禄纯的《中学体育教师学科教学知识量表》进行了修订，形成了适合大陆中小学的《中小学体育教师PCK调查问卷》，用于调查中小学体育教师对其PE-PCK水平的自我认知。该问卷修订过程经过项目分析、探索性因素分析、验证性因素分析等科学程序，信效度良好。自2018年该问卷形成以来，不少学者直接使用这个问卷研究PE-PCK相关主题、由于本研究宣称PE-PCK的内涵与该问卷的内容完全相同，为避免重复劳动，本研究将借鉴该问卷分别调查新手、熟手、经验、优秀四个阶段体育教师的宣称PE-PCK。但是，慎重起见，为了检验该问卷是否适用于本研究，本研究将对该问卷进行进一步验证，以确保本研究的信效度。

关于使用PE-PCK，本研究将主要通过课堂观察对象的课前教学设计、课中教学实施、课后教学反思等材料来全面呈现教师的"所思所想所为所评"。本研究采用课堂观察法对体育教师的PE-PCK展开调查，通过观察教师在课堂"做了什么"去分析其使用PE-PCK的情况。而教学过程通常具有一定的"随意性"，我们能够通过课堂观察了解到教师"做了什么"，却无法了解该教师在课堂中"想要做什么"。因此对体育教师PE-PCK的调查不应局限于教师在课堂上"呈现了什么"，也应了解教师"如何设计这堂

---

① 高成：《中学化学教师学科教学知识（PCK）建构研究》，西南大学博士学位论文，2019，第51~53页。

课"。笔者认为，教师对这一节课的思考是十分重要的，而在这一过程中，教学设计是一个很好的观测指标，其原因在于它是教师的一种"教学方案"，是一个为解决教学问题而确定教学目标、制订教学计划的过程[1]，是教师展开教学实践的前提和基础[2]。因此本研究在观察教师课堂的同时对每节课教师的教学设计进行了回收，并采用文本分析法对教师的教学设计展开分析。考虑到某些教师在设计教学环节时书写较为模糊，分析时无法理解教师为何这样设计教学，因此，在正式开始课堂录像和撰写教学设计之前，笔者及团队请每位教师在每个教学环节后面增加一个设计意图，让教师解释为什么要设计这个教学环节，主要说明这个环节教学对后续教学有什么样的作用，在发展学生运动技能、增强学生体能、培养健康行为和进行品德教育等方面有什么价值，以便更加清晰地了解教师课前的"所思所想"。在具体教学过程中，笔者及团队观察到体育教师可能会出现一些"教学错误"或"教学智慧"，通过课堂我们无法明确教师是否了解自己在教学过程中存在这些"教学错误"或"教学智慧"，就需要课后反思明晰教师对这一堂课的感受如何，以及学生对这堂课的评价如何。因此，本研究采用访谈的形式，让教师在教学结束后反思本次的课堂教学，更清晰地串联课堂实践和教学设计，以此来辅助分析教师 PE-PCK 的课堂呈现水平，实现静态 PE-PCK 和动态 PE-PCK 的有机融合，推动教师 PE-PCK 水平的整体提升。

通过上面的研究，基本从横向了解了现阶段我国不同成长阶段体育教师 PE-PCK 的建构水平和特征；那么从纵向来看，不同成长阶段体育教师的 PE-PCK 水平是否存在差异、差异程度如何将对体育教师的分层分类培训有重要影响，可以为制订相应阶段教师培养计划提供数据支撑。沿着这个思路，本研究将对处于新手、熟手、经验、优秀四个不同阶段的体育教师的 PE-PCK 进行对比分析。本书的研究思路如图 3-4 所示。

---

[1] 乌美娜主编《教学设计》，高等教育出版社，1994，第 10 页。
[2] 陈旭远主编《课程与教学论》，高等教育出版社，2012，第 5 页。

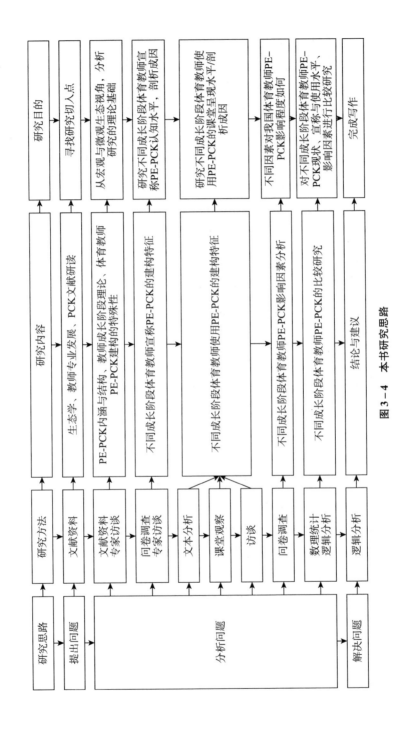

图3-4 本书研究思路

第五节　研究工具的编制

如上所述，本研究将新手、熟手、经验、优秀等不同成长阶段体育教师队伍整体作为研究对象，从横向和纵向两个角度分析不同成长阶段体育教师宣称 PE-PCK 和使用 PE-PCK 的建构特征及其差异，系统阐释不同成长阶段体育教师 PE-PCK 建构过程中的影响因素。为此，本研究需要三个研究工具，分别是《体育教师宣称 PE-PCK 分析量表》、《体育教师使用 PE-PCK 分析量表》和《体育教师 PE-PCK 影响因素量表》，其中《体育教师宣称 PE-PCK 分析量表》应用张晓玲编制的《体育教师 PE-PCK 调查问卷》，本研究再次对该问卷信度、效度进行了检验，结果显示信效度良好，另外两个量表为本研究自制，下面介绍两个量表的形成过程。

一　《体育教师使用 PE-PCK 分析量表》的编制

（一）初步形成体育教师使用 PE-PCK 分析框架

本研究借鉴帕克和谷晓沛的 PCK 量表设计思想，同时参考 2022 年《义务教育体育与健康课程标准》初步确定了体育教师使用 PE-PCK 的分析框架，下文将呈现设计量表的具体观测指标和编制过程。

（二）量表的编制过程

1. 初步确定观测指标

在结合前人研究的基础上，本书确定量表包含的三个维度：内容知识（CK）、学生知识（SK）与策略知识（TK）。通过专家访谈意见，并询问相关一线教师意见，体育教师 PE-PCK 各具体维度的水平可通过教师的教学设计进行分析，根据此设计思路，结合当前我国体育教师教学设计的实际情况，编制量表的观测指标，下面将呈现各个维度的具体分析指标。

内容知识包括三个观测指标：能够理解课标内容，能够理解教学内容的横纵关系，能够理解教材的教学重点。

学生知识包括三个观测指标：能够理解学生的学习难点，能够了解学生的运动基础，能够关注学生的运动兴趣。

策略知识包括七个观测指标：能够注重教学方式的多样性，能够注重体育骨干的使用，能够注重开展差异教学，能够考虑到负荷安排的合理性，能够考虑到场地器材布置的科学性，能够考虑到教学反馈的多样性，能够考虑到学练赛的有机结合。

在完成上述工作的前提下，笔者及团队初步形成了一个设计量表，详情见表3-1。

表3-1　体育教师使用 PE-PCK 观测指标（教学设计）

教学阶段	维度	观测点	有限	基本	熟练
设计阶段	CK	CK1. 理解课标内容	1	2	3
		CK2. 理解教学内容的横纵关系	1	2	3
		CK3. 理解教材的教学重点	1	2	3
	SK	SK1. 理解学生的学习难点（易错点）	1	2	3
		SK2. 了解学生的运动基础	1	2	3
		SK3. 关注学生的运动兴趣	1	2	3
	TK	TK1. 注重教学方式的多样性	1	2	3
		TK2. 注重体育骨干的使用	1	2	3
		TK3. 注重开展差异教学	1	2	3
		TK4. 考虑到运动负荷安排的合理性	1	2	3
		TK5. 考虑到场地器材布置的科学性	1	2	3
		TK6. 考虑到教学反馈的多样性	1	2	3
		TK7. 考虑到学练赛的有机结合	1	2	3

一节完整的课堂教学中，教师的很多教学决策是教师融合多种知识呈现出来的。因此，体育教师使用 PE-PCK 要素间联系水平一定程度上决定了教学决策的质量。本研究将通过观察教师教学决策中体现的各知识间联系的水平来间接反映该教师 PE-PCK 实施水平。体育教师 PE-PCK 各知识间的联系如下。

策略知识与学生知识间的联系：能够攻克学生的学习难点（易错点），能够结合学生的运动基础，能够激发学生的运动兴趣，能够促进学生学习和思维习惯的发展，能够从学生的角度解释学生的问题、反思关注学生、产生基于对学生新的理解的教学策略。

策略知识与内容知识间的联系：能够注重教材前后联系，能够结合教材渗透思政教育，能够有效解决教学重点。

学生知识与内容知识间的联系：练习内容与学生水平的适切性，关注教材中学生的易犯错误，关注学生易犯错误的成因。

学生知识、内容知识、策略知识三者间的联系：运动负荷安排的合理性，场地器材布置的科学性，差异教学开展的有效性，教学反馈的有效性，学练赛的有机结合，体育骨干的利用。

在完成上述工作的前提下，初步形成了一个实施量表，详情见表3-2。

表3-2 体育教师使用PE-PCK观测指标（教学实施）

教学阶段	维度	观测点	有限	基本	熟练
实施阶段	TK-SK之间联系	TK-SK1. 攻克学生的学习难点（易错点）	1	2	3
		TK-SK2. 结合学生的运动基础	1	2	3
		TK-SK3. 激发学生的运动兴趣	1	2	3
		TK-SK4. 促进学生学习和思维习惯的发展	1	2	3
		TK-SK5. 从学生的角度解释学生的问题	1	2	3
	TK-CK之间联系	TK-CK1. 注重教材前后联系	1	2	3
		TK-CK2. 结合教材渗透思政教育	1	2	3
		TK-CK3. 有效解决教学重点	1	2	3
	SK-CK之间联系	SK-CK1. 练习内容与学生水平的适切性	1	2	3
		SK-CK2. 关注教材中学生的易犯错误	1	2	3
		SK-CK3. 关注学生易犯错误的成因	1	2	3
	TK-SK-CK之间联系	TK-SK-CK1. 运动负荷安排的合理性	1	2	3
		TK-SK-CK2. 场地器材布置的科学性	1	2	3
		TK-SK-CK3. 差异教学开展的有效性	1	2	3
		TK-SK-CK4. 教学反馈的有效性	1	2	3
		TK-SK-CK5. 学练赛的有机结合	1	2	3
		TK-SK-CK6. 体育骨干的利用	1	2	3

2. 修订量表

上述量表形成后，邀请四位一线体育名师、两位学科专家进行了充分的讨论，对量表进行了多轮修改，主要使用三位教师录课视频进行量表的测试，包括 Z 老师的《篮球运球启动》、G 老师的《绳操》、X 老师的《排球垫球》三节课程，共进行了三轮量表的修订。

（1）第一轮修订

设计量表的第一轮修订是在课题组内部进行的，主要是对题项语句、题项设计的问题进行修改，课题组选取了 Z 老师的《篮球运动启动》展开分析，分析过程中发现，理解教学内容横纵联系的表述过于宽泛，分析过程中容易脱离教材本身，因此将此题项修改为：能够理解教材与前后学习内容的联系；且在分析过程中，有专家给出意见："体育教学设计过程中，教师对核心素养的理解是很重要的，能否突出运动习惯、健康行为、体育品德的培养也能够表现教师对该教材内容的理解，而这部分在教学设计的目标中应该呈现。"因此，在内容知识方面补充"教师能够理解教学目标的多维性"这一观测点；在分析教师策略知识时发现，TK1 即注重教学方式的多样性与 TK6 考虑到教学反馈的多样性题目存在问题，首先是教学方式的多样性范围太广，且教学方式当前分为传统教学方式与现代教学方式，传统教学方式即讲解、示范等，现代教学方式则包含合作、引导、探究等内容，当前很多教师能够在课堂中应用传统教学方式，不具备区分意义，因此将题项改为"能够综合应用传统教学方式与现代教学方式"；TK6 中教学反馈的多样性题项设计范围过广，这部分内容中包含的不仅是教学知识，因此，在专家的意见下将此题项更改为"能够考虑到过程性评价"；在策略知识这一部分，专家给出的意见为"有些教师会合理地设计教学情境，即将学生融入情境中，如在田径教学中融入红军长征的情境"。因此在这一部分补充一个观测点为"能够对教材进行适当的加工处理"。至此，对设计量表第一轮修订完成，结果如表 3-3 所示。

表 3-3　体育教师使用 PE-PCK 观测指标——教学设计（第一轮修订）

教学阶段	维度	观测点	有限	基本	熟练
设计阶段	CK	CK1. 能够挖掘教材中隐含的思政元素	1	2	3
		CK2. 能够理解教材与前后学习内容的联系	1	2	3
		CK3. 能够理解教材的重点	1	2	3
		CK4. 能够理解体育课教学目标的多维性	1	2	3
	SK	SK1. 能够理解学生学习难点（易错点）	1	2	3
		SK2. 能够重视学生运动基础	1	2	3
		SK3. 能够关注学生的情感反应	1	2	3
	TK	TK1. 能够综合应用传统教学方式与现代教学方式	1	2	3
		TK2. 能够考虑到体育骨干辅助教学	1	2	3
		TK3. 能够考虑到学生的个体差异	1	2	3
		TK4. 能够考虑到运动负荷安排的科学性	1	2	3
		TK5. 能够考虑到场地器材布置的合理性	1	2	3
		TK6. 能够考虑到过程性评价	1	2	3
		TK7. 能够考虑到学练赛有机结合	1	2	3
		CK8. 能够对教材进行适当的加工处理	1	2	3

实施量表的第一轮修订。在观测教师实施阶段时，L 专家指出"其中没有涉及教师讲解示范的观测点，以及教师该如何组织学生进行教材学习"，因此在 TS-SK-CK 三者之间的联系部分补充两点：一为"教学过程中能够采取恰当的组织形式"，二为"教学过程中能够进行正确的讲解与示范"，以及对相关的表述问题进行修改，如将 SK-CK1 的"练习内容与学生水平的适切性"更改为"教学内容与学生水平相适应"等，至此，对实施量表的第一轮修订完成，结果如表 3-4 所示。

表 3-4　体育教师使用 PE-PCK 观测指标——教学实施（第一轮修订）

教学阶段	维度	观测点	有限	基本	熟练
实施阶段	TK-SK之间联系	TK-SK1. 教学策略能够攻克学生的学习难点（易错点）	1	2	3
		TK-SK2. 教学策略能够结合学生的运动基础	1	2	3
		TK-SK3. 教学策略能够激发学生的运动兴趣	1	2	3
		TK-SK4. 教学策略能够促进学生学习和思维习惯的发展	1	2	3
		TK-SK5. 教学策略能够以学生易于理解的方式解释学生问题	1	2	3
	TK-CK之间联系	TK-CK1. 教学策略能够注重教材前后联系	1	2	3
		TK-CK2. 教学策略能够结合教材渗透思政教育	1	2	3
		TK-CK3. 教学策略能够有效解决教学重点	1	2	3
	SK-CK之间联系	SK-CK1. 教学内容与学生水平相适应	1	2	3
		SK-CK2. 能够纠正学生的动作错误	1	2	3
		SK-CK3. 能够引导学生理解动作错误的成因	1	2	3
	TK-SK-CK之间联系	TK-SK-CK1. 教学过程中能够对教材进行适当加工处理	1	2	3
		TK-SK-CK2. 教学过程中能够采取恰当的组织形式	1	2	3
		TK-SK-CK3. 教学过程能够合理安排运动负荷	1	2	3
		TK-SK-CK4. 教学过程中能够进行及时有效的教学反馈	1	2	3
		TK-SK-CK5. 教学过程中能够将学练赛有机结合	1	2	3
		TK-SK-CK6. 教学过程中能够恰当使用体育骨干协助教学	1	2	3
		TK-SK-CK7. 教学过程中能够有效开展差异教学	1	2	3
		TK-SK-CK8. 教学过程中能够进行正确的讲解与示范	1	2	3

（2）第二轮修订

设计量表的第二轮修订。邀请 4 位一线名师一同观测 G 老师的《绳操》、X 老师的《排球垫球》两节课，并根据教学专家和学科专家意见对量表进行了第二轮的修订。C 老师指出："当前课标中一直强调结构化教学，而这个教材与学习内容的前后联系就是结构化教学的一部分，但结构化教学更加重要，且一个教师教学的顶层设计就是在教学设计中写到的指导思想，这一部分内容应该也是这位教师的内容知识呈现。"在课题组成员和专家的共同商讨下，最终更改为"能够理解教材结构化教学的基本要求"，并新增"能够合理确定课的指导思想"这一观测点。

在策略知识方面，Y 教师指出"TK1 部分所提到的传统教学方式与现代教学方式中，传统教学方式是绝大部分教师能够使用的，不具备分析意义"，因此修改为"能够考虑到使用现代教学方式"。F 老师指出"TK8 中的能够对教材进行适当的加工处理这一部分内容应该不仅仅呈现教师的教学知识，同样需要对教学内容有理解，对学生也要有理解，才能体现出'适当'，而且在教学设计中一般不容易呈现教材的加工处理"。商讨后，最终将这一观测点放入 TK-SK-CK 之间的联系中。至此，设计量表的第二轮修订完成，具体情况如表 3-5 所示。

表 3-5　体育教师使用 PE-PCK 观测指标——教学设计（第二轮修订）

教学阶段	维度	观测点	有限	基本	熟练
设计阶段	CK	CK1. 能够合理确定课的指导思想	1	2	3
		CK2. 能够理解体育课教学目标的多维性	1	2	3
		CK3. 能够理解教材结构化教学的基本要求	1	2	3
		CK4. 能够理解教材的重点	1	2	3
		CK5. 能够挖掘教材中隐含的德育元素	1	2	3
	SK	SK1. 能够理解学生学习难点（易错点）	1	2	3
		SK2. 能够重视学生的运动技能基础和体能基础	1	2	3
		SK3. 能够关注学生的心理特征	1	2	3
	TK	TK1. 能够考虑到使用现代教学方式	1	2	3
		TK2. 能够考虑到体育骨干辅助教学	1	2	3
		TK3. 能够考虑到学生的个体差异	1	2	3
		TK4. 能够考虑到运动负荷安排的科学性	1	2	3
		TK5. 能够考虑到场地器材布置的合理性	1	2	3
		TK6. 能够考虑到过程性评价	1	2	3
		TK7. 能够考虑到学练赛有机结合	1	2	3

实施量表的第二轮修订。在量表的实施阶段，J 教师指出"TK-SK2 的教学策略能够结合学生的运动基础和 TK-SK5 的教学策略以学生易于理解的

方式解释学生的问题这两个表述存在问题",分别将其改为"教学策略能够结合学生的运动基础和体能基础"及"教学策略能够结合学生的心理特征"。且其中 TK-SK3 中提到的"教学策略能够激发学生的运动兴趣"与学生心理特征重合,决定将其合并到"教学策略能够结合学生的心理特征"中。

在 TK-SK-CK 之间的联系部分,4 位教师在观课过程中均提到"一些指标是无法通过教学过程的某一个教学片段呈现的,应该是从这一堂课的整体出发,比如实现了学练赛的有机结合这一部分,教师不可能在每一个教学片段都呈现比赛,这个维度应该整体进行分析,所以最好是设计一份结果性评价指标"。通过与数位教学专家与学科专家的充分讨论,最终决定将 TK-SK-CK3 的"教学过程能够合理安排运动负荷"、TK-SK-CK5 的"教学过程能够将学练赛有机结合"划分到结果性评价指标中,第二轮修订后的结果如表 3-6 所示。

表 3-6　体育教师使用 PE-PCK 观测指标——教学实施(第二轮修订)

教学阶段	维度		观测点	有限	基本	熟练
实施阶段	过程	TK-SK 之间联系	TK-SK1. 教学策略能够攻克学生的学习难点（易错点）	1	2	3
			TK-SK2. 教学策略能够结合学生的运动技能基础和体能基础	1	2	3
			TK-SK3. 教学策略能够结合学生的心理特征	1	2	3
			TK-SK4. 教学策略能够促进学生学习和思维习惯的发展	1	2	3
		TK-CK 之间联系	TK-CK1. 教学策略能够体现教材结构化教学的要求	1	2	3
			TK-CK2. 教学策略能够结合教材渗透德育元素	1	2	3
			TK-CK3. 教学策略能够有效解决教学重点	1	2	3
		SK-CK 之间联系	SK-CK1. 教学内容与学生水平相适应	1	2	3
			SK-CK2. 能够纠正学生的动作错误	1	2	3
			SK-CK3. 能够引导学生理解动作错误的成因	1	2	3

教学阶段	PCK 维度		观测点	有限	基本	熟练
实施阶段	过程	TK-SK-CK之间联系	TK-SK-CK1. 教学过程中能够对教材进行适当加工处理	1	2	3
			TK-SK-CK2. 教学过程中能采取恰当的组织形式	1	2	3
			TK-SK-CK3. 教学过程中能够进行及时有效的教学反馈	1	2	3
			TK-SK-CK4. 教学过程中能够恰当使用体育骨干协助教学	1	2	3
			TK-SK-CK5. 教学过程中能够有效开展差异教学	1	2	3
			TK-SK-CK6. 教学过程中能够进行正确的讲解与示范	1	2	3
	结果	TK-SK-CK之间联系	TK-SK-CK1. 实现了本课的教学目标	1	2	3
			TK-SK-CK2. 遵循学练赛有机结合	1	2	3
			TK-SK-CK3. 能够合理安排运动负荷	1	2	3

（3）第三轮修订

为了明确量表设计是否还存在遗漏，邀请两位学科专家进行最后一轮的量表修订，这两位专家的博士学位论文都以 PE-PCK 为主题，因此在思考量表的过程中可能有更加独到的理解，并将第二轮修订后的量表发送给两位专家进行指导。同时，对第二轮修订后的量表再次进行了思考和语句梳理，并修改了部分语句表述不够明确、观测内容重合、不合理的地方，如结构化教学这一部分也较难在某一教学片段中观察出教师对该类知识的掌握程度，从整体进行分析会更加合理，因此将结构化教学这一观测点单独放入结果性评价指标中；TK-SK 设定中教学内容与学生水平相适应和多数观测点存在重合，予以删除；还发现了量表缺少对教师教学过程中教学方式的观测，教学过程涉及多样的教学方式，F 教师指出"教师采用的教学方式合不合理在一定程度决定了学生的学习结果，所以需要补充这个维度的知识"。最终在TK-SK-CK 的过程评价阶段和结果评价阶段分别补充了"教师能够采取恰当的教学方式呈现教学任务""运用多种教学方式有效呈现教学任务"两个观测点，形成了正式量表，如表 3-7、3-8 所示。

表3-7 PE-PCK分析量表——教学设计（正式）

教学阶段	维度	观测点	有限	基本	熟练
设计阶段	CK	CK1. 能够合理确定本课的指导思想	1	2	3
		CK2. 能够理解核心素养导向的教学目标多领域性	1	2	3
		CK3. 能够理解所教运动项目的前后联系	1	2	3
		CK4. 能够理解本次课动作技术的重点	1	2	3
		CK5. 能够挖掘运动项目隐含的德育元素	1	2	3
	SK	SK1. 能够理解学生的学习难点（易错点）	1	2	3
		SK2. 能够重视学生的运动技能基础和体能基础	1	2	3
		SK3. 能够关注学生的心理特征	1	2	3
	TK	TK1. 能够考虑到使用多种教学方式呈现教学任务（合作、探究等）	1	2	3
		TK2. 能够考虑到体育骨干辅助教学	1	2	3
		TK3. 能够考虑到根据学生基础不同进行差异教学	1	2	3
		TK4. 能够考虑到运动负荷安排的科学性	1	2	3
		TK5. 能够关注过程性评价的重要性	1	2	3
		TK6. 能够围绕动作技术重点设置渐进式教学任务	1	2	3

表3-8 PE-PCK分析量表——教学实施（正式）

阶段	维度		观测点	有限	基本	熟练
实施阶段	过程评价指标	TK-SK之间联系	TK-SK1. 教师能够采取有效策略解决学生的学习难点（易错点）	1	2	3
			TK-SK2. 教师能够结合学生的运动基础进行教学	1	2	3
			TK-SK3. 教师能够结合学生的心理特征进行教学	1	2	3
			TK-SK4. 教师能够采取有效策略促进学生思维习惯的发展	1	2	3
		TK-CK之间联系	TK-CK1. 教师能够对所教运动项目进行正确的讲解与示范	1	2	3
			TK-CK2. 教师能够围绕动作技术重点实施教学	1	2	3
			TK-CK3. 教师能够结合运动项目进行思想品德教育	1	2	3
		SK-CK之间联系	SK-CK1. 教师能够有效纠正学生的动作错误	1	2	3
			SK-CK2. 教师能够引导学生理解动作错误的成因	1	2	3

阶段	维度		观测点	有限	基本	熟练
实施阶段	过程评价指标	TK-SK-CK之间联系	TK-SK-CK1. 教师能够采取恰当的教学方式呈现教学任务	1	2	3
			TK-SK-CK2. 教师能够根据教学任务采取恰当的组织形式	1	2	3
			TK-SK-CK3. 教师能够进行及时有效的教学反馈	1	2	3
			TK-SK-CK4. 教师能够恰当使用体育骨干协助教学	1	2	3
			TK-SK-CK5. 教师能够根据实际情况有效开展差异教学	1	2	3
			TK-SK-CK6. 教师能够根据实际情况合理布置场地器材	1	2	3
	结果评价指标	TK-SK-CK之间联系	TK-SK-CK1. 实现了本课的教学目标	1	2	3
			TK-SK-CK2. 学练赛评有机结合	1	2	3
			TK-SK-CK3. 运动负荷安排合理	1	2	3
			TK-SK-CK4. 运用多种教学方式有效呈现教学任务	1	2	3
			TK-SK-CK5. 渐进式教学任务设置与学生水平相适应	1	2	3
			TK-SK-CK6. 遵循运动项目结构化教学的要求	1	2	3
反思阶段	TK-SK-CK之间联系		反思教学内容、学生情况、教学策略三者的适切性，获得对三者新的理解	1	2	3

二 《体育教师 PE-PCK 影响因素量表》的编制

影响因素量表主要借鉴尹瑶芳关于小学数学教师 MPCK 影响因素量表的设计思路，由于该学者主要针对数学学科展开调查，因此课题组在其基础上进行了适当的修订。下面将呈现《体育教师 PE-PCK 影响因素量表》的修订过程。

（一）初始量表编制

1. 题项设计

依据本次研究所要调查的内容，对多位学科专家进行了访谈，针对量表的语句部分进行体育学科化的修改，如 Y 专家所说的"B1 提到的我认为在数学教学中使用适当教学策略，能够让我的课堂教学呈现高效可以改为我有信心在体育教学中使用恰当教学策略使我的课堂教学更加高效"，J 教师认为"当前很多学校会鼓励教师进行课题申报，所以可以在学校组织中增加这一条指标"等，最终经过多次的访谈和讨论确定了《体育教师 PE-PCK 影响因素量表》，该量表包含 8 个维度，分别为个人动机、自我效能、学习准备度、专业培训、学校组织、人为因素、职业发展、政策制度，采用 Likert-5 问卷的计分方式，共有 36 道题，其中个人动机 4 题、自我效能 5 题、学习准备度 3 题、专业培训 8 题、学校组织 5 题、人为因素 3 题、职业发展 5 题、政策制度 3 题（见表 3-9）。

表 3-9　体育教师 PE-PCK 影响因素量表

维度划分	题目	1 完全不符合	2 不太符合	3 一般符合	4 比较符合	5 完全符合
个人动机	A1. 我在教学中遇到问题会积极寻求帮助	1	2	3	4	5
	A2. 我对自己的体育学科教学知识的学习和运用有很高的期望	1	2	3	4	5
	A3. 我觉得最重要的是我喜爱我自己所从事的体育教学工作	1	2	3	4	5
	A4. 我觉得能赢得他人肯定或获得奖励是推动我去努力做好教学工作的动力	1	2	3	4	5
自我效能	B1. 我有信心在体育教学中使用恰当教学策略使我的课堂教学更加高效	1	2	3	4	5
	B2. 我有信心能够根据教学需要去学习并掌握相关的教学方法	1	2	3	4	5
	B3. 我有信心在教学准备过程中根据课程标准选择合适的资源进行教学设计	1	2	3	4	5
	B4. 我有信心能选择恰当教学方式促进学生学习	1	2	3	4	5
	B5. 我认为体育教师参加专业培训能提升学校整体教学水平	1	2	3	4	5
学习准备度	C1. 我能使用多样的教学手段激发学生学习积极性	1	2	3	4	5
	C2. 我会根据自己的实际情况制订专业学习计划以达成每年学习目标	1	2	3	4	5
	C3. 我会根据需要反复学习体育相关资料（如优秀教案、录像课、观摩课等）	1	2	3	4	5
专业培训	D1. 我能将体育教师培训及讲座中所学结合实践加以运用	1	2	3	4	5
	D2. 我参加的培训课程包含课标研读、教学目标制定、教学设计等方面的内容	1	2	3	4	5
	D3. 我会联系课堂教学实践认真思考并完成体育培训课程的课后作业	1	2	3	4	5

续表

维度划分	问卷题目	1 完全 不符合	2 不太 符合	3 一般 符合	4 比较 符合	5 完全 符合
专业培训	D4. 我参加的体育培训课程能提供丰富的专业学习资源	1	2	3	4	5
	D5. 我参加的体育培训课程能提供良好的学习环境	1	2	3	4	5
	D6. 我所参加的体育培训课程在师资配备、课时安排、管理方式等方面非常合理	1	2	3	4	5
	D7. 我参加体育培训课程学到了许多能运用于课堂教学的知识和技能	1	2	3	4	5
	D8. 我通过听专家讲座收获了一些有助于体育教学的前沿信息和方法	1	2	3	4	5
学校组织	E1. 我校制定教师个人年度规划和总结评价机制以帮助教师专业成长	1	2	3	4	5
	E2. 我校给予教师一定教学自主权以尝试教学模式改革	1	2	3	4	5
	E3. 我校能够根据体育教师的专业成长需求提供专家团队支持	1	2	3	4	5
	E4. 我校鼓励教师钻研体育教材以提高研读教材的能力	1	2	3	4	5
	E5. 我校鼓励教师进行课题申报	1	2	3	4	5
人为因素	F1. 我校领导要求教师必须了解学生的状况（身心发展状况、体技能状况等）	1	2	3	4	5
	F2. 我校领导重视发挥体育骨干教师的专业作用	1	2	3	4	5
	F3. 我校的体育骨干教师在同事中拥有较高的专业声望	1	2	3	4	5
职业发展	G1. 我校能够为体育教师的专业发展提供必要的硬件保障	1	2	3	4	5
	G2. 我所在地区的教育管理机构每年都为体育教师提供各类培训	1	2	3	4	5
	G3. 我所在地区的教育管理机构把课堂教学实践和体育专业知识作为教师晋升职称主要考核内容	1	2	3	4	5
	G4. 我所在地区的教育局或校设置了教学荣誉奖励机制并表彰表现突出的教师	1	2	3	4	5
	G5. 我所在地区的教育局或校设有骨干教师聘期考核机制以促进其持续发展	1	2	3	4	5
政策制度	H1. 我校把教师教学技能作为教师评优和奖励的重要考核因素	1	2	3	4	5
	H2. 我所在地区的教育管理机构制定了教师专业发展建设实施方案	1	2	3	4	5
	H3. 教育部门制定了考核体育教师学科教学能力的政策文件	1	2	3	4	5

2. 项目分析

为了使量表更加合理有效，本研究采用项目分析进行题项设计的合理性检验，以下采用临界值比法与相关系数值对题目进行处理，详见表 3-10 和表 3-11。

表 3-10　项目分析（区分度）分析结果

	组别（平均值±标准差）		t（决断值）	p
	低分组（n=128）	高分组（n=128）		
A1	2.45±1.28	4.27±0.77	13.806	0.000 **
A2	2.52±0.91	3.95±0.81	13.203	0.000 **
A3	2.45±1.09	3.96±0.87	12.244	0.000 **
A4	2.41±1.02	4.08±0.86	14.167	0.000 **
B1	2.45±1.34	4.16±0.76	12.627	0.000 **
B2	2.42±0.95	3.82±0.82	12.605	0.000 **
B3	2.45±0.95	3.94±0.82	13.415	0.000 **
B4	2.43±0.91	3.99±0.84	14.290	0.000 **
B5	2.58±1.01	3.94±0.78	12.055	0.000 **
C1	2.63±1.31	4.05±0.90	10.056	0.000 **
C2	2.55±0.96	3.89±0.84	11.874	0.000 **
C3	2.66±1.01	3.89±0.86	10.472	0.000 **
D1	2.27±1.16	4.30±0.72	16.920	0.000 **
D2	2.44±0.99	3.98±0.81	13.627	0.000 **
D3	2.30±0.89	3.88±0.83	14.661	0.000 **
D4	2.39±0.98	4.07±0.82	14.891	0.000 **
D5	2.34±0.91	3.94±0.80	14.970	0.000 **
D6	2.48±0.84	3.97±0.84	14.112	0.000 **
D7	2.27±0.99	3.91±0.79	14.678	0.000 **
D8	2.38±0.95	4.13±0.77	16.105	0.000 **
E1	2.54±1.42	4.13±0.75	11.211	0.000 **
E2	2.41±1.00	3.94±0.90	12.792	0.000 **
E3	2.53±1.01	3.98±0.82	12.573	0.000 **
E4	2.38±1.01	4.03±0.80	14.431	0.000 **

续表

	组别（平均值±标准差）		t（决断值）	p
	低分组（n=128）	高分组（n=128）		
E5	2.80±1.24	3.14±1.12	2.278	0.024 *
F1	2.55±1.32	4.14±0.78	11.787	0.000 **
F2	2.38±1.01	3.85±0.78	13.048	0.000 **
F3	2.48±1.02	4.05±0.83	13.441	0.000 **
G1	2.48±1.30	4.28±0.69	13.906	0.000 **
G2	2.52±1.02	4.05±0.80	13.391	0.000 **
G3	2.62±1.04	3.98±0.81	11.694	0.000 **
G4	2.48±1.09	4.07±0.77	13.441	0.000 **
G5	2.57±1.05	3.95±0.80	11.857	0.000 **
H1	2.75±1.32	4.19±0.72	10.847	0.000 **
H2	2.55±0.94	4.03±0.79	13.605	0.000 **
H3	2.67±1.05	3.88±0.78	10.384	0.000 **

* $p<0.05$, ** $p<0.01$。

表3-11 分析项与总分相关

项目	决断值（CR）	p 值（CR）	与总分相关	p 值（与总分相关）
A1	13.806 **	0.000	0.544 **	0.000
A2	13.203 **	0.000	0.550 **	0.000
A3	12.244 **	0.000	0.544 **	0.000
A4	14.167 **	0.000	0.570 **	0.000
B1	12.627 **	0.000	0.516 **	0.000
B2	12.605 **	0.000	0.533 **	0.000
B3	13.415 **	0.000	0.555 **	0.000
B4	14.290 **	0.000	0.570 **	0.000
B5	12.055 **	0.000	0.521 **	0.000
C1	10.056 **	0.000	0.427 **	0.000
C2	11.874 **	0.000	0.521 **	0.000
C3	10.472 **	0.000	0.455 **	0.000
D1	16.920 **	0.000	0.588 **	0.000
D2	13.627 **	0.000	0.549 **	0.000
D3	14.661 **	0.000	0.580 **	0.000
D4	14.891 **	0.000	0.581 **	0.000
D5	14.970 **	0.000	0.558 **	0.000
D6	14.112 **	0.000	0.552 **	0.000

项目	决断值（CR）	p 值（CR）	与总分相关	p 值（与总分相关）
D7	14.678**	0.000	0.573**	0.000
D8	16.105**	0.000	0.607**	0.000
E1	11.211**	0.000	0.459**	0.000
E2	12.792**	0.000	0.508**	0.000
E3	12.573**	0.000	0.543**	0.000
E4	14.431**	0.000	0.553**	0.000
E5	2.278*	0.024	0.121**	0.010
F1	11.787**	0.000	0.442**	0.000
F2	13.048**	0.000	0.489**	0.000
F3	13.441**	0.000	0.539**	0.000
G1	13.906**	0.000	0.511**	0.000
G2	13.391**	0.000	0.547**	0.000
G3	11.694**	0.000	0.481**	0.000
G4	13.441**	0.000	0.549**	0.000
G5	11.857**	0.000	0.498**	0.000
H1	10.847**	0.000	0.453**	0.000
H2	13.605**	0.000	0.552**	0.000
H3	10.384**	0.000	0.464**	0.000

* $p<0.05$，** $p<0.01$。

在采用临界值比法与相关系数值进行分析的结果中，前者通过高低分组求和的方式（以 27%和 73%为界）将结果分为高分组与低分组，然后使用 t 检验对照高低分组的差异情况，如有差异则表示题项设计合理，反之则表明题项设计无法区分信息，需要对不合理的题项进行剔除。同时，该方法能够得出问卷题项的 CR 值，通常将 CR>3.000 作为题项的筛选标准；后者主要通过分析项与问卷之间的相关系数进行判断，若某题项相关系数<0.4000，则该题项与问卷间相关性较低，应考虑予以删除。

通过表 3-10 及表 3-11 可知，高低分两组对于问卷的 36 道题目均呈现显著性（$p<0.05$）且 CR 值均大于 3.000；同时通过同质性检验得知，问卷中的 36 个题项相关系数均<0.4000，表明该问卷 36 个题项均具有良好的区分性，应予以保留，不需要删除分析项。

3. 探索性因素分析

我们向福建省 500 名教师发放了调查问卷，包括新手、熟手、经验与优秀体育教师，最终回收 486 份，剔除 27 份无效问卷，共 459 份有效问卷，有效回收率为 94.4%（详见表 3-12）。

表 3-12　调查对象基本信息

名称	选项	频数	百分比（%）	累积百分比（%）
性别	男	306	66.67	66.67
	女	153	33.33	100.00
任教学段	小学	219	47.71	47.71
	初中	154	33.55	81.26
	高中	86	18.74	100.00
工作学校性质	农村	62	13.51	13.51
	城市	289	62.96	76.47
	集镇	108	23.53	100.00
教龄	1~5 年	143	31.15	31.15
	6~10 年	134	29.20	60.35
	11~15 年	53	11.55	71.90
	16~20 年	42	9.15	81.05
	21 年以上	87	18.95	100.00
职称	未定级	94	20.48	20.48
	二级	85	18.52	39.00
	一级	212	46.19	85.19
	高级	62	13.51	98.70
	正高级	6	1.30	100.00
学历	中专	1	0.22	0.22
	大专	7	1.53	1.75
	本科	368	80.17	81.92
	研究生	83	18.08	100.00
毕业院校	师范大学	332	72.33	72.33
	体育院校	100	21.79	94.12
	综合类大学	27	5.88	100.00

本次调查问卷包含 36 道题，下面将对其进行探索性因素分析，探索性因素分析主要用于检验各子维度题目与其所在维度的合理性，首先进行的是 KMO 和 Bartlett 球形检验，结果如表 3-13 所示。

表 3-13　KMO 和 Bartlett 球形检验

KMO 值		0.903
Bartlett 球形检验	近似卡方	8412.997
	df	630
	p 值	0.000

由表 3-13 可知，KMO 值为 0.903，大于 0.6，说明该问卷满足因子分析的前提要求，同时，根据 Bartlett 球形检验，p<0.05，说明该问卷适合做因子分析。

4. 信度分析

根据上述分析结果，体育教师 PE-PCK 问卷的效度得到检验，接下来对该问卷信度展开分析，本研究信度分析主要以可靠性统计的方式，采用克隆巴赫 α 系数验证问卷信度，具体如表 3-14 所示。

表 3-14　克隆巴赫信度分析

名称	校正项总计相关性（CITC）	项已删除的 α 系数	克隆巴赫 α 系数
政策制度	0.459	0.762	
职业发展	0.492	0.757	
人为因素	0.439	0.767	
学校组织	0.474	0.760	0.782
专业培训	0.502	0.755	
学习准备度	0.454	0.763	
自我效能	0.521	0.752	
个人动机	0.548	0.747	

注：标准化克隆巴赫 α 系数：0.782。

由表 3-14 可知，所有的 α 系数均高于 0.7，表明各题目具备较好的信度。

本研究通过项目分析、探索性因子分析及信度分析对体育教师 PE-PCK 问卷题项进行了修订，删除了 E5（我校鼓励教师进行课题申报），最终共形成了 8 个维度，分别为个人动机（A）、自我效能（B）、学习准备度（C）、专业培训（D）、学校组织（E）、人为因素（F）、职业发展（G）、政策制度（H），经检验问卷具备较好的信效度，可以用于正式问卷发放。

5. 验证性因素分析

通过探索性因子分析，体育教师 PE-PCK 影响因素的信效度得到检验，因此可以发放正式问卷。针对福建省 300 名体育教师发放问卷，回收 290 份问卷，经过筛选，其中有效问卷为 273 份，有效回收率为 94.1%，被试基本信息见表 3-15。

表 3-15　频数分析结果

名称	选项	频数	百分比（%）	累积百分比（%）
性别	男	205	75.09	75.09
	女	68	24.91	100.00
任教学校	小学	95	34.80	34.80
	初中	96	35.16	69.96
	高中	82	30.04	100.00
工作学校性质	省属学校	178	65.20	65.20
	市属学校	54	19.78	84.98
	区属学校	41	15.02	100.00
教龄	1~5 年	273	100.00	100.00
职称	未定级	155	56.78	56.78
	二级	109	39.93	96.70
	一级	9	3.30	100.00
学历	本科	205	75.09	75.09
	研究生	68	24.91	100.00

名称	选项	频数	百分比（%）	累积百分比（%）
毕业院校	师范大学	205	75.09	75.09
	体育院校	49	17.95	93.04
	综合类大学	19	6.96	100.00

下面将对验证性因子中的模型拟合度进行检测，具体如表3-16所示。

表3-16　验证性因子分析拟合结果

	CMIN/DF	CFI	TLI	NNFI	IFI	RMSEA
参考值	<3	>0.9	>0.9	>0.9	>0.9	<0.10
模型拟合值	1.354	0.963	0.959	0.923	0.964	0.036

资料来源：作者根据调研数据整理。

由验证性因子中的模型拟合度指标可知，CMIN/DF 的拟合指标为 1.354（<3），CFI 值为 0.963（>0.9），RMSEA 值为 0.036（<0.10），其余指标如 TLI、NNFI、IFI 的模型拟合值均大于 0.9，表明体育教师 PE-PCK 影响因素量表可以使用。

本研究主要通过项目分析、探索性分析得出体育教师 PE-PCK 影响因素量表由 8 个维度构成，并通过信效度分析、验证性因子分析进一步探究了量表设计的合理性，最后各分析结果均能达到标准，形成了体育教师 PE-PCK 影响因素的正式量表，其中包含个人动机 4 题、自我效能 5 题、学习准备度 3 题、专业培训 8 题、学校组织 5 题、人为因素 3 题、职业发展 5 题、政策制度 3 题。

第六节　研究资料的收集与整理

一　调查对象的选择

本研究主要采用课堂观察与问卷调查相结合的方式，因此从两个方面选择调查对象。

（一）课堂观察对象的选择

课堂观察方面，采用目的性抽样的形式选择研究对象，主要原因有三：第一，体育教师水平差异较大，采用抽样调查等可能无法很好地反映所有体育教师 PE-PCK 的特征；第二，具备一定条件，通过与某地市中小学体育学科带头人联系，得到了他们的配合，能够选择具有一定代表性的研究对象；第三，采用目的性抽样选取的研究对象更加典型[①]，能够收集更加丰富的数据。最终确定 26 名教师作为研究对象，调查对象的基本信息如表 3-17 所示。

表 3-17 教师基本信息

教师类别	教师	性别	教龄（年）	毕业院校	学历	任教年级	职称
新手教师	G 教师	男	3	××学院	本科	小学	初级教师
	Z 教师	女	2	××师范大学	本科	初中	二级教师
	H 教师	男	1	××师范大学	本科	小学	未定级
	X 教师	女	5	××师范大学	本科	初中	二级教师
	L 教师	男	3	××师范大学	本科	小学	二级教师
	S 教师	男	1	××师范大学	本科	初中	初级教师
	U 教师	男	5	××师范大学	研究生	高中	二级教师
熟手教师	J 教师	男	9	××师范大学	本科	小学	二级教师
	N 教师	女	7	××师范大学	研究生	高中	初级教师
	L 教师	男	10	××师范大学	本科	小学	一级教师
	T 教师	男	9	××师范大学	研究生	初中	初级教师
	W 教师	男	6	××师范大学	研究生	初中	初级教师
	Z 教师	女	8	××师范大学	研究生	初中	初级教师
	Y 教师	女	6	××师范大学	本科	高中	一级教师

---

① 吴毅、吴刚、马颂歌：《扎根理论的起源、流派与应用方法述评——基于工作场所学习的案例分析》，《远程教育杂志》2016 年第 3 期。

教师类别	教师	性别	教龄（年）	毕业院校	学历	任教年级	职称
经验教师	T 教师	女	20	××师范大学	本科	小学	一级教师
	C 教师	男	12	××师范大学	本科	小学	一级教师
	L 教师	女	15	××师范大学	本科	初中	一级教师
	G 教师	男	17	××师范大学	本科	初中	一级教师
	X 教师	男	15	××师范大学	本科	高中	一级教师
	J 教师	女	19	××师范大学	本科	高中	一级教师
优秀教师	Z 教师	男	26	××师范大学	硕士	高中	高级教师
	G 教师	男	19	××师范大学	本科	初中	高级教师
	H 教师	女	27	××师范大学	本科	初中	高级教师
	W 教师	男	28	××师范大学	本科	小学	高级教师
	D 教师	女	20	××师范大学	本科	小学	高级教师
	L 教师	男	18	××师范大学	本科	小学	高级教师

表3-18将各教师的课程进行了汇总。

表 3-18　教师课型分布

教师类别	教师	常态课				公开课
		N1	N2	N3	N4	G1
新手教师	G 教师	篮球行进间运球	足球脚内侧踢球	绳操		体操跪跳起
	Z 教师	篮球行进间运球	篮球运球	600 米跑		田径途中跑
	H 教师	体操前滚翻	双手前置实心球			篮球原地运球
	X 教师	排球垫球	排球垫球	斜撑引体向上	排球垫球	排球正面双手垫球
	L 教师	脚背正面运球	双手胸前投篮	双手前置实心球		篮球行进间运球
	S 教师	立定跳远	足球绕杆	篮球绕杆	脚内侧运球	
	U 教师	篮球运球转身	篮球交叉步突破	篮球全场综合运球		

续表

教师类别	教师	常态课				公开课
		N1	N2	N3	N4	G1
熟手教师	J 教师	排球垫球	仰卧起坐		篮球换手运球	排球垫球
	N 教师	排球上手传球	排球垫球		排球上手传球	排球上手传球
	L 教师	体操前滚翻	原地运球		篮球胸前传接球	体操前滚翻
	T 教师	接力	立定跳远	脚内侧踢球		接力
	W 教师	广播体操	站立式起跑		跨越式跳高	广播体操
	Z 教师	排球垫球	800 米	仰卧起坐		排球垫球
	Y 教师	排球拦网	太极拳		太极拳	排球拦网
经验教师	T 教师	双手移动胸前传接球	途中跑	八字长绳		双手移动胸前传接球
	C 教师	棒球正面接地滚球	跪跳起	跨越式跳高		棒球正面接地滚球
	L 教师	双手前掷实心球	篮球运球绕杆		篮球行进间运球	双手前掷实心球
	G 教师	篮球运球绕杆	足球脚内侧踢球		弯道跑	篮球运球绕杆
	X 教师	八字长绳	跑的辅助练习			八字长绳
	J 教师	健美操	太极拳		啦啦操	健美操
优秀教师	Z 教师	篮球快攻三攻二	篮球快攻三攻二（进阶）			篮球体前变向换手运球
	G 教师	足球脚内侧踢球	足球脚内侧运球			网球正手击球
	H 教师	青蛙跳	集体连续向前跳	30 米快速跑	自然直线快速跑	
	W 教师	排球正面双手垫球	匹克球向前击自弹球	后滚翻		急行跳远
	D 教师	排球正面双手垫球	耐久跑	耐久跑（进阶）		
	L 教师	乒乓球正手推挡	立定跳远			体能：灵敏

（二）问卷调查对象的选择

问卷调查分两轮进行，因为需要编制量表，进行了预调查和正式调查，详细情况如下。

第一轮预调查：面向福建省 500 名教师发放调查问卷，最终回收 486 份，剔除 27 份无效问卷，共 459 份有效问卷，有效回收率为 94.4%。

第二轮正式调查：正式调查分别面向新手教师、熟手教师、经验教师、优秀教师等不同群体展开。针对福建省 300 名新手体育教师发放调查问卷，共回收 290 份问卷，其中，经过筛选的有效问卷为 273 份，有效回收率为 94.1%。针对熟手教师共发放了 250 份问卷，回收率达到 100%；在剔除无效问卷后，最终获得了 221 份有效问卷，有效回收率为 88.4%。针对 240 名经验体育教师发放调查问卷，回收 240 份，剔除 7 份无效问卷，共 233 份有效问卷，有效回收率为 97.1%。针对优秀体育教师共发放 128 份问卷，回收 128 份问卷，剔除 8 份无效问卷，最终有效问卷 120 份，有效回收率 93.8%。

二 研究方法

正如上文所述，教师的 PCK 多是无法言明的"默会知识"，单一的研究方式不足以完整地呈现其 PCK 水平，因此本研究采用多种方式收集数据，以下为具体的收集过程。

（一）课堂实录观察法

课堂实录观察为本研究个案研究的主要调查方法，但考虑到体育课堂本身观测点较多，不仅包含观察学生的学习反馈、教师的教学指导等，又包含教学场地的合理使用、设备的安排布置等，因此本研究的课堂观察主要采用现场录像的形式，方便在分析体育教师 PE-PCK 时能够反复观看教学过程。观察的课程以常规新授课为主，辅以公开课。选择以新授课为主是因为新授课有新的教学内容，能更好呈现体育教师的 PE-PCK 水平。同时为了全面了解教师的整体表现，我们还收集了教师的公开课视频。录制内容从教师的准备部分开始，到结束部分停止，主要录制教师的指导和学生学习运动技能时的状态。观察的内容为当次课的主教材，即以基本部分为主，这样做的原因是本次研究调查的是体育教师的 PE-PCK，体育课堂常规性的准备活动如慢跑、徒手操、结束部分的放松活动等，其中的 PE-PCK 呈现是较少的，且多数教师会采用大致相同的教学方式，其分析意义较小。当然体育课堂中还有部分融入主教材的专项性准备活动，考虑到这一类准备活动已经融入主教材内容，因此既可作为准备部分内容，又可划分到基本部分，在此，考虑到专项性准备活动的特征，本研究统一将这部分内容划入基本部分分析。在此基础上，通过编制《体育教师使用 PE-PCK 分析量表——教学实施》（以下简称《教学实施》）来分析体育教师 PE-PCK 呈现水平。

（二）文本分析法

文本分析是本研究分析教师教学设计的主要方法，调查体育教师 PE-PCK 的水平不仅要了解体育教师在课堂中"做了什么"，还要了解教师在该堂课中"想做什么"，在这一过程中需要了解教师对这堂课的思考。而教学设计是很好的调查工具，该过程主要是在课程录制前告知教师需要提交教学设计，并在每个教学过程后标注设计意图，该过程收集了 26 名教师所有录制课程的教学设计用于之后的分析。分析过程主要围绕教师教学设计中呈现的 PE-PCK 各维度水平、教学过程设计意图的合理性及教学设计与具体教学过程的异同展开。在此基础上，通过编制《体育教师使用 PE-PCK 分析量表——教学设计》（以下简称《教学设计》）以分析不同体育教师 PE-PCK 的呈现水平，分析过程由 1 名学科专家、4 名一线名师及 3 名课题组成员共同参与，在观察教师课堂呈现之前进行。同时，考虑到体育教师 PE-PCK 具备宣称与使用的双重性，采用文本分析与课堂观察结合的形式有助于更加准确地明确教师 PE-PCK 的"使用"情况，从而更好地了解使用与宣称 PE-PCK 之间的差异。

（三）访谈法

本次访谈共分为两个部分。

第一部分为专家访谈，通过专家访谈，在明确我国体育教师 PE-PCK 建构机制与影响因素的基础上，从生态学的视角就如何提升我国教师 PE-PCK 水平展开。关于《教学实施》《教学设计》两份量表的设计过程，访谈对象包括 4 名学科专家与 5 名一线名师，其中 4 名学科专家的研究方向均为教师教育，他们来自不同学校；5 名一线名师中包含 2 名教研员、1 名校长、2 名高级教师，就两份量表共进行了3轮修改，其中1名学科专家与4名一线名师还参与了所有体育教师课堂分析的过程。

第二部分为调查对象访谈，访谈过程主要用于辅助分析《教学实施》《教学设计》两份量表的调查结果，访谈应分为课前、课后访谈，但由于本研究在进行课堂观察过程之前已经对体育教师进行了教学设计的收集，对教师的教学内容有了一定的了解，因此本次访谈以课后访谈为主，访谈包括半结构式问题和开放式问题，是在观测教师的教学设计与课堂教学过程后，围绕不同水平体育教师的教学设计过程、对教学决策的思考及与学生相关的内容展开，访谈过程中尽量避免访谈者主观引导，让教师针对题目独立叙述，辅以适当的追问。

（四）问卷调查法

本研究的问卷调查是调查生态视域下体育教师宣称 PE-PCK、分析其 PE-PCK 影响因素的主要工具，该部分内容主要针对体育教师 PE-PCK 的宣称情况、现状、影响因素以及这些因素对体育教师 PE-PCK 的影响程度几个方面，调查对象为福建省各地的体育教师，通过课题组和相关一线教师的帮助采用发放问卷的形式收集信息。问卷资料的收集分两轮进行。

第一轮问卷数据收集主要用于正式问卷的形成，在课题组成员的帮助下针对新手、熟手、经验、专家四类体育教师进行数据收集。

第二轮问卷数据收集则针对体育教师群体展开，收集的内容包含体育教师的基本信息、他们的 PE-PCK 现状及影响因素，目的是了解体育教师 PE-PCK 的现状、宣称 PE-PCK 特征、影响体育教师 PE-PCK 的因素有哪些、影响程度如何。

（五）数理统计法

收集到的所有量化资料均以 SPSSAU 线上分析软件进行处理，分为两个阶段：第一阶段为预测阶段，首先采用 SPSSAU 进行项目区分度分析，其次是运用 KMO 值、Bartlett 球形检验及主成分分析法进行探索性因子分析，最后运用克隆巴赫 α 系数进行信度分析，形成正式问卷。第二阶段为正式问卷阶段，主要采用 SPSSAU 中的因子载荷系数、平均方差萃取、信度 CR 值及 Pearson 相关值进行验证性因子分析，最后用 SPSSAU 软件对体育教师 PE-

PCK 现状与影响因素结果进行相关回归分析。

三 资料的整理与分析

(一)课堂观察资料的整理与分析

1. 课堂观察资料的整理

研究中对教师教学设计、课堂观察、访谈等资料进行编码,具体见表 3-19。

表 3-19 编码规则

编码	内容
1. 课堂编码	第一位为教师编码,第二位为课型编码,其中 G 表示公开课、N 表示常态课,第三位为顺序码,如 G 教师的第一节公开课编码为 GG1
2. 教学设计编码	S 表示教学设计,如 G 教师的第一节公开课堂教学设计编码为 GG1-S
3. 课堂观察编码	G 表示课堂观察,如 G 教师的第一节公开课课堂观察编码为 GG1-G
4. 访谈编码	T 表示访谈,如 G 教师第一节公开课的访谈编码为 GG1-T

2. 课堂观察资料的分析

(1)课堂观察与文本分析:本研究的课堂观察量表参考了谷晓沛针对数学教师设计的量表[①],并在其基础上进行修订,与其不同之处有以下几点。首先,考虑到教学设计对教师教学过程的重要性,本研究认为需要对这一内容单独展开分析,因此采用文本分析法对回收的教师教学设计展开分析,这一过程在谷晓沛的研究中是没有呈现的。其次,由于调查对象为体育教师的PE-PCK,因此分析量表需要融入专业的体育教学概念,使该量表具备体育的学科性。基于上述两个问题,课题组设计了两份量表,分别是《教学设计》《教学实施》,借鉴多位一线名师、体育学科专家的意见与建议,结合2022 年新颁布的《体育与健康课程标准》进行量表题项设计。

在正式量表形成后,通过录像观察的形式,课题组成员、学科专家和一线体育名师共同参与本次研究的教学设计、课堂观察、课后反思的分析评价

---

① 谷晓沛:《小学数学教师学科教学知识建构模式研究》,东北师范大学博士学位论文,2018,第 57~58 页。

过程，其中教学设计和教学反思以结果性评价为准，课堂观察过程主要观察教师课堂中出现了多少次教学决策，以此分析每个教学决策中教师所呈现出的 PE-PCK 维度联系水平以及教师的 PE-PCK 使用情况。

为了保证研究的客观性，在正式量表形成后的分析过程中，课题组成员经过多轮协商和讨论，最终确定了每个 PE-PCK 观测点的评价指标，在分析过程中每个人独立打分并指出打分原因，如果在评价过程中评价差异较大，则就该观测点再次进行讨论，直到意见一致。

（2）访谈：本研究的访谈过程主要用于辅助课堂观察与教学设计分析，访谈提纲在参考谷晓沛博士学位论文的基础上进行修订，不同之处在于，谷晓沛的访谈提纲包含其后续影响因素的调查，而本提纲是在学科专家与相关一线名师的帮助下完成制定的，主要用于了解教师教学设计过程、对教学决策的思考及学生的相关感受，在回收教师的访谈数据后将其转化为逐字稿。

3. 相关专家的基本信息

9 名从事体育教育专业的相关人员参与了本次课堂观察资料的梳理，其中包括 4 名学科专家、3 名一线教师及 2 名教研员，具体信息见表 3-20。

表 3-20 专家基本信息

教师	性别	教龄	所在单位	学历	职称	专业方向
X 教师	女	15	××师范大学	博士	教授	教师教育
Y 教师	男	12	×××实验学校	硕士	高级教师	体育教学
J 教师	男	17	××省教育厅	硕士	教研员	体育教学
C 教师	男	21	××省教育厅	硕士	教研员	体育教学
F 教师	女	20	××师范大学	博士	副教授	教师教育
Z 教师	男	26	××体育学院	博士	教授	教师教育
H 教师	女	12	××师范大学	博士	副教授	教师教育
L 教师	男	15	××师范大学附属小学	学士	高级教师	体育教学
Z 教师	男	26	××师范大学附属中学	硕士	高级教师	体育教学

（二）问卷调查资料的整理与分析

1. 资料整理

表 3-21 对《体育教师 PCK 调查问卷》及《体育教师 PE-PCK 影响因素问卷》中所包含的维度进行具体描述。

表 3-21　问卷中各维度的具体描述

问卷名称	问卷内容
1.《体育教师 PCK 调查问卷》	包含内容知识、教学（策略）知识、学生知识、背景知识
2.《体育教师 PE-PCK 影响因素问卷》	包含个人动机、自我效能、学习准备度、专业培训、学校组织、人为因素、职业发展、政策制度

2. 资料分析

本研究共参考两份调查问卷，其中宣称 PE-PCK 调查使用《体育教师 PCK 量表》，影响因素研究使用自编的《体育教师 PE-PCK 影响因素量表》。同时，为了防止在文字修改过程中出现表述不同导致维度误差，课题组对问卷再次进行了信效度检验及探索性、验证性因子分析，在各分析结果达标后，针对福建省体育教师展开调查，并通过相关回归分析了解我国体育教师 PE-PCK 的影响因素。

第四章 新手体育教师 PE-PCK
建构特征及影响因素

本章为新手体育教师 PE-PCK 调查，首先分析新手体育教师对自身 PE-PCK 水平的认知情况，接下来分析新手教师课堂教学实施中呈现的 PE-PCK 水平，进而对宣称 PE-PCK 和使用 PE-PCK 的差异进行比较分析，以便更全面地了解新手体育教师 PE-PCK 的建构特征。此外，本章基于生态学原理，将新手体育教师 PE-PCK 的发展置于其发展的生态环境中，对个人因素、学校因素、社会因素在其 PE-PCK 建构过程中的影响程度进行了较为系统的分析，希望借此推动各方对新手体育教师 PE-PCK 发展的重视，促进新手体育教师课堂教学实施的高效进行。

第一节 新手体育教师宣称 PE-PCK 建构特征

一 调查对象基本情况分析

应用张晓玲编制的《体育教师 PCK 调查问卷》对福建省 273 名新手体育教师施测，详情见表 4-1。

本次调查的新手体育教师群体中，男性 205 人，占 75.09%，女性 68 人，占 24.91%；任教学段中，小学教师 95 人，占 34.80%，初中教师 96 人，占 35.16%，高中教师 82 人，占 30.04%；农村学校教师最少，仅 8 人，占 2.93%，集镇学校次之，121 人，占 44.32%，城市学校最多，144 人，占

52.75%；所有新手教师教龄均为 1~5 年；在职称方面，一级教师最少，仅 9 人，占 3.30%，二级教师次之，109 人，占 39.93%，未定级教师最多，155 人，占 56.78%；在学历方面，本科学历 205 人，占 75.09%，研究生学历 68 人，占 24.91%；在毕业院校方面，以师范类大学毕业为主，205 人，占 75.09%，体育院校次之，49 人，占 17.95%，综合类大学最少，19 人，占 6.96%。

表 4-1 新手体育教师基本信息

名称	选项	频数	百分比（%）	累积百分比（%）
性别	男	205	75.09	75.09
	女	68	24.91	100.00
任教学段	小学	95	34.80	34.80
	初中	96	35.16	69.96
	高中	82	30.04	100.00
工作学校性质	农村	8	2.93	2.93
	城市	144	52.75	55.68
	集镇	121	44.32	100.00
教龄	1~5 年	273	100.00	100.00
职称	未定级	155	56.78	56.78
	二级	109	39.93	96.70
	一级	9	3.30	100.00
学历	本科	205	75.09	75.09
	研究生	68	24.91	100.00
毕业院校	师范大学	205	75.09	75.09
	体育院校	49	17.95	93.04
	综合类大学	19	6.96	100.00

二 新手体育教师宣称 PE-PCK 建构水平

（一）新手体育教师宣称 PE-PCK 整体水平

本研究所采用的调查问卷共 18 道题，均采用正向计分的方式，其中包含 4 个维度，分别为内容知识、策略知识、学生知识、背景知识。其中内容知识 7 道题，策略知识 5 道题，学生知识 3 道题，背景知识 3 道题，其最大值均为 5 分，最小值均为 1 分（见表 4-2）。

表 4-2　新手体育教师宣称 PE-PCK 各维度得分情况

名称	人数	最小值	最大值	平均值	标准差	中位数
内容知识	273	2.000	4.857	3.654	0.610	3.714
策略知识	273	1.800	5.000	3.704	0.743	3.800
学生知识	273	1.667	5.000	3.757	0.807	4.000
背景知识	273	1.333	5.000	3.498	0.826	3.667

通过对比新手体育教师的平均值得分与总分可知，其内容知识平均值为 3.654 分，占总分的 73.08%；策略知识平均分为 3.704，占总分的 74.08%；学生知识平均分为 3.757，占总分的 75.14%；背景知识平均分为 3.498，占总分的 69.96%。由此可知，新手体育教师普遍认为自身宣称 PE-PCK 水平处于中等水平之上，但没有达到较高水平。其中，学生知识水平最高，背景知识水平最低，这一结论与当前多数学者调查结果不同。尤其是学生知识处于新手教师宣称 PE-PCK 四维度下的最高值，多数学者认为新手体育教师经验不足，对学生已有的知识储备把握程度较低、理解较浅。[1] 这一原因可能无法得到很好的解释，因为这一部分的调查主要针对新手体育教师"信奉的知识"展开，新手体育教师是否高估了他们的学生知识需要结合其使用 PE-PCK 水平进行分析。因此，下面将对新手体育教师的学生知识水平进行进一步分析以较为准确地反映其 PE-PCK 真实情况。

（二）新手体育教师宣称 PE-PCK 具体维度水平

1. 内容知识水平

新手体育教师对内容知识的掌握情况整体一般。由表 4-3 可知，这一维度题项的得分均值由高到低为 5、6、4、1、3、2、7。其中多数指标十分接近平均水平，但维度 2 和维度 7 低于其他维度均值，说明新手体育教师在技

---

[1] 冯鸿艺、邓峰、欧阳欣仪：《新手-熟手高中化学教师 PCK 个案比较研究——以"氧化还原反应"主题为例》，《化学教育（中英文）》2021 年第 9 期。

战术知识与教材内容的前后联系方面存在不足。本研究认为这可能与新手体育教师对内容知识的"理解不足"有关。从表4-3来看，新手体育教师掌握较好的是基础知识。首先，他们在高校中都系统学习过这些知识，如相关的体育规则、技术动作，因此与此相关的维度得分情况都较好。其次，与此相关的知识都是相对容易获取的，在新手教师专业发展初期都会有很多类似的培训与教研活动。[①] 如在对 S 教师立定跳远一课进行课后访谈时，S 教师能够很清晰地指出立定跳远的教学顺序，但当询问到为何这样安排教学时，S 教师提到"这部分都是体育组开会讨论出来的，具体为什么要这样安排，我也不清楚"，说明新手体育教师具备将教材分解的能力，但对为何如此分解、前后联系如何可能不够清楚，原因在于类似教材前后联系、与教材相关的技战术知识都需要教师对教材有一定的理解，需要从"了解"到"理解"的过程，这部分或许是新手教师缺乏的。而维度6得分仅次于维度5，说明新手教师认为自身足够了解学生，侧面验证了上文新手体育教师学生知识得分最高的情况。

表4-3　新手教师宣称 PE-PCK 内容知识得分的描述性统计

名称	人数	最小值	最大值	平均值	标准差	中位数
1. 我能够掌握所要教的体育规则、礼仪和安全知识	273	1.000	5.000	3.692	1.266	4.000
2. 我能够掌握所要教的技战术知识	273	1.000	5.000	3.549	1.166	4.000
3. 我能够对所教运动技能进行正确示范	273	1.000	5.000	3.678	1.159	4.000
4. 我能够知道学生易犯错误产生原因	273	1.000	5.000	3.703	1.214	4.000
5. 我能够将教学内容分解为不同阶段的教学任务	273	1.000	5.000	3.766	1.069	4.000
6. 我能够根据不同学生的程度与兴趣设定课程目标	273	1.000	5.000	3.729	1.173	4.000
7. 我能够知道课程内容的前后联系	273	1.000	5.000	3.458	1.248	4.000

---

① 钟祖荣、张莉娜：《教师专业发展阶段的调查研究及其对职后教师教育的启示》，《教师教育研究》2012 年第 6 期。

2. 策略知识水平

问卷中关于策略知识的共5题，由表4-4可知，这一维度5道题的得分均值由高到低分别为12、8、11、9、10。新手体育教师宣称的策略知识整体表现中等偏上，仅次于学生知识。这一结果看来是值得关注的，李艳灵等人的研究指出，新手教师由于教学时间短、实践经验缺乏，因此很难对学生的实际学习状况做出准确客观的判断，在根据学生的实际进行适宜教学策略的选择和运用上也同样存在较大的问题与不足。① 由此看来，分析新手体育教师策略知识水平仍要回归课堂实践观摩，而表4-4中维度10低于其他维度与上述学者提到的"实践经验缺乏"有关。以课堂纠错为例，课堂中学生存在差异，而纠错过程是针对个别或部分学生的错误进行的教与学活动，新手体育教师在教学之初不可能明确所有学生产生错误的原因，需要不断积累教学经验，而经验的积累需要大量的实践，可能导致了新手体育教师所宣称的教学反馈得分较低这一问题。

表4-4 新手体育教师宣称 PE-PCK 策略知识得分的描述性统计

名称	人数	最小值	最大值	平均值	标准差	中位数
8. 我能够运用多种教学表征（示范、比喻、口诀、器材等）讲解技术动作	273	1.000	5.000	3.788	1.159	4.000
9. 我能够选择合适的教学方法与策略	273	1.000	5.000	3.663	1.120	4.000
10. 我能够及时向学生提供教学反馈	273	1.000	5.000	3.590	1.166	4.000
11. 我能够正确评价学生的学习效果	273	1.000	5.000	3.685	1.158	4.000
12. 我能够根据不同教学任务选择教学组织形式	273	1.000	5.000	3.795	1.037	4.000

3. 学生知识水平

学生知识的3道题目均值差异较小，新手教师学生知识中等偏上，处于 PE-PCK 维度的最高值（见表4-5）。

① 李艳灵、郭雅丽、阮北：《高中化学新手教师 PCK 水平调查研究》，《化学教育（中英文）》2021年第13期。

表 4-5　新手体育教师宣称 PE-PCK 学生知识得分的描述性统计

名称	人数	最小值	最大值	平均值	标准差	中位数
13. 我能够知道所教学生的年龄特征	273	1.000	5.000	3.747	1.087	4.000
14. 我能够知道所教学生学习风格差异	273	1.000	5.000	3.762	1.087	4.000
15. 我能够知道所教学生运动技能基础	273	1.000	5.000	3.762	1.124	4.000

4. 背景知识水平

从表 4-6 可以看出，这一维度 3 道题的得分均值由高到低分别为 16、17、18，新手教师背景知识表现一般。新手教师可能还未能充分了解和熟悉学校的场地器材、班级情况和社区资源的利用方式，需要时间和实践来逐渐了解和掌握。有些新手教师在大学期间接触到的教学环境和学校实际情况可能存在差异，需要一定的时间去适应和了解。在一些地区和学校，教学资源可能存在一定的局限性，这也会影响新手教师在背景知识方面的表现。

表 4-6　新手体育教师宣称 PE-PCK 背景知识得分的描述性统计

名称	人数	最小值	最大值	平均值	标准差	中位数
16. 我能够根据学校情况合理运用场地器材	273	1.000	5.000	3.821	1.173	4.000
17. 我能够结合班级情况有效管理课堂	273	1.000	5.000	3.593	1.169	4.000
18. 我能够利用社区资源服务体育教学	273	1.000	5.000	3.081	1.364	3.000

综上所述，新手体育教师的宣称 PE-PCK 整体水平中等偏上，其中 PE-PCK 维度水平由高到低为学生知识、策略知识、内容知识、背景知识，4 个维度知识均呈现中上水平，这一结果与部分学者关于新手教师 PE-PCK 的研究不同，但究竟是新手体育教师的认知过高还是其 PE-PCK 真的具备此水平则需要进一步深入课堂教学实践展开调查，了解他们的使用 PE-PCK 水平。通过上述调查发现新手教师认为自身技战术、对教材的前后联系、教学反馈、利用社区资源进行教学等方面知识相对薄弱，这可能与他们实践不足及教材理解能力缺乏有关，而在具体教学过程中他们是否会呈现这一特征则需要进一步验证。

三 新手体育教师宣称 PE-PCK 的差异分析

（一）性别差异

以下探究性别对中小学新手体育教师宣称 PE-PCK 的影响，对数据进行独立样本 t 检验，得到表4-7。

表4-7 不同性别教师的 PE-PCK 比较

	性别（平均值±标准差）		t	p
	男（n=205）	女（n=68）		
背景知识	3.51±0.82	3.48±0.84	0.261	0.794
学生知识	3.86±0.77	3.45±0.84	3.752	0.000**
策略知识	3.81±0.71	3.39±0.75	4.163	0.000**
内容知识	3.72±0.61	3.46±0.58	3.066	0.002**

* $p<0.05$, ** $p<0.01$。

由表4-7可知，利用 t 检验研究性别与背景知识、学生知识、策略知识、内容知识的差异性能够得出：不同性别体育教师在学生知识、策略知识、内容知识三个维度呈现显著性差异（$p<0.05$）。且 3 个维度男性平均值均高于女性平均值。这主要源于生理结构的差异，女性更为感性且易受到外界干扰，情绪变化敏感度较高，加上职业、城市婚恋和生育等因素的影响，女性教师可能比男性教师更易出现焦虑情绪[1]，这可能在一定程度上影响了其专业知识的发展。此外，中国传统思想影响下女性承担家务较多可能也会导致女性在学习时间投入方面较少[2]，进而导致其整体宣称 PE-PCK 水平低于男性。

（二）学段分析

以下探究不同任教学段对中小学新手体育教师宣称 PE-PCK 的影响。由

---

[1] 陈小满、樊小冬：《"非升即走"制度下高校青年教师学术社会化的困境研究》，《现代大学教育》2022 年第 2 期。

[2] 张瑞林、梁枢、汪昀骏：《我国乡镇体育教师职后培训质量、自我效能感与职业认同关系的实证研究》，《沈阳体育学院学报》2023 年第 6 期。

于该部分涉及 3 个任教学段，包含小学、初中、高中，采用 t 检验不能很好地呈现不同学段的差异水平，因此该部分采用事后多重比较进行两两分析，即对比小学与初中、初中与高中、小学与高中，得到表 4-8。

表 4-8　不同学段的宣称 PE-PCK 比较

	（I）名称	（J）名称	（I）平均值	（J）平均值	差值（I-J）	p
背景知识	小学	初中	3.677	3.458	0.219	0.065
	小学	高中	3.677	3.337	0.340	0.006 **
	初中	高中	3.458	3.337	0.121	0.326
学生知识	小学	初中	3.972	3.622	0.350	0.003 **
	小学	初中	3.972	3.667	0.305	0.011 *
	初中	高中	3.622	3.667	-0.045	0.706
策略知识	小学	初中	3.869	3.654	0.215	0.044 *
	小学	高中	3.869	3.571	0.299	0.007 **
	初中	高中	3.654	3.571	0.083	0.451
内容知识	小学	初中	3.815	3.626	0.189	0.030 *
	小学	高中	3.815	3.498	0.317	0.001 **
	初中	高中	3.626	3.498	0.128	0.155

* $p < 0.05$，** $p < 0.01$。

由表 4-8 可知，利用方差分析研究任教学段与背景知识、学生知识、策略知识、内容知识的差异性能够得出：不同任教学段体育教师宣称 PE-PCK四维度知识存在差异性，整体表现为小学显著高于初中和高中，高中和初中之间差异无显著性。小学生的认知和身体发育水平与初中生和高中生有很大差异，因此对于教师来说，需要有不同的教学策略和内容安排。小学新手教师可能更能够理解和满足学生的需求。首先，与初高中的运动项目相比，小学低年级的教材较多是游戏性质的，小学中高年级的教材也以简单的技战术教学为主，不太追求技术的难度。其次，小学生的表达更加积极，相比初高中学段，在体育课程学习过程中师生互动较多，教师能从学生身上获取更多的信息，这有利于他们合理地调整教学内容，进而呈现更高的宣称 PE-PCK水平。

（三）学校性质差异分析

以下探究不同工作学校性质对中小学新手体育教师宣称 PE-PCK 的影响。该部分与学段差异相同，包含 3 个分析部分，即城市、集镇、农村，因此采用事后多重分析，得到表 4-9。

表 4-9　不同工作学校性质的宣称 PE-PCK 比较

	（I）名称	（J）名称	（I）平均值	（J）平均值	差值（I-J）	p
背景知识	农村	集镇	3.498	3.691	-0.193	0.130
	农村	城市	3.498	3.244	0.254	0.074
	集镇	城市	3.691	3.244	0.447	0.009**
学生知识	农村	集镇	3.863	3.722	0.141	0.251
	农村	城市	3.863	3.341	0.522	0.000**
	集镇	城市	3.722	3.341	0.381	0.021*
策略知识	农村	集镇	3.742	3.763	-0.021	0.852
	农村	城市	3.742	3.463	0.278	0.031*
	集镇	城市	3.763	3.463	0.300	0.051
内容知识	农村	集镇	3.708	3.701	0.007	0.942
	农村	城市	3.708	3.355	0.352	0.001**
	集镇	城市	3.701	3.355	0.346	0.006**

*$p<0.05$，**$p<0.01$。

由表 4-9 可知，利用事后多重比较分析不同工作学校性质与背景知识、学生知识、策略知识、内容知识的差异性能够得出：不同工作学校性质体育教师对宣称 PE-PCK 四维度知识存在差异性，主要体现在城市教师与集镇、乡村教师存在差异。主要原因在于城市教师相较于农村与集镇教师可能更容易接触多样化的文化和更多不同社会背景的学生，因此能够更好地理解学生间的差异，从而学生知识更加丰富，且城市教师对于教学资源的获取也较其他教师更加方便，能够更好地了解最新的教学理念和方法，从而将其更好地应用于教学实践，提高教学质量。

（四）学历差异分析

下面探究学历对教师宣称 PE-PCK 的影响，通过对数据进行单因素方差分析得到表 4-10。

表 4-10 不同学历的宣称 PE-PCK 比较

| | 学历（平均值±标准差） | | F | p |
	本科（n=205）	研究生（n=68）		
背景知识	3.57±0.84	3.28±0.73	6.193	0.013*
学生知识	3.81±0.80	3.60±0.81	3.544	0.061
策略知识	3.78±0.73	3.49±0.74	7.826	0.006**
内容知识	3.74±0.59	3.40±0.61	16.098	0.000**

*$p<0.05$，**$p<0.01$。

由表 4-10 可知，利用方差分析研究不同学历与背景知识、学生知识、策略知识、内容知识的差异性能够得出：相同学历体育教师的学生知识没有显著差异性，而其他三个维度不同学历体育教师知识水平均呈现显著性差异（$p<0.05$）。本科学历教师的背景知识、策略知识与内容知识均高于研究生学历教师。主要是因为相当部分研究生本科是非体育专业的，而且研究生期间以做科研为主，对教学方面重视不够。

综上所述，不同性别新手体育教师在学生知识、策略知识、内容知识三个维度知识呈现显著性差异，其中男性均值高于女性。不同任教学段体育教师宣称 PE-PCK 四维度知识存在差异性，表现为小学高于初、高中。不同工作学校性质体育教师的学生知识、策略知识、内容知识、背景知识存在差异性，主要体现在城市教师与集镇、乡村教师存在差异。不同学历教师的背景知识、学生知识、策略知识、内容知识存在差异。其中本科学历教师的背景知识、策略知识与内容知识均高于研究生学历教师。

基于上述结论，笔者认为，首先，学校对女性教师应给予更多的理解和支持，如可以适当地增加与女性教师的良性沟通互动，更多理解女性教师特有的"工作-家庭冲突"困境，及时纾解她们的焦虑[1]，这对其 PE-PCK 的成长或许能起到一定的促进作用；其次，初高中新手体育教师应注重加强自

---

[1] 郭佩佩、高凯、姜茂敏：《高校教师焦虑状况及其与工作-家庭冲突和领悟社会支持的关系》，《中国心理卫生杂志》2023 年第 7 期。

身对学生的理解，同时学校安排教学经验丰富的教师引导新手教师更好地掌握这一阶段的学生特征，如在教学培训中融入学生方面的知识传输；再次，相关教育机构、部门要注重教学资源一定程度上的"乡镇倾斜"，使乡镇新手体育教师能够获取更多有助于自身教学能力提高的有效信息，以此促进其PE-PCK 的提升；最后，随着当前我国教育水平的提升，将会有更多的研究生涌入中小学体育教育领域，高校在注重培养他们学术能力的同时，也应重视教学知识、运动技能方面的培训，使体育专业研究生的教师角色转化过程更加顺畅。

第二节　新手体育教师使用 PE-PCK 建构特征

在明确新手体育教师所宣称的 PE-PCK 水平后，接下来便是针对新手体育教师 PE-PCK 的使用水平展开研究，通过了解新手体育教师具体的 PE-PCK 使用水平，并将其与宣称水平进行对比，探究新手体育教师 PE-PCK 各维度知识是否存在"知行不一"的情况。

一　新手体育教师使用 PE-PCK 的分析过程

在正式量表形成后，为了保证分析过程的客观性，新手教师使用 PE-PCK 课堂分析过程全程由 1 名学科专家、4 名一线老师、2 名教研员及 4 名研究生共同参与。分析过程主要对新手体育教师的教学设计、课堂观察录像及课后访谈资料进行评价，每个观测点分为 3 个水平，即有限（1 分）、基本（2 分）、熟练（3 分），考虑到每一名教师的使用 PE-PCK 水平在一段时间内是相对稳定的，因此，如涉及某名教师的同一观测点在几节课的分析中出现分值波动的情况，则将这名教师所得分值的频次最高值作为该教师在这一观测点的水平，如在评价 G 教师的 3 节课后发现 G 教师的内容知识（CK）共评价出了 4 次基本（2 分）、1 次有限（1 分）、1 次熟练（3 分），则 G 教师的内容知识处于基本水平，即 2 分。如在评价最后出现两次水平一致（如基本与熟练出现次数相同），那么选择最高得分作为具体维度的水平。

这一过程中的教学设计主要用于评价教师使用 PE-PCK 各个具体维度的

水平，采用整体评价的方式，即在各个评价者观看完某名教师完整的一堂教学设计后进行一次结果性评价。课堂观察录像主要用于评价教师使用 PE-PCK 各具体维度之间的联系，采用过程性评价和结果性评价相结合的方式进行，访谈资料主要用于辅助分析教师课堂教学设计和实施过程中无法呈现的知识，同时起到使教师反思课堂的作用，并将其融入教学决策中，使教师的教学决策呈现更加合理。采用这种评价方式的主要原因如下：教学设计中每一部分的内容通常不会呈现较多维度的知识，如其中的教学目标部分较多呈现出 CK2，即能够理解核心素养导向的教学目标多领域性，对于其他观测点的呈现较少，且观测教学设计所花时间较少，因此可以在完整观看教学设计后进行一次结果评价。而教学实施过程涉及教师的各个教学决策，且观察过程时间长，如果进行结果性评价，很容易导致观测人员对前半部分教学片段记忆模糊，出现评价误差，因此教学实施过程采用过程性评价与结果性评价相结合的方式更加合理。

　　分析过程中，对课堂录像过程的分析最为复杂，本研究主要将教师在一堂课中呈现的教学决策作为观测依据。考虑到体育课堂的准备部分和结束部分有较大相同性，通常包含课堂常规、集合整队、整理放松等形式，对教师使用 PE-PCK 的呈现度较低，因此课堂分析主要针对教师课堂的基本部分（包含体能练习），但如果在准备部分热身活动中采用专项性热身活动（即与本节课所教项目相关的热身活动，如教授篮球行进间运球时，热身活动设计为原地运球）则划入基本部分分析。

　　教学决策可以理解为教师一堂课中某个教与学活动，如在教授足球脚内侧踢球时，教师在热身结束后，对学生进行脚内侧踢球的讲解和示范，则属于一个教学决策，需要提出的是，在同一个教与学活动中涉及不同的教学方式不属于多个教学决策，如在进行足球脚内侧踢球时，进入无球练习环节后，教师向学生进行动作的示范讲解，之后学生进行练习，在学生练习过程中教师指出学生错误并纠正都属于同一教学决策，因为它们都属于脚内侧踢球的无球练习环节，直到下一个教学环节出现，如由无球练习过渡到固定球练习时，则进入下一个教学决策。

（一）教学设计数据的收集与整理

1. 数据的收集过程

下面以 H 教师的第二节常规课（HN2）为例，详细描述本研究的分析过程（见表 4-11）。

表 4-11　HN2 的使用 PE-PCK 描述统计（教学设计）

设计内容	所呈现 PE-PCK
本课落实体育新课程要求，贯彻"以学生发展为本"的教育理念，树立"健康第一"的指导思想，在课的教学设计中本着求实、拓展、探索、创新的新课程思路展开，既强调教师"教"在教与学中的重要性，又突出学生"学""练"的主体地位。本课以增进学生健康为主要目的，以身体锻炼为主要手段，并采用滚动、蹬腿等练习内容与游戏相结合的教学方式。教学设计体现"关注个体差异与不同需求，确保每一个学生受益"的基本理念，使学生学会前滚翻，提高灵敏度和协调性等身体素质，发展儿童自尊与自信的心理品质，培养团队合作精神	在教学设计的指导思想部分突出新课标精神，详细论述上课过程、上课内容、所要传递的思想等（CK1=3）
本课选自人民教育出版社水平二《体育与健康》教材。它既能够实现发展学生柔韧和灵敏等身体素质，提高身体协调性、灵活性，又能够锻炼学生同伴协调配合、主动参与学练，能与同伴合作、交流。 重点：团身紧，滚动圆	教师能够合理地设计教学重点，但针对教材的分析存在不足（CK4=2）
四年级学生年龄一般处于 10~11 岁。生理发展方面：骨骼、肌肉、心脑系统和神经系统都有了进一步成长，但仍处在快速发展阶段，精力充沛，可塑性强，需要通过适当的体育锻炼促进各项身体机能的发展。心理活动方面：已能够初步控制自己的情感，对事物的整体感知比较全面，观察事物有针对性，能够较好地理解教师的语言。学生已经有了一定的前滚翻基础。因此在设置学练内容时要从学生的水平出发结合不同类型的游戏、比赛完成，使每个学生都能在原有基础上得到发展。采用的评价方式可以更多地倾向自评和互评。 难点：双腿蹬直	教师能够根据学生特征设计教学难点，但对于学生的学情分析不够充分（SK1=2）
团身滚动抢沙包 设计意图：复习上节课内容，激发学生运动兴趣 剪刀石头布游戏 设计意图：强调腿部蹬直，激发学生兴趣 直腿辅助练习 设计意图：强调直腿并拢，并初步融入保护帮助 前滚翻练习 设计意图：正式上课内容，融入保护帮助	在教学设计过程中，能够根据教学重点循序渐进地设计教学流程，设计过程满足学生趣味性，并反复强调、围绕重点展开（TK6=3）

在对教师的教学设计进行整体分析后，得出该教师的使用 PE-PCK 水平如表 4-12 统计。

表 4-12　HN2 的使用 PE-PCK 各维度得分情况

决策	CK1	CK2	CK3	CK4	CK5	SK1	SK2	SK3	TK1	TK2	TK3	TK4	TK5	TK6
1	3	2	1	2	2	2	3	3	3	0	1	2	2	3

2. 数据的整理过程

根据以上分析思路，本研究对 H 教师的 3 节课堂均进行了分析，并整理出了 H 教师使用 PE-PCK 水平，又如上文所述，教师的使用 PE-PCK 水平在一定阶段是相对稳定的，因此在统计时，采取频次最高项作为 H 教师的使用 PE-PCK 水平。H 教师的使用 PE-PCK 水平呈现频次如表 4-13 所示，再将 H 教师各维度水平取平均值，得到表 4-14。

表 4-13　H 教师使用 PE-PCK 相关维度频次统计

水平	内容知识					学生知识			策略知识						总计
	CK1	CK2	CK3	CK4	CK5	SK1	SK2	SK3	TK1	TK2	TK3	TK4	TK5	TK6	
有限	0	0	0	0	0	0	0	0	0	0	2	0	1	0	3
基本	0	1	1	1	3	1	0	0	0	0	0	3	1	0	11
熟练	3	2	2	2	0	2	3	3	3	0	0	0	1	3	24

表 4-14　H 教师使用 PE-PCK 相关维度频次统计均值

	内容知识					学生知识			策略知识					
	CK1	CK2	CK3	CK4	CK5	SK1	SK2	SK3	TK1	TK2	TK3	TK4	TK5	TK6
水平	3	3	3	3	2	3	3	3	3	0	1	2	3	3
均值	2.8					3			2					

（二）教学实施数据的收集与整理

1. 数据的收集过程

下面以 H 教师的第二节常规课（HN2）为例，详细描述本研究的分析过程（见表 4-15）。

表 4-15　HN2 的使用 PE-PCK 描述统计（教学实施）

教学决策	具体过程	维度间联系水平判断	
1	沙包游戏：游戏开始时，没有抢到的同学"奖励"一个深蹲。抢到的同学下一个回合要把这个沙包往没有抢到的同学那里挪一些给自己增加点难度，记住团身紧，滚动圆	教师在游戏过程中提醒贯穿动作重难点 TK-SK1 = 3 TK-SK3 = 3 TK-CK1 = 3 SK-CK1 = 3 TK-SK-CK2 = 3 TK-SK-CK4 = 3	TK-SK2 = 3 TK-SK4 = 1 TK-CK2 = 3 TK-SK-CK1 = 3 TK-SK-CK3 = 3 TK-SK-CK6 = 3
2	同学们，我们要记住（前滚翻口诀是）一蹲、二撑、三低头，直腿、团身，似个球。重点是团身紧，滚动圆，难点是双腿要蹬直，注意看这两幅图	采用口诀的形式贯穿本节课的重难点 TK-SK1 = 3 TK-SK3 = 3 TK-CK2 = 2 TK-SK-CK2 = 3	TK-SK2 = 3 TK-CK1 = 2 TK-SK-CK1 = 3 TK-SK-CK6 = 3
3	石头剪刀布游戏 同学们，我们在练习过程中一定要记住腿要伸直，还有什么（学生回答），（教师）对，身体要团住	教师在游戏过程中贯穿重难点 TK-SK1 = 1 TK-SK3 = 3 TK-CK1 = 3 SK-CK1 = 1 TK-SK-CK2 = 3 TK-SK-CK6 = 3	TK-SK2 = 3 TK-SK4 = 1 TK-CK2 = 2 TK-SK-CK1 = 3 TK-SK-CK3 = 1
4	前滚翻练习（同伴帮助）（示范）（同学们注意）准备的时候，我们的双手来抓住他（滚动同学）的脚踝，他往前背部着地时，我们身体稍微前倾，同时要记住腿要绷直	教师对动作进行再讲解，并教会学生如何辅助在练习的同学 教师巡回指导，并对有问题的同学进行纠错，同时采用表扬的形式激励动作完成度较低的学生 TK-SK1 = 3 TK-SK3 = 3 TK-CK2 = 2 TK-SK-CK1 = 3 TK-SK-CK3 = 2	TK-SK2 = 3 TK-CK1 = 3 SK-CK1 = 2 TK-SK-CK2 = 3 TK-SK-CK6 = 3
5	前滚翻（完整练习）接下来，我们一人练习，另外一人进行保护帮助，我们站在垫子的侧方，一手压在（练习者）大脑后方，让他低头，一手扶他的大腿辅助前滚，注意腿蹬直	教会学生如何完成动作，同时贯穿安全教育，指导学生学会保护与帮助 教师巡回指导，并对有问题的同学进行纠错，同时采用表扬的形式激励动作完成度较低的学生 TK-SK1 = 3 TK-CK1 = 3 SK-CK1 = 2 TK-SK-CK2 = 3 TK-SK-CK6 = 3	TK-SK2 = 2 TK-SK3 = 2 TK-CK2 = 2 TK-SK-CK1 = 2 TK-SK-CK3 = 2

续表

教学决策	具体过程	维度间联系水平判断	
6	停止练习，老师看大部分同学能够完成，这里要表扬一下（同学），请你做个示范，同学们看一下他是怎么做的，（优生展示）看保护在哪里，（保护）侧面，（看滚动同学）直腿。完成得很出色	邀请优秀学生，并展示学习成果，其他学生观察 TK-SK3＝3 TK-SK-CK1＝2 TK-SK-CK6＝3	TK-CK3＝2 TK-SK-CK2＝3
7	体能练习环节 采用常规性体能练习，伴随音乐，教师及时提醒学生加油和坚持	TK-SK2＝3 TK-CK1＝3 SK-CK1＝2 TK-SK-CK2＝3 TK-SK-CK6＝3	TK-SK3＝2 TK-CK3＝2 TK-SK-CK1＝3 TK-SK-CK3＝3
结果评价		TK-SK-CK1＝2 TK-SK-CK3＝3 TK-SK-CK5＝3	TK-SK-CK2＝2 TK-SK-CK4＝3 TK-SK-CK6＝2

在对教师的教学实施过程进行整体分析后，得出该教师的使用 PE-PCK 水平，为方便观察，将最终结果分为过程性评价与结果性评价两个表格（见表 4-16、表 4-17）。

表 4-16 新手体育教师使用 PE-PCK 过程性评价指标

决策	一	二	三	四	五	六	七
TK-SK1	3	3	1	3	3	0	0
TK-SK2	3	3	3	3	2	0	3
TK-SK3	3	3	3	3	2	3	3
TK-SK4	1	0	1	0	0	0	0
TK-CK1	3	2	3	3	3	0	3
TK-CK2	3	2	2	3	2	0	0
TK-CK3	0	0	0	0	0	2	2
SK-CK1	3	0	1	2	2	0	3
SK-CK2	0	0	0	0	0	0	0
TK-SK-CK1	3	3	3	3	2	2	3
TK-SK-CK2	3	3	3	3	3	3	3

续表

决策	一	二	三	四	五	六	七
TK-SK-CK3	3	0	1	2	2	0	3
TK-SK-CK4	0	0	0	0	0	0	0
TK-SK-CK5	3	0	0	0	0	0	0
TK-SK-CK6	3	3	3	3	3	3	3

表4-17　新手体育教师使用 PE-PCK 结果性评价指标

决策	TK-SK-CK1	TK-SK-CK2	TK-SK-CK3	TK-SK-CK4	TK-SK-CK5	TK-SK-CK6
1	2	2	3	3	3	2

2. 数据的整理过程

根据以上分析思路，本研究对 H 教师的 3 节课堂均进行了分析，并整理出了 H 教师使用 PE-PCK 维度间联系水平，如上文所述，教师的使用 PE-PCK 水平在一定阶段是相对稳定的，因此在统计时，采取频次最高项作为 H 教师的使用 PE-PCK 水平。将 H 教师的使用 PE-PCK 各维度之间的联系水平所呈现的频次以表4-18、表4-19呈现，再将 H 教师各知识之间的联系取平均值，得到表4-20、表4-21。

表4-18　H 教师使用 PE-PCK 维度间联系频次统计（过程性评价）

水平	具体维度	有限	基本	熟练
TK-SK	TK-SK1	2	0	15
	TK-SK2	0	1	19
	TK-SK3	0	1	21
	TK-SK4	2	2	3
TK-CK	TK-CK1	0	2	18
	TK-CK2	1	3	13
	TK-CK3	0	2	3
SK-CK	SK-CK1	1	2	10
	SK-CK2	0	0	1

续表

水平	具体维度	有限	基本	熟练
	TK-SK-CK1	0	3	19
	TK-SK-CK2	0	0	22
TK-SK-CK	TK-SK-CK3	1	2	16
	TK-SK-CK4	0	0	0
	TK-SK-CK5	0	0	3
	TK-SK-CK6	0	1	21
总计		7	19	184

表 4-19　H 教师使用 PE-PCK 维度间联系频次统计（结果性评价）

水平	TK-SK-CK1	TK-SK-CK2	TK-SK-CK3	TK-SK-CK4	TK-SK-CK5	TK-SK-CK6	总计
有限	0	0	0	0	0	0	0
基本	1	2	1	0	0	2	6
熟练	2	1	2	3	3	1	12

表 4-20　H 教师使用 PE-PCK 维度间联系频次统计均值（过程性评价）

维度	具体维度	水平	均值
	TK-SK1	3	
TK-SK	TK-SK2	3	3
	TK-SK3	3	
	TK-SK4	3	
	TK-CK1	3	
TK-CK	TK-CK2	3	3
	TK-CK3	3	
SK-CK	SK-CK1	3	3
	SK-CK2	3	
	TK-SK-CK1	3	
	TK-SK-CK2	3	
TK-SK-CK	TK-SK-CK3	3	2.5
	TK-SK-CK4	0	
	TK-SK-CK5	3	
	TK-SK-CK6	3	

表4-21　H教师使用PE-PCK维度间联系频次统计均值（结果性评价）

维度	TK-SK-CK1	TK-SK-CK2	TK-SK-CK3	TK-SK-CK4	TK-SK-CK5	TK-SK-CK6
水平	3	2	3	3	3	2
均值	2.67					

3. 教学实施相关数据汇总

对H教师的HG2进行完整统计后，得出该教师本次课的使用PE-PCK各维度及维度间联系的呈现结果，详情见表4-22、表4-23、表4-24。

表4-22　HG2教学设计测评结果

决策	CK1	CK2	CK3	CK4	CK5	SK1	SK2	SK3	TK1	TK2	TK3	TK4	TK5	TK6
1	3	2	1	2	2	2	3	3	3	0	1	2	2	3

表4-23　HG2教学实施测评结果（过程性评价）

决策	一	二	三	四	五	六	七
TK-SK1	3	3	1	3	3	0	0
TK-SK2	3	3	3	3	2	0	3
TK-SK3	3	3	3	3	2	3	3
TK-SK4	1	0	1	0	0	0	0
TK-CK1	3	2	3	3	3	0	3
TK-CK2	3	2	2	3	2	0	0
TK-CK3	0	0	0	0	0	2	2
SK-CK1	3	0	1	2	2	0	3
SK-CK2	0	0	0	0	0	0	0
TK-SK-CK1	3	3	3	3	2	2	3
TK-SK-CK2	3	3	3	3	3	3	3
TK-SK-CK3	3	3	1	2	2	0	3
TK-SK-CK4	0	0	0	0	0	0	0
TK-SK-CK5	3	0	0	0	0	0	0
TK-SK-CK6	3	3	3	3	3	3	3

表 4-24 HG2 教学实施测评结果（结果性评价）

结果评价	TK-SK-CK1	TK-SK-CK2	TK-SK-CK3	TK-SK-CK4	TK-SK-CK5	TK-SK-CK6
得分	2	2	3	3	3	2

二 新手体育教师使用 PE-PCK 建构水平

根据以上研究，我们已经得出各新手教师的测评结果，本章主要从 7 名教师整体水平出发，根据新手体育教师使用 PE-PCK 各维度及维度之间联系所呈现的频次、均值等展开综合分析，以发现新手教师体育使用 PE-PCK 的共性规律。

（一）教学设计阶段使用 PE-PCK 得分频次

接下来主要对 7 名新手教师 24 节课的课前设计数据进行汇总，根据 7 名教师整体呈现的设计阶段使用 PE-PCK 内容知识、学生知识和策略知识结果，阐明新手体育教师设计阶段使用 PE-PCK 各维度的水平，我们知道教师的设计阶段使用 PE-PCK 在一段时间内是相对稳定的，因此每名教师个人的设计阶段使用 PE-PCK 呈现以频次最高值为基准。

首先是对各新手体育教师的每一份教学设计进行评价，在此基础上，确定新手体育教师设计阶段使用 PE-PCK 维度的总体得分情况见表 4-25。

表 4-25 新手体育教师教学设计阶段使用 PE-PCK 维度频次统计

序号	教师	水平	内容知识（CK）					学生知识（SK）			策略知识（TK）						总计
			CK1	CK2	CK3	CK4	CK5	SK1	SK2	SK3	TK1	TK2	TK3	TK4	TK5	TK6	
1	G 教师	有限	0	0	0	0	0	0	0	0	0	0	2	0	0	0	2
		基本	1	0	3	0	2	3	3	0	0	0	0	3	2	0	17
		熟练	2	3	0	3	1	0	0	3	3	0	0	0	0	3	18
2	Z 教师	有限	0	0	0	0	0	0	0	0	0	0	0	0	0	0	2
		基本	1	2	2	1	2	0	2	2	1	0	1	1	2	2	19
		熟练	2	1	1	2	1	1	1	1	2	0	2	2	1	1	18

续表

序号	教师	水平	内容知识（CK）					学生知识（SK）			策略知识（TK）						总计
			CK1	CK2	CK3	CK4	CK5	SK1	SK2	SK3	TK1	TK2	TK3	TK4	TK5	TK6	
3	H教师	有限	0	0	0	0	0	0	0	0	0	0	2	0	0	0	2
		基本	0	1	2	1	3	1	0	0	0	0	0	3	2	0	13
		熟练	3	2	1	2	0	2	3	3	3	0	0	0	0	3	22
4	X教师	有限	3	0	2	1	1	2	0	1	0	0	0	1	1	1	13
		基本	0	3	1	2	0	1	3	2	0	1	2	2	2	0	19
		熟练	1	1	1	1	2	1	1	1	0	0	3	1	1	1	15
5	L教师	有限	3	1	3	1	0	2	1	0	0	0	1	0	1	1	16
		基本	0	1	0	0	2	1	2	2	0	0	3	1	1	0	13
		熟练	1	2	1	3	1	1	1	1	0	0	0	2	2	3	18
6	S教师	有限	4	0	0	0	0	0	0	0	0	0	0	0	4	0	8
		基本	0	0	4	0	0	3	3	0	0	0	0	0	0	4	14
		熟练	0	4	0	4	0	1	1	4	4	0	0	4	0	4	26
7	U教师	有限	0	0	0	0	3	0	0	0	0	0	0	3	0	0	6
		基本	3	0	3	0	0	0	0	2	0	0	0	0	3	0	11
		熟练	0	3	0	3	0	3	3	1	3	0	0	0	0	3	19

由表 4-25 可知 7 名新手教师设计阶段使用 PE-PCK 各个维度的频次最高值，并将其确定为 7 名新手教师设计阶段使用 PE-PCK 内容知识、学生知识、策略知识的实际水平，接下来则将各个教师各维度的水平取平均值，得到新手体育教师设计阶段使用 PE-PCK 维度的整体水平，具体如表 4-26 所示。

表 4-26　新手体育教师设计阶段使用 PE-PCK 具体维度水平统计

维度	G教师	Z教师	H教师	X教师	L教师	S教师	U教师	均值
CK	2.6	2.4	2.6	1.8	2	2.2	2.2	2.3
SK	2.3	1.7	3	1.7	1.7	2.3	2.7	2.2
TK	1.8	2.1	1.9	1.5	1.7	1.7	1.5	1.7
均值	2.2	2.1	2.5	1.7	1.8	2.1	2.1	2.1

通过数据的结果呈现可知，首先，新手体育教师的设计阶段使用 PE-PCK 相关维度中内容知识（CK）掌握最好，除 X 教师外，大部分教师能够基本掌握该知识。其次是学生知识，这类知识中教师两极分化较为严重，其中 G 教师、H 教师、S 教师、U 教师能够较好地掌握该知识，而 Z 教师、X 教师、L 教师这类知识掌握程度并不理想，从均值上分析，新手体育教师的内容知识掌握情况较好。最后是策略知识，7 名新手教师的设计阶段使用 PE-PCK 策略知识掌握程度较低，除 Z 教师的策略知识平均分为 2.1、达到中上水平外，其余教师的策略知识均无法达到中等水平。可见这部分知识在新手教师中缺失较为严重，从这一结果看，新手体育教师的宣称与使用 PE-PCK 水平存在明显差异。

整体来看，新手体育教师设计阶段使用 PE-PCK 各维度水平呈现较好，除 X 教师与 Z 教师外，大多数新手教师设计阶段使用 PE-PCK 相关维度的频次最高值以熟练为主，且大多数教师有限水平的占比都较低，表明在教学设计阶段，新手体育教师所具备的设计阶段使用 PE-PCK 相关维度的知识储备较为充足。同时，7 名新手体育教师的设计阶段使用 PE-PCK 维度整体处于中上水平，其中 H 教师水平最好，均值为 2.5 分，达到上等水平；X 教师的水平最低，处于中下水平，整体均值为 1.7，新手体育教师群体表现出较好的设计阶段使用 PE-PCK 维度水平。

为了更好地呈现新手体育教师设计阶段使用 PE-PCK 的具体表现，下面将对 7 名教师各个具体维度的情况展开分析。

1. 内容知识水平

通过对 7 名教师的内容知识测评结果进行统计得到表 4-27。

表 4-27　新手体育教师设计阶段使用 PE-PCK 内容知识测评结果

内容知识（CK）	G 教师	Z 教师	H 教师	X 教师	L 教师	S 教师	U 教师	平均值
CK1：能够合理确定本课的指导思想	3	3	3	1	1	1	2	2.0
CK2：能够理解核心素养导向的教学目标多领域性	3	2	3	2	3	3	3	2.7

续表

CK（内容知识）	G 教师	Z 教师	H 教师	X 教师	L 教师	S 教师	U 教师	平均值
CK3：能够理解所教运动项目的前后联系	2	2	2	1	1	2	2	1.7
CK4：能够理解本次课动作技术的重点	3	3	3	2	3	3	3	2.9
CK5：能够挖掘运动项目隐含的德育元素	2	2	2	3	2	2	1	2.0

由表 4-27 可知，教师的 CK4 水平最高，除了 X 教师处于基本水平外，其余教师都能达到熟练水平，表明新手教师对课程重点的把握较好。其次是 CK2，大多数教师对核心素养导向的教学目标多领域性这一维度能达到熟练水平。CK1 则呈现两极分化，部分教师能够熟练掌握这一方面知识，在教学设计部分能够很好地做到合理确定课的指导思想，但部分教师缺失严重。从 CK5 的数据上看，新手体育教师对于运动项目隐含的德育元素挖掘程度一般，以基本水平为主。新手体育教师 CK3 最弱，虽有部分教师能够达到中等水平，但整体而言该知识缺失较严重。通过表 4-27 我们还能知道，如果一名教师能够很好地确定课的指导思想（CK1），则该教师对动作技术重点的把握也一定好（CK5）；但若一名教师能够很好地理解课的重点，并不一定能够很合理地确定课的指导思想，表明新手体育教师在教学设计过程中如果能够认真构思课的指导思想，那么他对教材本身重点的理解会更加深刻。如从 H 教师 HN2 的教学设计中，可以看到 H 教师强调的"滚动、蹬腿"等内容已经在一定基础上思考了前滚翻在小学阶段的重难点，而课的指导思想又贯穿于教学设计的各个部分，表明该教师能够将教学重点与教学目标、内容设计相结合，以更加合理地设计教学重点与内容的联系，对教学重点的理解更加深刻。

综上可以看出新手体育教师内容知识方面不存在宣称与使用的差异，也验证了上文提到的新手体育教师对基础知识、技能类内容的掌握程度较高。但涉及教学内容前后联系这一维度知识时缺失较为严重，其中 7 名新手体育教师均无法达到优秀水平，两名教师这一维度知识缺失严重，说明"新手体育教师可能还未从了解教材走向理解教材"这一假设是正确的。

2. 学生知识水平

通过对 7 名教师的学生知识测评结果进行统计得到表 4-28。

表 4-28　新手体育教师设计阶段使用 PE-PCK 学生知识测评结果

学生知识（SK）	G 教师	Z 教师	H 教师	X 教师	L 教师	S 教师	U 教师	平均值
SK1：能够理解学生的学习难点（易错点）	2	1	3	1	1	2	3	1.9
SK2：能够重视学生的运动技能基础和体能基础	2	2	3	2	2	2	3	2.3
SK3：能够关注学生的心理特征	3	2	3	2	2	3	2	2.4

通过表 4-28 可知，新手体育教师对学生心理特征的关注最好（SK3），均能处于基本水平以上，并以熟练掌握该知识为主；其次是 SK2，表现为处于基本水平以上并以基本水平为主；新手体育教师的 SK1 最差，水平参差不齐，说明在学生知识部分，新手教师更多会从学生的心理层面出发设计教学内容，并能够根据学生的先在知识（如运动技能基础和体能基础）设计学习难点，但关注度没有学生心理特征高。

综上所述，新手体育教师学生知识方面不存在宣称与使用的差异，大部分教师在教学设计过程能够较好考虑到学生的身心特征，这验证了本研究关于新手体育教师宣称 PE-PCK 的调查结果，但其中值得关注的地方在于新手体育教师对理解学生动作学习难点方面的呈现结果较差，很少有教师能够达到优秀水平，且掌握有限（1 分）的频次出现最高，这又说明新手体育教师不够了解学生，与前文存在观点冲突，很大程度上可能是由于新手体育教师这一群体的"稳定性"不足。受大学兼职、岗位培训、环境因素等方面的影响，近年来新手体育教师可能在教学之初就具备了一定的学生知识，但教学实践不足仍限制着他们的学生知识水平，从而产生了学生知识掌握不全面、不稳定的情况，由于这部分调查在此阶段还未形成定论，因此需要就新手体育教师学生知识进行更深入的了解，结合教师的课堂呈现继续展开分析。

3. 策略知识水平

通过对 7 名教师的策略知识测评结果进行统计得到表 4-29。

表 4-29　新手体育教师设计阶段使用 PE-PCK 策略知识测评结果

策略知识（TK）	G 教师	Z 教师	H 教师	X 教师	L 教师	S 教师	U 教师	平均值
TK1：能够考虑到使用多种教学方式呈现教学任务（如合作、探究等）	3	3	3	2	2	3	3	2.7
TK2：能够考虑到体育骨干辅助教学	0	0	0	0	0	0	0	0
TK3：能够考虑到根据学生基础不同进行差异教学	1	3	1	0	0	0	0	0.7
TK4：能够考虑到运动负荷安排的科学性	2	2	2	3	2	2	3	2.4
TK5：能够关注过程性评价的重要性	2	2	2	2	3	1	1	1.9
TK6：能够围绕动作技术重点设置渐进式教学任务	3	2	3	2	3	3	3	2.7

从表 4-29 可知，在策略知识方面，新手教师得分最高是 TK6 和 TK1，平均分为 2.7，处于基本水平偏上，并以熟练水平为主。其次是 TK4，平均分为 2.4，表明新手体育教师对运动负荷的安排把握较好，该方面知识水平较高。再次是 TK5，新手体育教师对过程性评价这一维度的知识掌握不足，除 L 教师外，其余教师均无法达到熟练水平，平均分为 1.9 分，表明新手体育教师 TK5 掌握水平较低。而在策略知识中，新手体育教师的 TK3 缺失较严重，除了 Z 教师该方面知识达到熟练水平外，其余教师对学生间差异性的考虑十分有限，部分教师在教学实施前并不会考虑根据学生的基础不同展开差异教学。本次调查的 7 名新手体育教师在教学设计阶段均没有考虑到运用体育骨干进行辅助教学，表现出对 TK2 的严重缺失，说明教师的策略知识在教学设计中多体现在教学内容部分，对学生差异的关注度低，即便能够关注到学生差异，但真正进行差异教学的也较少，对优秀学生的关注不足，无法很好地运用体育骨干辅助教学。

综上所述，能够明显看出新手体育教师策略知识在宣称和使用上存在差异，表现为新手体育教师策略知识的认知过高，同时，根据表 4-29 可知，新手教师在教学方式的选择、教学内容的设计、教学组织的设置等方面都能呈现较高的水平，而在安排体育骨干和关注学生差异上存在较大缺失，验证了"教学实践不足"的假设。

通过上文分析可知，新手体育教师具备良好的内容知识，他们在教学重点、教学目标、思政元素的设置方面处于中上水平，且宣称与使用水平不存在差异，但对教材前后联系处理不够，缺乏对教材的理解。

新手体育教师的学生知识不稳定，从结果上看，新手体育教师学生知识的宣称与使用水平不存在差异性，能够较好地关注到学生的身心特征，这可能与他们的本科与入职时的经历有关，需要继续深入课堂，综合分析。

新手体育教师的策略知识方面呈现宣称与使用水平知行不一的情况，并体现为对与教材、知识相关的内容水平呈现较好，但由于实践经验不足，不能够很好地根据学生特征选择适宜教学策略。

（二）新手体育教师实施阶段使用 PE-PCK 建构水平

接下来主要对 7 名新手教师的课堂观察数据进行汇总，通过分析新手体育教师课堂教学中的教学决策，阐明新手体育教师策略知识与学生知识（TK-SK）、策略知识与内容知识（TK-CK）、学生知识与内容知识（SK-CK）及三类知识（TK-SK-CK）之间的联系水平。

首先通过每名教师课堂所呈现的教学决策来确定新手体育教师实施阶段使用 PE-PCK 各维度间联系的测评结果，由于分析新手教师课堂的评价指标包含过程性评价指标与结果性评价指标，且指标较多，因此以两个表格呈现。如上文所述，教师在各个维度所得频次以最高值为准，如遇到同一维度两个频次相同的情况，则在专家商讨下确定该教师这一实施阶段使用 PE-PCK 维度水平，评价指标为：评分在 1.5 分以下（含 1.5 分）为低水平，评分在 1.5~2 分（含 2 分）为中下水平，评分在 2~2.5 分（含 2.5 分）为中上水平，评分在 2.5 分之上为高水平。为方便阅读，以下对相关概念进行缩写，将 TK-SK 命名为 TS、TK-CK 为 TC、SK-CK 为 SC、TK-SK-CK（过程性评价）为"过"，结果如表 4-30、表 4-31 所示。

表 4-30　新手体育教师实施阶段使用 PE-PCK 维度间联系水平分析（过程性评价）

教师	水平	TS				TC			SC		TSC						总计
		TS1	TS2	TS3	TS4	TC1	TC2	TC3	SC1	SC2	过1	过2	过3	过4	过5	过6	
G 教师	有限	4	4	1	0	2	3	0	3	0	0	0	4	0	0	1	22
	基本	8	9	7	4	11	8	4	4	1	3	3	5	0	0	2	69
	熟练	7	8	14	3	9	7	0	4	1	19	19	8	0	3	19	121

教师	水平	TS				TC			SC		TSC						总计
		TS1	TS2	TS3	TS4	TC1	TC2	TC3	SC1	SC2	过1	过2	过3	过4	过5	过6	
Z 教师	有限	2	1	2	1	2	1	0	0	0	0	0	2	3	3	0	17
	基本	6	5	3	1	3	9	5	3	1	8	10	3	0	0	4	61
	熟练	8	13	14	0	11	6	0	11	0	11	9	13	0	0	15	111
H 教师	有限	2	0	0	2	0	1	0	1	0	0	0	1	0	0	0	7
	基本	0	1	1	2	2	3	2	2	0	3	0	2	0	0	1	19
	熟练	15	20	21	3	18	13	3	10	1	19	22	16	0	3	21	185
X 教师	有限	4	4	4	0	2	2	0	1	0	1	2	1	0	0	1	22
	基本	6	2	2	0	2	6	3	6	0	4	6	5	0	2	1	45
	熟练	3	12	12	0	12	5	1	8	0	13	10	12	0	1	16	105
L 教师	有限	14	7	1	1	12	15	3	11	0	6	8	11	0	0	10	99
	基本	6	15	13	0	5	5	0	3	0	11	8	7	0	1	5	79
	熟练	3	2	7	3	3	3	2	3	0	9	9	4	1	0	11	60
S 教师	有限	0	1	0	0	0	0	0	0	0	0	0	0	0	0	0	2
	基本	7	4	5	0	18	5	0	3	0	8	8	5	0	0	3	66
	熟练	11	16	16	0	0	13	3	4	0	13	13	10	3	4	18	124
U 教师	有限	0	0	0	0	0	0	0	0	0	0	0	0	0	0	0	0
	基本	6	1	1	0	0	3	0	0	0	1	1	3	0	0	0	16
	熟练	9	15	15	0	13	12	1	12	0	15	15	11	1	0	16	135

表 4-31 新手体育教师实施阶段使用 PE-PCK 维度间联系水平分析（结果性评价）

教师	水平	TSC						总分
		TSC1	TSC2	TSC3	TSC4	TSC5	TSC6	
G 教师	有限	2	0	1	0	1	1	5
	基本	0	2	2	1	1	1	7
	熟练	1	1	0	2	1	1	6
Z 教师	有限	0	2	2	0	0	2	6
	基本	2	0	0	2	2	0	6
	熟练	1	1	1	1	1	1	6

续表

教师	水平	TSC						总分
		TSC1	TSC2	TSC3	TSC4	TSC5	TSC6	
H 教师	有限	0	0	0	0	0	0	0
	基本	1	2	1	0	0	2	6
	熟练	2	1	2	3	3	1	12
X 教师	有限	1	3	1	1	2	1	9
	基本	1	0	3	2	1	2	9
	熟练	2	1	0	1	1	0	5
L 教师	有限	2	2	4	0	2	3	13
	基本	2	2	0	3	1	0	8
	熟练	0	0	0	1	1	1	3
S 教师	有限	0	3	0	0	0	0	3
	基本	0	0	3	3	0	3	9
	熟练	4	1	1	1	4	1	12
U 教师	有限	0	0	2	0	0	0	2
	基本	0	3	0	2	0	2	7
	熟练	3	0	1	1	3	1	9

由表 4-30、表 4-31 可知 7 名新手教师实施阶段使用 PE-PCK 各维度间联系的具体水平，接下来取平均值，得到表 4-32、表 4-33、表 4-34。

表 4-32　新手体育教师实施阶段使用 PE-PCK 维度间联系水平统计（过程性评价）

维度	G 教师	Z 教师	H 教师	X 教师	L 教师	S 教师	U 教师	均值
TS	2.3	2.8	3	2	2	2.3	2.3	2.4
TC	2	2.3	3	2.3	1	2.6	3	2.3
SC	2.5	2.5	3	1.5	0.5	1.5	1.5	1.9
TSC	2.5	2.2	2.5	2.3	2.3	3	2.5	2.5
均值	2.3	2.5	2.9	2	1.5	2.4	2.3	2.3

表 4-33　新手体育教师实施阶段使用 PE-PCK 维度间联系水平统计（结果性评价）

维度	G 教师	Z 教师	H 教师	X 教师	L 教师	S 教师	U 教师	均值
TK-SK-CK	2.3	1.5	2.7	1.8	1.5	2.2	2.2	2

表4-34 新手体育教师实施阶段使用 PE-PCK 维度间联系水平统计（整体）

维度	G 教师	Z 教师	H 教师	X 教师	L 教师	S 教师	U 教师	均值
过程性评价	2.3	2.5	2.9	2	1.5	2.4	2.3	2.3
结果性评价	2.3	1.5	2.7	1.8	1.5	2.2	2.2	2
均值	2.3	2	2.8	1.9	1.5	2.3	2.3	2.2

通过过程性评价可知，新手体育教师对 TS 掌握较好，大部分教师能够达到中等偏上水平（评分在 2 以上），其中多数能够达到优秀水平；TC 水平分布不均，部分教师能够很好地掌握该方面的知识（如 H 教师），部分教师却表现出对该知识的严重缺失（如 L 教师）。整体而言，大多数新手教师的 TC 能达到中上水平。SC 呈现严重的两极分化，其中 G 教师、Z 教师、H 教师能够达到优秀水平，其余教师对该知识的掌握有限。新手体育教师的 TSC 水平较高，7 名教师均能达到中等偏上水平，其中多数能够达到优秀水平；从结果性评价分析，新手体育教师的得分情况一般，虽然多数教师能够达到中上水平，但将过程性评价与结果性评价相比较可以看出，教师的过程性评价结果明显优于结果性评价结果，表现为上课过程所具备的水平较高，但课堂的最终呈现结果不够理想。

通过表4-34 的数据分析，7 名新手体育教师课堂的实施阶段使用 PE-PCK 维度间联系均值为 2.2，多数教师能够达到中等偏上水平，其中 H 教师的水平最高，达到上等水平，L 教师最低，知识缺失较严重，但整体而言，新手体育教师课堂呈现的实施阶段使用 PE-PCK 维度间联系较好，处于中上水平。

为了更加具体地了解新手体育教师课堂实践过程中各个维度的水平，下面将对新手体育教师的每一维度具体展开分析。

1. 新手体育教师实施阶段使用 PE-PCK 策略知识与学生知识间联系水平

通过对 7 名教师的 TS 测评结果进行统计得到表 4-35。

表4-35 新手体育教师实施阶段使用 PE-PCK TS 水平

TS	G 教师	Z 教师	H 教师	X 教师	L 教师	S 教师	U 教师	平均值
TS1. 教师能够采取有效策略解决学生的学习难点（易错点）	2	3	3	2	1	3	3	2.4

续表

TS	G 教师	Z 教师	H 教师	X 教师	L 教师	S 教师	U 教师	平均值
TS2. 教师能够结合学生的运动基础进行教学	2	3	3	3	2	3	3	2.7
TS3. 教师能够结合学生的心理特征进行教学	3	3	3	3	2	3	3	2.9
TS4. 教师能够采取有效策略促进学生思维习惯的发展	2	2	3	0	3	0	0	1.4

由表 4-35 可知，新手体育教师的 TS3 水平最高，除了 L 教师外，其余新手体育教师都能够很好地做到结合学生的心理特征进行教学，这个调查结果与上述教学设计部分 SK3 的调查结果是相对应的；其次是 TS2，7 名教师都能达到基本或熟练的水平；之后是 TS1 和 TS4，新手体育教师这部分知识水平参差不齐，部分教师能够熟练掌握该知识，还有部分教师则存在较大不足。这说明在教学实施过程中，教师更多地会根据学生的心理特征展开教学，对学生先在知识与思维发展虽然也具有较高的关注度，但没有心理层面高。

由于设计阶段采用的是结果性评价，所以各个维度出现的频次本身比较少，但是实施阶段的过程性评价主要以教学决策的形式呈现教师各个维度的实施阶段使用 PE-PCK 水平，因此出现的频次很多，相较设计阶段而言更具备探讨意义。因此为了更加丰富地呈现新手教师的实施阶段使用 PE-PCK 水平，以下在各个过程性评价部分对不同维度的知识进行频次统计，详细情况见表 4-36。

表 4-36　新手体育教师实施阶段使用 PE-PCK TS 频次

教师	水平	TS				总计
		TS1	TS2	TS3	TS4	
G 教师	有限	4	4	1	0	9
	基本	8	9	7	4	28
	熟练	7	8	14	3	32

续表

教师	水平	TS				总计
		TS1	TS2	TS3	TS4	
Z 教师	有限	2	1	2	1	6
	基本	6	5	3	1	15
	熟练	8	13	14	0	35
H 教师	有限	2	0	0	2	4
	基本	0	1	1	2	4
	熟练	15	20	21	3	59
X 教师	有限	4	4	4	0	12
	基本	6	2	2	0	10
	熟练	3	12	12	0	27
L 教师	有限	14	7	1	1	23
	基本	6	15	13	0	34
	熟练	3	2	7	3	15
S 教师	有限	0	1	0	0	1
	基本	7	4	5	0	16
	熟练	11	16	16	0	43
U 教师	有限	0	0	0	0	0
	基本	6	1	1	0	8
	熟练	9	15	15	0	39
总计		121	140	139	20	420

由表 4-36 可知，在策略知识与学生知识的联系方面，除 L 教师外，新手体育教师各维度所得频次最高值总和以熟练为主，部分教师如 H 教师其熟练水平总和远高于基本与有限水平；从各知识维度的频次总计上看，TS2 与 TS3 在新手体育教师教学过程中被使用次数最多，其次是 TS1，教师对 TS4 的运用很少，仅有 20 次，可见新手体育教师的 TS4 虽然具备较高的水平，但教师在具体的教学过程中使用次数很少，其中 X 教师的 4 节录像课中均没有呈现 TS4 方面的知识，这就说明了新手体育教师在教学过程中能够关注不同学段学生的身心特征，但教学过程以"教授"为主，重在知识的传递，较少会"启发"学生主动思考教材的相关内容。

2. 新手体育教师实施阶段使用 PE-PCK 策略知识与内容知识间联系水平

通过对 7 名教师的 TC 测评结果进行统计得到表 4-37。

表 4-37　新手体育教师实施阶段使用 PE-PCK TC 水平

TC	G 教师	Z 教师	H 教师	X 教师	L 教师	S 教师	U 教师	平均值
TC1. 教师能够对所教运动项目进行正确的讲解与示范	2	3	3	3	1	2	3	2.4
TC2. 教师能够围绕动作技术重点实施教学	2	2	3	2	1	3	3	1.9
TC3. 教师能够结合运动项目进行思想品德教育	2	2	3	2	1	3	3	1.9

由表 4-37 可知，新手体育教师 TC 水平最高的是 TC1，大部分新手体育教师能较好地做出讲解和示范，只有 L 教师的水平偏低；其次是 TC2 和 TC3，大多教师处于基本偏上水平，同时我们能够发现，TC2 和 TC3 表现出较大的关联性，7 名教师的 TC2 和 TC3 的得分是一致的，说明教师如果足够了解所教课的教材内容，不仅能够围绕重点展开教学，还能够更充分地挖掘其背后的思想品德元素。

下面将对 7 名新手体育教师实施阶段使用 PE-PCK TC 频次进行统计，结果如表 4-38 所示。

表 4-38　新手体育教师实施阶段使用 PE-PCK TC 频次

教师	水平	TC1	TC2	TC3	总计
G 教师	有限	2	3	0	5
	基本	11	8	4	23
	熟练	9	7	0	16
Z 教师	有限	2	1	0	3
	基本	3	9	5	17
	熟练	11	6	0	17
H 教师	有限	0	1	0	1
	基本	2	3	2	7
	熟练	18	13	3	34

续表

教师	水平	TC			总计
		TC1	TC2	TC3	
X 教师	有限	2	2	0	4
	基本	2	6	3	11
	熟练	12	5	1	18
L 教师	有限	12	15	3	30
	基本	5	5	0	10
	熟练	3	3	2	8
S 教师	有限	1	0	0	1
	基本	18	5	0	23
	熟练	0	13	3	16
U 教师	有限	0	0	0	0
	基本	0	3	0	3
	熟练	13	12	1	26
总计		126	120	27	273

由表 4-38 可知，在策略知识与内容知识之间的联系中，7 名教师各维度水平总和参差不齐，L 教师该方面的知识缺失较严重，以有限为主，其余教师均处于基本水平之上；从频次总计上看，新手教师使用较多的是 TC1 和 TC2，使用 TC3 的频次很少，表明在教学过程中新手教师对运动所学技术进行思想品德教育的关注度较低，这方面内容的整体呈现一般，以基本为主。

3. 新手体育教师实施阶段使用 PE-PCK 学生知识与内容知识间联系水平

通过对 7 名教师的 SC 测评结果进行统计得到表 4-39。

表 4-39　新手体育教师实施阶段使用 PE-PCK SC 水平

SC	G 教师	Z 教师	H 教师	X 教师	L 教师	S 教师	U 教师	平均值
SC1. 教师能够有效纠正学生的动作错误	3	3	3	3	1	3	3	2.7
SC2. 教师能够引导学生理解动作错误的成因	3	2	3	0	0	0	0	1.1

从表 4-39 可知，新手体育教师学生 SC 水平中，SC1 最高，除了 L 教师对该知识的掌握程度有限外，其余教师都能够做到非常有效地纠正学生的错误动作；而教师在引导学生理解动作错误的成因（SC2）这一部分呈现两极分化的结果，可以看出，若教师掌握了这类知识，则知识的呈现效果就会处于较高水平。但仍有部分新手体育教师不具备该方面的知识，整体平均分为1.1 分，表明新手体育教师该维度知识严重缺失。

下面将对 7 名新手体育教师实施阶段使用 PE-PCK SC 频次进行统计，结果如表 4-40 所示。

表 4-40　新手体育教师实施阶段使用 PE-PCK SC 频次

教师	水平	SC		总计
		SC1	SC2	
G 教师	有限	3	0	3
	基本	4	1	5
	熟练	4	1	5
Z 教师	有限	0	0	0
	基本	3	1	4
	熟练	11	0	11
H 教师	有限	1	0	1
	基本	2	0	2
	熟练	10	1	11
X 教师	有限	1	0	1
	基本	6	0	6
	熟练	8	0	8
L 教师	有限	11	0	11
	基本	3	0	3
	熟练	3	0	3
S 教师	有限	0	0	0
	基本	3	0	3
	熟练	4	0	4
U 教师	有限	0	0	0
	基本	0	0	0
	熟练	12	0	12
总计		89	4	93

由表 4-40 可知，新手体育教师学生 SC 中，SC1 的掌握情况较好，除了 L 教师外，大多数教师能够达到熟练水平，表明新手体育教师在上课过程中能够有效纠正学生的错误；SC2 水平很低，大部分教师缺失较为严重，部分教师虽然能够达到熟练水平，但在教学过程中极少用到这方面的知识，如 H 教师和 G 教师的 SC2 虽然都达到了熟练水平，但这两名教师在所有的上课过程中仅用到 1 次，说明教师虽然能够对学生进行纠错，但很大程度上会忽略让学生知晓自己"为什么错"的问题，且有些教师甚至不具备该知识。从整体上看，新手体育教师的 SC 使用的频次总计低于其他方面的知识。由此可见，新手体育教师的 SC 整体水平一般，且对于这一知识的关注度较低。

到这里，新手体育教师的学生知识呈现就清晰了，新手体育教师对学生知识、技能基础有一定的了解，他们能够在课堂采用讲解、示范、纠错等形式解决学生的学习难点，但就学生产生错误的原因的理解存在较大不足，他们很少在课堂上解释学生为何会产生这一错误，这就说明新手体育教师群体通过岗位的培训、老带新的形式等已经具备了一定程度的学生知识，但缺乏深入探索的过程，对学生的了解大多流于表面，这是结构上的"不稳定"，且不同个体新手体育教师间的差异也较大，表现出群体内部对该知识掌握程度的"不稳定"。

4. 新手体育教师实施阶段使用 PE-PCK 三类知识间联系（过程）水平统计

通过对 7 名教师的策略知识、学生知识、内容知识三者之间联系（过程）测评结果进行统计得到表 4-41。

表 4-41　新手体育教师实施阶段使用 PE-PCK 三类知识间联系统计结果
（过程性评价）

TSC 过程性评价	G 教师	Z 教师	H 教师	X 教师	L 教师	S 教师	U 教师	平均值
TSC1. 教师能够采取恰当的教学方式呈现教学任务	3	3	3	3	2	3	3	2.9
TSC2. 教师能够根据教学任务采取恰当的组织形式	3	2	3	3	3	3	3	2.9

TSC 过程性评价	G 教师	Z 教师	H 教师	X 教师	L 教师	S 教师	U 教师	平均值
TSC3. 教师能够进行及时有效的教学反馈	3	3	3	3	1	3	3	2.7
TSC4. 教师能够恰当使用体育骨干协助教学	0	1	0	0	3	3	3	1.4
TSC5. 教师能够根据实际情况有效开展差异教学	3	1	3	2	2	3	0	2
TSC6. 教师能够根据实际情况合理布置场地器材	3	3	3	3	3	3	3	3

通过表 4-41 可以看出，新手体育教师 TSC6 掌握最好，7 名新手体育教师均能熟练做到根据实际情况合理布置场地器材；其次为 TSC1、TSC2 与 TSC3，大部分教师能熟练掌握这三方面的知识；再次是 TSC5，在实践过程中，新手体育教师对差异教学的开展情况一般，其中 Z 教师的水平有限，且整体内部稳定性差，不同教师对该知识的掌握不同；而新手体育教师的 TSC4 掌握程度较低，缺失较严重，表明教学过程中新手体育教师对体育骨干的运用不够，同时也验证了上述的新手体育教师对学生的了解程度不足。

下面对 7 名新手体育教师实施阶段使用 PE-PCK 策略知识、学生知识与内容知识间联系的频次进行统计，结果如表 4-42 所示。

表 4-42 新手体育教师实施阶段使用 PE-PCK 三类知识间联系频次统计结果（过程性评价）

教师	水平	TSC						总计
		TSC1	TSC2	TSC3	TSC4	TSC5	TSC6	
G 教师	有限	0	0	4	0	0	1	5
	基本	3	3	5	0	0	2	13
	熟练	19	19	8	0	3	19	68
Z 教师	有限	0	0	2	3	3	0	8
	基本	8	10	3	0	0	4	25
	熟练	11	9	13	0	0	15	48
H 教师	有限	0	0	1	0	0	0	1
	基本	3	0	2	0	0	1	6
	熟练	19	22	16	0	3	21	81

续表

教师	水平	TSC						总计
		TSC1	TSC2	TSC3	TSC4	TSC5	TSC6	
X 教师	有限	1	2	1	0	0	1	5
	基本	4	6	5	0	2	1	18
	熟练	13	10	12	0	1	16	52
L 教师	有限	6	8	11	0	0	10	35
	基本	11	8	7	0	1	5	32
	熟练	9	9	4	1	0	11	34
S 教师	有限	0	0	0	0	0	0	0
	基本	8	8	5	0	0	3	24
	熟练	13	13	10	3	4	18	61
U 教师	有限	0	0	0	0	0	0	0
	基本	1	1	3	0	0	0	5
	熟练	15	15	11	1	0	16	58
总计		144	143	123	8	17	144	579

由表 4-42 可知，7 名新手体育教师的 TSC 三者之间联系水平较高，除 L 教师外，其余教师各维度水平之和均以熟练为主，且高于基本和有限水平之和，表明新手体育教师对 TSC 三者之间的联系掌握程度较好，其中 TSC1、TSC2 和 TSC6 被使用频次较多，且新手体育教师这 3 个知识的水平均以熟练为主，部分教师某一维度会处在基本水平，但没有教师处于有限水平，表明新手体育教师在教学过程中对教学任务的把握较好，设计的教学方式能够围绕其展开，同时能够合理地根据任务采取恰当的组织形式，并合理设计场地器材。其次是 TSC3，除 L 教师外，其余教师均能熟练做到教学过程中对学生的有效反馈。但新手体育教师的 TSC5 与 TSC4 运用频次极少，表明新手体育教师对这两者的运用程度很低，尤其是 TSC4，严重低于平均水平，这说明新手体育教师虽然具备分析学生差异的能力，但较少能够根据实际情况有效开展差异教学，同时新手体育教师大部分缺乏使用体育骨干协助教学的知识，其掌握、运用程度也较低，效果较差。

5. 新手体育教师实施阶段使用 PE-PCK 三类知识间联系（结果）水平统计

通过对 7 名教师的策略知识、学生知识、内容知识三者之间联系（结果）测评结果进行统计得到表 4-43。

表 4-43 新手体育教师实施阶段使用 PE-PCK 三类知识间
联系水平统计结果（结果性评价）

TSC 结果性评价	G 教师	Z 教师	H 教师	X 教师	L 教师	S 教师	U 教师	平均值
TSC1. 实现了本课的教学目标	1	2	3	3	2	3	3	2.4
TSC2. 学、练、赛、评有机结合	2	1	2	1	2	1	2	1.6
TSC3. 运动负荷安排合理	2	1	3	2	1	2	1	1.7
TSC4. 运用多种教学方式呈现教学任务	3	2	3	2	2	2	2	2.2
TSC5. 渐进式教学任务设置与学生水平相适应	3	2	3	1	1	3	3	2.3
TSC6. 遵循运动项目结构化教学的要求	3	1	2	2	1	2	2	1.9

由于设计阶段采用的是结果性评价，所以各个维度出现的频次本身比较少，但是实施阶段的过程性评价中，主要以教学决策的形式呈现教师各个维度的实施阶段使用 PE-PCK 水平，因此各维度知识出现的频次很多，相较设计阶段而言更具备探讨意义。

由表 4-43 可知，新手体育教师的结果性评价水平相较过程性评价水平低。其中，水平最高为 TSC1（实现了本课的教学目标），其中大部分教师能够达到熟练水平，且均值为 2.4 分，处于中上水平，表明新手体育教师对课的教学目标把握这一维度掌握较好。其次是 TSC5（渐进式教学任务设置与学生水平相适应），均值为 2.3 分，达到中上水平。再次是 TSC4（运用多种教学方式呈现教学任务），新手体育教师表现的水平为中等以上，均值达到 2.2 分，其中部分教师能够达到熟练水平，表明新手体育教师运用多种教学方式呈现教学任务的知识储备较好。新手体育教师的遵循运动项目结构化教学水平与运动负荷安排水平一般（TSC6 与 TSC3），多数教师处于基本水平，虽然有部分教师能够熟练掌握该知识，但也有小部分新手体育教师该知识掌握十分有限，均值低于 2 分，整体水平较差；新手体育教师的学、练、赛、评结合能力（TSC2）较差，均值为 1.6 分，表明该维度知识新手体育教师缺失较严重。

三 新手体育教师使用 PE-PCK 的建构特征分析

（一）新手体育教师使用 PE-PCK 相关维度建构特征

为了解新手体育教师使用 PE-PCK 相关维度的表现，需要对教师课前阶段的教学设计进行分析，在此基础上得出相关数据，用以全面分析新手体育教师使用 PE-PCK 相关维度的特征。下面将从 TK、SK、CK 三个方面对 7 名教师使用 PE-PCK 相关维度建构特征展开论述。

1. 教学内容知识的掌握程度整体较好，但指导思想把握一般

新手体育教师对每次课的指导思想把握一般，能够较好地根据核心素养导向设计多维的教学目标，但对所教运动项目的前后联系把握程度较弱，能够较好地把握每次课的技术重点，挖掘该内容背后所隐含的德育元素能力较强。

新手体育教师教学设计反映出其对课程指导思想的把握能力一般

如 Z 教师 ZN1 一课的教学设计指出：本课坚持"健康第一"的教育理念，遵循教育教学原则，落实"立德树人"根本任务，发展学生核心素养。在教学中，循序渐进，层层深入，落实"教会，勤练，常赛"，将集体学练、小组学练、个人学练有机融合，重视提高学生在比赛环境中运用技术的能力，培养学生团结协作、遵守规则和养成体育锻炼的习惯。其中 Z 教师在练习方式中强调了"集体学练、小组学练与个人学练有机融合"，而在基本部分的内容设计中，Z 教师指出"男生：练习绕杆运球及自行组织比赛。女生：①篮球高低运球练习，②篮球原地大力运球练习，③绕篮球场行进间运球练习（走动中运球），④游戏：运球抢盘接力"。可以看出 Z 教师打算以男女分组的形式展开本节课的教学，练习方式以"小组练习与个人练习"为主，并不能突出"集体学练"，表现出课程的指导思想不能够落实到具体的教学设计过程。又如 H 教师 HN3 的教学设计中提到了"通过互帮互学、差异教学，促进学生技能的逐步提高"。而在具体教学的设计阶段，Z 教师的设计为"①课堂常规，②桃花朵朵开游戏热身+篮球操，③原地运球，④体

能练习"。教学设计并没有呈现这两方面知识，为了了解 H 教师在具体教学内容中有无贯彻这两方面的知识，课题组成员对 H 教师具体的教学过程进行了观察，在整个教学过程中，H 教师仍没有体现出"互帮互学与差异教学"。可见，新手体育教师的具体教学内容设计与指导思想存在断层现象，融入能力差，对课的指导思想把握能力一般。

新手体育教师在教学设计中能够较好根据核心素养导向设计多维的教学目标。《义务教育体育与健康课程标准（2022 版）》中指出的核心素养包括三个方面的知识，即运动技能、健康行为和体育品德，那么在教学设计部分，新手体育教师教学目标的设计是否围绕这三方面的内容展开是一个很好的评价标准，整体而言，新手体育教师教学设计中对该内容的贯彻程度较好，如 S 教师的 SG1 教学设计中指出教学目标为：① 通过练习，学生能够知道立定跳远的动作要领、练习方法及锻炼价值；② 80% 的学生运球时能够做到摆臂与起跳的协调配合，20% 的学生能够在腾空时做到收腹；③ 学生的核心、速度、下肢等体能得到发展，锻炼体能的能力得到提高；④ 在学练赛中，能够保持稳定的情绪，适应合作学习和比赛的环境；⑤ 在学练赛中，能表现出团结合作、坚持到底、遵守规则的体育精神。

又如 G 教师 GG1 的教学设计中指出根据教材、学生学习能力及身心特点制定以下 5 个教学目标：① 认知目标：能说出行进间运球动作要领和曲线运球在实战或游戏中的作用；② 技能目标：85% 的学生能有效控球完成行进间曲线运球，15% 的学生在老师的指导下或同伴的帮助下完成行进间曲线运球；③ 体能目标：发展学生核心素质和上下肢协调，提高学生的肌肉力量和上下肢配合；④ 健康行为：通过学练，促进学生身心发展，培养学生互相学习、互相合作的能力；⑤ 体育品德：培养学生勇于挑战、克服困难、坚持努力的意志品质，培养团结合作、积极进取的精神。

其中前 3 项为核心素养中运动技能的指标，第 4、第 5 项包含了健康行为和体育品德，且设计过程中考虑到所有学生的水平，可见 G 教师能够根据核心素养的导向设计多维的学习目标。

新手体育教师在教学设计中对所教运动项目的前后联系能力较弱。

通过对新手体育教师的数据分析结果得知，在内容知识的子维度中，新手体育教师对所教运动项目的前后联系（CK3）得分最低，7 名教师均没有达到熟练水平，大部分教师的 CK3 十分有限，且在与 Z 教师的一次课后交流中，Z 教师指出："一般不会想到，教学设计的时候是想利用其他东西锻炼学生的基本素质，因为比较接近考试，整个篮球教学都是结合篮球运球绕杆进行的，所以没有考虑实战中的应用，有时不会考虑教材和结构化，会被考试束缚住。"又如 X 教师在上课过程中容易呈现与课程无关内容，如在教授排球垫球一课时将热身部分设计为"原地纵跳，蛙跳"。同时，这一现象也存在于 Z 教师的课堂中。可见，新手教师该方面知识的掌握程度较低。

新手体育教师在教学设计中能够较好地把握每次课的技术重点。

如 U 教师的 UN3 教学设计中指出"篮球全场综合运球是高中体育会考选考项目之一，本次课为本单元的第 3 次课，它将篮球几种实用动作结合，能够很好地发展学生的灵敏、协调等身体素质，选用该内容进行教学，可以满足学生的会考需求。考虑到学生间左右手运球水平差距及动作本身较多的问题，因此将重点设计为：区分各个动作和左右手运球"。U 教师的重点设计考虑到了学生及教材本身的问题，教学重点设计较为合理。又如 Z 教师的 ZG1 中指出"快速跑是初中田径类教学内容之一，本次课为田径大单元中的第 1 个教材第 3 次课，由于大部分学生蹬地无力，抬腿不够积极，所以将重点设置为蹬地有力，抬腿积极"。同时，在技能目标中，Z 老师提到"70%的学生能够做到蹬抬积极有力，30%的同学能够做到蹬地抬腿的协调配合"。且在教学内容设计中，Z 教师的教学设计为"练习 ①原地摆臂练习（设计意图：巩固摆臂姿势），练习 ②原地单腿蹬抬练习（设计意图：体会蹬地抬腿动作），练习 ③原地抗阻力蹬抬练习（设计意图：行进间巩固蹬地抬腿动作），练习 ④原地抗阻力高抬腿（设计意图：巩固蹬地抬腿动作，体会蹬抬的协调配合）"。Z 教师的整个设计过程均围绕本节课所分析的教学重点展开，由此可见，Z 教师的教学设计部分能够较好地把握课的技术重点，并能够将其融入教学过程，帮助学生较好地攻克该重点。

新手体育教师教学设计中挖掘教学内容背后所隐含的德育元素能力较强。

如 G 教师在 GN1 中提到的"情感目标：增强学生的自信心、团队精神，体验运动的乐趣和成功感";H 教师在 HG2 教学设计中提到的"在综合练习中,学生通过个人努力以及合作完成任务,培养良好的合作意识和行为,学会在思维中活动、在活动中思维的学习方式,进一步发展学生腰腹肌力量、身体协调,同时还能培养学生自信、勇敢、坚毅和克服困难的意志品质",及在教学内容设计阶段"两人一组投掷人墙练习"设计意图中提到的"培养团队协作精神,同时增加难度"。几名教师的教学设计均体现出对运动项目背后德育元素的关注,可见新手体育教师对项目背后隐含德育元素的挖掘是较好的。

2. 对学生了解较好,但难点把握不足

在教学设计中,新手体育教师对学生的关注度较高,对学生运动基础和体能基础的重视程度较高,并能够关注到学生的心理特征,但对教学难点的把握存在不足。

如 L 教师在 LN4 教学设计中提到的"本节课为新授课,主要是让学生掌握简单的投掷实心球技术动作,掌握蹬地、反弓、挥臂的动作,最后出手快速有力,角度准确。难点:动作连贯、协调,快速挥臂"。X 教师 XG1 教学设计中提到"本课教学对象为七年(12)班的女生,人数 20 人。该学段活泼好动,观察模仿能力强,敢尝试,敢于表现自我。对排球运动项目接触已有一定时间,掌握了一定的排球技术。但是该年龄段的学生注意力难以长时间集中,且前期的排球技术动作的学习较为枯燥。因此,本节课在教学时尽量多运用多种教学手段和方法来调动学生的积极性、主动性,使学生以高度的注意力、饱满的情绪投入课堂,提高课堂教学的高效性,达到完成教学目标,并防止课堂意外事故的发生。难点为:判断准确,上下肢协调用力"。又如 H 教师的 HG1 教学设计中指出"本课充分利用'竹片、贴标签'等多种纠正手型的方法去解决学生的随球、迎球的问题。教学难点为:手腕带动手指按压球,控球能力与运球的连续性以及身体的协调配合"。可见,3 名教师在教学设计的过程中均考虑到了不同年龄段学生身体、心理、体能、技能等特征,但部分教师会在难点设计上出现问题,X 教师教学难点设计理由不明显,但整体而言新手体育教师对学生的了解情况较好。

3. 对教学内容和过程的关注较好，但缺乏关注学生间差异

新手体育教师教学设计所呈现的策略知识中，对教学内容和教学过程的关注度较高，教师能够较好考虑到采用多种教学方式呈现教学内容，并能较为合理地安排运动负荷，能够较好地关注到过程性评价并能循序渐进地设置和安排教学任务，但对学生的关注度很低。新手体育教师缺乏对不同学生进行差异教学的能力，并不会去考虑使用运动技能较为突出的同学辅助教学。

新手体育教师教学设计中对教学内容和过程的关注较好。

如 S 教师的 SN2 教学设计中指出"采用富有吸引力的教学手段，通过多样化的教学手段调动学生主动练习的积极性"。在设计教学任务时，S 教师将课的内容分为从"运球至第一根杆"过渡到"运球绕杆"再过渡到"规定次数的运球绕杆"，该过程循序渐进、由易到难。运动负荷部分，S 教师指出"平均心率 130~150 次/分钟，群体运动密度为 75%，个体运动密度为 50%。强度中等"。又如 X 教师的 XG1 教学设计中指出"教师巡回指导、鼓励。对学生在练习过程中表现出的互相关心、互帮互助做出评价，对学习有困难的同学及时帮助并加以鼓励"。在学情分析中指出"因此，本节课在教学时尽量运用多种教学手段和方法来调动学生的积极性、主动性"以及在任务分析部分中指出"为了达到该目标，设置了抢盘大战、跪接球练习、移动抛接球、四人一组抛接球练习、体适能比赛，让学生在互帮互助中逐步掌握技能。通过情境导入、学科融合、小组合作的形式，培养学生集体荣誉感以及团结协作、顽强拼搏的体育品德"。在教学效果中指出"预计中高运动强度，最大心率 170 次/分钟左右，平均心率 130~150 次/分钟，群体运动密度为 75%，个体运动密度为 60%"。以上均体现出了两名教师对教学方式、教学评价、负荷安排以及循序渐进地安排教学任务的关注，并能够根据课程本身较为合理地设计和规划这些内容。

新手体育教师在教学设计过程中缺乏关注学生间差异。

在教学设计中，公开课教学时部分教师会提到差异教学，但在常规课程中新手体育教师很少会考虑到该如何对不同运动基础的学生进行差异教学设计，也没有考虑过体育骨干辅助教学，表现出新手体育教师对学生间运动技能水平差异的不了解。通过数据分析，我们可以看到 7 名新手体育教师的教

学设计中均没有体现出体育骨干辅助教学，同时除 Z 教师外，其余教师针对不同学生展开差异教学的能力也很低，部分教师虽然能够在教学设计中关注到学生间个体差异，如 H 教师在教学设计中指出"教学设计体现'关注个体差异与不同需求，确保每一个学生受益'的基本理念"。但该教师并没有将这一理念落实到教学内容设计过程中，表明新手体育教师在教学设计过程中对不同水平的学生现有的运动基础关注度低，无法很好运用骨干学生进行辅助教学，差异教学能力弱。

（二）新手体育教师使用 PE-PCK 维度间联系建构特征

通过课堂观察能够了解到新手体育教师使用 PE-PCK 相关维度间的联系水平，以下从新手体育教师的 TS、TC、SC、TSC 四个维度对新手体育教师使用 PE-PCK 维度间联系的建构特征展开分析。

1. TS 联系水平高，但对学生思维习惯发展关注度低

新手体育教师课堂实施过程中对学生运动基础和心理特征的了解程度较高，使用的教学策略能够有效解决学生的难点（易错点），但对学生思维习惯发展的促进能力一般，关注度低。

新手体育教师课堂实施过程中对学生身心特征了解程度高。

通过数据分析可知，新手体育教师 TS3（教师能够结合学生的心理特征进行教学）的整体水平较高，大部分新手教师能够处于熟练水平，且在一次与 X 教师的访谈中，X 教师提到"初中阶段的女生，一个是天生的身体构造原因，像耐力、爆发力、核心等方面就比较不足。然后还有就是学生上体育课需要去调动他们的积极性，因为现在初中课程大部分围绕中考项目展开，所以上课内容重复，比较枯燥。所以我们老师需要穿插着教材其他内容展开教学。但学生中也有相当一部分身体素质很好，这部分的学生学习技术很快，并且几乎都能拿到很优秀的成绩。还要考虑一些学生的特点，这样子课才能进行下去"。从中可以看出 X 教师对初中阶段的女生有一定程度的认知，并能够将其融入课堂。由此可见新手体育教师在课堂实施过程中对学生的运动基础与心理特征了解程度较高。

新手体育教师能够较为合理地使用教学策略解决学生的学习难点（易错点）。

如 Z 教师的 ZG1 中教学难点为"蹬地抬腿的协调配合",而在正式课堂中,Z 教师运用弹力带让学生做抗阻高抬腿,并指出"同学们将弹力带挂在脚踝上,右脚在后,蹬、抬、落,可以保持,同时弹力带不要那么紧,抬起时要迅速地蹬地抬腿。(学生)同手同脚,注意手上动作;不要大步往前迈,要往上顶,再来一次,对了;往上顶后落地轻一点,脚是上顶但没有跳起来,脚是贴着地的;太慢了,我们蹬地和抬腿一定要配合起来,不是慢慢抬起,蹬地迅速,马上就把腿抬起来,只要往上就好"。这一过程中,Z 教师通过示范和纠错不断引导学生体会蹬地抬腿动作间的协调配合。又如 H 教师在 HN1 前滚翻教学过程中,将教学难点设计为"双腿蹬直",在具体课堂中,Z 教师通过挂图讲解的形式使学生了解双腿蹬直的时机与位置,同时在练习过程中,Z 教师指出"同学们看在他背部着地时,我们身体稍微前跟,同时提醒他什么,腿要绷直;我们站在垫子的侧方,一手压在大脑后方,让他低头,一手扶他的大腿进行辅助,还要提醒他腿蹬直;刚刚老师看了一下大部分同学能够完成,在这里要表扬,(同学)出来,你们看一下他是怎么做的,看保护在哪里,侧面,(滚动时)直腿"。H 教师的每个练习都在提醒学生两腿蹬直这一技术要领。由此可见,新手体育教师能够采用恰当的教学策略解决学生的学习难点。

新手教师对学生思维习惯促进的能力一般,且关注度较低。

部分教师的某些教学片段能够较好地体现出该方面知识,如 L 教师在一教学片段中指出"现在老师请一个同学上来展示一下,谁愿意上来展示一下,(某位同学)来,同学们观察一下他的动作,(示范结束,教师提问)存在什么问题?他的头是不是一直低着,我们要目视前方,××再从这边运球到那边,开始,跑起来,很好。回到位置上"。L 教师采用询问的方式引导学生思考行进间运球的动作,但从频次统计上看,新手体育教师很少关注这一维度的知识,其中 X 教师在常规课与公开课中均没有体现出该维度知识,教学过程以"教师教授,学生学习"为主,没有引导学生思考和发问。可见新手体育教师对学生思维习惯的促进能力一般,且关注度较低。

2. 具备 TC 联系水平,但思政教育融入不足

新手体育教师对所教技术动作进行正确讲解示范的水平较高,但上课过

程中围绕技术重点实施教学的能力一般，并呈现对学生思政教育的关注不足。

新手体育教师对动作进行正确讲解示范的水平较高。

如 H 教师在 HN1 中将挂图、口诀等形式融入讲解示范的片段中，加深了学生对动作本身及重难点的理解，H 教师指出"我们上节课已经学习了前滚翻的动作，接下来我们本节课所需要的内容在这，同学们看中间这幅图，你们看看他们的腿是怎么样的。学生：伸直。教师：对了。接下来跟着老师一起念口诀：一蹲、二撑、三低头，直腿、团身、似个球。好，那么这堂课的重点是，团身紧，滚动圆，难点是双腿要蹬直，注意看这两张图"。可以看出，H 教师在讲解示范过程中不仅融入了前滚翻动作要领中的"蹲、撑、低头"概念，也很好地建立了教学重难点中的"团身紧、滚动圆、双腿要蹬直"的动作表象。又如 Z 教师在 ZG1 途中跑中指出"今天我们学途中跑，之前我们已经学过站立式起跑，那我们途中跑是什么？途中跑就是你跑起来之后，中间一段较长距离跑就是途中跑。我们现在来讲一下动作，首先我们身体保持正直，这个过程身体不用往前倾很多，之后是摆臂姿势：两手自然握拳，自然屈臂，贴着身体从肩关节前后摆动，因为是短跑，我们需要用上肢手臂去带动下肢，所以手臂摆起来时幅度会偏大一点，接下来老师把下肢的动作分成了三个字，我们正常跑步是不是两腿交替着往前跑，我们现在以右腿为例，我们需要做哪些动作，先要往前走，然后往前'抬'，抬起后，用左腿去交替，那这条腿要做什么，落地，所以我们管落地的这个动作叫作'压'，我们在压下去之后换右腿，往前跑是要抬是不是，那在抬之前我们要如何蓄力让他能抬高呢？那这只脚要干什么，要蹬完之后去抬是不是。我们就把下一个动作分成三个部分，一共是抬、压、蹬。对了非常棒，今天这节课重点就在蹬和抬的这个配合上"。Z 教师虽然没有融入其他教学形式进行讲解和示范，但融入了途中跑这项技术的概念和作用，同时非常详细地讲解了这项技术的手、脚动作及衔接。可见 Z 教师对途中跑技术的了解程度较高，同样具备较高的对所教技术动作进行正确讲解示范的水平。

新手体育教师上课过程中围绕技术重点实施教学的能力一般，并呈现对学生思政教育的关注不足。

如 X 教师在 XN1 排球垫球教学设计中指出"本节课教学重点为判断选位，直臂上抬不屈肘"，而在具体教学过程中，X 教师的教学内容为"立定跳练习、排球垫球练习"。可以看到在安排教学任务时，X 教师选择的立定跳练习与本节课教学重点无关，且在排球练习中，X 教师指出"4 人一组一路纵队跑动练习还记得吗？我们今天继续这个练习。然后先去练一抛一垫的练习，记住不要连续，要先适应，手型先固定住，移动姿势是什么，上一节课一直讲了移动姿势的问题。同学们记住手不要太早抬，两人间距缩小，击球部位还有准备姿势重心放下去，（纠正同学错误）脚不要探过去，脚向前一步可以，别把自己弄得很别扭，不要这么远，对，近一点"。可以看出，X 教师在排球垫球练习中对重点"判断选位，直臂上抬不屈肘"的强调很少，虽然脚步的移动能够在一定程度上解决"选位"的问题，但对于球落点的判断，以及正确的"直臂不屈肘"动作很少强调。同时，结合 X 教师的 XG1 排球垫球公开课分析，其在公开课时能够经常提到有关"女排精神、团队合作"的思政元素，而在该课堂中，X 教师并没有结合运动项目对学生进行思想品德教育。如 Z 老师在 ZN2 篮球运球启动一课中将重点设置为"启动前的准备姿势，启动速度快"，而在具体教学内容设计时，Z 教师将本课分为 4 个阶段，分别为："①复习篮球高低运球，②复习篮球原地大力运球，③篮球原地体前变向换手运球，④篮球运球启动练习"。可见在该教学内容设计中，由于有关篮球运球启动的练习很少，仅有第四个练习与篮球运球启动有关，因此很难解决教材重点问题，在本课的教学设计中，Z 教师指出"同时能培养学生遵守纪律的良好习惯和安全运动意识，也有助于培养学生团结协作、顽强拼搏的意志品质"，而在具体教学过程中，Z 教师并没有将该思政教育融入教学过程，其中 4 个练习均以个人练习的形式呈现，对于培养学生团结协作、顽强拼搏的意志品质是较难实现的。由此可见，新手体育教师围绕运动技术重点实施教学的能力一般，虽然具备一定的挖掘教材思政元素的水平，但在具体上课过程中较少展开，关注较少。

3. 能够有效纠错，但对错误成因解释能力不足

新手体育教师在课堂教学中能够有效纠正学生的错误动作，但较少会有教师告知学生错误动作的形成原因，并表现出较低的关注度。

如S教师在SN3篮球运球绕杆中指出"换边手，变向过来之后换手过去，右手换左手，慢一点，我们到这边来进行练习（降低难度练习）；运球时我们慢慢运，运完直接绕回来，（水平较低学生）到这边来运球（降低难度练习）；同学们集合，运球的动作有点错误，我们从左边往右边运的时候，这下你们右手到这里，你要换一边手过来，看明白没有？继续练习"。该过程中，S教师不仅采用了个别纠错和集体纠错相结合的方式引导学生正确学习动作，同时采用分层教学的形式，将水平不同的学生分组练习，由此可见，教师不仅能够对学生的错误动作进行有效纠正，还能够结合多种教学方法进行，而这一过程中，大部分新手教师在纠错过程中没有对其错误动作的形成原因进行解释，部分教师对该维度知识的认知有限，相较于完整的纠错过程，新手体育教师对错误动作形成原因关注度也很低。

4. 三者间联系水平较高，但存在维度缺失

从数据分析可知，新手体育教师使用PE-PCK三类知识之间的联系水平整体较好，在过程性评价中大部分教师的使用PE-PCK均处于较高水平。但该群体教师会存在某些具体维度缺失或不足的现象，如H教师的TSC整体水平高，但缺乏TSC4，即对体育骨干的使用，又如L教师课堂呈现较大的教学反馈不足。同时，通过过程性评价与结果性评价的数据对比分析发现，新手体育教师的结果性评价低于过程性评价，表现出新手体育教师群体上课过程中虽然使用PE-PCK三类知识融合度较高，但均存在某一教学环节错误或脱离教学内容的情况，虽然其具备一定学科基本素养，但运用程度不足，课堂虚化现象较严重。

以G教师的GN3一课为例，G教师通过踩球练习学生球性，并指出"眼睛不要看球，老师在你们踩球过程中会比手指数，你们要注意看老师不要看球，两人练习，考验两人的默契和配合"。G教师做到了培养学生团结协作和发现错误的能力，球性练习部分设置得较为合理，在讲解示范部分，G教师通过讲解后的提问加深学生对脚内侧踢球部位的记忆，G教师指出"刚才我们的击球位置在哪里？学生：脚弓。老师：对，脚弓，也叫脚内侧对不对，这个部位比较大，所以传球比较好，我们要把足球踢好，就得把传球练好。（掌声给体委。）"G教师向学生指出了脚内侧踢球的位置，同时告

知学生采用脚内侧传球的原因和作用，教学决策的使用较为合理。而在无球练习环节，G 教师指出"一下蹲，二两脚打开，三前踢，四随前，每人练习10 次。教师：要有随前动作。优生展示：学生展示。老师：哪里还差一点？对了没有随前对不对，再来一次，这次就很好"。在该内容中，G 教师的口令中所指出的"下蹲后两脚打开"使学生支撑脚的位置出现错误，支撑脚处于球的后方，导致优生展示时由于支撑脚选位出现问题，学生踢球后重心滞后，无法随前，间接导致了 G 教师整体课堂的最终呈现不理想。进入击固定球的练习环节，G 教师指出"两人一组，一人踩球，一人踢球，每人 10 次，13 踢，24 踩。练习开始。教师：轻一点，踢球轻触，脚要外展，用脚内侧踢，10 次踢完两人交换（结合示范）。集体纠错：刚刚老师发现，很多同学会拿其他的脚部位踢球，老师再做一次示范，我们小助跑，上步，踢球，还原。看清楚了吗？好继续练习，要比刚才有进步。老师发现很多同学踝关节没有锁紧，我们有一个方法，脚尖稍稍翘起，是不是感觉自己脚充满力量，好继续练习。（融入个别纠错）老师还发现你们一个问题，这是一个球，踢得太下面，是不是像铲子一样一下把它铲飞了，如果踢得太高，又不容易踢走，所以我们要有一个准确的击球位置是不是"。在该练习内容中，G 教师虽然依旧没有强调支撑脚的站位问题，但在发现学生错误后能够采用个别和集体纠错的形式引导学生纠错，并告知学生错误成因，表明了 G 教师具备一定使用 PE-PCK 水平，但在具体教学过程会出现某一环节上的动作错误，以至于影响了课堂结果性评价的得分。

第三节　新手体育教师 PE-PCK 影响因素

通过上文的分析，我们已经知道新手体育教师 PE-PCK 的建构特征，即解决了"是什么"的问题，对该内容的分析是进一步探究"为什么"的前提。在此基础上，本节主要对影响新手体育教师 PE-PCK 的因素展开调查，明晰新手教师的 PE-PCK"为什么"以这种特征呈现。

一　新手体育教师 PE-PCK 相关分析

在分析之前首先依据维度划分对题项重新合并并生成新的变量,其中影响因素为 8 个变量,分别为个人动机、自我效能、学习准备度、专业培训、学校组织、人为因素、职业发展、政策制度。宣称 PE-PCK 为 4 个变量,分别为内容知识、策略知识、背景知识、学生知识。以下将内容知识、策略知识、背景知识、学生知识分别设为因变量展开分析(见表 4-44)。

表 4-44　Pearson 相关系数

影响因素	内容知识	策略知识	学生知识	背景知识
个人动机	0.367 **	0.404 **	0.306 **	0.153 *
自我效能	0.346 **	0.477 **	0.407 **	0.182 **
学习准备度	0.320 **	0.395 **	0.368 **	0.204 **
专业培训	0.296 **	0.317 **	0.309 **	0.224 **
学校组织	0.247 **	0.324 **	0.243 **	0.133 *
人为因素	0.256 **	0.324 **	0.317 **	0.218 **
职业发展	0.362 **	0.370 **	0.306 **	0.129 *
政策制度	0.274 **	0.396 **	0.320 **	0.220 **

* $p < 0.05$, ** $p < 0.01$。

表 4-44 利用相关分析去研究内容知识、策略知识、学生知识、背景知识分别和 8 项影响因素之间的关系,使用 Pearson 相关系数表示关系的强弱情况。内容知识、策略知识、学生知识及背景知识与 8 项影响因素间均呈现显著性,且相关系数均>0,表明内容知识、策略知识、学生知识、背景知识与 8 项影响因素间均存在正相关。

二　新手体育教师 PE-PCK 回归分析

（一）内容知识回归分析

考虑到 PE-PCK 各维度的影响因素不同,因此下述的回归分析针对各维度展开,即将新手体育教师 PE-PCK 影响因素问卷的 8 个维度作为自变量,而将内容知识、策略知识、背景知识、学生知识作为 4 个因变量展开研究(见表 4-45)。

表 4-45　新手体育教师 PE-PCK 内容知识线性回归分析结果（n=273）

	非标准化系数		标准化系数	t	p	共线性检验	
	B	标准误	Beta			VIF	容忍度
常数	2.142	0.168	—	12.771	0.000**	—	—
个人动机	0.101	0.038	0.165	2.642	0.009**	1.396	0.716
自我效能	0.081	0.040	0.128	1.997	0.047*	1.467	0.682
学习准备度	0.070	0.034	0.124	2.063	0.040*	1.296	0.772
专业培训	0.055	0.040	0.083	1.386	0.167	1.275	0.784
学校组织	0.029	0.035	0.050	0.844	0.399	1.235	0.810
人为因素	0.027	0.036	0.046	0.763	0.446	1.297	0.771
职业发展	0.102	0.041	0.153	2.487	0.013*	1.357	0.737
政策制度	0.026	0.036	0.044	0.721	0.472	1.345	0.743
R^2	0.261						
调整 R^2	0.238						
F	$F_{(8, 264)} = 11.643$, p=0.000						
D-W 值	2.071						
因变量：内容知识							

*p<0.05, **p<0.01。

内容知识=2.142 + 0.101×个人动机 + 0.081×自我效能 + 0.070×学习准备度 + 0.055×专业培训 + 0.029×学校组织 + 0.027×人为因素 + 0.102×职业发展 + 0.026×政策制度，模型 R^2 值为 0.261，意味着 8 项影响因素可以解释内容知识 26.1% 的变化原因。同时，对该模型进行 F 检验与多重共线性检验可知，F=11.643，p<0.05，VIF 值均小于 5，D-W 值在 2 附近，表明该模型不存在共线性与自相关性问题且 8 个影响因素变量中至少有 1 项会对内容知识产生影响。由上可知模型较好。

综上可知，个人动机、自我效能、学习准备度、职业发展对内容知识有显著正向影响关系；而专业培训、学校组织、人为因素、职业发展、政策制度没有显著影响。

（二）策略知识回归分析

新手体育教师策略知识的回归分析具体如表 4-46 所示。

表 4-46　新手体育教师 PE-PCK 策略知识线性回归分析结果（n=273）

	非标准化系数		标准化系数	t	p	共线性检验	
	B	标准误	Beta			VIF	容忍度
常数	1.483	0.186	—	7.968	0.000**	—	—
个人动机	0.107	0.042	0.144	2.529	0.012*	1.396	0.716
自我效能	0.177	0.045	0.230	3.937	0.000**	1.467	0.682
学习准备度	0.101	0.038	0.147	2.686	0.008**	1.296	0.772
专业培训	0.032	0.044	0.040	0.727	0.468	1.275	0.784
学校组织	0.071	0.039	0.098	1.830	0.068	1.235	0.810
人为因素	0.066	0.040	0.092	1.679	0.094	1.297	0.771
职业发展	0.070	0.045	0.087	1.548	0.123	1.357	0.737
政策制度	0.099	0.040	0.139	2.490	0.013*	1.345	0.743
R^2	0.387						
调整 R^2	0.369						
F	$F_{(8, 264)} = 20.856$，p=0.000						
D-W 值	2.020						
因变量：策略知识							

*p<0.05，**p<0.01。

策略知识=1.483 + 0.107×个人动机 + 0.177×自我效能 + 0.101×学习准备度 + 0.032×专业培训 + 0.071×学校组织 + 0.066×人为因素 + 0.070×职业发展 + 0.099×政策制度，模型 R^2 值为 0.387，意味着 8 项影响因素可以解释策略知识 38.7% 的变化原因。同时，对该模型进行 F 检验与多重共线性检验可知，F=20.856，p<0.05，VIF 值均小于 5，D-W 值在 2 附近，表明该模型不存在共线性与自相关性问题且 8 个影响因素变量中至少有 1 项会对策略知识产生影响，新手体育教师数据间没有关联，模型较好。

总结分析可知：个人动机、自我效能、学习准备度、政策制度对策略知识有显著正向影响关系，专业培训、学校组织、人为因素、职业发展对策略知识没有显著影响。

（三）学生知识回归分析

下面针对新手体育教师 PE-PCK 的学生知识展开回归分析，具体如

表 4-47 所示。

表 4-47 新手体育教师 PE-PCK 学生知识线性回归分析结果（n=273）

	非标准化系数		标准化系数	t	p	共线性检验	
	B	标准误	Beta			VIF	容忍度
常数	1.660	0.218	—	7.619	0.000**	—	—
个人动机	0.051	0.050	0.063	1.022	0.308	1.396	0.716
自我效能	0.148	0.053	0.177	2.809	0.005**	1.467	0.682
学习准备度	0.133	0.044	0.178	3.012	0.003**	1.296	0.772
专业培训	0.081	0.052	0.092	1.562	0.119	1.275	0.784
学校组织	0.025	0.045	0.032	0.554	0.580	1.235	0.810
人为因素	0.113	0.046	0.144	2.432	0.016*	1.297	0.771
职业发展	0.048	0.053	0.055	0.905	0.366	1.357	0.737
政策制度	0.082	0.047	0.106	1.762	0.079	1.345	0.743
R^2	0.289						
调整 R^2	0.267						
F	F (8, 264) = 13.401, p=0.000						
D-W 值	2.013						
因变量：学生知识							

* $p<0.05$, ** $p<0.01$。

学生知识=1.660 + 0.051×个人动机 + 0.148×自我效能 + 0.133×学习准备度 + 0.081×专业培训 + 0.025×学校组织 + 0.113×人为因素 + 0.048×职业发展 + 0.082×政策制度，模型 R^2 值为 0.289，意味着 8 项影响因素可以解释学生知识 28.9% 的变化原因。同时，对该模型进行 F 检验与多重共线性检验可知，F=13.401，$p<0.05$，VIF 值均小于 5，D-W 值在 2 附近，表明该模型不存在共线性与自相关性问题且 8 个影响因素变量中至少有 1 项会对学生知识产生影响。由上可知模型较好。

分析可知：自我效能、学习准备度、人为因素对学生知识有显著正向影响关系，而个人动机、专业培训、学校组织、职业发展、政策制度对学生知识没有显著影响。

（四）背景知识回归分析

以下针对新手体育教师 PE-PCK 的背景知识展开回归分析，具体如表 4-48 所示。

表 4-48 新手体育教师 PE-PCK 背景知识线性回归分析结果（n=273）

	非标准化系数		标准化系数	t	p	共线性检验	
	B	标准误	Beta			VIF	容忍度
常数	2.231	0.249	—	8.967	0.000**	—	—
个人动机	-0.005	0.057	-0.006	-0.086	0.931	1.396	0.716
自我效能	0.002	0.060	0.002	0.030	0.976	1.467	0.682
学习准备度	0.084	0.050	0.111	1.675	0.095	1.296	0.772
专业培训	0.113	0.059	0.126	1.924	0.055	1.275	0.784
学校组织	0.000	0.052	0.000	0.000	1.000	1.235	0.810
人为因素	0.130	0.053	0.162	2.458	0.015*	1.297	0.771
职业发展	-0.033	0.061	-0.037	-0.545	0.586	1.357	0.737
政策制度	0.114	0.053	0.143	2.128	0.034*	1.345	0.743
R^2	0.112						
调整 R^2	0.086						
F	F (8, 264) = 4.179, p=0.000						
D-W 值	2.060						
因变量：背景知识							

* $p<0.05$，** $p<0.01$。

背景知识=2.231-0.005×个人动机 + 0.002×自我效能 + 0.084×学习准备度 + 0.113×专业培训 + 0.000×学校组织 + 0.130×人为因素-0.033×职业发展 + 0.114×政策制度，模型 R^2 值为 0.112，意味着 8 项影响因素可以解释背景知识 11.2% 的变化原因。同时，对该模型进行 F 检验与多重共线性检验可知，F=4.179，$p<0.05$，VIF 值均小于 5，D-W 值在 2 附近，表明该模型不存在共线性与自相关性问题且 8 个影响因素变量中至少有 1 项会对背景

知识产生影响。由上可知模型较好。

总结分析可知：人为因素、政策制度对背景知识有显著正向影响关系，而个人动机、自我效能、学习准备度、专业培训、学校组织、职业发展对背景知识没有显著影响。

三　小结

通过上述调查研究，本节解决了新手体育教师 PE-PCK 影响因素是什么及各指标对新手体育教师 PE-PCK 的影响程度如何两个问题，表 4-49 用以更加直观地显示不同影响因素与新手体育教师 PE-PCK 间的关系，其中空格表示不存在显著影响关系。

表 4-49　新手体育教师显著影响因素的回归系数汇总

		内容知识	策略知识	学生知识	背景知识
个体因素	个人动机	0.101	0.107		
	自我效能	0.081	0.177	0.148	
	学习准备度	0.070	0.101	0.133	
组织因素	专业培训				
	学校组织				
	人为因素			0.113	0.130
社会因素	职业发展	0.102			
	政策制度		0.099		0.114

综上可知，新手体育教师的策略知识与内容知识均受到个人因素与社会因素的影响，并以个人因素为主，但两者间知识呈现差异较大，主要原因在于新手体育教师会将更多的时间花在"如何生存"上，对"如何教会"的关注不足，同时新手体育教师面临专业发展机会较少、校内的互助支持不足、相关政策制度有限等问题；自我效能对学生知识的影响最为显著，人为因素对学生知识的影响显著性较低，主要原因在于对学生的了解与教学效能间存在相互促进的关系，适当的教学准备有助于促进新手体育教师对学生进行了解，同时学校领导等能够促进教师了解学生，以达到提高学生学习积极

性的目的；新手体育教师背景知识主要受组织因素影响，其中人为因素影响最为显著。

　　基于上述结果，限制新手体育教师成长的因素主要集中在发展机会有限、校内支持不足等方面，他们需要更多来自学校的"支持"与"帮扶"，一方面说明新手体育教师在接受岗位培训时要多关注校园环境，特别是班级学生情况、学校相关规则以及可供使用的场地器材情况，同时可以指派经验丰富的优秀教师引导新手教师熟悉教学环境；另一方面，学校应该提供更多的发展机会和政策支持，促进新手体育教师的专业成长，并制订相关培训计划，帮助他们提升教学能力和教学水平。

第五章　熟手体育教师 PE-PCK 建构
特征及影响因素

在新手教师向专家教师的过渡中，存在一个熟手阶段。在这个阶段，熟手教师通常能够熟练地应对教学问题，但相对而言，他们的教学创新水平较低。熟手教师可以被视为昨天的新手，但并不一定会成为明天的专家。实际上，很多教师在这个阶段停滞不前，逐渐适应了熟手教师的身份，甚至在退休之前也未能晋升为专家。这或许是当前专家教师数量较少的一个重要原因。因此，仅仅关注新手和专家是不充分的，必须深入研究教师专业成长过程中的重要阶段——熟手教师阶段，才能更深刻地研究教师的教育专业发展，从而更好地培养专家教师。

第一节　熟手体育教师宣称 PE-PCK 建构特征

教师所"宣称"的 PCK，即当我们询问教师在某种情境下会进行何种"决策"时，答案往往是教师所"宣称的理论"，而事实上教师所具备的 PCK 水平通常是他在实践过程中所"使用"的 PCK。[①] 本节通过现状调查来了解熟手体育教师 PE-PCK 的"宣称情况"，明确其自身 PE-PCK 水平。同时也为下节了解熟手体育教师 PE-PCK 的"使用情况"、调查熟手体育教师

---

① 高成：《中学化学教师学科教学知识（PCK）建构研究》，西南大学博士学位论文，2019，第 72 页。

的 PE-PCK 是否存在"知行不一"奠定基础。

一　调查对象基本情况分析

对福建省 221 名中小学熟手体育教师施测,被调查教师的基本情况见表5-1。

表 5-1　调查对象基本情况

名称	选项	频数	百分比（%）	累计百分比（%）
性别	女	62	28.05	28.05
	男	159	71.95	100.00
任教学段	初中	109	49.32	49.32
	小学	60	27.15	76.47
	高中	52	23.53	100.00
工作学校性质	农村	22	9.95	9.95
	城市	181	81.90	91.86
	集镇	18	8.14	100.00
职称	一级	85	38.46	38.46
	二级	132	59.73	98.19
	高级	4	1.81	100.00
最高学历	大专	1	0.45	0.45
	本科	164	74.21	74.66
	研究生	56	25.34	100.00
毕业院校	体育院校	33	14.93	14.93
	师范大学	177	80.09	95.02
	综合大学	11	4.98	100.00

从表5-1可知,在性别分布上,男性教师占比为71.95%;在年级分布上,初中教师共有109人,占比为49.32%。工作学校性质为城市共有181.0个,占比为81.90%;二级职称教师共有132人,占比为59.73%;本科学历的教师占比为74.21%。

二 熟手体育教师宣称 PE-PCK 建构水平

（一）熟手体育教师宣称 PE-PCK 整体水平

本研究使用的量表共有 18 个题项，均采用正向计分，由 4 个维度组成。维度一为内容知识，共 7 道题；维度二为策略知识，共 5 道题；维度三为学生知识，共 3 道题；维度四为背景知识，共 3 道题。

由表 5-2 可知，4 个维度各题项均值得分由高到低分别为：内容知识、背景知识、策略知识、学生知识。整体来看，熟手体育教师宣称 PE-PCK 整体处于中等偏上水平。从平均值来看，内容知识与背景知识略高，说明熟手体育教师普遍认为 4 个维度中，对内容和背景知识掌握得更为熟练，学生知识以及策略知识存在不足。对比同课题组新手体育教师宣称 PE-PCK 的数据发现，新手体育教师普遍认为学生知识水平最高，而熟手体育教师认为学生知识水平最差。显然，与新手相比，熟手体育教师教学经验更为丰富，对自身水平有更为清晰的认识，能够更好地分析自身的薄弱项。但同时随着教学经验的积累，教师会倾向于将学生视为整体，而忽视了个体学生之间的差异。① 这样的固化思维就会导致熟手体育教师对学生的年龄特征、学习风格以及运动技能差异等方面了解不足，从而影响他们针对不同学生设计教学内容和采用教学方法的能力。

表 5-2　熟手体育教师宣称 PE-PCK 总体描述统计

名称	最小值	最大值	平均值	标准差
内容知识	1.000	5.000	3.724	0.648
背景知识	1.000	5.000	3.724	0.914
策略知识	1.000	5.000	3.675	0.730
学生知识	1.000	5.000	3.623	1.045

---

① 辛晓玲：《教学经验的知识属性及其表征与转化——基于波兰尼的个人知识理论》，《教育理论与实践》2023 年第 28 期；古雅辉：《PCK 视域下职前体育教师教育的反思与探究》，《北京体育大学学报》2018 年第 11 期。

（二）熟手体育教师宣称 PE-PCK 具体维度水平

1. 内容知识水平

由表 5-3 可知，这一维度的得分均值由高到低为 3、1、5、4、7、2、6。对运动技能进行正确示范得分最高，熟手体育教师通过长期的实践积累，逐渐形成了扎实的动作记忆。这种记忆储备使他们能够准确而流畅地掌握各类运动技能，从而在示范中有高水平的表现。这种动作记忆的形成受到神经适应的影响，通过不断地重复练习，教师的神经系统对于特定运动模式的适应性增强，促使其能够更加精准地示范各项技能。经验的积累有助于体育教师更深层次地理解运动技能的本质。[1] 通过多年的教学实践，他们逐渐建立了对于运动科学、生理学以及运动心理学等相关领域的深入理解。这种理论知识的积累使体育教师能够更准确地把握运动技能的执行原理，从而在示范中注重关键细节，确保示范的准确性。通过平均值对比还可以发现，他们能够根据不同学生的程度与兴趣设定课程目标这一项得分最低，可以看出当"内容知识"涉及"学生"时，其分值就会降低，正好与上文总体情况分析中熟手体育教师学生知识得分最低相对应。

表 5-3　熟手体育教师内容知识得分描述统计

名称	最小值	最大值	平均值
3. 能够对所教运动技能进行正确示范	1.000	5.000	3.964
1. 能够掌握所要教的体育规则、礼仪和安全知识	1.000	5.000	3.873
5. 能够将教学内容分解为不同阶段的教学任务	1.000	5.000	3.715
4. 能够知道学生易犯错误产生原因	1.000	5.000	3.656
7. 能够知道课程内容的前后联系	1.000	5.000	3.652
2. 能够掌握所要教的技战术知识	1.000	5.000	3.638
6. 能够根据不同学生的程度与兴趣设定课程目标	1.000	5.000	3.570

---

[1]　李延春：《农村小学教师课堂教学组织能力的现状与对策研究——以重庆 S 县为例》，重庆师范大学硕士学位论文，2018，第 120~130 页。

2. 策略知识水平

问卷中关于策略知识的题目共 5 题,由表 5-4 可知,这一维度 5 道题的得分均值由高到低分别为 8、12、11、9、10,可以看出熟手体育教师能够运用多种教学表征讲解技术动作,但是教学反馈效果不佳。究其原因,通过与 T 教师的访谈了解到"老师作为一个成年人,成年人易于了解的事物,学生不一定能够快速理解,因此要多进行沟通解释"。即使使用了多种教学表征,但教师若未能清晰、明确地传达信息,学生仍然会存在理解上的障碍。教师表达的语言不够简明扼要,或者在示范和解释中存在歧义,学生就难以准确领会所要传达的技术动作信息,因此教师的沟通能力会对教学反馈产生影响,这与李延春的研究结论一致。[1] 学生认知水平的差异也是造成教学反馈效果不佳的原因之一。[2] 因此,教师需要更加敏锐地察觉学生的认知水平,以便提供更有针对性的反馈,帮助学生克服障碍。从教 6~10 年,熟手体育教师已形成一套相对固定的教学模式,但这种模式未必适用于所有学生。若教师未能对学生的反应和表现进行及时而系统的评估,并根据评估结果灵活地调整教学策略和反馈方法,就会导致教学效果不佳。

表 5-4 熟手体育教师策略知识得分描述统计

名称	最小值	最大值	平均值
8. 能够运用多种教学表征讲解技术动作	1.000	5.000	3.778
12. 能够根据不同教学任务选择教学组织形式	1.000	5.000	3.751
11. 能够正确评价学生的学习效果	1.000	5.000	3.679
9. 能够选择合适的教学方法与策略	1.000	5.000	3.629
10. 能够及时向学生提供教学反馈	1.000	5.000	3.538

3. 学生知识水平

由表 5-5 可知,各项均值差异较小,得分由高到低分别为 15、14、13。熟手体育教师学生知识整体水平中等。通过上文总体情况分析已得知,与其

---

[1] 陈岚:《基于学生认知水平的平塘县地理研学课程资源开发研究》,贵州师范大学硕士学位论文,2021,第 136 页。

[2] 谭顶良:《学习风格与教学策略》,《教育研究》1995 年第 5 期。

他知识相比，熟手体育教师认为学生知识最为薄弱。再具体到学生知识内部可以发现其对学生的学习风格以及年龄特征的了解较为薄弱。学习风格是指人们在学习时所具有的或偏爱的方式，换句话说，就是学习者在研究和解决其学习任务时所表现出来的具有个人特色的方式。[①] 不同学习风格需要有不同的教学策略，例如场依存性学生喜欢有严密结构的教学，因为他们需要教师提供外来结构，需要教师明确指导，这就加大了熟手体育教师因材施教的难度，也从客观层面解释了熟手体育教师对于学生学习风格了解不足的原因。主观层面，在从教一段时间后，一些熟手体育教师没有持续地进行专业发展和学习更新，停留在已有的教学经验和知识水平上，没有及时了解和适应学生的新变化和新需求，导致其在教学设计和方法选择上缺乏针对性。同时教学环境的制约也会影响教师对学生知识的获取和运用。例如，班级人数过多、课堂时间有限等因素可能使教师难以深入了解每个学生的情况，从而影响了他们的学生知识水平。

表 5-5　熟手体育教师学生知识得分描述统计

名称	最小值	最大值	平均值
15. 我能够知道所教学生运动技能基础	1.000	5.000	3.729
14. 我能够知道所教学生学习风格差异	1.000	5.000	3.597
13. 我能够知道所教学生的年龄特征	1.000	5.000	3.543

4. 背景知识水平

从表 5-6 可以看出，该维度得分差异并不大。整体来看，熟手体育教师的背景知识处于中等水平。通过访谈了解到有些教师可能在教学过程中较少考虑到社会情境对教学的影响，更专注于传授体育知识和技能，而忽视了体育教育在社会文化背景下的意义和作用，导致其对社会情境的了解不够深入。当询问社会情境对于教学的影响时，N 教师这样回答："之前的排球课课堂中，就将当时所提倡的女排精神很好地融入进去。"当提及学校设施的

---

① 张誉元：《中学教师智慧教学胜任力模型构建及影响因素研究》，东北师范大学博士学位论文，2023，第 300 页。

时候，L 教师这样说："学校场地有限，一些新的想法也就无法实现。"可以看出熟手体育教师的背景知识会受到场地设施的影响。

表 5-6 熟手体育教师背景知识得分描述统计

名称	最小值	最大值	平均值
16. 我能够根据学校情况合理运用场地器材	1.000	5.000	3.778
18. 我能够利用社区资源服务体育教学	1.000	5.000	3.765
17. 我能够结合班级情况有效管理课堂	1.000	5.000	3.629

三　熟手体育教师宣称 PE-PCK 差异性分析

（一）性别差异

探究性别对中小学熟手体育教师宣称 PE-PCK 的影响，对数据进行独立样本 t 检验，得到表 5-7。

表 5-7　不同性别熟手体育教师学科教学知识对比

	性别（平均值±标准差）		t	p
	女（n=62）	男（n=159）		
背景知识	3.65±0.96	3.75±0.90	−0.800	0.425
学生知识	3.49±1.11	3.67±1.02	−1.141	0.255
策略知识	3.69±0.74	3.67±0.73	0.234	0.815
内容知识	3.74±0.60	3.72±0.67	0.290	0.772

* $p<0.05$，** $p<0.01$。

从表 5-7 可知，在不同性别上，背景知识、学生知识、策略知识、内容知识未表现出显著性差异（$p>0.05$）。首先，体育课程内容通常基于国家或地区的教育标准和教学大纲来设置，这些标准和大纲不会因教师的性别而有所不同。因此，男女体育教师都需要掌握相同的体育内容知识，如不同运动项目的规则、技战术和安全知识。其次，通过访谈了解到，体育教师通常需要接受系统的专业教育和培训以获取必要的体育内容知识。这种专业学习和培训不会因为性别而有所不同，因此男女体育教师对体育内容知识的掌握程度相近。再次，现代教育理念强调以学生为中心，要求教师根据学生的实际情况和需求来设计和实施教学。这种教学理念在体育教育领域同样适用，使得男女体育教师在学生知识方面没有显著差异。最后，班级和学校情境是体育教师进行教学的重要背景环境，这些环境对男女体育教师来说是相似的。因此，男女体育教师在理解和应对班级和学校情境时，不会因性别而有显著差异。

（二）学段差异

探究任教学段对中小学熟手体育教师宣称 PE-PCK 的影响，对数据进行单因素方差分析，得到表 5-8。

表 5-8 不同学段熟手体育教师学科教学知识对比

	任教学段（平均值±标准差）			F	p
	初中（n=109）	小学（n=60）	高中（n=52）		
背景知识	3.82±0.85	3.54±1.05	3.74±0.85	1.844	0.161
学生知识	3.58±1.10	3.70±0.92	3.62±1.08	0.238	0.788
策略知识	3.70±0.74	3.70±0.78	3.59±0.66	0.437	0.647
内容知识	3.78±0.66	3.67±0.68	3.67±0.58	0.761	0.469

* $p < 0.05$，** $p < 0.01$。

从表 5-8 可知，在不同的任教学段上，背景知识、学生知识、教学知识、内容知识未表现出显著性差异（$p > 0.05$）。熟手体育教师在教学过程中积累了相对丰富的经验，无论是在初中、高中还是其他学段，这些经验使他们更加熟悉学科知识、学生需求以及有效的教学策略，从而在不同学段的教学中都能够运用丰富的知识储备。一些熟手体育教师可能在教学生涯中涉及过多个学段。通过对 W 教师的访谈了解到 W 教师所在学校实行轮换制度，即初中任教三年后转为高中任教三年，如此循环。从初中到高中，这种跨学段的教学经验使他们能够更好地理解学科知识在不同年龄阶段的应用并调整教学策略以满足学生的发展需求。

（三）学校性质差异

探究学校性质对中小学熟手体育教师宣称 PE-PCK 的影响，对数据进行单因素方差分析，得到表 5-9。

表 5-9 不同学校工作性质熟手体育教师学科教学知识对比

	学校性质（平均值±标准差）			F	p
	农村（n=22）	城市（n=181）	集镇（n=18）		
背景知识	3.48±0.99	3.75±0.91	3.78±0.84	0.843	0.432
学生知识	3.18±1.17	3.67±1.04	3.70±0.87	2.211	0.112
策略知识	3.48±0.78	3.70±0.73	3.71±0.68	0.860	0.425
内容知识	3.42±0.84	3.76±0.62	3.73±0.63	2.836	0.061

* $p < 0.05$，** $p < 0.01$。

在不同学校性质上，熟手体育教师宣称 PE-PCK 未有显著性差异（$p > 0.05$），说明熟手体育教师的 PE-PCK 水平不受地理位置的影响，这一现象揭示了一个重要观点：无论在城市的繁华地带还是在农村的边远地区，教师的专业素养和效能并不直接受其所处的物理环境的限制。这强调了教师个人能力和经验在教育质量中的关键作用。同时熟手体育教师在专业培训时通常会接受相似的课程和培训，这种专业培训的一致性有助于确保教师在不同教学地点都具备相似的学科教学知识基础。

（四）职称差异

探究职称对中小学熟手体育教师宣称 PE-PCK 的影响，对数据进行单因素方差分析，得到表 5-10。

表 5-10 不同职称熟手体育教师学科教学知识对比

	职称（平均值±标准差）			F	p
	一级（n=85）	二级（n=132）	高级（n=4）		
背景知识	3.80±0.90	3.66±0.93	4.25±0.17	1.236	0.293
学生知识	3.78±0.91	3.53±1.11	3.42±1.20	1.522	0.221
策略知识	3.65±0.75	3.68±0.72	4.20±0.28	1.099	0.335
内容知识	3.78±0.64	3.67±0.65	4.21±0.27	1.884	0.154

* $p < 0.05$，** $p < 0.01$。

从表 5-10 可以看出，不同职称在 4 个维度上未表现出显著性差异（$p > 0.05$）。熟手体育教师都具备 6~10 年的教学经验。共同的教学经验使他们在学科教学知识方面积累了相似经验，形成了共通的教学理念和策略。职称评定通常会从教育教学、专业发展等多个方面进行评估。职称的评定标准可能有一定的差异，但在学科教学知识方面的要求通常一致，要求教师具备深厚的学科知识积累和良好的教学能力。

（五）学历差异

探究学历对中小学熟手体育教师学科教学知识的影响，对数据进行单因素方差分析，得到表 5-11。

表 5-11　不同学历熟手体育教师学科教学知识对比

	学历（平均值±标准差）			F	p
	大专（n=1）	本科（n=164）	研究生（n=56）		
背景知识	4.33±null	3.70±0.93	3.79±0.87	0.408	0.666
学生知识	3.67±null	3.58±1.05	3.76±1.03	0.609	0.545
策略知识	4.20±null	3.68±0.74	3.65±0.69	0.284	0.753
内容知识	4.43±null	3.72±0.65	3.72±0.64	0.594	0.553

* $p<0.05$，** $p<0.01$。

从表 5-11 可以看出，在不同学历上，背景知识、学生知识、策略知识、内容知识不会表现出显著性差异（$p>0.05$）。体育学科的基本知识和技能相对实用，强调教师如何将理论知识应用于实际教学场景。在这种实用性的框架下，学历水平并不一定是判定教学能力的唯一标准，而更多地侧重于实际应用和教学效果。

（六）毕业院校差异

探究不同毕业院校对中小学熟手体育教师学科教学知识的影响，对数据进行单因素方差分析，得到表 5-12。

表 5-12　不同毕业院校熟手体育教师学科教学知识对比

	毕业院校（平均值±标准差）			F	p
	体育院校（n=33）	师范大学（n=177）	综合大学（n=11）		
背景知识	3.69±0.94	3.74±0.90	3.58±1.11	0.198	0.821

	毕业院校（平均值±标准差）			F	p
	体育院校 （n＝33）	师范大学 （n＝177）	综合大学 （n＝11）		
学生知识	3.65±0.95	3.63±1.05	3.39±1.34	0.279	0.757
策略知识	3.72±0.65	3.69±0.73	3.33±0.96	1.336	0.265
内容知识	3.58±0.74	3.76±0.63	3.52±0.57	1.641	0.196

　* $p<0.05$，** $p<0.01$。

从表 5-12 可以看出，在不同毕业院校上，背景知识、学生知识、策略知识、内容知识未表现出显著性差异（$p>0.05$）。不同学校的体育教育专业通常都需要符合特定的教育体系认证和监管标准。这些标准确保了学生在毕业时具备一定的教学素养和专业水平，从而保证了不同毕业院校的熟手体育教师在 PE-PCK 上的一致性。

第二节　熟手体育教师使用 PE-PCK 建构特征

上一节已明确熟手体育教师宣称 PE-PCK 总体水平，本节将使用课题组编制的《体育教师使用 PE-PCK 分析量表——教学设计》和《体育教师使用 PE-PCK 分析量表——教学实施》对熟手体育教师课堂教学实录视频进行分析，一方面通过分析教学设计和实施过程来了解其课堂呈现特征，明确其使用 PE-PCK 水平；另一方面结合前文对熟手体育教师宣称 PE-PCK 情况的分析，对比其宣称 PE-PCK 与使用 PE-PCK 之间的差异。

一　熟手体育教师使用 PE-PCK 建构水平

综合研究 7 名熟手体育教师使用 PE-PCK 呈现情况，全面分析相关维度的水平以及这些维度之间的联系水平，根据所呈现的信息，详细阐述教师使用 PE-PCK 整体表现。

（一）设计阶段使用 PE-PCK 得分频次

首先对每一堂课的教学中教师呈现的 PE-PCK 进行分析，接着详细研究相关维度的频次。同一名教师在不同课堂中呈现的具体维度水平常常存在微小差异，这可能是由多种原因引起的，如教师对该节课的准备程度等。因此，为了更准确地代表教师可以达到的水平，将频次最高分数作为实际水平。以 J 教师为例，他在 3 堂课中呈现的能够合理确定本课的指导思想（CK1）频次共计 3 次，其中基本水平 2 次、熟练水平 1 次，根据频次占比，确定基本水平为其实际水平，得分为 2 分；能够理解核心素养导向的教学目标多领域性（CK2）频次共计 3 次，基本水平 2 次、熟练水平 1 次，根据频次占比，确定基本水平为实际水平，得分为 2 分；能够理解所教运动项目的前后联系（CK3）频次共计 3 次，有限水平 1 次、熟练水平 2 次，根据频次占比，确定熟练水平为其实际水平，得分为 3 分。7 名教师各维度得分频次见表 5-13。

表 5-13　7 名教师各维度得分频次

	维度	CK1	CK2	CK3	CK4	CK5	SK1	SK2	SK3	TK1	TK2	TK3	TK4	TK5	TK6
J 教师	有限	0	0	1	0	0	1	0	0	0	0	0	0	1	0
	基本	2	2	0	1	2	0	1	1	0	0	0	2	1	0
	熟练	1	1	2	2	1	2	2	2	3	0	0	1	1	3
N 教师	有限	0	0	0	0	0	0	0	0	0	0	0	0	0	0
	基本	0	0	1	0	2	0	1	0	0	0	1	1	1	0
	熟练	2	3	2	3	1	3	2	3	3	1	0	2	2	3
L 教师	有限	0	0	0	0	0	0	0	0	0	0	0	1	0	0
	基本	1	0	0	0	0	0	0	0	0	0	0	0	1	1
	熟练	1	3	3	3	2	3	3	3	3	0	0	2	2	2
T 教师	有限	0	0	0	2	0	0	0	0	0	0	0	0	1	0
	基本	2	2	1	1	2	2	1	1	2	0	0	2	2	2
	熟练	1	1	2	0	1	1	2	2	1	0	0	1	0	1
W 教师	有限	0	0	0	0	0	0	0	0	0	0	0	0	0	0
	基本	0	0	1	1	2	0	0	0	1	0	0	0	1	1
	熟练	1	3	2	2	0	3	3	3	2	1	1	3	2	2

续表

	维度	CK1	CK2	CK3	CK4	CK5	SK1	SK2	SK3	TK1	TK2	TK3	TK4	TK5	TK6
Z 教师	有限	0	0	1	1	1	0	1	1	1	0	0	0	1	1
	基本	0	3	1	0	1	2	1	1	0	0	0	2	2	1
	熟练	1	0	1	2	1	1	1	1	1	0	0	0	1	1
Y 教师	有限	0	0	1	2	1	0	1	0	0	0	0	0	1	0
	基本	0	2	2	0	2	1	1	2	2	0	0	1	2	2
	熟练	1	1	0	1	0	2	1	1	1	2	0	1	0	1

（二）设计阶段使用 PE-PCK 水平

将频次占比最高的水平作为实际水平，对内容理解、学生理解以及教学策略三个具体维度的实际水平进行分别求平均值，从而得到学科教学知识相关维度的总体水平。以 J 教师为例，能够合理确定本课的指导思想（CK1）、能够理解核心素养导向的教学目标多领域性（CK2）、能够理解所教运动项目的前后联系（CK3）、能够理解本次课动作技术的重点（CK4）、能够挖掘运动项目隐含的德育元素（CK5）的得分分别为 2、2、3、3、2。对这五个具体维度取平均值，内容理解水平（CK）得分为 2.4。对 7 名教师的学科教学知识相关维度水平进行统计如表 5-14 所示。

表 5-14　教学设计阶段 7 名教师单因素得分情况

维度	J 教师	N 教师	L 教师	T 教师	W 教师	Z 教师	Y 教师	均值
SK	3.00	3.00	3.00	2.67	3.00	2.33	2.67	2.81
CK	2.40	2.80	3.00	2.00	2.80	2.80	2.00	2.54
TK	1.83	2.83	2.00	1.33	3.00	1.67	2.00	2.09

由表 5-14 可知，相关维度中水平最高的是学生知识（SK），平均 2.81分。J 教师、N 教师、L 教师表现的水平很高，达到满分；其余教师均超过 2分。可见，大部分教师学生知识储备较充分。通过第一节的研究已经了解到熟手体育教师宣称 PE-PCK 中学生知识水平最低，而设计阶段使用 PE-PCK 中学生知识水平最高，前后矛盾。这说明熟手体育教师对于教学设计较为熟练，但实施过程可能会与设计产生偏差，为了验证这一点将在下文实施阶段

继续探讨。策略知识（TK）的平均分最低，只有 W 教师达到 3 分，其余教师表现为中等偏下水平，这与宣称 PE-PCK 中策略知识较为薄弱相吻合。通过数据比较还可以发现内容知识（CK）水平较高教师的策略知识（TK）水平未必高，如 J 教师、T 教师、Z 教师。Z 教师的 CK 得分接近满分，但是 TK 得分仅为 1.67。可见，教师理解内容是教学策略的必要条件。

根据 7 名教师在 21 堂课中展现的学科教学知识相关维度水平，对这些维度的总体分布情况进行了统计，结果如表 5-15 所示。

表 5-15　教学设计阶段 7 名教师 PE-PCK 相关维度水平分布统计（数量及百分比）

维度	CK	SK	TK
有限	10（10.31%）	4（6.35%）	7（7.87%）
基本	35（36.08%）	15（23.81%）	32（35.96%）
熟练	52（53.61%）	44（69.84%）	50（56.18%）

根据表 5-15，7 名教师教学设计阶段 PE-PCK 水平较为理想，其中学生知识（SK）尤为明显，具体而言，63 个得分中有 59 个处于基本、熟练水平，占比达 93.65%，说明 7 名熟手体育教师在教学设计中都关注到学生的情况。内容知识（CK）水平以及策略知识（TK）水平也主要集中在基本和熟练。具体到策略知识（TK）水平，89 个得分中有 7 个为有限水平，占比达 7.87%，而基本水平的得分有 32 个，占 35.96%。内容知识（CK）水平 97 个得分中有 10 个为有限水平，占比达 10.31%，而基本水平的得分为 35 个，占比 36.08%。由此可见，7 名熟手体育教师整体水平处于中等之上。

1. 内容知识水平

通过对教师在课堂教学中内容知识水平的统计，得到了 7 名教师的内容知识水平情况（见表 5-16）。

表 5-16　7 名教师内容知识水平统计

内容知识（CK）	J 教师	N 教师	L 教师	T 教师	W 教师	Z 教师	Y 教师	平均分
CK1. 能够合理确定本课的指导思想	2	3	3	2	3	3	3	2.71

续表

内容知识（CK）	J教师	N教师	L教师	T教师	W教师	Z教师	Y教师	平均分
CK2. 能够理解核心素养导向的教学目标多领域性	2	3	3	2	3	2	2	2.43
CK3. 能够理解所教运动项目的前后联系	3	3	3	3	3	3	2	2.86
CK4. 能够理解本次课动作技术的重点	3	3	3	1	3	3	1	2.43
CK5. 能够挖掘运动项目隐含的德育元素	2	2	3	2	2	3	2	2.29
平均分	2.40	2.80	3.00	2.00	2.80	2.80	2.00	2.54

由表 5-16 可知，能够理解所教运动项目的前后联系（CK3）水平最高，满分 3 分，平均分为 2.86 分；其次是合理确定本课的指导思想（CK1）水平，满分 3 分，平均分为 2.71 分；而能够挖掘运动项目隐含的德育元素（CK5）水平表现相对较低，满分 3 分，平均分为 2.29 分。总体来看，每一个维度的平均分均达到了中上水平，在做教学设计时，熟手体育教师更倾向于关注教学目标和教学内容；相反，在挖掘德育元素上表现相对较差。德育元素包括道德、伦理和价值观等方面，对学生成长和全面发展起着至关重要的作用。熟手体育教师在教学设计中集中于课程的技术层面，而对学生的道德发展、社交技能和价值观的塑造等方面的关注较为有限。这可能导致学生在获得体育技能的同时缺乏对团队合作、公平竞争和尊重的深刻理解。德育元素的缺乏影响学生在体育领域以外的生活中的行为和决策。通过更积极地融入德育元素，体育教师可以为学生成为负责任的公民、团队合作者以及具有道德品质的个体奠定基础。因此，熟手体育教师应当更加综合地考虑德育元素，以促进学生在体育教育中的全面成长和发展。通过对比可以发现，宣称 PE-PCK 的内容知识中"能够根据不同学生的程度与兴趣设定课程目标"这一项得分最低。无论是德育元素还是学生兴趣，都会涉及学习的主体——学生，因此可以看出熟手体育教师在设计教学时对于学生的考虑较为欠缺。此外，7 名教师在能够挖掘运动项目隐含的德育元素（CK5）方面都达到基本水平及以上。对于能够理解所教运动项目的前后联系（CK3），只有 Y 教师未达到熟练水平。通过访谈 Y 教师是这样说的："学校实行轮换教学，上

个学期在初中任教，这个学期转至高中，初高中的教材差别挺大，所以平常备课花费的时间也比较长"。从上述可以看出虽然 Y 教师在备课的时候花费时间较长，但是对于不熟悉的教材理解不深刻，再加上每学期教学对象的转换使 Y 教师未能很好把握教学内容的前后联系。

2. 学生知识水平

通过对教师在课堂教学中学生知识水平的统计得到了 7 名教师的学生知识水平情况（见表5-17）。

表5-17　7 名教师学生知识水平统计

维度	J 教师	N 教师	L 教师	T 教师	W 教师	Z 教师	Y 教师	平均分
SK1. 能够理解学生的学习难点（易错点）	3	3	3	2	3	2	3	2.71
SK2. 能够重视学生的运动技能基础和体能基础	3	3	3	3	3	3	3	3
SK3. 能够关注学生的心理特征	3	3	3	3	3	3	2	2.86
平均分	3	3	3	2.67	3	2.67	2.67	2.86

从表5-17可见，熟手体育教师在学生知识方面表现出高水平，平均分为 2.86 分。在 SK1 方面，最高得分为 3 分，平均分为 2.71 分，达到高水平。SK2 最高得分为 3 分，平均为 3 分，达到高水平。在 SK3 方面，平均分为 2.86 分，达到高水平，只有 Y 教师的 SK3 得分为 2 分，其余教师均得到满分。T 教师和 Z 教师 SK1 上未得满分，说明他们对于学生的学习难点把握不准确。通过翻阅 T 教师和 Z 教师的教学设计可以发现其三节课堂在教学程序上有极大的相似性，说明教学设计未有太大的调整，也就未能灵活地适应学生的学习需求。

整体来看，熟手体育教师在设计阶段能够有效关注到学生的情况，这与宣称 PE-PCK 中学生知识最为薄弱有所矛盾。究其原因，设计阶段处于教学前期，学生还未出现，整个教学过程具有一定的理想成分，所以教师在教学设计过程中对于学生的安排较为周到。同时长期教学经验的积累使熟手体育教师能够敏锐地观察学生在课堂和体育活动中的表现，通过持续的观察和互动，熟手体育教师能够识别学生的学科兴趣、潜在才能以及可能遇到的挑战和困难。通过访谈还了解到熟手体育教师会采用多种评估方法，包括定期的测试、课堂观察和个体谈话等，从而深入了解学生的运动技能水平，对其进行个性化教学，更好地满足学生的需求。需要注意的是上述内容仍处于设计阶段，熟手体育教师能否如教学设计那样完美呈现设计、展示真实的水平，需要借助实施阶段的课堂观察来进一步分析。

3. 策略知识水平

从表5-18可以看出，教师在教学策略具体维度的水平表现一般。相较于其他维度，7名教师策略知识（TK）的完整性相对较差，在能够考虑到体育骨干辅助教学（TK2）方面缺失情况十分严重，只有N、W、Y 3名教师达到熟练水平；在能够考虑到根据学生基础不同进行差异教学（TK3）方面，无缺失的仅有N教师和W教师。这说明大部分熟手体育教师在教学设计时未考虑到体育骨干的作用以及差异教学，大部分的课堂呈现还是以教师为中心。在宣称PE-PCK策略知识中"能够及时向学生提供教学反馈"得分最低，由此可以联想到熟手体育教师在教学设计中对学生的差异教学考虑不足，导致未能及时向学生提供反馈。通过观察课堂实录视频，还可以发现大部分熟手体育教师会使用体育委员，但更多是让体育委员进行一些简单的组织活动，例如集合整队、带操；没有真正让体育委员成为一名"小老师"。新课标强调要以学生为中心，根据学生的差异在课堂中有的放矢地进行教学。发挥体育骨干的作用能够帮助学生进行互帮互助，在帮助别人的同时自己也有所收获。

表5-18 7名教师策略知识水平统计

维度	J教师	N教师	L教师	T教师	W教师	Z教师	Y教师	平均分
TK1. 能够考虑到使用多种教学方式呈现教学任务（如合作、探究等）	3	3	3	2	3	3	2	2.71
TK2. 能够考虑到体育骨干辅助教学	0	3	0	0	3	0	3	1.29
TK3. 能够考虑到根据学生基础不同进行差异教学	0	2	0	0	3	0	0	0.71

维度	J教师	N教师	L教师	T教师	W教师	Z教师	Y教师	平均分
TK4. 能够考虑到运动负荷安排的科学性	2	3	3	2	3	2	3	2.57
TK5. 能够关注过程性评价的重要性	3	3	3	2	3	2	2	2.57
TK6. 能够围绕动作技术重点设置渐进式教学任务	3	3	3	2	3	3	2	2.71
平均分	1.83	2.83	2.00	1.33	3.00	1.67	2.00	2.10

通过观测 7 名熟手体育教师的课堂教学实录视频可以发现，长期从事教学工作的体育教师已经形成了一种习惯性的教学模式，这包括较为统一的教学策略和方法。在这种情况下，教师未充分认识到差异教学的重要性，或者未能适应新的教学范式。同时通过访谈还了解到，有些教师在职业生涯的后期较少有专业发展机会，未能及时了解并采用新的差异教学方法，专业发展的不足限制了教师对教育领域最新趋势和最佳实践的认识。教学工作本身可能给教师带来时间压力，这导致他们在课程准备和实施中选择较为传统的教学方法，而不愿意花费额外时间来实施差异教学。解决这些问题，有必要为其持续地提供专业发展机会，鼓励教师尝试新的教学方法，并确保学校提供足够的支持和资源，以促进更有效的差异教学实践。T 教师在访谈中这样说："采用新的教学策略可能会带来课堂管理上的挑战。担心失去对学生的控制，因而更倾向于使用传统而熟悉的教学方法。"为解决这些问题，体育教师应该积极参与专业发展活动，与同行交流教学经验，持续更新教学知识，并寻求充足的教学资源支持。此外，教师还应培养对不同教学策略的开放态度，以适应不同学生和学习环境的需求。

（三）实施阶段使用 PE-PCK 得分频次

统计 7 名教师在三节课中每个观测点的得分频次得到表 5-19，将过程性三要素联系简写为 GTK-SK-CK，结果性三要素联系简写为 ZTK-SK-CK。

表 5-19　实施阶段 PE-PCK 得分频次

教师	维度	TK-SK				TK-CK			SK-CK		GTK-SK-CK						ZTK-SK-CK					
		1	2	3	4	1	2	3	1	2	1	2	3	4	5	6	1	2	3	4	5	6
J 教师	有限	2	0	0	0	1	5	0	2	0	1	1	2	0	0	0	1	1	1	0	0	2
	基本	5	7	5	3	5	4	2	6	0	7	5	5	0	1	6	0	2	2	2	1	1
	熟练	7	10	12	2	10	4	1	0	1	9	11	5	0	2	11	2	0	0	1	2	0
N 教师	有限	3	0	0	0	0	3	0	1	0	1	1	0	0	0	0	0	0	0	0	0	0
	基本	6	8	4	0	6	5	0	4	0	9	7	2	3	1	5	3	3	3	2	3	2
	熟练	6	10	14	1	12	7	0	1	0	8	10	3	0	0	13	0	0	0	1	0	1
L 教师	有限	1	0	1	0	0	1	0	3	0	1	0	3	0	0	0	0	0	0	0	0	0
	基本	7	8	4	2	7	5	0	4	0	8	7	7	0	1	2	3	1	3	0	0	1
	熟练	6	9	12	2	10	8	4	0	1	8	10	4	0	1	15	0	2	0	3	3	2
T 教师	有限	5	1	4	0	3	3	0	1	0	4	3	2	0	1	1	2	2	2	1	1	1
	基本	5	11	8	0	7	9	2	4	3	9	8	5	0	0	9	0	1	0	1	2	1
	熟练	5	5	5	1	4	3	3	5	2	4	6	6	1	0	7	1	0	1	1	0	0
W 教师	有限	3	1	0	0	1	1	0	0	0	3	0	0	0	0	3	0	0	1	0	0	0
	基本	2	3	2	0	2	4	0	0	0	2	2	1	0	1	2	2	3	0	1	3	3
	熟练	6	10	12	0	11	4	0	0	0	8	9	2	1	0	9	1	0	2	2	0	0
Z 教师	有限	3	1	3	0	5	3	1	3	0	3	1	3	0	0	0	1	3	1	2	3	2
	基本	2	4	4	1	2	4	1	0	0	5	5	1	0	0	1	0	0	1	1	0	0
	熟练	2	4	2	1	2	0	0	0	0	1	3	0	0	0	8	2	0	1	0	0	1
Y 教师	有限	2	2	2	0	0	2	0	0	0	1	2	1	0	0	1	0	1	1	0	1	1
	基本	8	5	6	1	8	7	0	5	2	8	5	4	2	0	1	3	2	1	3	2	2
	熟练	1	9	8	0	8	2	0	0	0	7	9	0	0	0	14	0	0	1	0	0	0

（四）实施阶段使用 PE-PCK 水平

根据表 5-19 的频次统计，将频次最高的分数作为具体观测点上的实际水平，若频次相同则取最高分作为实际水平，再计算出平均分，以此为该维度的实际水平（见表 5-20）。

表 5-20 实施阶段 PE-PCK 水平

维度	J 教师	N 教师	L 教师	T 教师	W 教师	Z 教师	Y 教师	平均分
TK-SK	2.75	3.00	2.75	2.50	2.25	2.25	2.50	2.57
TK-CK	2.67	2.00	3.00	2.33	2.00	1.33	1.67	2.05
SK-CK	2.50	1.00	2.50	2.50	1.50	0.50	2.00	1.79
GTK-SK-CK	3.00	2.50	2.33	2.16	2.83	1.33	2.00	2.31
ZTK-SK-CK	2.17	2.00	2.67	1.67	2.33	1.67	2.17	2.10
平均分	2.62	2.10	2.65	2.23	2.18	1.42	2.07	2.16

根据表 5-20，实施阶段使用 PE-PCK 中，只有 TK-SK 达到了高水平，而 TK-CK、GTK-SK-CK、ZTK-SK-CK 为中上水平，只有 SK-CK 为中下水平。3 名教师 SK-CK 水平较低。最为显著的是 TK-SK，在满分 3 分的情况下达到平均 2.57 分，其中，N 教师取得了满分。这表明在教学实施过程中，教师在做教学决策时更多地考虑了教学对象和教学方法。然而，SK-CK 平均分仅为 1.79 分，反映出总体水平相对较低，7 名教师中有 3 名教师达到了中等水平，而 N 教师、W 教师和 Z 教师表现为低水平。这显示出在教学实施过程中，除了关注教学内容外，教师对学生的关注还存在一定不足。

整体而言，结果性三维度的联系水平相对较为薄弱，平均分仅为 2.1 分，大多数熟手体育教师在 TK-SK 以及 SK-CK 水平有待提升。7 名教师 PE-PCK 相关维度间的水平分布情况见表 5-21。

表 5-21 实施阶段 7 名教师 PE-PCK 水平分布情况

维度	TK-SK	TK-CK	SK-CK	GTK-SK-CK	ZTK-SK-CK
有限	34（10.73%）	29（14.43%）	10（19.61%）	42（10.63%）	31（24.80%）
基本	121（38.17%）	78（38.81%）	29（56.86%）	148（37.47%）	64（54.20%）
熟练	162（51.10%）	94（46.77%）	12（23.53%）	205（51.90%）	30（24.00%）
总计	317	201	51	395	125

根据表 5-21 可知，7 名教师 PE-PCK 相关维度联系水平处于中等，每一个维度所呈现的特点都有所不同。例如，TK-SK 中有 34 个有限水平、121 个基本水平、162 个熟练水平；TK-CK 的熟练水平和基本水平共占 85.58%，

201 个得分中有 29 个为有限水平、78 个为基本水平、94 个熟练水平。以上说明熟手体育教师这两者维度联系大部分处于中上水平。过程性三维度（GTK-SK-CK）中有限水平占 10.63%，基本水平占 37.47%，熟练水平占 51.90%，说明有少部分熟手体育教师在三者的联系上有所欠缺。ZTK-SK-CK 水平主要集中在基本程度，占 54.20%。

1. TK-SK 水平

自表 5-22 可以观察到，实施阶段 TK-SK 水平总体呈现较为理想，4 个观测点平均得分达到了中上水平。其中，教师在结合学生的运动基础进行教学（TK-SK2）方面表现最优，有 6 名教师取得了满分，平均分达到了 2.86。值得注意的是，在结合学生的心理特征进行教学（TK-SK3）方面，7 名教师无缺失；但是在采取有效策略促进学生思维习惯的发展（TK-SK4）方面，甚至出现了 0 分。这显示出，熟手体育教师在教学实施时更为关注的是学生的学习难点以及心理特征，但不够关注学生思维习惯的发展。究其原因，可以发现大部分熟手体育教师在教学设计时未考虑到体育骨干的作用以及差异教学，大部分的课堂还是以教师为中心。以教师为中心的体育课程强调接受式的学习方式，即教师尽力地让学生根据自己的讲解和示范去学习和掌握技术动作。这种我教你学、我说你听、我做你练的填鸭式、灌输式的教学严重阻碍了学生主体性的发挥和发展，致使学生形成了单一、被动的学习方式，甚至体育教师的一个错误示范动作会导致全班学生一模一样的错误运动技术形成。[1]

表 5-22　TK-SK 水平

TK-SK 观测点	J 教师	N 教师	L 教师	T 教师	W 教师	Z 教师	Y 教师	平均分
TK-SK1. 教师能够采取有效策略解决学生的学习难点	3	3	2	3	3	1	2	2.43
TK-SK2. 教师能够结合学生的运动基础进行教学	3	3	3	2	3	3	3	2.86

---

[1]　祖晶：《体育教学中师生关系的嬗变》，《北京体育大学学报》2009 年第 2 期。

续表

TK-SK 观测点	J教师	N教师	L教师	T教师	W教师	Z教师	Y教师	平均分
TK-SK3. 教学能够结合学生的心理特征进行教学	3	3	3	2	3	2	3	2.71
TK-SK4. 教师能够采取有效策略促进学生思维习惯的发展	2	3	3	3	0	3	2	2.29
平均分	2.75	3.00	2.75	2.50	2.25	2.25	2.50	2.57

2. TK-CK 水平

通过对课堂教学中教师 TK-CK 水平进行统计，7 名教师总体情况见表5-23。

表 5-23　TK-CK 水平

TK-CK 观测点	J教师	N教师	L教师	T教师	W教师	Z教师	Y教师	平均分
TK-CK1. 教师能够对所教运动项目进行正确的讲解与示范	3	3	3	2	3	1	3	2.57
TK-CK2. 教师能够围绕动作技术重点实施教学	1	3	3	2	3	2	2	2.29
TK-CK3. 教师能够结合运动项目进行思想品德教育	2	0	3	3	0	1	0	1.29
平均分	2.00	2.00	3.00	2.33	2.00	1.33	1.67	2.05

从表5-23观察到，TK-CK属于中等水平。在对所教运动项目进行正确的讲解与示范（TK-CK1）方面表现良好，平均分为2.57；至于教师在围绕动作技术重点实施教学（TK-CK2）的水平，平均分为2.29，其中有3名教师取得满分3分。这说明大多数熟手体育教师在教学实施过程中能够较有效地掌握技术重点。在结合运动项目进行思想品德教育（TK-CK3）方面呈现两极分化的现象，有3名教师得分为0，意味着其在教学过程中并没有关注到对学生思想品德的教育。结合设计阶段的数据，熟手体育教师对于德育元素的挖掘不充分，也就导致了实施过程中缺乏思想品德教育。德育也是新课标强调的重点，在体育教学过程中不应只关注身体教育，还要把

德育融进体育，让学生全面发展，但是根据上述数据可以推断大部分教师并没有把新课标的德育要求贯彻到位。

3. SK-CK 水平

通过对课堂教学中 SK-CK 水平进行统计，7 名教师总体情况见表5-24。

表5-24　SK-CK 水平

SK-CK 观测点	J教师	N教师	L教师	T教师	W教师	Z教师	Y教师	平均分
SK-CK1. 教师能够有效纠正学生的动作错误	2	2	2	3	3	1	2	2.14
SK-CK2. 教师能够引导学生理解动作错误的成因	3	0	3	2	0	0	2	1.43
平均分	2.50	1.00	2.50	2.50	1.50	0.50	2.00	1.79

从表5-24 可以观察到，在 SK-CK 的具体观测点中，水平较高的是有效纠正学生的动作错误（SK-CK1），平均得分为 2.14 分。引导学生理解动作错误的成因（SK-CK2）的水平则处于低水平，平均分仅为 1.43 分。在这方面，仅有 2 名教师达到高水平，甚至有 3 名教师在该维度未得分。这说明熟手体育教师在处理学生的错误或困惑时，较少考虑学生出现该错误的成因。在宣称 PE-PCK 中，熟手体育教师普遍认为对学生学习风格以及年龄特征的了解较为薄弱，由此也可以解释熟手体育教师对学生的风格以及特征了解不足，无法深入理解错误动作产生的原因，进而进行有效指导。结合上述分析可以看出熟手体育教师的学生知识确实如宣称状况所示，学生知识的薄弱导致了 SK-CK 水平降低，也说明熟手体育教师在该维度上"知行一致"。

4. 过程性三维度间联系水平

通过对课堂教学中教师过程性三维度联系水平进行统计得到表5-25，以下各维度名称采用简写，如 GTK-CK-SK1 简写为 GTSC1。

表 5-25 过程性三维度间联系水平

过程性三维度联系观测点	J教师	N教师	L教师	T教师	W教师	Z教师	Y教师	平均分
GTSC1. 教师能够采取恰当的教学方式呈现教学任务	3	2	3	2	3	2	2	2.43
GTSC2. 教师能够根据教学任务采取恰当的组织形式	3	3	3	2	3	2	3	2.71
GTSC3. 教师能够进行及时有效的教学反馈	3	3	2	3	3	1	2	2.43
GTSC4. 教师能够恰当使用体育骨干协助教学	0	2	0	3	3	0	2	1.43
GTSC5. 教师能够根据实际情况有效开展差异教学	3	2	3	1	2	0	0	1.57
GTSC6. 教师能够根据实际情况合理布置场地器材	3	3	3	2	3	3	3	2.86
平均分	2.50	2.50	2.33	2.17	2.83	1.33	2.00	2.24

从表 5-25 可以观察到，过程性相关三维度间联系水平总体中等偏上，但在各维度之间以及教师个体之间存在显著差异。根据实际情况合理布置场地器材（GTSC6）的平均得分为 2.86 分，其中，除 T 教师得 2 分外，其余 6 名教师都获得 3 分。根据教学任务采取恰当的组织形式（GTSC2）的平均分为 2.71 分，达到高水平。而在采取恰当的教学方式呈现教学任务（GTSC1）和进行及时有效的教学反馈（GTSC3）的维度中，平均分均为 2.43 分，处于中等偏上水平。

然而，根据实际情况有效开展差异教学（GTSC5）的表现相对较差，平均分为 1.57 分。其中，J 教师、L 教师得 3 分，N 教师、W 教师得 2 分，而 T 教师、Z 教师、Y 教师只得 1 分或不得分，呈现教师之间的显著差异。在使用体育骨干协助教学（GTSC4）的维度上，教师的得分更低，平均分为 1.43 分，其中 3 名教师得 0 分。当询问 L 教师平常如何使用体育骨干时，N 教师回答："我所理解的体育骨干应该指的是体委，体委更多是协助课堂组织，比如集合整队，带领热身操。"这说明熟手体育教师在教学实施过程中对于体育骨干的使用比较传统，仅限于常规的组织协助。

5. 结果性三维度间联系水平

通过对课堂教学中教师结果性三维度联系水平进行统计，7 名教师的总体情况见表 5-26，以下各维度名称简写，例如 ZTK-CK-SK1 简写为 ZTSC1。

表 5-26　结果性三维度间联系水平

结果性三维度联系观测点	J 教师	N 教师	L 教师	T 教师	W 教师	Z 教师	Y 教师	平均分
ZTSC1. 实现了本课的教学目标	3	2	2	1	2	3	2	2.14
ZTSC2. 学、练、赛、评有机结合	2	2	3	1	2	1	2	1.86
ZTSC3. 运动负荷安排合理	2	2	2	1	3	3	3	2.29
ZTSC4. 运用多种教学方式呈现教学任务	2	2	3	3	3	1	2	2.29
ZTSC5. 渐进式教学任务设置与学生水平相适应	3	2	3	2	2	1	2	2.14
ZTSC6. 遵循运动项目结构化教学的要求	1	2	3	2	2	1	2	1.86
平均分	2.17	2.00	2.67	1.67	2.33	1.67	2.17	2.10

通过对表 5-26 的观察，可以发现结果性三维度间联系水平总体处于中等偏上，但在各维度和教师个体之间存在显著差异。运动负荷安排合理（ZTSC3）和运用多种教学方式呈现教学任务（ZTSC4）的平均分均为 2.29。在这两个维度中都能得到满分的仅有 W 教师。实现了本课的教学目标（ZTSC1）和渐进式教学任务设置与学生水平相适应（ZTSC5）的平均分均为 2.14 分，说明大部分熟手体育教师的课堂效果不够理想。学、练、赛、评有机结合（ZTSC2）和遵循运动项目结构化教学的要求（ZTSC6）的维度表现不理想，平均分均为 1.86 分，说明部分教师对于新课标的掌握有待提高。

二　熟手体育教师使用 PE-PCK 建构特征分析

以下结合课堂观察和访谈，深入探讨熟手体育教师使用 PE-PCK 的建构特征。主要从两个方面进行分析：一是关注熟手体育教师在使用 PE-PCK 相关维度上的表现，以及这些维度之间的联系水平；二是全面了解熟手体育教师群体如何应用 PE-PCK，并探究他们在实际教学中的"使用"情况。

（一）熟手体育教师使用 PE-PCK 相关维度建构特征

为探究熟手体育教师在 PE-PCK 相关维度上的表现，需要分析他们的教学设计，获取相关数据，以便全面了解熟手体育教师在 PE-PCK 相关维度上的特征。下文将从内容知识、学生知识和策略知识三个方面展开论述。

1. 教学内容关注教学目标和教学内容，但对于德育元素的运用不充分。

在宣称 PE-PCK 中，熟手体育教师认为对内容知识掌握最好，对比使用 PE-PCK 情况确实如此。他们关注教学目标和教学内容，但对于德育元素的运用不充分；通过深入理解教学内容并结合个人的教学理念，熟手体育教师敢于对教材进行大胆的调整。例如 L 教师 LG1 的教学设计：本课教学前，在复习运传组合的基础上，融合半场运传移动以及 3V3 比赛，循序渐进地练习，让学生在学习过程中体验赛场氛围。L 教师敢于突破传统流程（学练赛），根据教学内容以及学生的运动基础调整学练赛的顺序，让学生们在赛中练、在练中学，不循规蹈矩，有自己独特的教学流程。而他在学情分析这样写："此阶段的学生爱上篮球课，他们喜欢拿到篮球后着急开始三对三的半场比赛，看到优秀的技术动作也想学习，但他们注意力不集中，容易分散，没有坚持不懈的学习精神，所以本课的学习是尽量还原在比赛中的场景。"由此可以看出 L 教师注重技术动作的实用性，真正让学生学以致用。但是熟手体育教师的教学设计集中于课程的技术层面，对学生的道德发展、社交技能和价值观的塑造等方面的关注较为有限。这可能导致学生在获得体育技能的同时，缺乏对团队合作、公平竞争和相互尊重的深刻理解。

2. 能够有效关注学生的情况，但对于学生学习难点掌握不准确

在宣称 PE-PCK 中，熟手体育教师普遍认为其学生知识最为薄弱。通过对比使用 PE-PCK 可以发现，无论是策略知识还是内容知识，一旦与学生知识相联系，其水平就会有所降低。熟手体育教师确实能够有效关注学生的情况，但对于学生学习难点掌握不准确。W 教师在 WG2 教学设计中这样写："初二学生的年龄为十四五岁，该年龄段的学生正处在生长加速期，也称为青春期初期，朝气蓬勃、富于想象，有很强的求知欲和表现欲。"可见 W 教师对于学生心理特征的理解非常深刻。"这个阶段的绝大部分学生在腿部力量方面还是有一定的欠缺。所以，在教学中更应该注重运用模仿、挑战、比

赛等多种方法，营造和谐愉快的课堂氛围，激发学生的学习兴趣和积极参与的意识，建立正确的过竿技术动作，并通过动态分组，激发学生不断挑战自我、超越自我，追求成功，在完成既定的教学目标的同时还要在课堂教学中加强学生的腿部力量。"W教师对于学生运动基础的理解较为深刻，也因此采用相对应的策略来激发学生的学习兴趣以及积极参与的意识。

（二）熟手体育教师使用PE-PCK维度间联系建构特征

通过课堂观察能够深入了解熟手体育教师PE-PCK相关维度之间的联系水平，接下来从熟手体育教师的TK-SK、TK-CK、SK-CK和TK-SK-CK 4个维度建构特征展开分析。

1. TK-SK之间的联系水平较高，但对于促进学生思维习惯的发展仍有所欠缺

大多数熟手体育教师在TK-SK2维度（教师能够结合学生的运动基础进行教学）上整体水平较高。在访谈中L教师提到"对于篮球这项运动很多学生在课外参加一些培训，所以整体上水平并不差"。这表明L教师对学生的运动基础有一定了解，并能够在课堂中加以应用。此外，熟手体育教师能够合理运用教学策略来解决学生学习中的难点。例如，W教师在教学过程中通过视频演示、挂图讲解和实践指导学生掌握技术要领。这些案例表明，熟手体育教师能够有效地应用教学策略来帮助学生克服学习难点。然而，在促进学生思维习惯方面，虽然一些教师在教学过程中能够体现这方面的知识，例如J教师在JN2排球垫球一课中，当学生出现对垫不顺时，他提到"大部分同学手型是这样的，手绷直了才有空间去垫这个球，我们退阶做自抛自垫，稳定了之后再去练习，练的同时给自己设一个小目标"。J教师不仅关注教学内容和任务，更注重培养学生的思维习惯，提升学生长期学习能力。然而从整体上看，熟手体育教师对促进学生思维习惯发展的关注度仍不足。

2. 能够较有效地掌握技术重点，对于德育教育的关注度不足

熟手体育教师在对所教运动项目进行正确的讲解与示范（TK-CK1）方面表现较好。例如W教师这样讲解站立式起跑动作要领："摆臂很重要，手臂能摆多快就能跑多快，左脚向前迈出一步，两臂屈肘，小臂大臂呈90度，以肩关节为轴前后摆动，后摆的时候手臂不打开。"可以看出，W教师对于这个技术动作的讲解能够做到精简易懂，对于重点也强调到位。大多数熟手

体育教师在教学实施过程中能够较有效地掌握技术重点。策略知识与内容知识间联系不够紧密。如 Z 教师在 ZN1 课堂中关于双手垫球的教学内容有：原地模仿练习、原地击固定球练习、自垫练习、抛垫练习、对垫练习。练习方式很多，却忽略了学生的吸收程度，对于刚接触该项技术动作的学生而言，过快的节奏只会扰乱他们。因此过多过快的练习只能让学生完成"体验式"运动，学生看似学习了很多，但是不利于稳定基础。

在结合运动项目进行思想品德教育（TK-CK3）方面两极分化现象严重，有 3 名教师得分为 0，可以推断出部分教师并没有把新课标的德育要求贯彻到位。

3. 未能有效引导学生发现错误的成因

教学实施与教学设计相脱离的情况存在，学生知识和内容知识联系不紧密。如 Z 教师在 ZN3 的教学设计："七年级年龄段的学生虽在小学阶段已建立起一定的仰卧起坐动作基础，个体的运动能力差异也已出现，但还处在为测试而练习的认识上，对一些练习方法的掌握和运用还比较欠缺，对仰卧起坐练习给身体带来的好处并不清楚，仰卧起坐又是比较枯燥的运动，容易产生厌学、逃避运动的心理和情绪。"这表明 Z 教师对学生的运动基础以及心理特征有一定了解，但是通过课堂观察发现，Z 教师并没有有效地引导学生思考错误的成因，因此可以看出 Z 教师对单因素的运用较为熟练，而对多因素进行联系就较为有限。经数据分析发现，大多数熟手体育教师在进行纠错时未对学生错误动作的形成原因进行解释，他们对该维度知识的了解仍然有限，对于学生错误动作形成原因的关注度较低。

4. TK-SK-CK 三者间联系整体水平较高，部分维度欠佳

熟手体育教师过程性三维度间联系水平呈现较理想状态，总体水平中等，但各维度之间以及教师个体之间存在显著差异。教师在根据实际情况合理布置场地器材（GTSC6）的维度平均得分为中上水平，根据教学任务采取适当的组织形式（GTSC2）的维度平均达到高水平；而采取恰当的教学方式呈现教学任务（GTSC1）和进行及时有效的教学反馈（GTSC3）的维度处于中等水平。然而，教师在根据实际情况有效开展差异教学（GTSC5）的维度表现相对较差，在使用体育骨干协助教学（GTSC4）的维度上，教师的得分

更低，说明熟手体育教师在教学实施过程中较少使用体育骨干或者未关注到体育骨干的作用。

熟手体育教师在结果性相关三维度间联系水平表现相对理想，总体水平中等，但各维度之间存在显著的差异。在运动负荷安排合理（ZTSC3）和运用多种教学方式呈现教学任务（ZTSC4）的维度都能得到满分的仅有 W 教师。大部分熟手体育教师的课堂效果不佳。学、练、赛、评有机结合（ZTSC2）的维度表现不理想，其他教师对于新课标的掌握有待提高。

第三节　熟手体育教师 PE-PCK 影响因素

一　熟手体育教师 PE-PCK 相关分析

使用 Pearson 相关系数研究内容知识、策略知识、学生知识、背景知识分别和 8 个影响因素之间的关系得到表 5-27，可知背景知识、策略知识、内容知识与 8 个影响因素均呈现显著相关性，并且相关系数值均大于 0，存在正相关。除职业发展以外，学生知识与其他 7 个影响因素之间全部呈现显著相关性，且为正相关。

表 5-27　Pearson 相关系数

	背景知识	学生知识	策略知识	内容知识
政策制度	0.327**	0.256**	0.355**	0.284**
职业发展	0.364**	0.114	0.376**	0.321**
人为因素	0.236**	0.196**	0.283**	0.185**
学校组织	0.323**	0.216**	0.307**	0.207**
专业培训	0.342**	0.150*	0.292**	0.289**
学习准备度	0.364**	0.174**	0.353**	0.265**
自我效能	0.438**	0.147*	0.465**	0.334**
个人动机	0.330**	0.184**	0.371**	0.231**

* $p < 0.05$，** $p < 0.01$。

二 熟手体育教师 PE-PCK 回归分析

考虑到 PE-PCK 各维度的影响因素不同，因此以下回归分析针对各维度展开，将体育教师 PE-PCK 影响因素问卷的 8 个维度作为自变量，而将内容知识、策略知识、背景知识、学生知识分别作为 4 个因变量展开研究。

（一）内容知识回归分析

将体育教师 PE-PCK 影响因素问卷的 8 个维度作为自变量，而将内容知识作为因变量进行回归分析，结果如表 5-28 所示。

表 5-28 内容知识线性回归分析结果（$n=221$）

	非标准化系数		标准化系数	t	p	共线性检验	
	B	标准误	Beta			VIF	容忍度
常数	2.268	0.209	—	10.847	0.000**	—	—
政策制度	0.067	0.044	0.106	1.511	0.132	1.326	0.754
职业发展	0.104	0.049	0.151	2.105	0.036*	1.378	0.726
人为因素	0.011	0.043	0.018	0.265	0.791	1.244	0.804
学校组织	0.030	0.042	0.049	0.726	0.469	1.201	0.833
专业培训	0.094	0.049	0.132	1.937	0.054	1.235	0.810
学习准备度	0.051	0.046	0.077	1.118	0.265	1.275	0.784
自我效能	0.100	0.050	0.147	1.993	0.048*	1.454	0.688
个人动机	0.015	0.046	0.024	0.335	0.738	1.339	0.747
R^2	0.205						
调整 R^2	0.175						
F	$F_{(8, 212)}=6.851$, $p=0.000$						
D-W 值	2.051						
因变量：内容知识							

* $p<0.05$, ** $p<0.01$。

根据表 5-28 可得模型公式为：内容知识 = 2.268 + 0.067×政策制度 + 0.104×职业发展 + 0.011×人为因素 + 0.030×学校组织 + 0.094×专业培训 + 0.051×学习准备度 + 0.100×自我效能 + 0.015×个人动机，模型 R^2 值为 0.205，政策制度、职业发展、人为因素、学校组织、专业培训、学习准备度、自我效能、个人动机可以解释内容知识20.5%的变化原因。对模型进行多重共线性检验发现，所有VIF值均小于5，表明不存在共线性问题。同时，D-W值接近2，说明模型不存在自相关性，样本数据之间没有相关关系，模型表现良好。

政策制度的回归系数值为0.067（t=1.511，p=0.132>0.05），人为因素的回归系数值为0.011（t=0.265，p=0.791>0.05），学校组织的回归系数值为0.030（t=0.726，p=0.469>0.05），专业培训的回归系数值为0.094（t=1.937，p=0.054>0.05），学习准备度的回归系数值为0.051（t=1.118，p=0.265>0.05），个人动机的回归系数值为0.015（t=0.335，p=0.738>0.05），不会对内容知识产生影响。

职业发展的回归系数值为0.104（t=2.105，p=0.036<0.05），自我效能的回归系数值为0.100（t=1.993，p=0.048<0.05），会对内容知识产生显著的正向影响。

从上述结果可以得出，职业发展、自我效能对熟手体育教师的内容知识可以起到较强的促进作用。职业发展为熟手体育教师提供了深化理解课程、教学方法和最新研究的机会。通过参与职业发展活动，教师能够拓展其内容知识，了解最新的教育趋势和研究成果，从而提高其在教学中的专业水平。高水平的自我效能使熟手体育教师更积极、自信地应对教学挑战，并更有效地应用他们的内容知识。因此，职业发展、自我效能相互作用，形成了一个正向影响的网络。

（二）策略知识回归分析

将体育教师PE-PCK影响因素问卷的8个维度作为自变量，而将策略知识作为因变量进行回归分析，得到表5-29。

表5-29　策略知识线性回归分析结果（n=221）

	非标准化系数		标准化系数	t	p	共线性诊断	
	B	标准误	Beta			VIF	容忍度
常数	1.566	0.213	—	7.343	0.000**	—	—
政策制度	0.074	0.045	0.105	1.651	0.100	1.326	0.754

	非标准化系数		标准化系数	t	p	共线性诊断	
	B	标准误	Beta			VIF	容忍度
职业发展	0.089	0.050	0.115	1.774	0.078	1.378	0.726
人为因素	0.046	0.043	0.066	1.065	0.288	1.244	0.804
学校组织	0.073	0.043	0.104	1.713	0.088	1.201	0.833
专业培训	0.040	0.050	0.049	0.797	0.426	1.235	0.810
学习准备度	0.084	0.047	0.113	1.800	0.073	1.275	0.784
自我效能	0.188	0.051	0.244	3.658	0.000**	1.454	0.688
个人动机	0.100	0.047	0.136	2.128	0.034*	1.339	0.747
R^2	0.350						
调整 R^2	0.325						
F	$F (8, 212) = 14.252, p = 0.000$						
D-W 值	2.097						
因变量：策略知识							

* $p<0.05$, ** $p<0.01$。

根据表 5-29，模型公式为策略知识=1.566+0.074×政策制度+0.089×职业发展+0.046×人为因素+0.073×学校组织+0.040×专业培训+0.084×学习准备度+0.188×自我效能+0.100×个人动机，模型 R^2 值为 0.350，可以解释策略知识 35.0% 的变化原因。对模型的多重共线性进行检验发现，模型中 VIF 值全部均小于 5，意味着不存在着共线性问题；并且 D-W 值在数字 2 附近，因而说明模型不存在自相关性，样本数据之间不关联，模型较好。

政策制度的回归系数值为 0.074（t=1.651，p=0.100>0.05），职业发展的回归系数值为 0.089（t=1.774，p=0.078>0.05），人为因素的回归系数值为 0.046（t=1.065，p=0.288>0.05），学校组织的回归系数值为 0.073（t=1.713，p=0.088>0.05），专业培训的回归系数值为 0.040（t=0.797，p=0.426>0.05），学习准备度的回归系数值为 0.084（t=1.800，p=0.073>0.05），不会对策略知识产生影响。

自我效能的回归系数值为 0.188（t=3.658，p=0.000<0.01），个人动机的回归系数值为 0.100（t=2.128，p=0.034<0.05），会对策略知识产生

显著的正向影响。

总结分析可知：自我效能、个人动机会对策略知识产生显著的正向影响。但政策制度、职业发展、人为因素、学校组织、专业培训、学习准备度不会对策略知识产生影响。高水平的自我效能激发熟手体育教师更积极、自信地应对教学挑战，并更有效地应用他们的策略知识。高水平的个人动机使体育教师更倾向于深入探究教学内容，持续学习和改进教学方法，从而提升其策略知识水平。[①] 因此，自我效能和个人动机相互作用，形成了一个正向影响的网络。

（三）学生知识回归分析

将体育教师 PE-PCK 影响因素问卷的 8 个维度作为自变量，而将学生知识作为因变量进行回归分析，得到表 5-30。

表 5-30　学生知识线性回归分析结果（$n=221$）

	非标准化系数		标准化系数	t	p	共线性诊断	
	B	标准误	Beta			VIF	容忍度
常数	2.010	0.355	—	5.659	0.000**	—	—
政策制度	0.204	0.075	0.202	2.723	0.007**	1.326	0.754
职业发展	−0.061	0.084	−0.055	−0.729	0.467	1.378	0.726
人为因素	0.139	0.072	0.139	1.927	0.055	1.244	0.804
学校组织	0.122	0.071	0.121	1.714	0.088	1.201	0.833
专业培训	0.035	0.083	0.030	0.424	0.672	1.235	0.810
学习准备度	0.075	0.078	0.070	0.962	0.337	1.275	0.784
自我效能	−0.041	0.085	−0.037	−0.475	0.635	1.454	0.688
个人动机	0.055	0.078	0.053	0.706	0.481	1.339	0.747
R^2	0.120						
调整 R^2	0.086						
F	$F_{(8,212)}=3.601$，$p=0.001$						
D-W 值	1.876						
因变量：学生知识							

* $p<0.05$，** $p<0.01$。

---

① 贾晶晶：《富平县农村中学体育教师专业发展现状及影响因素研究》，延安大学硕士学位论文，2023，第53页。

根据表 5-30，模型公式为学生知识 = 2.010 + 0.204×政策制度 - 0.061×职业发展 + 0.139×人为因素 + 0.122×学校组织 + 0.035×专业培训 + 0.075×学习准备度 - 0.041×自我效能 + 0.055×个人动机，模型 R^2 值为 0.120，可以解释学生知识 12.0% 的变化原因。针对模型的多重共线性进行检验发现，模型中 VIF 值全部均小于 5，不存在共线性问题；并且 D-W 值在数字 2 附近，因而说明模型不存在自相关性，样本数据之间不关联，模型较好。

政策制度的回归系数值为 0.204（t = 2.723，p = 0.007 < 0.01），会对学生知识产生显著的正向影响。

职业发展的回归系数值为 -0.061（t = -0.729，p = 0.467 > 0.05），人为因素的回归系数值为 0.139（t = 1.927，p = 0.055 > 0.05），学校组织的回归系数值为 0.122（t = 1.714，p = 0.088 > 0.05），专业培训的回归系数值为 0.035（t = 0.424，p = 0.672 > 0.05），学习准备度的回归系数值为 0.075（t = 0.962，p = 0.337 > 0.05），自我效能的回归系数值为 -0.041（t = -0.475，p = 0.635 > 0.05），个人动机的回归系数值为 0.055（t = 0.706，p = 0.481 > 0.05），不会对学生知识产生影响。

政策制度会对学生知识产生显著的正向影响。但是职业发展、人为因素、学校组织、专业培训、学习准备度、自我效能、个人动机不会对学生知识产生影响关系。究其原因，可从政策制度包含的内容进行分析。首先，学校提供必要的硬件保障，如体育设施、器材和场地等，能够确保体育教师拥有合适的教学条件，从而更好地观察、评估学生的运动技能差异和学习风格。有了这些硬件支持，熟手体育教师能够更准确地把握学生的年龄特征，设计出更符合学生实际的教学内容和方法，从而更有效地进行教学。其次，教育管理机构每年为体育教师提供各类培训，不仅关注体育专业知识的更新，还注重教学方法和教育心理学的学习。通过培训，体育教师能够学到更多关于学生认知发展、学习风格以及个体差异的理论知识，提升他们对学生知识的理解和应用能力。最后，教育管理机构将课堂教学实际和体育专业知识作为教师的重要考核内容，这促使体育教师在日常教学中更加注重对学生知识的运用。综上所述，硬件保障、专业培训、考核机制等为熟手体育教师提供了良好的发展环境和支持条件，促使熟手体育教师更加关注学生的学习需求和发展特点，提升他们的学生知识水平，从而更有效地实施教学并提高学生的学习接受度。

（四）背景知识回归分析

将政策制度、职业发展、人为因素、学校组织、专业培训、学习准备度、自我效能、个人动机作为自变量，而将背景知识作为因变量进行线性回归分析，得到表5-31。

表5-31　背景知识线性回归分析结果（$n=221$）

	非标准化系数		标准化系数	t	p	共线性诊断	
	B	标准误	Beta			VIF	容忍度
常数	1.111	0.271	—	4.099	0.000**	—	—
政策制度	0.066	0.057	0.075	1.160	0.247	1.326	0.754
职业发展	0.115	0.064	0.118	1.787	0.075	1.378	0.726
人为因素	0.012	0.055	0.014	0.220	0.826	1.244	0.804
学校组织	0.116	0.054	0.131	2.129	0.034*	1.201	0.833
专业培训	0.129	0.063	0.127	2.038	0.043*	1.235	0.810
学习准备度	0.126	0.059	0.135	2.128	0.035*	1.275	0.784
自我效能	0.212	0.065	0.220	3.252	0.001**	1.454	0.688
个人动机	0.081	0.060	0.088	1.360	0.175	1.339	0.747
R^2	0.331						
调整 R^2	0.306						
F	F（8212）= 13.126，p=0.000						
D-W 值	1.979						
因变量：背景知识							

$*$ p<0.05，$**$ p<0.01。

根据表5-31，模型公式为背景知识=1.111+0.066×政策制度+0.115×职业发展+0.012×人为因素+0.116×学校组织+0.129×专业培训+0.126×学习准备度+0.212×自我效能+0.081×个人动机，模型 R^2 值为0.331，可以解释背景知识33.1%的变化原因。针对模型的多重共线性进行检验发现，模型中 VIF 值均小于5，意味着不存在共线性问题；并且 D-W 值在数字2附近，因而说明模型不存在自相关性，样本数据之间不关联，模型较好。

　　政策制度的回归系数值为 0.066（t=1.160，p=0.247>0.05），职业发展的回归系数值为 0.115（t=1.787，p=0.075>0.05），人为因素的回归系数值为 0.012（t=0.220，p=0.826>0.05），个人动机的回归系数值为 0.081（t=1.360，p=0.175>0.05），不会对背景知识产生影响。

　　学校组织的回归系数值为 0.116（t=2.129，p=0.034<0.05），专业培训的回归系数值为 0.129（t=2.038，p=0.043<0.05），学习准备度的回归系数值为 0.126（t=2.128，p=0.035<0.05），自我效能的回归系数值为 0.212（t=3.252，p=0.001<0.01），会对背景知识产生显著的正向影响。

　　学校组织、专业培训、学习准备度、自我效能会对背景知识产生显著的正向影响，政策制度、职业发展、人为因素、个人动机不会对背景知识产生影响。良好的学校组织可以提供支持性的教学环境，包括合理的资源分配、有效的管理体制以及鼓励创新和合作的文化，这有助于熟手体育教师更好地应用和发展背景知识。专业培训提供了系统性的、有目的的学习机会，使教师能够不断更新自己的知识和教学技能。这有助于熟手体育教师更好地理解最新的教育理论、教学方法和评估工具，从而提高其背景知识的水平。研究发现，参加专业培训是教师提升 PE-PCK 的重要途径，它不仅可以帮助教师提升教学技能和理论水平，还可以深化他们对学科知识的理解。[1] 高水平的学习准备度有助于教师更好地应对复杂的情境，促进他们对教育过程中多方面因素的全面理解。自我效能能够激发教师积极主动地应对新的教学挑战，有助于他们更好地运用和发展背景知识。因此，这些因素共同作用，形成了一个相互支持的体系，对熟手体育教师的背景知识产生显著正向影响。

---

[1]　赵海洋：《基于 TPACK 视角下影响西宁市城区初中体育教师专业发展的因素及策略研究》，青海师范大学硕士学位论文，2023，第 59 页。

第六章　经验体育教师 PE-PCK
建构特征及影响因素

本章对经验体育教师宣称 PE-PCK 和使用 PE-PCK 的建构特点以及二者之间的差异进行系统分析，意在全面揭示经验体育教师 PE-PCK 的建构特点。此外，基于生态学原理，本章考察个人因素、学校因素以及社会因素在经验体育教师 PE-PCK 建构过程中的影响程度。我们希望通过全面系统的研究，引起各方对经验体育教师 PE-PCK 发展的高度关注，进一步推动经验体育教师的专业发展，提升其体育课堂教学的质量。

第一节　经验体育教师宣称 PE-PCK 建构特征

一　调查对象基本信息分析

对福建省 233 名中小学经验体育教师进行调查，基本情况描述分析见表 6-1。

表 6-1　经验体育教师调查对象基本信息

频数分析结果				
名称	选项	频数	百分比（％）	累积百分比（％）
性别	男	133	57.08	57.08
	女	100	42.92	100.00

频数分析结果

名称	选项	频数	百分比（%）	累积百分比（%）
任教学段	小学	118	50.64	50.64
	初中	86	36.91	87.55
	高中	29	12.45	100.00
工作学校性质	农村	51	21.89	21.89
	集镇	57	24.46	46.35
	城市	125	53.65	100.00
教龄	11~15 年	109	46.78	46.78
	16~20 年	54	23.18	69.96
	21 年以上	70	30.04	100.00
最高学历	中专	1	0.43	0.43
	大专	14	6.01	6.44
	本科	194	83.26	89.70
	研究生	24	10.30	100.00
毕业院校	师范大学	150	64.38	64.38
	体育院校	68	29.18	93.56
	综合大学	15	6.44	100.00

从表 6-1 可知，从性别来看，样本中"男性"较多，占比为 57.08%。从任教学段来看，样本中"小学"较多，占比为 50.64%，"初中"是 36.91%，"高中"为 12.45%。工作学校性质样本中，53.65% 为"城市"。从教龄分布上，大部分样本为"11~15 年"，占比是 46.78%。从学历来看，"本科"最多（83.26%）。从毕业院校来看，超过六成选择"师范大学"。

二　经验体育教师宣称 PE-PCK 建构水平

（一）经验体育教师宣称 PE-PCK 整体水平

本研究使用的量表共 18 个题项，均采用正向计分，由内容知识、策略知识、学生知识、背景知识四个维度组成。其中内容知识 7 道题，题项用 1 至 7 表示；策略知识 5 道题，用 8 至 12 表示；学生知识 3 道题，用 13 至 15 表示；背景知识 3 道题，用 16 至 18 表示。其最高值为 5 分，最低值为 1 分，具体分析见表 6-2。

表 6-2　经验体育教师宣称 PE-PCK 总得分与各维度得分统计

名称	最小值	最大值	平均值	标准差	中位数
策略知识	2.800	4.800	3.895	0.434	3.800
内容知识	2.571	4.857	3.750	0.478	3.714
学生知识	2.667	4.667	3.681	0.450	3.667
背景知识	2.333	5.000	3.585	0.592	3.667
总平均值					3.712

由表 6-2 可知，经验体育教师 PE-PCK 整体水平一般，处于中上水平，四个维度均值得分中，策略知识>内容知识>学生知识>背景知识。经验体育教师的策略知识平均分为 3.895，占总分的 77.9%；内容知识平均分为 3.750 分，占总分的 75%；学生知识平均分为 3.681 分，占总分的 73.62%；背景知识平均分为 3.585 分，占总分的 71.7%。

（二）经验体育教师宣称 PE-PCK 具体维度水平

1. 策略知识水平

经验体育教师对策略知识的掌握情况整体处于中上水平，是四个维度中表现最好的，这是因为经验体育教师是具有十年以上教龄的一级教师，在长时间的教学实践中积累了大量的教学经验和技巧。他们对体育教学的内容、方法和目标有着深入的理解和把握。经验教师在进行教学前，会根据课程要求和学生实际情况，设定明确、具体的教学目标。这些目标不仅包括知识技能的掌握，还包括情感、态度和价值观的培养。为了实现这些目标，经验教师会将教学内容分解为若干个阶段或任务。每个阶段或任务都对应一个或多个具体的教学目标，确保教学过程中的每一步都紧密围绕目标展开。[1]

由表 6-3 可知策略知识要素得分均值由高到低分别为 8、12、11、9、10。可以看出，经验体育教师在教学反馈方面做得相对较差。与经验教师访谈得知，一些经验教师可能因为习惯了自己的教学方式，对于教学策略的反

---

[1]　程嘉恒：《初任体育教师与经验体育教师学科教学知识（PCK）比较研究》，广州大学硕士学位论文，2018，第 54~66 页。

思和改进不够，同时没有及时调整教学方法去适应学生的变化和需求。有些经验体育教师可能面临课程安排紧张、学生人数众多等问题，导致他们无法为每个学生提供充分的个性化反馈。因此，他们可能倾向于在有限的时间内集中精力进行教学，而忽视了反馈的重要性。

表 6-3　经验体育教师宣称策略知识得分统计

题项	最小值	最大值	标准差	中位数	平均值
8. 能够运用多种教学表征讲解技术动作	3	5	0.756	4	4.047
12. 能够根据不同教学任务选择教学组织形式	3	5	0.633	4	3.987
11. 能够正确评价学生的学习效果	2	5	0.659	4	3.923
9. 能够选择合适的教学方法与策略	2	5	0.87	4	3.918
10. 能够及时向学生提供教学反馈	2	5	0.694	3	3.601
平均值					3.895

2. 内容知识水平

由表 6-4 可知，经验体育教师对内容知识的掌握情况整体处于中上水平。题项得分情况由高到低为 5、1、7、6、2、4、3。经验教师基本上是人到中年，拥有中级职称。在学校，他们不仅是教育教学一线的骨干，还承担着较多其他的工作。职称评定与晋升、在职深造学习、知识更新和出科研成果等诸多方面带给他们的压力也比较大，与具有高级职称的教师相比，他们自我感觉学识水平等方面差距明显。他们同时也是家庭的顶梁柱，精力和体力也不如以前，倘若职务、职称晋升与科研不能一帆风顺，心中不安和不甘并存，希望和失望的体验将使他们感到疲惫和艰辛，导致该教龄段的教师更容易倦怠。[①] 从与经验教师的访谈中同样可知，经验教师可能因为长期从事相同的教学工作产生职业倦怠而停滞不前，没有及时学习新知识、新理论、新方法，教学内容更新不足。

---

① 张毅：《新手、熟手、专家型职校教师专业发展中职业倦怠实证研究》，《职业教育研究》2011 年第 12 期；陈雁飞：《中小学体育教师职业压力及压力源的调查研究》，《西安体育学院学报》2005 年第 4 期。

表 6-4 经验体育教师宣称内容知识得分统计

题项	最小值	最大值	标准差	中位数	平均值
5. 能够将教学内容分解为不同阶段的教学任务	2.000	5.000	0.746	4.000	4.060
1. 能够掌握所要教的体育规则、礼仪和安全知识	2.000	5.000	0.936	4.000	3.940
7. 能够知道课程内容的前后联系	2.000	5.000	0.966	4.000	3.790
6. 能够根据不同学生的程度与兴趣设定课程目标	2.000	5.000	0.831	4.000	3.687
2. 能够掌握所要教的技战术知识	2.000	5.000	0.838	4.000	3.622
4. 能够知道学生易犯错误产生原因	2.000	5.000	0.942	4.000	3.597
3. 能够对所教运动技能进行正确示范	2.000	5.000	0.850	4.000	3.558
平均值					3.750

3. 学生知识水平

由表 6-5 可知，经验体育教师的学生知识维度三道题的得分均值由高到低分别为 15、14、13。

表 6-5 经验体育教师宣称学生知识得分统计

题项	最小值	最大值	标准差	中位数	平均值
15. 我能够知道所教学生运动技能基础	2.000	5.000	0.656	4.000	3.974
14. 我能够知道所教学生学习风格差异	2.000	5.000	0.787	3.000	3.554
13. 我能够知道所教学生的年龄特征	2.000	5.000	0.720	3.000	3.515
平均值					3.681

学生知识不仅包括学习风格和年龄特征，还涵盖了更广泛的领域，如学生的运动技能基础、心理状态、兴趣爱好等。[①] 经验体育教师在这些方面可能了解不够全面，导致在教学上难以做到因材施教。虽然经验体育教师能够

---

① 张晓玲：《中小学体育教师 PCK 研究》，上海体育大学博士论文，2018，第 52 页。

识别学生的学习风格差异和年龄特征，通过访谈得知，教师在教学过程中要面对四五十名学生，很难深入理解学生个体差异。比如，学生在接受新技能时的速度、对运动的热爱程度、参与集体活动的意愿等方面都存在差异，这些都需要教师有深入的了解和把握，但是教师的精力是有限的，难以顾及每一个细节、每一名学生。

另外，经验体育教师可能会因为长期的教学习惯和经验，在某些教学方法上形成固定模式。这种固定模式可能会限制他们的教学创新和教学灵活性，使他们难以适应不同学生的学习风格和需求。因此，体育教师需要不断更新自己的教学理念和方法，积极探索新的教学模式和策略，以便更好地满足学生的个性化学习需求。[①]

4. 背景知识水平

从表 6-6 可知，背景知识的得分均值由高到低分别为 18、17、16。三道题中只有 18 水平良好，其余两题水平一般，具体为结合班级情况进行课堂管理不足，未能合理地运用好场地器材。

表 6-6　经验体育教师背景知识得分统计

题项	最小值	最大值	标准差	中位数	平均值
18. 我能够利用社区资源服务体育教学	2.000	5.000	0.777	4.000	4.009
17. 我能够结合班级情况有效管理课堂	2.000	5.000	0.959	3.000	3.391
16. 我能够根据学校情况合理运用场地器材	2.000	5.000	1.007	3.000	3.356
平均值					3.585

有效的课堂管理需要教师具备良好的组织能力、沟通能力和冲突解决能力。当面对不同的班级情况和学生需求时，经验体育教师可能过于依赖固定的教学计划和课程安排，而忽视了随机应变的重要性，导致教学效果受到限

---

① 程嘉恒：《初任体育教师与经验体育教师学科教学知识（PCK）比较研究》，广州大学硕士学位论文，2018，第 54～66 页。

制。在与 C 经验教师交谈时得知"学校的场地面积有限，每个班上课时连一块篮球场的面积都不到，教师的能力确实有限，很难在这么小的场地顾及每一个学生，势必会出现教学密度、强度下降的问题"。笔者在进行课堂录像时也发现了这种情况，市区里的小学场地面积尤为紧张。

综上，经验体育教师作为拥有十年以上教龄的老教师，整体宣称 PE-PCK 处于中上水平。经验教师是教师成长过程中的特殊阶段，正处于教师成长的"苦恼"阶段，是最需要关注的教师群体。通过教师教育可以使经验教师加深对教育教学的认识，稳定他们对教师职业的情感；组织专家提升经验教师的教学技巧，使他们在教学过程中增强教学效能感；提高经验教师的科研能力，指导他们发表学术文章，为他们的发展做准备；辅导经验教师进行有效的职业生涯规划，帮助他们制订合理的发展计划，使其尽快迈进专家型教师的行列。[①]

三　经验体育教师宣称 PE-PCK 差异性分析

（一）性别差异

以下探究性别对中小学经验体育教师 PE-PCK 的影响。进行独立样本 t 检验得到表 6-7。

表 6-7　不同性别经验体育教师宣称 PE-PCK 比较

	性别（平均值±标准差）		t	p
	男（n=133）	女（n=100）		
背景知识	3.66±0.59	3.49±0.59	2.144	0.033[*]
学生知识	3.74±0.45	3.60±0.43	2.506	0.013[*]
策略知识	3.95±0.42	3.82±0.44	2.194	0.029[*]
内容知识	3.79±0.49	3.70±0.46	1.481	0.140

[*] $p<0.05$，[**] $p<0.01$。

由表 6-7 可知，不同性别经验体育教师的内容知识显著性 >0.05，表明

---

① 王守恒：《体育教师职业倦怠的成因及其消解策略探析》，《北京体育大学学报》2005 年第 10 期。

不同性别教师的内容知识不存在差异性，而其他三维度知识均呈现显著性（p<0.05），且三维度中男性的平均值均高于女性。

男性教师在背景知识、学生知识、策略知识方面高于女性教师，可能是因为在某些社会文化背景下，男性教师获得的背景信息多于女性教师。在课题组关于新手教师的研究中同样得出了这一结论。男性被认为更适合从事体育教学工作，因此可能有更多的机会接受相关培训和教学经验积累。[1]

（二）学校性质差异

以下探究教师任教学校性质对中小学经验体育教师 PE-PCK 的影响，进行单因素方差分析得到表6-8。

表6-8　不同任教学校性质经验体育教师宣称 PE-PCK 比较

	工作学校性质（平均值±标准差）			F	p
	农村（n=51）	集镇（n=57）	城市（n=125）		
背景知识	3.62±0.59	3.61±0.57	3.56±0.61	0.297	0.743
学生知识	3.70±0.49	3.69±0.44	3.67±0.44	0.095	0.909
策略知识	3.90±0.39	3.95±0.41	3.87±0.46	0.701	0.497
内容知识	3.75±0.44	3.78±0.43	3.74±0.52	0.127	0.881

* p<0.05，** p<0.01。

从表6-8可知，不同任教学校性质对于背景知识、学生知识、策略知识、内容知识均不会表现出显著性（p>0.05），表示不同任教学校性质对于背景知识、学生知识、策略知识、学科知识全部表现出一致性，并没有差异性。

教师的知识和能力主要取决于他们的教育背景、专业培训和工作经验等因素，而不是地区的差异。教师在接受教育和培训的过程中都会学到相似的知识和技能，教师的知识和能力是可以通过不断学习和专业发展来提升的。无论是农村、集镇还是城市的教师都有机会参加各种培训和学习活动，不断提高自己的教学水平和专业素养。

---

[1]　黄钰晨：《中学体育教师教学价值取向研究——基于社会性别理论的思考》，《湖南师范大学自然科学学报》2020年第4期。

（三）学段差异

以下探究不同任教学段对中小学经验体育教师 PE-PCK 的影响，进行单因素方差分析得到表6-9

表6-9　不同学段经验体育教师的宣称 PE-PCK 比较

	任教学段（平均值±标准差）			F	p
	小学（n=118）	初中（n=86）	高中（n=29）		
背景知识	3.59±0.58	3.54±0.62	3.70±0.57	0.779	0.460
学生知识	3.66±0.43	3.68±0.47	3.77±0.47	0.683	0.506
策略知识	3.94±0.40	3.84±0.47	3.89±0.46	1.378	0.254
内容知识	3.78±0.45	3.68±0.49	3.84±0.53	1.617	0.201

* $p<0.05$，** $p<0.01$。

从表6-9看出，不同学段对于背景知识、学生知识、策略知识、内容知识均不表现出显著性（$p>0.05$）。

（四）教龄差异

以下探究不同教龄对经验体育教师 PE-PCK 的影响，进行单因素方差分析后得到表6-10。

表6-10　不同教龄经验体育教师的宣称 PE-PCK 比较

	教龄（平均值±标准差）			F	p
	11~15年（n=109）	16~20年（n=54）	16~20年（n=70）		
背景知识	3.62±0.59	3.60±0.59	3.51±0.60	0.748	0.475
学生知识	3.72±0.45	3.73±0.41	3.59±0.48	2.053	0.131
策略知识	3.93±0.41	3.85±0.42	3.88±0.48	0.734	0.481
内容知识	3.75±0.48	3.81±0.46	3.69±0.49	0.986	0.375

* $p<0.05$，** $p<0.01$。

从表3-10可以看出，教龄对于背景知识、学生知识、内容知识、策略知识均不表现出显著性（$p>0.05$），于背景知识、学生知识、内容知识、策略知识全部表现出一致性。在体育教育领域，有一些被广泛认可的教学理论和方法，这些理论和方法不会因为教师的教龄而发生改变。因此，无论教师的教龄如何，他们可能会因为相似的专业培训和教育背景而形成相似的教学观念和理念。

（五）学历差异

下面探究学历对 PE-PCK 的影响，通过单因素方差分析得到表 6-11。

表 6-11　不同学历经验体育教师的宣称 PE-PCK 比较

	最高学历（平均值±标准差）				F	p
	中专（n=1）	大专（n=14）	本科（n=194）	研究生（n=24）		
背景知识	3.33±null	3.60±0.47	3.57±0.59	3.74±0.64	0.640	0.590
学生知识	3.33±null	3.62±0.47	3.68±0.45	3.78±0.48	0.664	0.575
策略知识	4.00±null	3.99±0.44	3.88±0.42	3.92±0.51	0.297	0.827
内容知识	3.57±null	3.73±0.44	3.73±0.48	3.91±0.52	1.042	0.375

* p<0.05,** p<0.01。

从表 6-11 可知，不同最高学历对于背景知识、学生知识、策略知识、内容知识均不表现出显著性（p>0.05），意味着没有差异性。

经验体育教师积累了众多经验和知识，弥补了学历上的差距。而且随着教龄的增长，教师在教学实践中积累了丰富的经验，逐渐形成了自己的教学风格和方法。这些经验使他们能够更加熟练地运用背景知识、了解学生的需求、掌握学科知识和灵活运用教学策略，所以说学历对经验体育教师 PE-PCK 并无影响。

（六）毕业院校差异

以下探究教师毕业院校对中小学经验体育教师 PE-PCK 的影响，对数据进行单因素方差分析得到表 6-12。

表 6-12　不同毕业院校经验体育教师的宣称 PE-PCK 比较

	毕业院校（平均值±标准差）			F	p
	师范院校（n=150）	体育院校（n=68）	综合类院校（n=15）		
背景知识	3.59±0.58	3.55±0.61	3.67±0.60	0.243	0.784
学生知识	3.67±0.45	3.69±0.46	3.71±0.40	0.072	0.931

续表

	毕业院校（平均值±标准差）			F	p
	师范院校 （n=150）	体育院校 （n=68）	综合类院校 （n=15）		
策略知识	3.87±0.45	3.93±0.41	4.03±0.35	1.163	0.314
内容知识	3.77±0.47	3.72±0.48	3.71±0.56	0.271	0.763

* $p<0.05$, ** $p<0.01$。

从表6-12可以看出，不同毕业院校对于背景知识、学生知识、内容知识、策略知识均不表现出显著性（$p>0.05$），全部表现出一致性。

教师的教育背景和专业培训对于他们的知识和能力水平有重要影响。不同毕业院校的教师可能接受了不同的教育和培训，学习了不同的知识和技能。然而，这并不意味着一定会导致显著性差异，因为经验体育教师可以通过后续多年的专业发展和学习来弥补教育背景和专业培训的差异。

第二节　经验体育教师使用 PE-PCK 建构特征

本节探究经验体育教师的使用 PE-PCK 水平及建构特征，将研究结果与上一节进行对比，以便了解经验体育教师 PE-PCK 宣称与使用水平是否存在差异。本节从教学设计与教学实施过程两个方面分析经验体育教师使用 PE-PCK 的水平及建构特征。

一　经验体育教师使用 PE-PCK 结果分析

以下基于6名经验体育教师的教学设计及课堂教学反映出来的 PE-PCK 情况，从整体上分析其相关维度的水平（设计阶段）、相关维度间联系（实施阶段）的水平，并根据呈现信息阐述中小学经验体育教师使用 PE-PCK 的总体表现。

（一）设计阶段使用 PE-PCK 得分频次

需要对经验体育教师在每一节课教学设计中所呈现的 PE-PCK 进行深入分析，对教师在教学设计中展示的 PE-PCK 相关维度具体要素的出现频率进行统计。因为教师使用 PE-PCK 的水平具有相对稳定性，所以根据其具体维度的出现频率占比，将频率占比最高的分数确定为教师在课堂教学中所呈现的 PE-PCK 具体维度的水平；如果频率相同，那么选择最高得分那个作为具体维度的水平。

综上，体育教师 PE-PCK 建构特征在一定发展阶段是相对稳定的，体育教师 PE-PCK 的稳定水平可以通过频次占比最高的水平进行衡量。6 名体育教师的 PE-PCK 相关维度的频次分布情况见表 6-13。

表 6-13　6 名经验教师使用 PE-PCK 教学设计频次统计

学段	教师	水平	CK					SK			TK						总计
			1	2	3	4	5	1	2	3	1	2	3	4	5	6	
小学	C 教师	有限	0	0	0	0	0	0	0	0	0	0	0	0	0	0	0
		基本	**2**	**2**	**2**	1	1	1	**2**	1	1	0	1	**3**	**3**	1	21
		熟练	1	1	1	**2**	**2**	**2**	1	**2**	**2**	0	**1**	0	0	**2**	17
	T 教师	有限	1	0	**2**	0	0	0	0	0	0	0	0	0	0	0	3
		基本	2	**3**	1	**3**	1	1	**2**	1	**2**	0	0	**3**	**2**	**2**	23
		熟练	**3**	0	0	0	**2**	**2**	1	**2**	1	0	0	0	1	1	13
初中	L 教师	有限	**2**	0	0	0	1	0	0	0	0	0	0	0	0	0	4
		基本	1	1	**2**	**2**	**2**	**2**	**2**	**2**	**2**	0	0	**3**	**2**	0	21
		熟练	0	0	0	0	0	1	1	0	0	**3**	0	1	**3**	**3**	12
	G 教师	有限	0	0	0	0	0	0	0	0	0	0	0	0	0	0	0
		基本	**3**	**3**	**3**	1	**3**	1	0	0	0	1	**2**	0	0	0	17
		熟练	0	0	0	**2**	0	**2**	**3**	**3**	**3**	0	1	1	**3**	**3**	21
高中	X 教师	有限	1	**2**	1	0	1	0	0	0	0	0	0	1	1	0	7
		基本	**1**	0	**1**	**2**	1	**2**	**2**	1	1	**1**	0	**1**	**1**	0	14
		熟练	0	0	0	0	0	0	0	1	**1**	0	0	0	0	**2**	4
	J 教师	有限	0	0	0	0	0	0	0	0	0	0	0	0	0	0	0
		基本	0	0	1	**3**	0	0	0	0	1	0	0	**2**	0	0	7
		熟练	0	**3**	**2**	0	**3**	**3**	**3**	**3**	**2**	**3**	0	1	**3**	**3**	29

（二）使用 PE-PCK 设计阶段水平

依据表 6-13 确定 PE-PCK 相关维度具体要素频次最高的水平，加黑数字即该要素的实际水平。然后，将内容知识、学生知识和策略知识的三个具体维度的实际水平取平均值，从而得出 PE-PCK 相关维度的水平。再把 6 名经验体育教师相关维度水平取平均值就得到了经验体育教师相关维度的水平。6 名经验体育教师的 PE-PCK 相关维度水平统计见表 6-14。

表 6-14　6 位经验教师使用 PE-PCK 教学设计水平统计

维度	小学		初中		高中		平均分
	C 教师	T 教师	L 教师	G 教师	X 教师	J 教师	
CK	2.4	2.2	2	2.2	1.8	2.6	2.2
SK	2.67	2.67	2	3	2.33	3	2.61
TK	2.17	1.3	2	2.33	2	2.33	2.03
平均分	2.41	2.07	2	2.51	2.04	2.64	2.28

由表 6-14 可知，PE-PCK 所有相关维度中反映水平最高的是学生知识（SK），平均 2.61 分。G 教师、J 教师达到满分水平，C 教师、T 教师位于高水平，都达到 2.67 分；X 教师表现的水平中等以上，达到 2.33 分；只有 L 教师得 2 分。可见，大部分教师对学生的身心发展状况，体能、技能掌握情况把握得非常好，能够根据学生的实际情况来进行教学设计。

6 名经验教师的内容知识（CK）表现良好，处于中上水平，平均分为 2.2 分。只有 J 教师达到了高水平，X 教师和 L 教师处于中下水平，得分分别为 1.8 分、2 分。6 名经验教师的策略知识（TK）勉强达到中上水平，平均分为 2.03 分。

6 名经验体育教师的课中所反映出来的 PE-PCK 相关维度的水平总体分布情况见表 6-15。

表 6-15　6 名经验教师使用 PE-PCK 教学设计水平分布统计

教学设计维度	SK	TK	CK
有限（1 分）	0（0%）	2（2.38%）	12（14.29%）
基本（2 分）	22（41.51%）	38（45.24%）	48（57.14%）
熟练（3 分）	31（58.49%）	44（52.38%）	24（28.57%）

从表 6-15 可以看出，6 名经验体育教师的学生知识（SK）水平最高，得分集中在基本和熟练的水平，53 个得分中熟练水平占比 58.49%，基本水平占比 41.51%，无有限水平；策略知识（TK）水平表现也较好，主要集中在基本、熟练水平，84 个得分中基本水平占比 45.24%、熟练水平 52.38%，有限水平仅占 2.38%；内容知识（CK）得分主要集中在基本水平，84 个得分中有限水平占比 14.29%，基本水平占比 57.14%，熟练水平占比 28.57%。可知，经验体育教师的 PE-PCK 中内容知识（CK）、策略知识（TK）和学生知识（SK）基本和熟练水平占大部分。

下面对 6 名经验体育教师在 PE-PCK 各个相关维度进行详细的统计分析，以深入了解他们在这些维度上的表现。

1. 经验体育教师使用 PE-PCK 内容知识水平

6 名经验体育教师内容知识水平情况统计见表 6-16。

表 6-16 6 名经验教师使用 PE-PCK 内容知识水平统计

内容知识（CK）	小学		初中		高中		平均分
	C 教师	T 教师	L 教师	G 教师	X 教师	J 教师	
CK1. 能够合理确定本课的指导思想	2	2	1	2	2	2	1.83
CK2. 能够理解核心素养导向的教学目标多领域性	2	2	3	2	1	3	2.17
CK3. 能够理解所教运动项目的前后联系	2	2	2	2	2	3	2.17
CK4. 能够理解本次课动作技术的重点	3	2	2	3	2	2	2.33
CK5. 能够挖掘运动项目隐含的德育要素	3	3	2	2	2	3	2.5
平均分	2.4	2.2		2.2	1.8	2.6	2.2

从表 6-16 看到，教师的内容知识处于中等偏上水平，所有内容知识的具体维度中反映水平最低的是 CK1，平均分为 1.83 分，大部分经验体育教师能达到基本水平，只有 L 教师处于有限水平。CK1 维度依照《新课标》所提出的要求进行打分，也就说明了得分低的教师对《新课标》的内容及要求了解不够透彻；反之，得分高的教师对《新课标》进行了较好的研读。对教师后期的访谈也证实了这一点，如 T 教师在访谈中提到"我们每年都会举行

公开课，今年刚好我来开公开课，现在教学要求依标教学，不管是写教学设计还是具体的课堂实施都要按照《新课标》来进行，包括公开课的时候评委的点评跟打分都是依照《新课标》来进行的，所以我不得不对《新课标》进行好好学习"。与 L 教师的访谈提到"《新课标》出来的时候学校集中进行了学习，但也是停留在表面。《新课标》刚出来的时候我们会组织集中备课，便于我们加深对《新课标》的解读……我们平时除了教学工作之外的事情特别多，就导致了我们有时候备课时间比较仓促，教学设计学得比较粗糙"。L 教师的这段话还解释了为什么他的 CK1 得 1 分、CK2 得 3 分。通过与两名教师的访谈可知公开课、有效的自我学习、集中备课与充足的备课时间能够提升教师的内容知识，从而提升教师的 PE-PCK 水平。

表现较好的具体维度有 CK4、CK5，满分 3 分，最低分为 2 分，CK4 平均分为 2.33 分，CK5 平均分为 2.5 分。这说明大部分教师能够掌握教学内容的重难点，并在教学过程中能够挖掘运动项目隐含的德育要素。CK2 处于中上水平，最高分为 3 分，最低分为 1 分，得分分布不均主要体现在高中阶段的教师，X 教师得 1 分，J 教师得 3 分，从两者的教学设计可以看出，尽管都是常态课，但是 J 教师的教学设计质量远远高于 X 教师，J 教师的访谈提到"我们体育组组长平时对教学非常严格，不管是备课还是上课都要求我们认真对待，这也是我们学校体育课一直上得好的一个原因"。笔者在进行课堂实录的过程中也注意到，J 教师的体育组长会经常到体育课堂进行巡视，而且就算没人监督各体育教师也会认真教学，呈现一种充满活力与激情的教学状态。这种课堂会形成一个良性循环：体育组长认真负责，起到指导与监督作用，教师上课精神饱满、态度认真，学生自然而然会去积极地学习，课后体育组长会进行反馈点评，有利于教师成长。CK3 平均分为 2.17 分，处于中上水平，最高分为 3 分，最低分为 2 分，说明老师在教学过程中能够较好地理解所教运动项目的前后联系。

从整体来看，教师内容知识（CK）平均分为 2.2 分，处于中上水平。从每个教师的自身得分来看，C 教师得 2.4 分，T 教师得 2.2. 分，G 教师得 2.2 分，三者的内容知识（CK）都处于中上水平。L 教师得 2 分，X 教师得 1.8 分，两者内容知识（CK）处于中下水平。J 教师得 2.6 分，内容知识

（CK）处于高水平。从 L 教师 CK1 得 1 分和 CK2 得 3 分的数据结合与其访谈得知，备课时间不充分导致其教学设计呈现的 CK1 得分偏低，而其 CK1 实际水平可能高于所得数据。X 教师内容知识中 CK2、CK3、CK4、CK5 维度在教师中均处于最低水平，任教学段为高中，X 教师访谈提到"我们高中教体育课主要是为了缓解学生们文化课上的学习压力，让学生们在体育课上能够放松文化学习带来的压力，锻炼一下身体，这是我们这个阶段体育课要做的事情，我们所教的内容也并不是完全按照教学大纲来执行的，根据实际情况灵活应变……对于《新课标》我们也学习过，但是我们教学要考虑到现阶段学生的实际情况"。从中可知高中体育课程要为文化课让路，教师没有体育升学压力，教学环境相对轻松，导致教师教学有所松懈，教学设计所呈现的得分偏低，但从 J 教师的教学设计与访谈中可知 X 教师所言只是原因之一，体育组长等领导监督与要求、校风等也是决定课堂教学质量的重要原因。反观初中、小学体育教师有升学压力，并从与 C 教师、T 教师两名小学教师访谈中得知小学体育课程教学内容要与体育中考内容衔接，这就导致其与高中教师的教学态度不同，初中、小学体育教学更严谨，这也是数据所体现出来的初中、小学体育教师内容知识水平高于高中教师的原因。

2. 经验体育教师使用 PE-PCK 学生知识水平

6 名经验体育教师学生知识水平情况见表 6-17。

表 6-17 6 名经验教师使用 PE-PCK 学生知识水平统计

| 学生知识（SK） | 小学 | | 初中 | | 高中 | | 平均分 |
	C 教师	T 教师	L 教师	G 教师	X 教师	J 教师	
SK1. 能够理解学生的学习难点（易错点）	3	3	2	3	2	3	2.67
SK2. 能够重视学生的运动技能基础和体能基础	2	2	2	3	2	3	2.33
SK3. 能够关注学生的心理特征	3	3	2	3	2	3	2.83
平均分	2.67	2.67	2	3	2.33	3	2.61

由表 6-17 可知，经验体育教师的学生知识处于高水平，平均分为 2.61 分。SK1 平均分为 2.67 分，达到高水平。SK2 平均分为 2.33 分，达到中上

水平。SK3 最高分平均分为 2.83 分，达到高水平。

经验教师有丰富的教学经验，对于不同年龄段学生身心发展特点非常了解。经验教师在工作中积累的经验告诉他们，教学要从学生的角度出发，要以学生为中心去构建一堂课。这一结论在与 G 教师的访谈中有所体现："你看有些课你会发现，有些学生还没有上课就过来抢我的糖吃（说明师生关系融洽），这些初中生叛逆得很，你要先跟他们搞好关系，以一种朋友的关系来教课，即使上课的时候训斥他们，他们也会好好地上你的课，所以给他们上课，第一步是要处理好师生关系。再一个就是他们这个年纪的孩子都爱表现自己，但是水平又不行，说白了就是又菜又爱玩，这个时候就要抓住他们的心理特征，在教学过程中多设置一些对抗性、比拼性的教学活动，这样既能够教到东西又可以提高学生的积极性。"

3. 经验体育教师使用 PE-PCK 策略知识水平

6 名经验体育教师策略知识水平情况统计见表 6-18。

表 6-18　6 名教师使用 PE-PCK 策略知识水平统计

策略知识（TK）	小学		初中		高中		平均分
	C 教师	T 教师	L 教师	G 教师	X 教师	J 教师	
TK1. 能够考虑到使用多种教学方式呈现教学任务（如合作、探究）	3	2	2	3	3	3	2.67
TK2. 能够考虑到体育骨干辅助教学	0	0	0	0	2	3	0.83
TK3. 能够考虑到根据学生基础不同进行差异教学	3	0	3	3	0	0	1.5
TK4. 能够考虑到运动负荷安排的科学性	2	2	2	2	2	2	2
TK5. 能够关注过程性评价的重要性	2	2	2	2	3	3	2.33
TK6. 能够围绕动作技术重点设置渐进式教学任务	3	2	3	3	3	3	2.83
平均分	2.16	1.33	2	2.33	2	2.33	2.03

教师的策略知识水平平均分为 2.03 分，处于中等水平。由此可见教师进行教学设计时能够用多种教学方式来呈现教学任务，并且在设置教学任务时能够围绕动作的重点进行，在每个教学任务中会进行过程性的评价，整节课的运动负荷设计也比较合理。义务教育阶段教师 TK2 得分为 0 分；高中阶

段教师得 2.5 分，处于高水平，说明义务教育阶段的教师没有利用体育骨干进行辅助教学，而高中阶段的教师能够充分利用体育骨干进行教学；义务教育阶段经验教师 TK3 平均得 2.25 分，高中阶段经验教师得 0 分，说明义务教育阶段经验体育教师能够根据学生的基础进行差异教学，而高中阶段的教师没有进行差异教学。

T 教师是一名小学教师，所教年级为二年级和四年级，以下是与 T 教师关于此部分的访谈内容："小孩子们技术动作都没有成型，多数人自己动作都做得不对，不要说让他们来指导其他同学了。他们里面虽然有体育委员、领操员、小组长，也只能起到帮忙热热身、维持一下纪律的作用，维持纪律也仅限于年纪大的孩子，小的孩子有时候连自己都管不住，更不要说去管别人啦。"

L 教师是一名初中教师，所教年级为六年级与七年级。下面是与 L 教师关于此部分的访谈内容："初中生现在体育中考压力很大，学校里压得也紧，上课的内容以中考的项目为主，学生们的体育基础不好，如果让学生来指导学生的话难以起到好的教学效果，但是也会让小组长帮忙下口令啊、组织一下队伍。"

X 教师是一名高中教师，所教年级为高二。下面是与 X 教师关于此部分的访谈内容："我们体育委员是体育生，从小学开始就练体育，一些热身动作甚至做得比老师都标准，而且一些学生从小家里会给报一些运动兴趣班，到了高中阶段学生的技能都有了质的提升，所以要充分利用资源，也给学生一个锻炼的空间。当然，练习的动作都是我来指定的，由体委带领大家来练习，这个过程我会进行全程纠错。"

由上面与三名教师的访谈可知 TK2 得分原因。初中、小学阶段的学生的技能基础差，而且小学阶段的学生自我控制能力差，初中阶段的升学压力大，教师不敢给学生太多的课堂权力。到了高中阶段，学生的技能水平达到了可以辅助教学的高度，教师会对体育骨干进行充分利用。

义务教育阶段教师在教学过程中设置了分层练习有助于教师教学和学生学习，提高整体学习质量，本研究选取的高中教师虽然未进行分层差异教学，但不代表所有的高中体育教师未进行差异教学，教学方法的使用是根据教材、学情等因素进行选择的。高中J教师在访谈中提到"高中体育进行模块教学，我负责健美操课程，像这种操类课程，一定要多练才能记住动作，我在上课时也会进行分组教学，也是在小组长的示范带领下进行练习，分层练习用得不多，悟性差的也会进行单独指导，主要是靠多练。像那些球类课程差异分层会比较明显"，所以说教学方法要灵活，不能局限固定模式。

两名初中教师在进行教学设计时分层明显，如L教师在原地运球与行进间运球（LG1）教学设计中提到"分层次练习。目的：设置不同的目标，不仅可以激发学生的兴趣和学习热情，也能满足不同学生的学习需求"。G教师在篮球运球绕杆（GN1）教学设计练习四中提到"教学方法：进行分层次练习，学生根据自己的实际情况，选项练习教师巡回指导，及时纠正学生的错误动作"，表明了经验体育教师能够根据教学需要合理地使用分层教学。

（二）经验体育教师使用PE-PCK设计阶段建构水平

1. 经验体育教师使用内容知识的完整性分析

6名经验体育教师使用内容知识水平情况见图6-1。

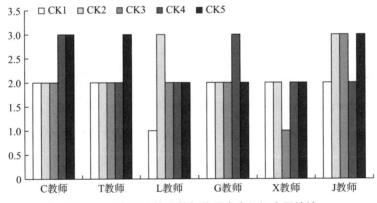

图6-1　6名经验体育教师使用内容知识水平统计

6名教师内容知识（CK）完整性较好、无缺失、整体水平较高。J教师内容知识（CK）位于高水平，C教师、T教师、L教师、G教师内容知识（CK）位于中等偏上水平。CK1（能够合理确定本课的指导思想）方面L教师处于有限水平，其余教师均能达到基本水平；CK2（能够理解核心素养导向的教学目标多领域性）方面只有L教师和J教师能达到熟练水平，其余教师均处于基本水平；CK3（能够理解所教运动项目的前后联系）方面除 J 教师达到熟练水平，其余教师都处于基本水平；CK4（能够理解本次课动作技术的重点）方面 C 教师、G 教师达到熟练水平，其余教师都位于基本水平；CK5（能够挖掘运动项目隐含的德育要素）方面 C 教师、T 教师、J 教师能够达到熟练水平，其余 3 名教师也能达到基本水平。

2. 经验体育教师使用学生知识的完整性分析

6 名经验体育教师学生知识水平情况见图 6-2。

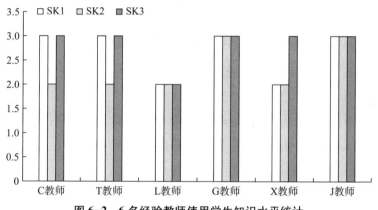

图 6-2　6 名经验教师使用学生知识水平统计

6 名经验体育教师学生知识（SK）水平很高、完整性很好。G 教师、J 教师 3 个子维度都得 3 分，说明两名教师对学生知识的掌握及运用非常透彻；C 教师、T 教师 SK1、SK3 都能得 3 分，处于熟练水平，SK2 两名教师都得 2 分，处于基本水平，说明小学阶段的经验体育教师对学生的技能与体能基础还有提升空间；X 教师 SK3 得 3 分，处于熟练水平，SK1、SK2 得 2 分，处于基本水平；L 教师 3 个子维度均得 2 分，处于基本水平。

3. 经验体育教师使用策略知识的完整性分析

6 名经验体育教师教学策略水平情况见图 6-3。

6 名经验体育教师的策略知识水平整体表现良好，但完整性较差，所有教师均存在维度缺失现象。T 教师策略知识水平较差，缺失严重，TK2、TK3维度缺失。其中，TK2 维度缺失最为严重，只有 X 教师、J 教师两名教师有所体现，其余 4 名教师均处于缺失状态；TK3 维度缺失较为严重，T 教师、

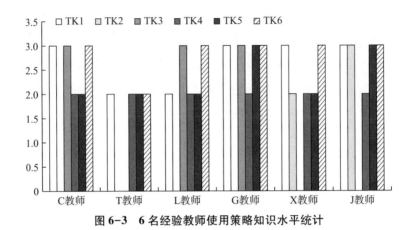

图6-3 6名经验教师使用策略知识水平统计

X教师、J教师完全缺失，C教师、L教师、G教师则表现出高水平，都达到3分；TK1、TK4、TK5、TK6维度每名教师都未缺失，并处于基本或熟练水平。

4. 经验体育教师设计阶段使用 PE-PCK 汇总分析

根据上述对 PE-PCK 相关维度的完整性统计与分析，6名教师的 PE-PCK 相关维度都有缺失，其中T教师缺失比较严重，缺失2个维度，所有教师缺失的维度都集中在策略知识。

（三）经验体育教师使用 PE-PCK 实施阶段建构水平

1. 实施阶段使用 PE-PCK 水平

以下分析经验体育教师每一节课堂教学的教学决策所反映出来的 PE-PCK，并对 PE-PCK 相关维度间联系频次进行分析，将频次占比最高的水平确定为教师 PE-PCK 相关维度间联系具体要素的水平（如果水平的频次相同，取高水平作为具体维度的实际水平，见表6-19）。

表6-19 6名经验体育教师 PE-PCK 实施阶段频次统计

教师	维度	TS				TC			SC		GTSC						ZTSC						总计
		1	2	3	4	1	2	3	1	2	1	2	3	4	5	6	1	2	3	4	5	6	
C教师	有限	7	5	4	1	4	8	4	5	1	7	7	4	0	0	5	1	1	1	0	1	1	67
	基本	7	6	6	2	3	6	1	4	0	6	6	9	0	1	3	1	1	2	2	2	2	70
	熟练	6	11	12	2	15	6	3	7	0	9	9	7	0	0	14	1	1	0	1	0	0	104

续表

教师	维度	TS				TC			SC		GTSC						ZTSC						总计
		1	2	3	4	1	2	3	1	2	1	2	3	4	5	6	1	2	3	4	5	6	
T 教师	有限	1	0	0	1	0	1	1	0	0	1	4	0	5	0	4	0	1	3	0	0	0	22
	基本	8	7	6	1	4	9	0	3	1	7	6	6	0	0	4	3	2	0	3	3	2	75
	熟练	5	8	9	2	11	4	3	10	1	7	5	8	0	0	7	0	0	0	0	0	1	81
L 教师	有限	6	0	1	3	3	6	0	5	0	1	0	5	0	1	0	1	1	0	2	1	3	39
	基本	8	5	6	0	5	6	3	4	2	7	3	7	1	1	3	2	2	2	1	2	0	70
	熟练	1	12	10	1	9	3	1	2	1	9	14	4	0	1	14	0	0	1	0	0	0	83
G 教师	有限	5	1	1	0	5	6	2	4	0	5	3	5	0	1	2	1	1	2	1	1	2	48
	基本	5	8	5	2	5	4	1	5	1	6	9	4	0	1	6	1	1	1	1	2	1	69
	熟练	4	7	10	3	6	4	3	3	0	5	4	3	3	0	5	1	1	0	0	0	0	66
X 教师	有限	5	2	2	0	8	4	2	9	0	5	9	9	0	0	7	1	1	1	2	0	2	69
	基本	6	9	9	0	3	7	3	2	3	7	2	2	0	0	3	2	2	2	1	3	1	70
	熟练	0	2	2	0	1	0	1	0	0	0	2	1	7	0	2	0	0	0	0	0	0	18
J 教师	有限	0	0	0	0	0	0	0	0	0	0	0	0	0	0	0	0	0	0	0	0	0	0
	基本	0	0	0	0	0	0	4	0	0	0	0	2	8	0	0	0	1	0	0	0	0	15
	熟练	17	19	19	4	19	17	6	5	0	19	19	10	4	2	19	3	2	3	3	3	3	196

依据上述的频次统计信息，得出 PE-PCK 相关要素之间的联系程度。6 名教师 PE-PCK 实施阶段水平统计见表 6-20。

表 6-20　6 名经验教师实施阶段使用 PE-PCK 水平统计

维度间联系	小学		初中		高中		总平均分
	C 教师	T 教师	L 教师	G 教师	X 教师	J 教师	
TS	2.75	2.75	2.25	2.5	2	3	2.54
TC	1.67	2.67	2.33	2.33	1.67	3	2.28
SC	2	3	1.5	2	1.5	1.5	1.92
GTSC	2.16	2	2.83	2.16	1.33	2.83	2.22
ZTSC	2.33	1.83	1.67	2.5	1.67	3	2.17
总计（建构水平）	2.18	2.45	2.12	2.3	1.63	2.67	2.23

从总体来看，经验体育教师 PE-PCK 建构水平中的策略知识与学生知识的联系处于高水平，策略知识与内容知识的联系、过程性策略知识、内容知识与学生知识三者间的联系、总结性策略知识、内容知识与学生知识三者间的联系处于中上水平，学生知识与内容知识间的联系处于中下水平。由此可见，经验体育教师 PE-PCK 建构水平良好。

PE-PCK 所有相关维度间联系中反映水平最高的是策略知识与学生知识间联系，可见教师在教学设计、教学实施的过程中，做教学决策时能够从学生的角度出发。其他 PE-PCK 相关维度间的联系表现水平也比较理想。教师策略知识与内容知识的联系水平总体比较理想，但各教师之间水平差距较大，可见在教学设计、教学实施过程中，个别教师的内容知识面不够广、对教学内容的掌握深度不够，呈现两极分化的情况。教师学生知识与内容知识间的联系水平表现并不理想，教师间呈现两极分化的现象，可见部分教师学生知识与内容知识间的联系储备严重不足。教师的过程性策略知识、内容知识与学生知识间联系，以及总结性策略知识、内容知识与学生知识三者间的联系表现较好，但各教师水平差距较大，个别教师的联系水平亟须提升。

下面对 6 名经验体育教师 PE-PCK 相关维度的水平分布情况进行统计，见表 6-21。

表 6-21　6 名经验教师使用 PE-PCK 实施阶段联系水平分布统计

	TK-SK	TK-CK	SK-CK	GTSC	ZTSC
有限	45（14.06%）	54（23.48%）	24（30.77%）	90（21.13%）	32（29.63%）
基本	109（34.06%）	64（27.83%）	25（32.05%）	120（28.17%）	51（47.22%）
熟练	166（51.88%）	112（48.69%）	29（37.18%）	216（50.70%）	25（23.15%）

2. 经验体育教师策略知识与学生知识联系水平

通过对经验体育教师策略知识与学生知识联系水平进行统计，6 名经验体育教师总体情况见表 6-22。

表 6-22　6 名经验教师策略知识与学生知识联系水平统计

策略知识与学生知识（TS）	小学		初中		高中		平均分
	C 教师	T 教师	L 教师	G 教师	X 教师	J 教师	
TS1. 教师能够采取有效策略解决学生的学习难点（易错点）	2	2	2	2	2	3	2.17
TS2. 教师能够结合学生的运动基础进行教学	3	3	3	2	2	3	2.67
TS3. 教学能够结合学生的心理特征进行教学	3	3	3	3	2	3	2.83
TS4. 教师能够采取有效策略促进学生思维习惯的发展	3	3	3	3	2	3	2.83
平均分	2.75	2.75	2.75	2.5	2	3	2.63

可以看出教师的策略知识与学生知识整体处于高水平，可见教师在教学实施过程中能够结合学生的心理特征，关注学生长期学习及思维习惯的发展，并且能够结合学生的运动基础进行教学，较好地解决学生的学习难点。

3. 经验体育教师策略知识与内容知识联系水平

通过对经验体育教师策略知识与内容知识联系水平进行统计，6 名经验体育教师总体情况见表 6-23。

表 6-23　6 位经验教师策略知识与内容知识联系水平统计

策略知识与内容知识（TC）	小学		初中		高中		平均分
	C 教师	T 教师	L 教师	G 教师	X 教师	J 教师	
TC1. 教师能够对所教运动项目进行正确的讲解与示范	3	3	3	3	1	3	2.67
TC2. 教师能够围绕动作技术重点实施教学	1	2	2	1	2	3	1.83
TC3. 教师能够结合运动项目进行思想品德教育	1	3	2	3	2	3	2.33
平均分	1.67	2.67	2.33	2.33	1.67	3	2.28

可以看出教师的教学策略与内容知识水平整体处于中等偏上水平，说明大部分教师在教学过程中能够正确地对运动项目进行讲解示范，并且在教学活动中进行合适的思想品德教育，但有些教师在上课过程中未完全围绕着技术重点实施教学。

4. 经验体育教师学生知识与内容知识联系水平

通过对课堂教学中教师学生知识与内容知识联系水平进行统计，6 名经验体育教师总体情况见表6-24。

表6-24　6名经验教师学生知识与内容知识联系水平统计

学生知识与内容知识（SC）	小学		初中		高中		平均分
	C 教师	T 教师	L 教师	G 教师	X 教师	J 教师	
SC1. 教师能够有效纠正学生的动作错误	3	3	1	2	1	3	2.17
SC2. 教师能够引导学生理解动作错误的成因	1	3	2	2	2	0	1.67
平均分	2	3	1.5	2	1.5	1.5	1.92

可以看出经验体育教师的学生知识与内容知识水平表现并不理想，整体处于中等偏下水平，小学阶段教师整体好于中学阶段教师。大部分经验体育教师在教学过程中能够对学生所犯的错误进行有效纠正，但只有少数教师能够引导学生理解动作错误的成因。

5. 经验体育教师 PE-PCK 过程性三维度间联系水平统计

通过对课堂教学中经验体育教师过程性策略知识、内容知识与学生知识三者间的联系水平进行统计，6 名经验体育教师总体情况见表6-25。

表6-25　6名教师 PE-PCK 过程性三维度间联系水平统计

维度	小学		初中		高中		平均分
	C 教师	T 教师	L 教师	G 教师	X 教师	J 教师	
GTSC1. 教师能够采取恰当的教学方式呈现教学任务	3	3	3	2	2	3	2.67
GTSC2. 教师能够根据教学任务采取恰当的组织形式	3	2	3	2	1	3	2.33
GTSC3. 教师能够进行及时有效的教学反馈	2	3	2	3	1	3	2.33
GTSC4. 教师能够恰当使用体育骨干协助教学	0	1	2	0	3	1	1.33
GTSC5. 教师能够根据实际情况有效开展差异教学	2	0	3	3	0	3	1.67
GTSC6. 教师能够根据实际情况合理布置场地器材	3	3	3	3	1	3	2.67
平均分	2.17	2	2.67	2.17	1.33	2.83	2.17

可以看出教师 PE-PCK 过程性相关三维度间联系水平表现比较理想，整体处于中等偏上水平，但各维度之间、教师之间存在较大差异。

6. 经验体育教师 PE-PCK 结果性三维度间联系水平

通过对课堂教学中教师总结性策略知识、内容知识与学生知识三者间的联系水平进行统计，6 名经验体育教师总体情况见表 6-26。

表 6-26 6 名教师 PE-PCK 结果性三维度间联系水平统计

维度	小学		初中		高中		平均分
	C 教师	T 教师	L 教师	G 教师	X 教师	J 教师	
ZTSC1. 实现了本课的教学目标	3	2	2	3	2	3	2.5
ZTSC2. 学、练、赛、评有机结合	3	2	2	3	2	3	2.5
ZTSC3. 运动负荷安排合理	2	1	2	1	2	3	1.83
ZTSC4. 运用多种教学方式呈现教学任务	2	2	1	3	1	3	2
ZTSC5. 渐进式教学任务设置与学生水平相适应	2	2	2	2	2	3	2.17
ZTSC6. 遵循运动项目结构化教学的要求	2	2	1	1	1	3	1.67
平均分	2.33	1.83	1.67	2.5	1.67	3	2.11

可以看出经验体育教师 PE-PCK 结果性相关三维度间联系水平表现比较理想，整体处于中等偏上水平，但各维度之间、教师之间水平存在较大差异。

7. 经验体育教师实施阶段使用 PE-PCK 水平特征分析

6 名经验体育教师 PE-PCK 维度间联系水平情况见图 6-4。

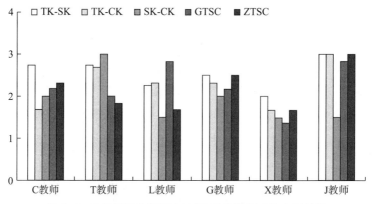

图 6-4 6 名经验教师 PE-PCK 实施阶段建构水平统计

6名经验体育教师策略知识与学生知识间的联系水平均较高。策略知识与学生知识间的联系水平高的是 J 教师、C 教师、T 教师和 G 教师，L 教师、X 教师位于中等水平。策略知识与内容知识联系方面，J 教师、T 教师达到高水平，C 教师、X 教师水平较低。学生知识与内容知识间的联系水平方面，T 教师位于高水平，L 教师、J 教师处于低水平。策略知识、学生知识与内容知识三者间的联系水平较高，除 X 教师处于低水平外，其余 5 名教师均处于中高水平或高水平。

二 经验体育教师使用 PE-PCK 建构特征分析

前面对经验体育教师使用 PE-PCK 教学设计和教学实施的数据展开分析，以下以此为依据，从经验体育教师使用 PE-PCK 相关维度及维度间联系两个方面分析经验体育教师使用 PE-PCK 的建构特征。

（一）经验体育教师设计阶段使用 PE-PCK 建构特征

经验体育教师 PE-PCK 相关维度的建构特征通过教学设计进行分析，下面从 TK、SK、CK3 个方面对 6 名经验体育教师 PE-PCK 相关维度建构特征展开论述。

1. 学生知识扎实

经验体育教师深知学情，对学生各方面都非常理解。如 X 教师在 CN2 课学情分析中这样写："8 字跳长绳的方向和位置变化给学生增加了难度，能够激起学生挑战的欲望，不同方式的跳长绳活动能够增强学生练习兴趣。教学难点为动作迅速、协调，两同学间衔接连贯"，可见 X 教师能够关注学生的好胜心理特征，理解学生的学习难点。经验体育教师对学生学习难点理解全面。如 C 教师在 CG1 课学情分析中提到 "本节课为棒球大单元中地滚球单元的第一次课。在之前的规则、传接球单元中，学生们已经了解棒球比赛规则中的防守办法和进攻得分办法。技术上，同学们已培养基本球性和接、传球技术及其衔接技术。接地滚球后的传球技术与衔接的垫步技术和传接球技术无异，只是重心略低，故本次课以正面接地滚球的教授为主，结合低重心垫步传球教学。难点为相互配合、技术与战术的结合"，可见 C 教师非常了解学生的技能掌握情况，从课的前后联系结合学生的掌握情况分析本节课动作的重难点。T 教师在 TN1 课教学设计中提到"难点：移动中传接球上下肢协调用力"，本节课的授课内容为"篮球移动中双手胸前传接球"，可见，T 教师能够理解动作的难点。经验体育教师能够重视学生的运动技能和体能基础。如 L 教师在 LG1 课学情分析中提到"七年级学生篮球水平参差不齐，学生之间的发育状况也存在差异。在教学中始终遵循循序渐进的教学方式，因材施教注重学生个体差异，通过分层次教学避免吃不饱和吃太饱现象的产生。让学生在宽松和谐的氛围中积极主动地完成动作"。可见，L 教师在教学设计阶段对学生的篮球技能水平和身体素质水平有一定的了解，并针对学情以学生为主体、教师为主导设计差异教学。

经验体育教师对学生的心理特征了解全面。如 C 教师在 CG1 课教学设计中提到"练习：跑垒接力。设计意图：棒球进攻规则的渗透，补充课堂运动强度的不足，接力跑比赛进一步激发学生课堂参与积极性，提高团队凝聚力"，G 教师在 GN2 课教学设计中提到"练习：运球绕杆接力比赛。设计意图：实战中检验学习成果，提高学生抗压能力；接力比赛能激发学生的好胜心、提高上课的积极性，有利于提高团队凝聚力"。两名教师抓住了学生青春期善于表现自我的心理并加以疏导利用，使之成为提高课堂学习效果的"兴奋剂"。

2. 内容知识有深度

教师 PE-PCK 相关维度的明显特征之一是对内容理解深刻。如 J 教师在 JN1 课教学设计中提到"重点：各个步伐之间的衔接。难点：明确动作方向及步伐节奏的协调。易犯错误：1. 节拍与步伐不一致。2. 步伐之间的衔接不够及时、准确。3. 手脚的节奏配合不合拍。解决办法：通过集体练习、分组练习、重复练习及教师巡回指导等方法帮助学生解决问题"。J 教师在教学设计中能够考虑到动作的重难点，对动作的重难点理解透彻，并根据动作的重难点分析了易犯错误，并对易犯错误设置多样的解决方法。J 教师在另一节课教学设计中有类似的说明："重点：练习动作准确，用力顺序正确。难点：移动中完成动作时身体的协调、控制。易犯错误：1. 由于自身协调原因动作不到位，动作不准确。2. 动作节奏凌乱。3. 手脚不协调、重心不稳。解决办法：通过集体练习、分组练习、重复练习及教师巡回指导等方法帮助学生解决问题。"

T 教师等也表现出了对内容知识的深刻理解。如 T 教师在 TN1 课教学设计中提到"双手胸前传接球是篮球运动中最主要的基本技术，是篮球教学重要组成部分，是更好地学习其他技战术的基础，传接球技术好坏直接影响集体力量的发挥和战术配合的质量，所以我们必须高度重视学习和掌握这一技术。本课是一堂新授课，本课着重解决在各种情况下学生控制、支配球的能力，熟练双手胸前传接球技术，为后面技能学习奠定基础"。T 教师提出篮球双手胸前传接球是其他技术动作的基础，阐明了此技术的重要性。

3. 教学策略多样

经验体育教师在深入理解教学内容和学情的基础上，结合自己的教学理念，对教材进行大胆处理，具有自己的设计意图，对教材自主处理能力较强。

如 J 教师在 JN1 课的教学设计中有这样的教学环节："1. 教师引导学生复习已学太极拳 1~6 式技术动作，引导学生注意动作方向和重心的转换。2. 教师再次示范太极拳已学动作技术，让同学们仔细观察动作路线、动作感觉和动作表达。3. 教师组织学生进行练习，并巡视指导纠错。4. 教师对今天要学的 2 式进行讲解和示范，并提示攻防意义，让学生自己领悟反向动作。5. 组织学生集体模仿学习，教师采用背面示范边讲解边示范进行教学。"可见，J 教师这节课对教材的自主处理是在深入理解太极拳教学内容的基础上，让学生进行自主探究学习，挖掘运动技能的多重含义。类似情况在她的其他课堂教学中也有体现。如 J 教师在 JN2 课教学设计中提到"教师组织学生分组进行练习，引导有疑问的同学通过主动询问教师或骨干来提高，右边动作已经掌握的小组可尝试左边动作，我们的动作是对称的，大家也可以尝试队形变化的编排。要求：学生们认真听讲，仔细观察，大胆表达动作，互帮互助，并注意动作的力度和肌肉的自控"。本节课授课内容为体操类，动作是左右对称的，J 教师通过分组练习增强学生的团队协作意识，让学生进行自主探究，并体现了骨干的作用和学生互帮互助的能力，教学方法策略多样。又如 J 教师在 JG1 课教学设计中提到"教法：组织学生在骨干带领下小组进行练习，巡视指导纠错。3. 学法：（1）学生认真听讲，明确身体素质练习内容、方法和要求。（2）学生按小组进行练习，注意动作要求和安全。4. 要求：动作到位、有序，团队协作好且快"。可见，J 教师在教学设计中充分考虑了骨干协助教学的作用，并且在设计教学活动时有意识地组织群体在骨干带领下分组练习，培养学生的团结协作能力。由上可见，J 教师的课堂教学策略多样，教学表征已经达到了多元关联的水平。

4. 新课标理念欠缺

经验体育教师能够掌握动作的技术重点，能够挖掘运动项目的德育要素，但对核心素养导向下的教学目标多领域性和新课标里面的内容理解不够深入。

2022 年颁布的《新课标》提出运动技能、健康行为、体育品德三个核心素养，《新课标》是体育教师进行教学的准则，然而经验体育教师经历十年以上的工作，个人的教学理念、教学方式已经相对固化，这一点在文献综述中其他学者的研究中也有体现。

（二）经验体育教师实施阶段使用 PE-PCK 建构特征

1. 策略知识与学生知识间的联系整体一般

经验体育教师在整个教学过程中策略知识与学生知识间的联系不够紧密，各教师之间水平差距较大。经验体育教师的教学策略未能够有效纠正学生的错误动作，但在纠错过程中基本能引导学生理解动作的错误成因。在教学计划阶段，经验体育教师学生知识和策略知识之间的联系为 1.5 分，水平不高的原因可能与教师和学生的上课状态有关系。

如 X 教师在 XN1 课有这样的教学环节，教师说："同学们存在一个问题，在直腿跑的时候手不是直臂，我们手还是正常地摆动。很多同学直腿跑的时候手变成这样子了（错误动作示范），这种动作自然而然地（造成）手会变直了，我们要避免这个问题，跑的过程中手臂还是正常地（造成）摆动，大家来试一下。"从课堂录像来看，教师纠正动作问题后只有少部分学生进行了改正，大多数学生还是原来的错误动作，教师并未进行再次纠错。可见，教师知道动作要领，只是学生出现错误时并未对学生进行有效指导，并未采取策略解决这一问题，导致学生在错误动作的道路上继续前进。

如 X 教师在 XN2 课有这样的教学环节，教师说："我们跳的时候，跳进去尽量单脚去跳不要双脚跳，双脚跳就容易摔。再一个我们听到这个哒一声节奏，听到这个声音马上进去，然后开始跳。不然你们一直找不到这个节奏，就会卡绳，来试一下，啪，听到声音就冲进去，失误了不要紧，大家可以慢一点，一开始的时候可以慢一点。"教师在这段话中解释了双脚跳时容易摔倒的原因，解释了节奏不正确是入绳卡绳的原因，并提出解决问题的技巧，学生在后面的练习中只有少部分得到了有效改正，大多数学生没有改正，而教师也未继续进行纠正，说明教师的教学措施对学生影响不大，并且教师的教学态度像是在"走流程"。

经验体育教师的策略知识与学生知识间的联系总体水平中等，但个别教师（L教师）仍处于中下水平，C教师、G教师处于中等水平，T教师处于高水平；具体维度间各教师得分差异较大，C教师、T教师在有效纠正学生的错误动作方面处于熟练水平，G教师处于基本水平，L教师处于有限水平；T教师在引导学生理解动作错误成因方面为熟练水平，L教师、G教师处于基本水平，C教师为有限水平。

如T教师TN1课有这样的教学环节："两脚前后站持球，要求直线传球手臂伸臂充分。肘关节内夹，手腕外翻，接球的同学手要主动伸出来迎球。女生不要有推窗的动作，手腕手臂不要往外扩（纠错）。膝盖正常朝前跑不要朝着你的队友，因为这样子不利于你观察前方的情况（纠错）。"T教师能立刻指出学生的动作错误之处，通过课堂上学生的反应来看，经过教师指导后学生的错误动作马上得到了改正。如T教师TN2课有这样的教学环节"练习2：完成一个跳再完成下一个跳，脚底要灵活，你们看有的同学根本没有跳起来，我请这个同学来跳一下，大家看一下他什么问题，小问题（错误示范后点评），他比刚才好了，第一个问题是脚底绊蒜对不对，他掌握这个动作的节奏，你要想象绳子是在空中不停地转的，你可以离地低一点，但是你要怎么样，跳起来，而且每根绳子只能跳一次，跳完赶紧跑出来。练习3：摇绳的同学，注意一下我们不敢跳的同学，慢一点（摇绳节奏），摇绳不要着急。进去的同学时机掌握好，边跑边跳，待在这里等待（提醒后面同学不要拥挤），大胆跳。时机掌握好了，边跑边跳，大胆跳，往中间跑，不要怕。体委准备跳，没有问题，边走边跑边跳，不要双脚跳，跑起来跳，表扬（树立榜样)!"这个教学环节说明了 T 教师知道学生们跳不过去是时机掌握不对和跳的位置与节奏不对造成的,教师细心指导后学生完成了动作,说明 T 教师能够引导学生理解动作的错误成因。

2. 动作讲解示范较好,但围绕技术重难点教学方面整体表现一般

经验体育教师策略知识与内容知识间的联系较紧密,主要体现在对所教运动项目的讲解与示范上,有 4 名教师为熟练水平。围绕技术重难点教学方面整体表现一般,处于中下水平,T 教师、L 教师为基本水平,C 教师、G 教师为有限水平,下面进行具体分析。

如 C 教师在 CG1 课教学中讲到"下面老师进行动作讲解,我们分为三个动作,同学们注意看,两脚开立,重心落于前脚掌,上身稍前倾,手放在体前,球来的时候,迅速跑动往前迎去接球,快点半蹲降重心。我们有没有左撇子的同学,没有吧?都没有,那太好了,那接下来我的示范都是以右手为例,右腿迅速,左手下伸,手往下去打球,右手快速地从上往下包球,那么这个时候呢,我们就像一个河马的大嘴巴一样,张大去吃这个球,我们手上球就跟橙子一样是不是?那我们到练习的时候就想一下河马吃橙子好不好,那么接到球以后我们要做什么?就是刚才我们做的垫步传球,把球扔出去"。C 教师将动作分为三部分进行讲解,运用专业术语结合动作形象化,学生更易理解,使讲解示范更具体、更清晰。

如 L 教师在 LG1 课教学实施中提到"这次运球的重点在于触球的位置,按拍球的后上方,你们运球的时候不能拍它的正上方,因为这样你的球在原地没办法前进,所以你们要拍球的后上方,用手推着往前走,还有就是我们的手形也很重要,怎么样(提问)?对(学生回答正确),要五指张开……,同学们回答得很棒"。L 教师在组织讲解示范过程中示范正确,但动作技术重点没有讲全,球的落点也是篮球行进间运球的重点,但 L 教师只讲触球部位和触球手形,所以 L 教师围绕动作技术重点实施教学只能达到基本水平。

G 教师在 GN1 课教学实施中讲到"刚开始踢球的时候不要太大力量,我们先小力量地试一下,关键就是你的支撑脚有没有踩到球侧。男生前面不要太大力(提醒),你们不要太激动啊,有的是给你们发挥的时间。动作可以分为助跑进助跑摆动踢球。准备开始助跑,支撑脚到位,你看地面这么平

整却把球传歪了"。足球脚内侧踢球的重点有支撑脚的站位、脚的触球部位、击球位置、踢球腿的摆动等，但 G 教师只让学生练习时注意支撑脚的站位，所以 G 教师围绕技术重点实施教学为有限水平。

3. 义务教育阶段经验体育教师未利用好体育骨干协助教学

经验体育教师三维度间总体联系密切，结构化教学良好；个别维度缺失，教师之间的水平也有差距。具体表现在体育骨干协助教学联系松散、运动负荷安排合理性一般。

G 教师体育骨干协助教学完全缺失，T 教师为有限水平，L 教师、J 教师为基本水平，4 名教师都是义务教育阶段的教师。C 教师、G 教师为小学教师，C 教师和 G 教师在访谈中都提到"我们小学阶段的学生技能都很差，像篮球、足球等技能性运动项目都刚刚接触，属于初学阶段，极少有学生可以做动作示范，体委也就起到协助点名、管理纪律的作用"。由此可以看出，小学阶段的经验体育教师没有体现体育骨干协助教学这一点，缺少满足条件的学生也是其中原因之一。如 T 教师 TN2 课有这样的教学环节："表扬第三、第四排的队长，知道中间隔两条线的意思，第二排的队长要批评（队列没用散开控制好）。"从这里可以看出小组长只起到帮助教师管理学生的作用，所以 T 教师水平为有限。如 L 教师 LG1 课有这样的教学环节："来，体委出来为大家做一遍完整示范……体委看一下同学的动作，不对的地方帮同学们纠正一下。"从这段话中可以看出 L 教师利用体委来进行动作的示范，并协助自己进行错误动作纠正，但体委一个人的覆盖面有限，完全可以多发展几名体育骨干来帮忙纠错。所以 L 教师的水平为基本。

4. 结构化教学良好

经验体育教师结构化教学联系整体良好，各教师间存在差距。如 T 教师 TN1 课授课内容为篮球移动双手胸前传接球，她在教学实施过程中先进行原地双手胸前传接球练习，再进行行进间传球练习，再进行对干扰下的行进间传球练习，最后进行运球上篮后将球传给队友接力练习，整节课贯彻动作学习循序渐进原则，并将篮球其他技术动作串联起来，所以 T 教师在教学过程中完全遵循了结构化教学要求。而 L 教师 LG1 课授课内容为篮球原地运球与行进间运球，课上先是进行球性练习，再进行原地运球练习、行进间运球练习，最后分组练习。L 教师在课上有这样的教学环节："第一组进行行进间直线运球，第二组同学进行急停运球，第三组进行体前变向运球，第四组自由发挥可以衔接上篮，同学们根据你们掌握的运球情况自己选组。"可见 L 教师能将运球练习内容进行前后的串联，能将上篮等与其他技术动作进行串联，所以 L 教师此部分水平为基本。

5. 运动负荷安排不合理

经验体育教师运动负荷安排不合理，X 教师、C 教师、L 教师为基本水平，T 教师、G 教师为有限水平。如 C 教师在 CN1 课中的教学环节"一、三排同学拿球……原地胸前传接球的动作，三人一组行进间交替传球练习，其中一人防守。"可以从这些教学活动中看出每一名学生都参与练习，练习密度非常大。但 C 教师在后面的体能练习这样设置："同学们现在分成四组，进行运球接力比赛，看看哪一组最终获胜。"班里大概有 40 人，也就是每组大概 10 人，可见运动密度小、强度低，而《新课标》里面提到体育课中应当有 10 分钟的体能练习，显然 C 教师的课堂是达不到的，所以综合整节课表现 C 教师的运动负荷为基本水平，这也反映了经验体育教师对于《新课标》掌握与运用不够好。G 教师在 GN1 课中这样安排教学："第一个练习为足球脚内侧对墙传球练习，第二个练习为两人一组互传，第三个练习为足球射门游戏练习。"前两个练习密度较大，射门练习一组大概 10 人要排队进行射门，射门练习密度很小。G 教师体能练习这样安排："现在做一个体能练习，俯卧撑这样做（示范），刚才老师脚掌太开了一点，还有个同学给我指出来了，我接受批评，来准备，哎手臂下去，腰不要下塌，知道吧，最后能坚持下来都很厉害。"俯卧撑一共做了两组，从录像时间看体能训练不足 2 分钟，运动负荷远远达不到《新课标》体能练习的要求，所以从整体来看 G 教师运动负荷安排水平为有限。

第三节　经验体育教师 PE-PCK 影响因素分析

前文已经分析了解了经验体育教师 PE-PCK 的建构特征，这解决了"是什么"的问题。然而，要深入探讨"为什么"，需要进一步分析这些特征形成的原因。因此，本节使用问卷数据分析影响经验体育教师 PE-PCK 的因素。

一　相关分析

依据维度划分对题项重新合并并生成新的变量，其中影响因素为 8 个变量，现状调查为 4 个变量。由表 6-27 可知，利用相关分析研究背景知识、学生知识、策略知识、内容知识、学科教学知识（总）分别和 8 项影响因素之间的关系，使用 Pearson 相关系数表示关系的强弱情况。背景知识、学生知识、策略知识、内容知识、学科教学知识（总）和 8 项影响因素之间均呈现显著性，相关系数均>0，说明背景知识、学生知识、策略知识、内容知识、学科教学知识（总）均存在正相关。

表 6-27　Pearson 相关（标准格式）

	背景知识	学生知识	策略知识	内容知识	学科教学知识（总）
政策制度	0.357 **	0.347 **	0.283 **	0.370 **	0.388 **
职业发展	0.324 **	0.324 **	0.211 **	0.316 **	0.331 **
人为因素	0.436 **	0.399 **	0.335 **	0.389 **	0.438 **
学校组织	0.314 **	0.268 **	0.160 *	0.366 **	0.327 **
专业培训	0.593 **	0.490 **	0.335 **	0.450 **	0.518 **
学习准备度	0.272 **	0.250 **	0.195 **	0.211 **	0.256 **
自我效能	0.380 **	0.341 **	0.260 **	0.499 **	0.442 **
个人动机	0.606 **	0.516 **	0.356 **	0.670 **	0.628 **

* $p<0.05$, ** $p<0.01$。

二　线性回归分析

（一）内容知识的回归分析

从表 6-28 可知，将政策制度、职业发展、人为因素、学校组织、专业培训、学习准备度、自我效能、个人动机作为自变量，而将内容知识作为因变量进行线性回归分析，模型公式为：内容知识＝2.176＋0.054×政策制度－0.006×职业发展＋0.033×人为因素＋0.003×学校组织＋0.060×专业培训－0.044×学习准备度＋0.124×自我效能＋0.254×个人动机，模型 R^2 值为 0.559，意味着 8 项因素可以解释内容知识 55.9%的变化原因。对模型进行 F 检验时发现模型通过 F 检验（F＝35.430，p＝0.000<0.05），说明 8 项因素中至少有 1 项会对内容知识产生影响。由上可知：政策制度、专业培训、自我效能、个人动机会对内容知识产生显著的正向影响，而职业发展、人为因素、学校组织、学习准备度并不会对内容知识产生影响。

表 6-28　内容知识与影响因素的线性回归分析结果（n=233）

	非标准化系数		标准化系数	t	p	共线性检验	
	B	标准误	Beta			VIF	容忍度
常数	2.176	0.117	—	18.661	0.000**	—	—
政策制度	0.054	0.025	0.109	2.135	0.034*	1.314	0.761
职业发展	-0.006	0.027	-0.012	-0.229	0.819	1.322	0.756
人为因素	0.033	0.023	0.076	1.410	0.160	1.459	0.685
学校组织	0.003	0.025	0.006	0.115	0.909	1.388	0.720
专业培训	0.060	0.029	0.111	2.056	0.041*	1.476	0.678
学习准备度	-0.044	0.024	-0.093	-1.838	0.067	1.285	0.778
自我效能	0.124	0.028	0.238	4.466	0.000**	1.447	0.691
个人动机	0.254	0.027	0.509	9.357	0.000**	1.505	0.665
R^2	0.559						
调整 R^2	0.543						
F	F (8, 224) = 35.430, p=0.000						
D-W 值	1.459						
因变量：内容知识							

* $p<0.05$, ** $p<0.01$。

教师在教育专业的学习过程中，通过系统的教育培训和实践经验的积累，可以提高自己的教学能力和专业知识水平。政策制度能够为经验教师提供良好的教育资源、合理的教学评价机制和激励机制，将有助于提高教师的专业知识水平。

个人动机强的教师倾向于积极学习和提升自身的教学知识。他们会主动寻求帮助，解决教学中遇到的问题，并持续不断地学习新的教学理论、方法和技能，以不断提高自己的内容知识水平。自我效能感高的教师更愿意参加专业培训，因为他们相信这能提高自己的教学水平，进而影响学校整体的教学水平。[①]

（二）策略知识的回归分析

从表6-29可知，将8项因素作为自变量，而将策略知识作为因变量进行线性回归分析，模型公式为：策略知识=2.980+0.060×政策制度+0.002×职业发展+0.068×人为因素−0.037×学校组织+0.075×专业培训−0.004×学习准备度+0.022×自我效能+0.096×个人动机，模型 R^2 值为 0.219，意味着 8 项因素可以解释策略知识21.9%的变化原因。对模型进行 F 检验时发现模型通过 F 检验（F=7.839，p=0.000<0.05），说明 8 项因素中至少有 1 项会对策略知识产生影响，另外，针对模型的多重共线性进行检验发现，模型中 VIF 值全部均小于 5，意味着不存在共线性问题；并且 D-W 值在数字 2 附近，因而说明模型不存在自相关性，样本数据之间并没有关联关系，模型较好。由上可知：人为因素、专业培训、个人动机会对策略知识产生显著的正向影响，而政策制度、职业发展、学校组织、学习准备度、自我效能并不会对策略知识产生影响。

表6-29　策略知识与影响因素的线性回归分析结果（n=233）

	非标准化系数		标准化系数	t	p	共线性检验	
	B	标准误	Beta			VIF	容忍度
常数	2.980	0.141	—	21.161	0.000**	—	—
政策制度	0.060	0.030	0.133	1.963	0.051	1.314	0.761
职业发展	0.002	0.032	0.005	0.077	0.939	1.322	0.756
人为因素	0.068	0.028	0.172	2.408	0.017*	1.459	0.685

① 尹瑶芳：《小学数学教师 MPCK 影响因素的模型建构研究》，东北师范大学博士学位论文，2017，第 204 页。

续表

	非标准化系数		标准化系数	t	p	共线性检验	
	B	标准误	Beta			VIF	容忍度
学校组织	-0.037	0.031	-0.085	-1.219	0.224	1.388	0.720
专业培训	0.075	0.036	0.151	2.105	0.036*	1.476	0.678
学习准备度	-0.004	0.029	-0.009	-0.142	0.887	1.285	0.778
自我效能	0.022	0.034	0.046	0.653	0.515	1.447	0.691
个人动机	0.096	0.033	0.211	2.917	0.004**	1.505	0.665
R^2	0.219						
调整 R^2	0.191						
F	$F(8, 224) = 7.839, p = 0.000$						
D-W 值	1.757						
因变量：策略知识							

* $p < 0.05$, ** $p < 0.01$。

经验体育教师感受到领导的重视和同事的认可时，会更加积极地投入教学，并且愿意尝试新的教学策略和方法。这种激励和动力会促使教师不断地提升自己的教学水平，包括教学策略知识的产生和应用。专业培训通常能够提供丰富的学习资源，包括课标研读、教学设计、专家讲座等内容。这些资源可以帮助经验体育教师拓宽视野，了解到更多的教学策略和方法，从而丰富其教学策略的知识储备。有些专业培训结合了理论知识和实践经验，让教师们学会如何将理论知识应用到实际教学中。通过参加培训，教师可以学习到最新的教学理论和方法，并且在实践中加以运用，从而提高其教学策略的知识水平。经验体育教师热爱自己所从事的体育教学工作，这种热爱会让他们更加投入教学，并且乐于尝试新的教学策略和方法。这种动机会促使经验体育教师不断地探索和创新，以增强教学效果和学生的学习成效。[1]

综上所述，教师的策略知识受到个人动机、专业培训、人为因素的影响。教育部门和学校应该综合考虑这些因素，为教师提供良好的学习和发展条件，从而提高他们的教学能力和水平。

---

[1]　张泽琦：《徐州市中小学体育教师 PCK 研究》，中国矿业大学硕士学位论文，2020，第 59 页。

（三）学生知识的回归分析

从表6-30可知，将8项因素作为自变量，而将学生知识作为因变量进行线性回归分析，模型公式为：学生知识=2.338+0.060×政策制度+0.028×职业发展+0.052×人为因素−0.023×学校组织+0.138×专业培训−0.009×学习准备度+0.014×自我效能+0.150×个人动机，模型R^2值为0.401，意味着8项因素可以解释学生知识40.1%的变化原因。对模型进行F检验时发现模型通过F检验（F=18.772，p=0.000<0.05），说明8项因素中至少有1项会对学生知识产生影响，另外，针对模型的多重共线性进行检验发现，模型中VIF值全部小于5，意味着不存在共线性问题；并且D-W值在数字2附近，因而说明模型不存在自相关性，样本数据之间并没有关联关系，模型较好。由上可知：政策制度、人为因素、专业培训、个人动机会对学生知识产生显著的正向影响，而职业发展、学校组织、学习准备度、自我效能并不会对学生知识产生影响。

表6-30 学生知识与影响因素的线性回归分析结果（n=233）

	非标准化系数		标准化系数	t	p	共线性检验	
	B	标准误	Beta			VIF	容忍度
常数	2.338	0.128	—	18.256	0.000**		
政策制度	0.060	0.028	0.128	2.167	0.031*	1.314	0.761
职业发展	0.028	0.029	0.058	0.968	0.334	1.322	0.756
人为因素	0.052	0.026	0.127	2.037	0.043*	1.459	0.685
学校组织	−0.023	0.028	−0.050	−0.822	0.412	1.388	0.720
专业培训	0.138	0.032	0.268	4.261	0.000**	1.476	0.678
学习准备度	−0.009	0.026	−0.020	−0.349	0.728	1.285	0.778
自我效能	0.014	0.031	0.029	0.461	0.645	1.447	0.691
个人动机	0.150	0.030	0.320	5.043	0.000**	1.505	0.665
R^2	0.401						
调整R^2	0.380						
F	F (8, 224) = 18.772, p=0.000						
D-W值	1.893						
因变量：学生知识							

* p<0.05，** p<0.01。

　　当学校领导要求教师必须了解学生的身心发展状况和体技能状况时，教师可能会更加关注学生的个体差异和需求。这种关注有助于教师更全面地了解学生，提高自身的学生知识水平。教师通过专业培训可以不断提升自己的教学能力和专业素养。教师参加教育培训、专业研讨会、学术交流等活动，可以了解最新的教育理论和教学方法，包括一些心理学知识，从而提供更有效的教学服务，促进教师学生知识的产生。[①]

（四）背景知识的回归分析

　　从表 6-31 可知，8 项因素作为自变量，而将背景知识作为因变量进行线性回归分析，模型公式为：背景知识 = 1.614+0.068×政策制度+0.008×职业发展+0.063×人为因素−0.022×学校组织+0.249×专业培训−0.019×学习准备度+0.012×自我效能+0.244×个人动机，模型 R^2 值为 0.539，意味着 8 项因素可以解释背景知识 53.9% 的变化原因。对模型进行 F 检验时发现模型通过 F 检验（F = 32.798，p = 0.000<0.05），说明 8 项因素中至少有 1 项会对背景知识产生影响，另外，针对模型的多重共线性进行检验发现，模型中 VIF 值均小于 5，意味着不存在共线性问题；并且 D-W 值在数字 2 附近，因而说明模型不存在自相关性，样本数据之间并没有关联关系，模型较好。由上可知：政策制度、人为因素、专业培训、个人动机会对背景知识产生显著的正向影响，而职业发展、学校组织、学习准备度、自我效能并不会对背景知识产生影响。

表 6-31　背景知识与影响因素的线性回归分析结果（n = 233）

	非标准化系数		标准化系数	t	p	共线性诊断	
	B	标准误	Beta			VIF	容忍度
常数	1.614	0.148	—	10.940	0.000**	—	—
政策制度	0.068	0.032	0.111	2.134	0.034*	1.314	0.761
职业发展	0.008	0.034	0.012	0.237	0.813	1.322	0.756
人为因素	0.063	0.030	0.117	2.138	0.034*	1.459	0.685

---

① 刘桂宏：《初中数学教师学科教学知识的发展及其影响因素研究》，东北师范大学博士学位论文，2023，第 82 页。

续表

	非标准化系数		标准化系数	t	p	共线性诊断	
	B	标准误	Beta			VIF	容忍度
学校组织	−0.022	0.032	−0.037	−0.699	0.485	1.388	0.720
专业培训	0.249	0.037	0.368	6.681	0.000**	1.476	0.678
学习准备度	−0.019	0.030	−0.032	−0.618	0.537	1.285	0.778
自我效能	0.012	0.035	0.019	0.349	0.728	1.447	0.691
个人动机	0.244	0.034	0.395	7.110	0.000**	1.505	0.665
R^2	0.539						
调整 R^2	0.523						
F	$F(8, 224) = 32.798$, $p = 0.000$						
D−W 值	2.024						
因变量：背景知识							

* $p < 0.05$, ** $p < 0.01$。

政策制度的改革可以改变教学方法和课程设置，提供更好的教学资源和支持，从而为教师背景知识的产生创造有利的环境。政策制度还可以为教师提供专业培训的机会和激励措施，鼓励他们不断提升自己的教学能力和背景知识水平。经验体育教师对自己体育学科教学知识的学习和运用有很高期望会驱使他们不断地追求知识的深入和广泛。这种内在动机可能会促使教师更加努力地学习和掌握校园环境、课堂管理、社区资源利用等方面的背景知识，以提高教学效果和教学质量。当学校领导要求教师必须了解学生的身心发展状况和体技能状况时，教师会意识到这是学校重视的方向，因此会更加关注学生的情况。这将促使教师积极地寻求相关的背景知识，以更好地了解学生的需求和特点，从而调整教学方法和策略，使教学更为有效。

第七章 优秀体育教师 PE-PCK 建构 特征及影响因素

第一节 优秀体育教师宣称 PE-PCK 建构特征

本章针对中小学优秀体育教师进行调查，目的在于对其 PE-PCK 水平进行呈现，并揭示其 PE-PCK 的建构特征及影响因素。

一 调查对象基本情况分析

本研究使用《体育教师 PE-PCK 调查问卷》对福建省 120 名中小学优秀体育教师施测。首先，对被调查教师的基本情况进行描述分析，调查对象基本信息见表 7-1。

表 7-1 调查对象基本信息

选项	类别	人数	百分比
性别	男	71	50.17%
	女	49	40.83%
学段	小学	58	48.33%
	初中	36	30%
	高中	26	21.67%
学校性质	城市	95	79.17%
	集镇	11	9.17%
	农村	14	11.67%

续表

选项	类别	人数	百分比
教龄	16~20 年	26	21.67%
	21 年及以上	94	78.33%
职称	高级教师	107	89.17%
	正高级教师	13	10.83%
学历	大专	1	0.83%
	本科	114	95%
	研究生	5	4.17%
毕业院校	师范大学	90	75%
	体育院校	29	24.17%
	综合大学	1	0.83%
获得荣誉	市级（或以上）教学技能大赛一等奖	43	35.83%
	市级（或以上）学科带头人	87	72.5%
	市级（或以上）名师工作室主持人	21	17.5%
	特级教师称号	6	5%
	其他	16	13.33%

由表 7-1 可知，在性别分布上，男性教师 71 人，占 50.17%，女性教师 49 人，占 40.83%；在学段分布上，小学教师 58 人，占 48.33%，初中教师 36 人，占 30%，高中教师 26 人，占 21.67%；在学校性质上，在城市学校任教 95 人，占 79.17%，在集镇学校任教 11 人，占 9.17%，在农村学校任教 14 人，占 11.67%；从教龄分布上看，教龄为 16~20 年 26 人，占 21.67%，教龄为 21 年及以上的 94 人，占 78.33%；在职称分布上，高级教师 107 人，占 89.17%，正高级教师 13 人，占 10.83%；从最高学历分布上看，学历为大专的 1 人，占 0.83%，学历为本科的 114 人，占 95%，学历为研究生的 5 人，占 4.17%；在毕业院校分布上，毕业于师范大学的 90 人，占 75%，毕业于体育院校的 29 人，占 24.17%，毕业于综合大学的 1 人，占 0.83%；从获得荣誉的分布来看，获得市级（或以上）教学技能大赛一等奖的 43 人，占 35.83%，

市级（或以上）学科带头人 87 人，占 72.5%，市级（或以上）名师工作室主持人 21 人，占 17.5%，获得特级教师称号的 6 人，占 5%，获得过其他荣誉 16 人，占 13.33%。

二 优秀体育教师宣称 PE-PCK 建构水平

（一）优秀体育教师宣称 PE-PCK 整体水平

量表共 18 题，均采用正向计分，由内容知识、策略知识、学生知识和背景知识组成，"非常不同意""较不同意""普通""较同意""非常同意"分别得 0、1、2、3、4、5 分。内容知识 7 道题，策略知识 5 道题，学生知识及背景知识各 3 道题。

依据表 7-2，优秀体育教师宣称 PE-PCK 的各个维度平均分均在 4.3 以上。这表明，参与调查的优秀中小学体育教师在学科教学知识方面达到高水平。接下来将对每个维度中各题的平均得分进行详细分析。

表 7-2 优秀体育教师宣称 PE-PCK 描述性统计

维度	内容知识	策略知识	学生知识	背景知识
最小值	3.000	2.600	3.000	2.333
最大值	5.000	5.000	5.000	5.000
平均值	4.507	4.525	4.425	4.372
标准差	0.539	0.563	0.596	0.608

（二）优秀体育教师宣称 PE-PCK 具体维度水平

1. 内容知识水平

教师的内容知识所有题项的平均得分最高，这表明优秀体育教师能够熟练掌握内容知识。内容知识共有 7 道题项，分别标为 1、2、3、4、5、6、7。根据表 7-3 的数据，这 7 个题项的平均得分从高到低的排序是 5、1、3、4、2、7、6。

表 7-3 优秀体育教师内容知识得分的描述性统计

题项	1	2	3	4	5	6	7
最小值	3.000	3.000	2.000	3.000	3.000	3.000	3.000

题项	1	2	3	4	5	6	7
最大值	5.000	5.000	5.000	5.000	5.000	5.000	5.000
平均值	4.550	4.483	4.508	4.492	4.567	4.467	4.483
标准偏差	0.606	0.622	0.648	0.661	0.604	0.647	0.661

教师在教学过程中需要涉猎广泛的内容。很多学校开设了多种基础课程，这些课程旨在强化理论知识的学习和实践技能的培养，以保障学生们在体育与健康方面的知识水平得到显著提高。在职业生涯中，教师为了进一步提高教学能力和团队指导技巧，会持续参与各类培训、竞赛或是其他教研活动，不断丰富个人的专业知识。体育教育与其他学科的主要区别在于其以身体练习为核心，学生的技能掌握在很大程度上依赖于教师的动作演示。因此，对教师而言，提供精确的动作示范是至关重要的。如果教师的演示出现错误，学生就可能被误导，重复执行不正确的动作，严重者甚至会损害其身体健康。所以，教师应当不断磨炼动作技能，为学生提供准确的动作示范，帮助学生建立良好的动力定形。

2. 策略知识水平

关于策略知识共有 5 道题，分别标为 8、9、10、11、12。由表 7-4 可知，这 5 个题项的平均得分从高到低的排序是 8、9、12、10、11。

表 7-4 优秀体育教师策略知识得分的描述性统计

题项	8	9	10	11	12
最小值	3.000	3.000	2.000	2.000	3.000
最大值	5.000	5.000	5.000	5.000	5.000
平均值	4.558	4.558	4.533	4.433	4.542
标准偏差	0.591	0.605	0.647	0.719	0.607

体育教师的策略知识对于促进学生学习和发展具有重要作用。策略知识不仅包括了解和运用各种教学方法和技巧，还包括能够根据学生的需求、能力和学习风格调整教学方式，以及能够设计适合学生的教学活动和环境，丰

富的策略知识有利于提高教师教学效率，激发学生学习兴趣，适应学生个体差异，增强学生的社会性互动。假设一名体育教师正在教授篮球运球技巧。如果教师仅通过讲解和演示来进行教学，学生可能只能获得有限的理解和技能。但是，如果教师采用分层教学策略，根据学生的技能水平将其分成不同的小组，并为每个小组设计不同难度的练习，那么每个学生都能在自己的水平上得到进步和受到挑战。此外，教师还可以让学生在比赛中学习和实践运球技巧，这样不仅增强了学生的学习兴趣，还提高了他们的实际应用能力。通过这些教学策略的运用，体育教师能够更有效地帮助学生掌握和提升篮球运球技巧。所以，教师应当掌握多样的教学策略，在上课过程中根据实际情况提供不同的练习手段，积极开展分层教学，让不同水平的学生都能得到锻炼和提高。

3. 学生知识水平

学生知识主要考察教师对于学生身心发展特征的理解，问卷中关于学生知识一共有 3 道题，分别是 13、14、15。由表 7-5 可知，3 道题的平均得分由高到低为 13、15、14。了解学生的身心发展特征有助于体育教师制订更加合适的教学计划和方法，从而提高教学质量，还可以帮助体育教师更好地满足学生的个性化需求，提供有针对性的指导和帮助。例如，如果教师知道学生正处于小学低年级，他们可能会设计更多的游戏化学习活动，以促进基本运动技能的发展，并保持学生的兴趣。相反，如果学生处于青春期，教师可能会引入更具挑战性的体育项目，如篮球或足球，以满足学生对竞争和社交的需求，同时帮助他们建立自信和领导能力。通过这样的方式，教师能够提供更有针对性的教学，从而提升整体的教学质量。所以，教师要不断丰富和拓展自身的学生知识储备，增进对学生的理解，这样才能在教学过程中做出具有针对性的教学决策，满足学生的发展需求。

表 7-5　优秀体育教师学生知识得分的描述性统计

题项	13	14	15
最小值	3.000	2.000	3.000
最大值	5.000	5.000	5.000

续表

题项	13	14	15
平均值	4.550	4.342	4.383
标准偏差	0.592	0.667	0.712

4. 背景知识水平

背景知识的共有 3 道题项，分别标为 16、17、18。由表 7-6 可看出，3 道题的平均得分由高到低依次为：17、16、18。体育教师增进其背景知识，即对学校环境、班级特点和社区背景的了解，可以给其教学工作带来诸多益处。首先，足够熟悉学校资源（如设施、设备和材料）和限制（如时间安排和空间约束），教师可以更有效地规划课程和活动，确保教学目标的实现；其次，对学校和社区的安全环境有深入了解，教师可以采取适当的预防措施，确保学生在体育活动中的安全；最后，教师了解学生家庭的情况可以更有效地与家长沟通，家校联手共同支持学生的学习和发展。此外，这一维度的总平均分在所有维度中最低，说明体育教师还需进一步重视掌握背景知识，而其对背景知识的进一步掌握有利于提高其他三类知识掌握水平，促进教师的全面发展。

表 7-6　优秀体育教师背景知识得分的描述性统计表

题项	16	17	18
最小值	2.000	2.000	2.000
最大值	5.000	5.000	5.000
平均值	4.508	4.517	4.092
标准偏差	0.661	0.648	0.810

第二节　优秀体育教师使用 PE-PCK 建构特征

在本节中，课题组统计了 6 名中小学优秀教师共计 20 节课的教学设计及课堂教学中所体现的使用 PE-PCK 水平，分析其使用 PE-PCK 表现，并根据其使用 PE-PCK 相关要素的完整度对其进行分类。

一 优秀体育教师设计阶段使用 PE-PCK 的建构水平

（一）设计阶段使用 PE-PCK 得分频次

教师的使用 PE-PCK 水平具有相对稳定性。鉴于此，我们认为教师的真实水平应当是其在教学中所反映的频次占比最高的使用 PE-PCK 相关要素具体维度的水平（见表 7-7 中加黑部分）。6 名教师的使用 PE-PCK 相关要素的频次分布情况如表 7-7 所示。

表 7-7 优秀体育教师设计阶段使用 PE-PCK 频次统计

序号	教师	水平	CK					SK			TK						总计
			1	2	3	4	5	1	2	3	1	2	3	4	5	6	
1	Z 教师	有限	0	0	0	0	0	0	0	0	0	0	0	0	0	0	0
		基本	2	1	0	0	0	0	0	0	0	0	0	0	1	0	4
		熟练	1	2	3	3	3	3	3	3	3	0	2	3	2	3	34
2	G 教师	有限	0	0	0	0	0	0	0	0	0	0	0	0	0	0	0
		基本	2	0	2	0	2	0	0	1	0	0	0	0	0	0	7
		熟练	1	3	1	3	1	3	3	2	3	1	2	3	3	3	32
3	H 教师	有限	0	0	0	0	0	0	0	0	0	0	0	0	0	0	0
		基本	4	1	1	1	0	1	0	0	0	0	0	3	1	1	13
		熟练	0	3	3	3	4	3	4	4	4	0	1	1	3	3	36
4	W 教师	有限	0	0	0	0	0	0	0	0	0	0	0	0	0	0	0
		基本	1	0	1	0	1	0	0	0	0	0	0	1	3	0	7
		熟练	3	4	3	4	3	4	4	4	4	0	1	3	1	4	42
5	D 教师	有限	0	0	1	0	0	0	0	0	0	0	0	0	0	0	1
		基本	2	2	2	1	1	1	0	1	0	0	1	2	2	1	16
		熟练	1	1	0	2	2	2	3	2	3	0	2	1	1	2	22
6	L 教师	有限	0	0	0	0	1	0	0	0	0	0	0	1	0	0	2
		基本	2	1	1	1	1	1	2	1	0	2	0	1	0	2	16
		熟练	1	2	2	2	1	2	1	2	2	1	1	1	2	1	21

（二）设计阶段使用 PE-PCK 水平

将表 7-7 内加黑部分确定为教师设计阶段使用 PE-PCK 的真实水平后，再将各个维度的真实水平取平均值，最终得到设计阶段使用 PE-PCK 的水平。6 名教师的设计阶段使用 PE-PCK 水平统计见表 7-8。

表 7-8　优秀体育教师设计阶段使用 PE-PCK 水平统计

要素	Z 教师	G 教师	H 教师	W 教师	D 教师	L 教师	平均分
CK	2.8	2.4	2.8	3	2.4	2.8	2.7
SK	3	3	3	3	3	2.67	2.945
TK	2.5	3	2.3	2.3	2.2	2.67	2.50

由表 7-8 可知，设计阶段使用 PE-PCK 中学生知识（SK）的水平最高，所有教师都达到了高水平，且除了 L 教师之外，其余 5 名教师均得 3 分，说明绝大部分优秀体育教师能够熟练掌握并运用有关学生的知识。另外两个使用 PE-PCK 相关要素水平相对学生知识来说较弱一些。

我们发现 6 名优秀教师都具备充足的学生知识储备，在内容知识方面的表现也较好，但是策略知识方面相对有所欠缺，6 名优秀教师在使用 PE-PCK 相关要素评分上大部分能达到中上水平，甚至是高水平。经过统计，6 名教师设计阶段使用 PE-PCK 的水平整体分布情况见表 7-9。

表 7-9　优秀体育教师设计阶段使用 PE-PCK 水平分布统计（数量及百分比）

要素内容	CK	SK	TK
有限（1 分）	3（3%）	0（0%）	1（1%）
基本（2 分）	33（33%）	8（13%）	21（23%）
熟练（3 分）	64（64%）	52（87%）	71（76%）

下面通过对教师使用 PE-PCK 每一个相关要素的具体维度的水平进行统计，进一步分析 6 名教师使用 PE-PCK 具体维度层面的表现。

1. 内容知识水平

经过统计，6 名教师内容知识水平情况见表 7-10。

表 7-10　优秀体育教师内容知识水平统计

CK	Z 教师	G 教师	H 教师	W 教师	D 教师	L 教师	平均分
CK1. 教师能够合理确定课的指导思想	2	2	2	3	2	2	2.17
CK2. 教师能够理解核心素养导向的教学目标多领域性	3	3	3	3	2	3	2.83
CK3. 教师能够理解所教运动项目的前后联系	3	2	3	3	2	3	2.67
CK4. 教师能够理解本次课动作技术的重点	3	3	3	3	3	3	3
CK5. 教师能够挖掘运动项目隐含的德育元素	3	2	3	3	3	3	2.83
平均分	2.8	2.4	2.8	3	2.4	2.8	2.7

内容知识水平当中得分最高的维度是 CK4，6 名教师均达到了满分 3 分，说明教师能够理解本次课动作技术的重点；教师的 CK2、CK5 水平也较高，满分 3 分，平均分均为 2.83 分；CK1 水平相对较差、满分 3 分，平均分 2.17 分，这说明教师对合理确定课的指导思想还有一定的进步空间。

如 Z 教师在 ZN1 一课中提到"三攻二是篮球实战中经常运用的一种战术，本班为高一篮球选修班，学生们尽管都经过了前面模块的学习，但是其篮球基础参差不齐。尽管他们对篮球有着浓厚的兴趣，但是技术水平和身体素质上的差异导致了其在学习三攻二战术时的不同表现。因此，应从最基本的概念入手，逐步引导他们理解并掌握这一策略。首先，要讲解三攻二的基本理念，包括空间的利用、传球的角度选择以及运动战中的决策。我会通过视频分析一些高水平比赛中的经典三攻二例子，让学生了解在实际比赛中该如何运用这个战术。同时，强调团队协作的重要性，因为在三攻二的过程中，每个人都需要清晰地知道自己的任务和队友的位置。接下来，在实践训练中，可以从简单的无防守状态下的三攻二演练开始，这样可以让学生们先熟悉彼此之间的传球和跑位。随着他们的熟悉程度提高，之后逐渐加入了防守球员，以此来模拟实际比赛中会遇到的情况。刚开始，防守强度不会太大，以保证学生们能够适应并逐渐提高他们的配合水平。为了让训练更具针对性，还应根据每个学生的特点和能力，调整他们在三攻二中的角色。例如，速度快的学生负责下底传中，视野开阔的学生负责分配球权，而技术好的学生则尝试完成得分。通过这种个性化的训练方法，每个学生都能在自己擅长的领域发光发热，同时也能更好地融入整个团队的协作之中"。Z 教师在进行设计时，能够结合之前所学的教材，提出学习本节课教材的重点，并能够利用自身专业知识结合学生学习情况有的放矢地安排练习内容。再如 H 教师在 HN2 一课中所提到的："一年级的跳跃教材由各种不同方式的简单跳跃动作和游戏组成，本单元《跳跃与游戏》共设六课时，通过学习让学生掌握跳跃基本动作，提高学生跳跃能力和身体协调能力。集体双脚连续向前跳是本单元第二课时教学内容，本课教学目的是让学生掌握集体协同双脚向前跳跃的动作方法，在学习集体协同向前跳的动作教学过程中对学生进行体育品德教育。本课重点是集体协同一致向前跳跃。"H 教师能够做到分析一年级这个学段的教材构成、学习教材的效果、教材中渗透的思想品德教育，并依此引出教材的重点。由此不难看出，H 教师对本教材重点的理解颇深。

2. 学生知识水平

经过统计，6 名教师的学生知识水平情况见表 7-11。

表 7-11　优秀体育教师学生知识水平统计

SK	Z 教师	G 教师	H 教师	W 教师	D 教师	L 教师	平均分
SK1. 教师能够理解学生学习难点（易错点）	3	3	3	3	3	3	3
SK2. 教师能够重视学生的运动技能基础和体能基础	3	3	3	3	3	2	2.83
SK3. 教师能够关注学生的心理特征	3	3	3	3	3	3	3
平均分	3	3	3	3	3	2.67	2.94

从表 7-11 中，我们看到 6 名教师的学生知识水平都相当优秀，这说明优秀体育教师在进行教学设计时都能熟练做到关注学生的易错点和运动基础，同时关注学生的心理特征。

如 G 教师在 GN1 一课上曾提出"本次课的授课对象为七年一班的学生，共 40 人。该年龄段学生正处于身体发育时期，思想活跃，对新事物充满好奇心，模仿能力较强，他们的运动技能虽有差异，但好胜心强，学习的积极性较高，这为本课的学习提供了思想上与技能上的准备。但由于本课内容协调发力方式较难掌握，因此将教学难点设置为撑、摆、踢的协调发力"。可见，G 教师在进行课堂教学设计时能够考虑到运动技能基础和身心发展特征，并以此为依据来引出本节课的教学难点。再如 H 教师在 HN3 这节课中提出"新课程标准要求体育学科要进行跨学科教育，其中劳动教育也是体育与健康跨学科的一个主题教育。本课利用 30 米快速跑技术动作教学，强化学生跑得直跑得快的技术要求，结合本地闽都民俗园所在地种植农作物、学校组织学生去民俗园进行劳动教育的基础，设计了本课教学。学生在情境化教学中进行游戏，很开心，很兴奋，每个学生都能认真练习，互相帮助。课中不断地提醒与强调常规和纪律以及安全要求，让学生从小养成良好的体育课上课习惯和纪律"。可见，H 教师能够熟练地将思想品德教育与运动教材相结合，并进行跨学科教育，这不仅能对学生进行德育教育，还能调动学生学习积极性，提高学生参与体育锻炼的热情。

3. 策略知识水平

经过统计，6 名教师策略知识水平情况见表 7-12。

表 7-12　优秀体育教师策略知识水平统计

TK	Z 教师	G 教师	H 教师	W 教师	D 教师	L 教师	平均分
TK1. 教师能够考虑到使用多种教学方式呈现教学任务（如合作、探究等）	3	3	3	3	3	3	3
TK2. 教师能够考虑到体育骨干辅助教学	0	3	0	0	0	3	1
TK3. 教师能够考虑到根据学生基础不同进行差异教学	3	3	3	3	3	2	2.83
TK4. 教师能够考虑到运动负荷安排的科学性	3	3	2	3	2	3	2.67
TK5. 教师能够关注过程性评价的重要性	3	3	3	2	2	3	2.67
TK6. 教师能够围绕动作技术重点设置渐进式教学任务	3	3	3	3	3	2	2.83
平均分	2.5	3	2.3	2.3	2.17	2.67	2.49

从表 7-12 中，我们看到相较于内容知识、学生知识，策略知识的个别维度水平不理想，6 名教师各维度的表现有较大差异。

如 W 教师在 WN3 一课中就根据不同学生的水平因材施教，使用了分层教学，G 教师将练习内容设置为"独立完成完整动作、在高低垫上完成动作、在帮助下完成动作"，学生们根据自己的能力进行不同的练习。此外，W 教师还针对教学过程中可能出现的问题及解决预防方法提到，"通过不断练习、同伴互助及分层次的教学来达成；多做徒手练习，设计各项练习内容时，难度由易到难"。可见，W 教师能够根据学生的实际情况熟练运用分层教学，有的放矢地进行教学。

G 教师在 GG3 一课中的"场地器材的布置与回收"中提出"1. 课前教师组织骨干，布置球网，摆放网球拍，一人一拍，一人一球。2. 课后小组长及体育委员将器材有序回收，还回器材室"。可见，G 教师在教学设计时就考虑到了使用体育骨干协助课堂教学，在提高教师教学实效的同时还能够培养学生的责任感。

D 教师在 DN2 这节课中运用了定向越野游戏的形式进行课程内容的导入，学生在合作的同时学习了安全知识，也活动开了身体。正如 D 教师在访谈中所说："运用这种形式，能够调动学生积极性，且该游戏与本节课教材有一定相似性。此外还能够通过主题游戏渗透有益知识，并以此来引出今天主题。"

（三）设计阶段优秀教师使用 PE-PCK 特征分析

1. 设计阶段使用 PE-PCK 完整性分析

（1）内容知识的完整性

6 名教师内容知识水平的具体情况见图 7-1。

可以看出，6 名教师内容知识的总体水平较高，在相关要素的完整性方面，W 教师的表现最佳；Z 教师、H 教师和 L 教师的完整性较好；而 G 教师与 D 教师的表现则不够理想。

（2）学生知识的完整性

6 名教师学生知识水平的具体情况见图 7-2。

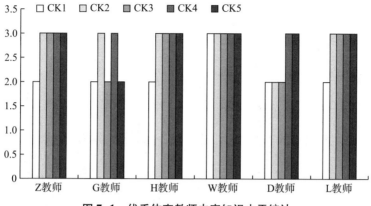

图7-1　优秀体育教师内容知识水平统计

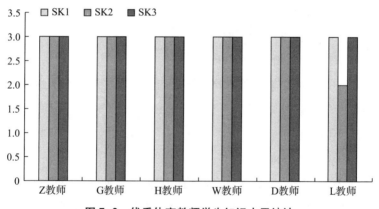

图7-2　优秀体育教师学生知识水平统计

6 名教师中有 5 人学生知识（SK）的 3 个具体维度均达到高水平且完整性强，这说明大部分教师能熟练掌握学生知识，能够深刻理解学生学习难点（易错点），重视学生的运动技能基础和体能基础并关注学生的心理特征，这些都有利于教师后续做出合理的教学决策。

（3）策略知识的完整性

6 名教师策略知识水平的具体情况见图7-3。

相较于内容知识和学生知识，6 名教师策略知识水平完整性不够，大部分教师呈现部分要素缺失的状态，在所有 6 个具体维度上，仅有 G 教师展现出了高水平的完整性，没有缺失任何要素；L 教师则呈现了要素的完整性，

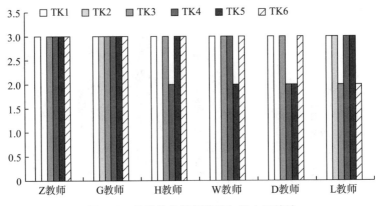

图 7-3 优秀体育教师策略知识水平统计

但是个别要素未达到熟练水平。

2. 设计阶段使用 PE-PCK 特征分析

（1）缺失型教师的使用 PE-PCK 分析

6 名教师中有 4 人存在部分要素缺失的情况。尽管 4 名教师对内容知识的理解较好，但是在具体维度上仍存在薄弱项，如 CK1。在策略知识具体维度上，4 名教师都有着一定的积累，但是在个别维度上呈现明显的缺失，其中缺失最为严重的是 TK2。

一份好的教学设计是上好一堂课的重要前提，而一堂好课是多种因素综合作用的结果，教师撰写教学设计正是对这些因素的综合考量。有没有精心进行教学设计对一节课教学效果的影响是十分显著的。因为体育不同于其他学科，它具有教学环境及组织形式复杂、学生需要承受一定的生理和心理负荷等特征，这就决定了体育教学存在一定的不可预见性，而在课前进行教学设计有利于去应对体育课堂中的"未知"。使用体育骨干辅助教学往往是教师在进行教学设计时所忽略的，尽管教师是课堂教学的实施主体，但是在课堂教学中合理使用体育骨干辅助教学往往能够起到事半功倍的效果，它能提高学生参与的积极性，培养学生的责任意识，提高课堂效率，使教师在课堂教学过程中能兼顾更多学生，其重要性不言而喻。

（2）完整型教师的使用 PE-PCK 分析

6 名教师中仅有 2 人在使用 PE-PCK 的相关要素方面比较完整，包括 G

教师和 L 教师，他们没有缺失任何维度。2 名教师的使用 PE-PCK 要素呈现各自的特点，这些特点受到诸多因素的影响，例如教学经历、教学理念、技能水平等，而教师的使用 PE-PCK 相关要素储备充足会对他们构建和使用 PE-PCK 水平产生积极的影响。

由于 6 名研究对象都是在一线奋斗多年、获得诸多荣誉且具备丰富教学经验的优秀体育教师，因此从数据结果上看，6 人在绝大部分相关要素水平上并没有明显差距，将其分为缺失型和完整型的重要条件为 TK2 这一要素是否缺失。

二 优秀体育教师实施阶段使用 PE-PCK 的建构特征

（一）实施阶段使用 PE-PCK 得分频次

6 名教师的实施阶段使用 PE-PCK 具体维度的实际水平（表中加黑数字）如表 7-13 所示。

表 7-13 优秀体育教师实施阶段使用 PE-PCK 频次统计

教师	水平	TS				TC			SC		GTSC						总计
		1	2	3	4	1	2	3	1	2	1	2	3	4	5	6	
Z 教师	有限	4	0	0	0	0	4	0	0	0	0	0	0	0	0	0	8
	基本	4	0	0	2	0	4	1	1	0	0	0	0	0	1	0	13
	熟练	**14**	**25**	**25**	**10**	**25**	**14**	**4**	**17**	**8**	**25**	**25**	**23**	**3**	**6**	**25**	**249**
G 教师	有限	2	2	1	3	0	1	0	1	0	1	2	**8**	0	**3**	0	24
	基本	**13**	8	10	**5**	3	**12**	**1**	7	0	1	2	6	0	0	2	70
	熟练	3	**12**	**11**	0	**19**	5	0	1	**1**	**20**	**18**	2	**2**	0	**18**	**112**
H 教师	有限	0	0	0	1	0	0	0	0	0	0	0	1	0	0	0	2
	基本	9	2	2	1	9	11	2	6	0	4	**13**	9	1	0	7	76
	熟练	**13**	**22**	**22**	**4**	**14**	**12**	**13**	7	0	**20**	11	**10**	**3**	**3**	**17**	**171**
W 教师	有限	1	0	0	0	0	0	0	1	0	3	0	0	0	0	0	10
	基本	**13**	2	1	2	8	**16**	2	5	0	8	3	7	0	0	5	72
	熟练	11	**29**	**30**	**10**	**23**	11	**12**	**8**	**1**	**20**	**28**	17	0	**1**	**26**	**227**

教师	水平	TS				TC			SC		GTSC						总计
		1	2	3	4	1	2	3	1	2	1	2	3	4	5	6	
D教师	有限	0	0	0	0	0	0	0	0	0	0	0	0	0	0	0	0
	基本	5	3	2	0	2	4	1	4	1	4	2	6	1	0	3	38
	熟练	8	14	15	3	13	10	2	2	0	13	15	10	0	1	14	120
L教师	有限	6	2	2	1	2	5	0	2	0	5	3	7	0	0	0	35
	基本	5	6	4	2	1	6	0	3	0	8	4	6	0	0	3	48
	熟练	5	8	10	3	6	3	1	2	2	3	9	2	1	0	13	68

6名教师的策略知识与学生知识及内容知识间联系（结果评价，表内简称 JTSC）的频次统计情况见表7-14。

表7-14 优秀体育教师策略知识与学生知识及内容
知识间联系（结果评价）频次统计

教师	水平	JTSC						总计
		1	2	3	4	5	6	
Z教师	有限	0	0	0	0	0	0	0
	基本	0	0	0	0	0	0	0
	熟练	3	3	3	3	3	3	18
G教师	有限	1	1	0	0	1	3	6
	基本	2	2	3	0	0	0	7
	熟练	0	0	0	3	2	0	5
H教师	有限	0	0	1	0	0	0	1
	基本	3	4	3	1	3	3	17
	熟练	1	0	0	3	1	1	6
W教师	有限	0	0	0	0	0	1	1
	基本	3	3	3	1	1	2	13
	熟练	1	1	1	3	3	1	10
D教师	有限	0	0	0	0	0	2	2
	基本	2	2	1	1	1	0	7
	熟练	1	1	0	2	2	1	7

续表

| 教师 | 水平 | JTSC | | | | | | 总计 |
		1	2	3	4	5	6	
L 教师	有限	1	2	1	0	1	0	5
	基本	2	1	2	3	2	3	13
	熟练	0	0	0	0	0	0	0

（二）实施阶段使用 PE-PCK 水平

接着，再将 6 名教师策略知识与学生知识、策略知识与内容知识、学生知识与内容知识、策略知识与学生知识及内容知识间联系（过程评价与结果评价）的具体维度水平求平均值，得到使用 PE-PCK 相关要素间联系的水平（见表 7-15）。

表 7-15　优秀体育教师使用 PE-PCK 相关要素间联系水平统计（过程评价与结果评价）

要素间联系	Z 教师	G 教师	H 教师	W 教师	D 教师	L 教师	平均分
TS	3	2.5	3	2.75	3	2.5	2.79
TC	3	2.33	3	2.67	3	2.67	2.78
SC	3	2.5	1.5	3	2	2.5	2.42
GTSC	3	2.33	2.83	2.5	2.83	2	2.58
JTSC	3	2.17	2.17	2.33	2.17	1.83	2.28
总分	15	11.83	12.5	13.25	13	11.5	12.85

总体上看，教师使用 PE-PCK 建构中 TS、TC、GTSC 达到了高水平，说明教师在课堂教学过程中能够熟练将策略知识与学生知识及内容知识有机结合起来，做到有的放矢、因材施教。SC、JTSC 表现为中上水平，说明教师在对学生知识与内容知识间联系的理解、体育课堂的教学效果方面还存在进一步提升的空间。6 名教师的 JTSC 水平相对较低，平均分只达到 2.28，说明教师课堂教学的最终效果不够理想。

6 名教师的实施阶段使用 PE-PCK 的水平分布情况见表 7-16。

表 7-16　优秀体育教师实施阶段使用 PE-PCK 水平分布统计（数量及百分比）

水平	TS	TC	SC	GTSC	JTSC
有限（1分）	25（5.7%）	14（4.9%）	4（5%）	36（6.6%）	15（12.7%）
基本（2分）	101（23.3%）	83（29.2%）	27（34%）	106（19.4%）	57（48.3%）
熟练（3分）	307（71%）	187（65.9%）	49（61%）	404（74%）	46（39%）

从表 7-16 可以观察到，大部分教师实施阶段使用 PE-PCK 水平处于基本水平和熟练水平，处于有限水平的占比较低。

以下进一步分析 6 名中小学优秀体育教师各知识要素间联系存在的差异，归纳中小学优秀体育教师使用 PE-PCK 的特征。

1. 教师 TS 联系水平统计

6 名教师 TS 联系水平见表 7-17。

表 7-17　优秀体育教师 TS 联系水平统计

TS	Z教师	G教师	H教师	W教师	D教师	L教师	平均分
TS1. 教师能够采取有效策略解决学生的学习难点或易错点	3	2	3	2	3	1	2.33
TS2. 教师能够结合学生的运动基础进行教学	3	3	3	3	3	3	3
TS3. 教师能够结合学生的心理特征进行教学	3	3	3	3	3	3	3
TS4. 教师能够采取有效策略促进学生思维习惯的发展	3	2	3	3	3	3	2.83
平均分	3	2.5	3	2.75	3	2.5	2.79

如表 7-17 所示，教师 TS 联系水平较高。其中，TS2 和 TS3 两个方面，6 名教师均得满分，这说明教师在课堂教学实施过程中都能很好地做到结合学生的身心特征进行教学；TS1 和 TS4 的平均分分别为 2.33 分和 2.83 分，说明教师在教学中能够使用合适的策略来解决学生在学习过程中遇到的难题，并在推动其思维发展方面有着较为深刻的理解。

如 Z 教师在 ZN2 一课中使用了优生展示的方法来进行教学，Z 教师解释说："通过展示与讲解可以强调学生练习中的错误所在，进一步明确配合方法。此外，还能够调动学生的积极性，学生会觉得很新鲜，会想要展示自己，而且通过这一方式还能够在一定程度上去解决学生的学习难点，让学生对技术动作有更深入的了解。"由此可见，Z 教师通过有效的教学策略巧妙地将策略知识与学生知识相结合，真正做到了有的放矢地进行教学。再如 G 教师在 GN2 一课中就使用了口诀"轻踢球，快追球，早变向，换脚踢，跑不了"来促进学生思维习惯的发展，此外他还在讲解示范前进行提问："同学们，待会儿老师在讲解示范的时候，你们注意观察老师触球的位置然后思考两个问题。第一，老师用脚的什么部位触球？第二，老师触球的什么位置？"由此可见，G 教师通过语言的形式来促使学生进行思考，启发学生，促进了学生思维及观察力的发展。综上，我们不难看出 Z 教师和 G 教师都能熟练地将策略知识与学生知识相结合，所实施的教学决策都能够考虑到学生的身心发展特征。

2. 教师 TC 联系水平统计

6 名教师 TC 联系水平见表 7-18。

表 7-18　优秀体育教师 TC 联系水平统计

TC	Z 教师	G 教师	H 教师	W 教师	D 教师	L 教师	平均分
TC1. 教师能够对所教运动项目进行正确的讲解与示范	3	3	3	3	3	3	3
TC2. 教师能够围绕动作技术重点实施教学	3	2	3	2	3	2	2.5
TC3. 教师能够结合运动项目进行思想品德教育	3	2	3	3	3	3	2.83
平均分	3	2.33	3	2.67	3	2.67	2.78

从表 7-18 中我们看到教师 TC 联系水平整体表现良好，6 名教师在所有具体维度上都达到了高水平，其中，TC1 得分最高，达到满分，这说明教师对运动项目较为熟悉，在课堂教学实施过程中能够熟练进行正确的讲解和示范。TC2 和 TC3 的平均分分别为 2.5 分和 2.83 分，说明绝大部分优秀教师在教学过程中能够熟练做到结合动作技术重点实施教学，并结合运动项目切实开展思想品德教育。

如 H 教师在 HN3 一课中，设计了两名学生一组面对面、原地听教师口令抢标志盘的游戏，这个游戏在有效地与本节课（30 米快速跑）的重点，即起跑反应快、速度快相结合的同时，还调动了学生的学习积极性，有效活跃了课堂氛围。H 教师对此提到"30 米快速跑技术动作包括站立式起跑动作，对于一年级孩子而言，自然站立式起跑，起跑快、速度快是最关键的。通过游戏培养和提高学生快速反应能力"。由此可见，H 教师能够有效地将教学重点与教学对象的身心发展特征有效地结合起来，既突出了课堂教学的重点，又激发了学生学习的积极性和主动性。W 教师在 WN1 这节课中就能够提醒学生在分组练习的过程中做到相互鼓励："哎，这样的球太用力了，力道控制不好就接不到对方，接不到的球就不是好球。你想想看怎么样才能让对方接到球？可以往后一点。好，来，再试试看，好这个就好球了。他如果有好球，你要给他点个赞，告诉他好球好吗？"由此可见，W 教师能够在教学过程中渗透德育元素，在学生锻炼技能的同时培养其道德品质。同时，W 教师在练习过程中，发现有的学生没有队友这一突发状况，能够很好地照顾学生情绪："没有人跟你一组是吗？那你跟我，没关系。没有同学跟你一组对吗？嗯好，没关系。老师跟你一组，来站好。"这体现了 W 教师在教学过程中贯彻了教师在教学活动中居主导地位，而学生是教学活动的主体的宗旨。由于 W 教师具备丰富的教学经验，时常给予学生及时的鼓励，因此学生十分喜爱 W 教师的课。

3. 教师 SC 联系水平统计

6 名教师 SC 联系水平见表 7-19。

表 7-19　优秀体育教师 SC 联系水平统计

SC	Z 教师	G 教师	H 教师	W 教师	D 教师	L 教师	平均分
SC1. 教师能够有效纠正学生的动作错误	3	2	3	3	2	2	2.5
SC2. 教师能够引导学生理解动作错误的成因	3	3	0	3	2	3	2.33
平均分	3	2.5	1.5	3	2	2.5	2.42

从表 7-19 中，我们看到 SC1 的平均分为 2.5 分，这说明 6 名优秀教师

在纠正学生的错误动作上是较为有效的；而 6 名教师在 SC2 上体现出来的差异较大，说明两极分化现象较为严重，且从平均分为 2.33 分这一结果来看，仅用平均分来衡量教师 SC 联系水平是不科学的。

如 Z 教师在 ZN2 一课中，不仅能够做到有效纠正学生的错误，而且能够解释学生动作错误的成因："有的同学就是刚刚老师一直讲的那个情况，做了半天的运球动作，但还是停留在原地，是很熟练，但没有用，因为你没有做到重心的转移。我们要把重心移过来，因为这时候我们要判断防守有没有跟过来，然后再来决定我们下一步的动作。所以你留在原地运球再熟练都没用，一定要送出去，同学们听明白了吗？"由此可以看出，Z 教师在教学的过程中注重对学生讲解错误成因，这不仅能够深化学生对于技术动作的理解，而且还能在一定程度上启发学生的思维。

4. 教师使用 PE-PCK 相关三要素间联系水平统计（过程评价指标）

6 名教师 GTSC 联系水平（过程评价指标）见表 7-20。

表 7-20　优秀体育教师使用 PE-PCK 相关三要素间联系水平统计（过程评价指标）

GTSC	Z 教师	G 教师	H 教师	W 教师	D 教师	L 教师	平均分
GTSC1. 教师能够采取恰当的教学方式呈现教学任务	3	3	3	3	3	2	2.83
GTSC2. 教师能够根据教学任务采取恰当的组织形式	3	3	2	3	3	3	2.83
GTSC3. 教师能够进行及时有效的教学反馈	3	1	3	3	3	1	2.33
GTSC4. 教师能够恰当使用体育骨干协助教学	3	3	3	0	3	3	2.33
GTSC5. 教师能够根据实际情况有效开展差异教学	3	1	3	3	3	0	2.17
GTSC6. 教师能够根据实际情况合理布置场地器材	3	3	3	3	3	3	3
平均分	3	2.33	2.83	2.5	2.83	2	2.58

不难看出，教师 GTSC 联系水平（过程评价指标）的 6 个具体维度中，得分最高的是（GTSC6），平均分达到了 3 分，说明 6 名教师都能够根据实

际情况合理布置场地器材；另外，GTSC1 和 GTSC2 的水平也较高，平均分达到 2.83 分，说明教师能够采取较为恰当的教学方式实施教学，并且能较好地选择组织形式；6 名教师在其余 3 个具体维度的表现体现出一定的差异性。

如 H 教师在 HN4 一课中，能够运用喷漆对跑道进行合理划分，延伸了跑道的功能，保证了场地使用的科学性，学生能够根据标记流畅地进行练习，在一定程度上也提高了练习的效果。而 G 教师在 GG3 一课中，即学生初次学习网球正手击球的第一节课，就安排部分学生进行对打练习，尽管也运用了差异教学，但是这一教学决策显然是不合适的。再如 W 教师在 WN1、WN2、WN3 及 WG1 四节课中都没有使用体育骨干协助教学，相应的，学生的运动负荷很难达到《新课标》的要求。

5. 教师使用 PE-PCK 相关三要素间联系水平统计（结果评价指标）

6 名教师 JTSC 联系水平（结果评价指标）见表 7-21。

表 7-21　优秀体育教师使用 PE-PCK 相关三要素间联系水平统计（结果评价指标）

JTSC	Z 教师	G 教师	H 教师	W 教师	D 教师	L 教师	平均分
JTSC1. 实现了本课的教学目标	3	2	2	2	2	2	2.17
JTSC2. 学、练、赛、评有机结合	3	2	2	2	2	1	2
JTSC3. 运动负荷安排合理	3	2	2	2	3	2	2.33
JTSC4. 运用多种教学方式有效呈现教学任务	3	3	3	3	3	2	2.83
JTSC5. 渐进式教学任务设置与学生水平相适应	3	3	2	3	3	2	2.67
JTSC6. 遵循运动项目结构化教学的要求	3	1	2	2	1	2	1.83
平均分	3	2.17	2.17	2.33	2.33	1.83	2.31

从表 7-21 中，我们看到相较于过程评价指标，教师 JTSC 联系水平（结果评价指标）的整体水平低了一些。水平最高的是 JTSC4，平均分达到 2.83 分，说明教师能够运用多种教学方式有效呈现教学任务；大部分教师在教学目标的实现、学练赛评有机结合及运动负荷的合理安排方面只达到了中等水

平；水平最低的是 JTSC6，平均分为 1.83 分，呈现较大的差异性，说明教师在遵循运动项目结构化教学方面的掌握程度不一致，个别教师在这方面的能力亟待加强。

Z 教师在 ZG1 这一课中就使用了多种有效的教学方法，如讲解示范法、直观法、循序渐进法、动作纠错法、分组练习法及循环练习法等，有效地呈现了本节课的教学任务，完成了教学目标。此外，使用多种有效的教学方式在体育课中能够激发学生的兴趣和参与度，提高他们的学习动机，使学生能够在实践中更好地掌握运动技能和理解理论知识。多样化的教学手段还可以适应不同学生的学习风格，增强课堂的互动性和趣味性。G 教师在 GN1 这节课中遵循了循序渐进的教学原则，通过教师讲解示范无球模仿动作、教师带领学生进行无球模仿练习、教师带领两人相向进行踢固定球练习、教师带领学生两人一组练习踢固定球的动作、教师示范 5 米间距的脚内侧踢球传球动作、教师带领学生两人一组练习脚内侧踢球传球动作、学生分层练习、学生学习竞赛、十分钟的 Tabata 体能练习，有效地完成了渐进式教学任务。在体育课中，渐进式教学是一种逐步增加学习难度和复杂性的方法，它有助于学生按照自己的节奏和能力水平逐步掌握技能，从而确保每个学生都能跟上课程的进度并充分理解所学内容。这种教学方式可以鼓励学生积极参与，提高他们的自信心，同时也帮助教师更好地监控和调整教学内容，确保所有学生都能够获得成功的体验。从基本技能开始，然后逐步引入更高级的技能和战术，渐进式教学有助于构建坚实的学习基础，促进学生技能的全面发展，使体育课更加高效、有趣并且具有挑战性。

（三）实施阶段使用 PE-PCK 特征分析

以下总结归纳 6 名中小学优秀体育教师实施阶段使用 PE-PCK 水平，综合分析后归纳中小学优秀体育教师使用 PE-PCK 的建构特征。

1. 实施阶段使用 PE-PCK 完整性分析

（1）策略知识与学生知识间联系的完整性分析

6 名教师 TS 水平见图 7-4。

总的来说，6 名教师 TS 的整体水平较高，除了 L 教师的 TS1 水平较低之外，其他教师的 4 个具体维度都能达到中上水平。其中，水平最高、最为完

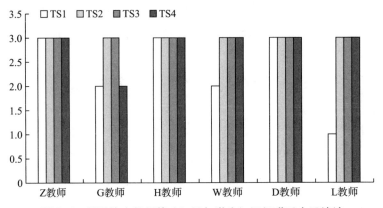

图7-4 优秀体育教师策略知识与学生知识间联系水平统计

整的是 Z 教师、H 教师和 D 教师，说明这 3 名教师对于策略知识与学生知识间联系的理解是十分深刻的，且在课堂教学过程中能够结合学生的身心发展特征有针对性地实施教学决策；G 教师的 TS1 和 TS4、W 教师和 L 教师的 TS1 并未达到高水平，说明这 3 名教师在采取有效策略解决学生难点、促进学生思维习惯发展方面仍需加强学习与应用。

（2）策略知识与内容知识间联系的完整性分析

6 名教师 TC 水平见图 7-5。

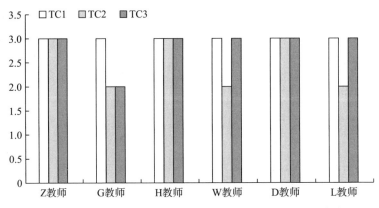

图7-5 优秀体育教师策略知识与内容知识间联系水平统计

6 名教师 TC 水平都保持在中上水平。水平最高、最为完整的是 Z 教师、H 教师和 D 教师，说明这 3 名教师在教学过程中能够很好地将教学策略与本节课的教学内容相结合，包括进行正确的讲解与示范、围绕动作技术重点实施教学、结合运动项目进行思想品德教育。G 教师 TC2 和 TC3、W 教师和 L 教师的 TC2 只达到了中等水平，说明动作的讲解示范和思想品德教育是这 3 名教师接下来应该着重提高的部分。

（3）学生知识与内容知识间联系的完整性分析

6 名教师 SC 水平见图 7-6。

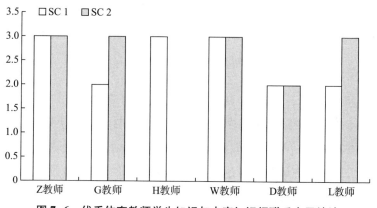

图 7-6 优秀体育教师学生知识与内容知识间联系水平统计

6 名教师 SC 水平呈现的差异性较大，且个别教师存在一定的要素缺失。水平最高、最为完整的是 Z 教师和 W 教师，说明这两名教师不仅能够熟练做到有效纠正学生的动作错误，还能够引导学生理解动作错误的成因。G 教师和 L 教师则是在 SC2 达到了高水平。尽管 H 教师在 SC1 维度达到了高水平，但是 SC2 维度是缺失的，这说明 H 教师在纠正学生动作错误的时候并没有引导学生去理解其成因为何；同时，这一具体要素也是 H 教师今后亟待完善的部分。

（4）GTSC 联系的完整性分析（过程评价指标）

6 名教师 GTSC 水平见图 7-7。

6 名教师 GTSC 的水平差异性较大，个别教师存在要素缺失的情况。水平最高、完整性最强的是 Z 教师，6 个具体维度都得到了 3 分，此外 H 教师和 D 教师的水平也较高。G 教师的 GTSC3 和 GTSC5 只达到了低水平，这说明 G 教师在教学过程中不能及时有效地进行教学且差异教学的有效性不足；

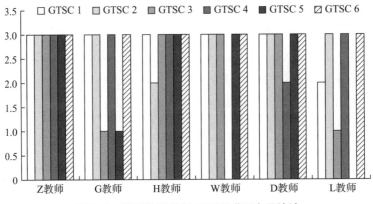

图 7-7 优秀体育教师 GTSC 联系水平统计

W 教师缺失 GTSC4 这一维度，说明其在教学中并没有使用体育骨干来协助教学，这样不利于提高课堂效率、锻炼学生的能力，仔细思考怎样在课堂教学中运用体育骨干是 W 教师应该着重考虑的；而 L 教师则缺失 GTSC5 这一维度，说明 L 教师在课堂教学过程中对过程性评价的使用有所忽视。

（5）JTSC 联系的完整性分析（结果评价指标）

6 名教师 JTSC 水平见图 7-8。

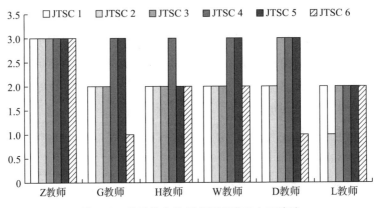

图 7-8 优秀体育教师 JTSC 联系水平统计

6 名教师 JTSC 主要分两种情况，一种是水平均为高且要素完整，6 名教师中只有 Z 教师呈现这一特征，这说明 Z 教师的课堂教学效果十分优秀。另一种是要素完整，但个别要素水平相对薄弱，其余 5 名教师均呈现这一特征。

2. 实施阶段使用 PE-PCK 特征分析

6 名教师使用 PE-PCK 要素间联系水平见图 7-9。

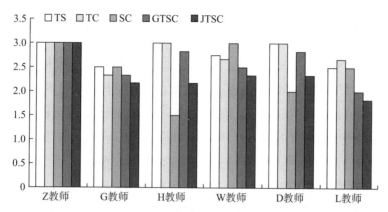

图 7-9 优秀体育教师实施阶段使用 PE-PCK 要素间联系水平统计

总的来说，6 名教师的 TS 呈现水平较高，虽存在一定差异，但大部分维度处于较高水平；大多数教师在 TC、SC、GTSC 这三个维度上都能达到较高水平，但是其中 SC 表现出的差异性较大。教师的 JTSC 的水平就没那么理想，只有 1 人达到了高水平，其余都处于中上水平，这说明教师对于整节课各个方面的宏观把控能力有待加强。

三 优秀体育教师使用 PE-PCK 建构特征分析

（一）对体育教材的掌握具有深度和广度

优秀教师对于教材的把握具有深度和广度，上课过程中能够根据学生的水平进行调节，做到循序渐进、有的放矢。

如 Z 教师在 ZN2 一课中，安排学生进行篮球行进间动作组合练习，为不同水平的学生准备了多种动作组合搭配，让学生进行分层练习，即使是水平较低的同学也能通过适当的练习手段巩固提升自己的篮球水平，而水平较高的学生能够通过难度较大的动作突破自我。值得一提的是，Z 教师在讲解不同组合动作时，还结合了这些动作在实战中的运用场景和实战价值，进一步提升了学生的学习积极性和对于运动技能的熟悉程度。在对 Z 教师的访谈中，Z 教师提到"篮球是一个很灵活的运动项目，实战过程往往是千变万化的，那我就希望我一开始在教学生的过程中能够多去渗透灵活变通的这种意识，我们去做出每个动作，要知道为什么做这个动作，作用是什么，能起到什么效果，这些我都会在每堂篮球课中去把这种思想传递给我们孩子，所以可以看到我每一堂篮球课，我所讲的不单单是我这节课教的东西，而且还穿插着许多这节课以外的篮球知识，我觉得这样才能够在潜移默化中去培养我们孩子的思维"。Z 教师认为"在高中阶段，孩子差异性是比较大的，不像小学阶段差异性还不明显，那么孩子水平不一样的情况下，我觉得去设置多层次的练习是非常必要的，不然那些水平很高的孩子你就让他们做一些胯下运球那肯定是不合适的，所以我会给这类孩子加大难度，再拔高他们的水平"。以上这些都体现了 Z 教师对于教材理解的深度和广度，这些理解对于 Z 教师的教学决策无疑起到了至关重要的作用。

又如 H 教师在 HN2 一课中，为了让学生感受到加速跑的起跑反应快、速度快、蹬地迅速有力的动作要领，在准备活动过程当中设置了"看谁反应快"小游戏，两人一组面对面，原地听教师口令抢标志盘，之后又进阶为两人一组面对面距离 5 米、10 米站好，听教师口令抢标志盘游戏，从大脑的反应能力过渡到下肢的起跑有力，结合加速跑的动作要点，提高游戏难度，拉长距离，加快学生起跑速度。她提到"30 米快速跑技术动作包括站立式起跑动作，对于一年级孩子而言，自然站立式起跑，起跑快、速度快是最关键的，这个游戏既能让孩子们直观地学习和感受加速跑的动作要领，还能够培养和提高他们的快速反应能力，体会起跑加速蹬地的感觉"。H 教师在之后的练习中设置情景教学，增加练习的趣味性和竞争性，锻炼学生的上下肢力量、协调性等身体素质。H 教师在事后访谈中提到"我主要教的是低年级的小朋友，那我们都知道小朋友的话比较活泼好动，这时候如果死板地去教他们动作那效果一定是很差的，所以我每节课都会根据技术的特点来加入一些情境，当然这对教材的理解要求是比较高的，但是如果结合得好的话，我觉得孩子们会练得很开心，他们不会感觉像是在上一节体育课，而且还可以培养孩子的美育和德育，这也是我课堂教学的一个风格"。可见，H 教师会根据自己对教材的把握来设置情境，安排练习，可以体现出其对于教材理解的深度和广度。

（二）练习组织形式多样，教学表征方式多元

经过对教材的深入理解与把握，优秀教师根据自己的教学理念，运用多种教学形式和教学表征，展现出自己的教学风格。

如 D 教师在 DN2 一课中，为了让学生理解耐久跑的动作要领，将热身阶段与定向越野小游戏相结合，学生捡取记录分散在操场四周的小卡片上的文字，这种方式既向学生普及了锻炼小知识，提高了其积极性，也让学生明白了耐久跑的动作要领。学生初步体会到了耐久跑的感觉之后，老师又采用喊节拍、播放音乐的方式来调整学生呼吸和摆臂的节奏，最后通过小组比赛来收尾。可以看出，整节课的教学内容和形式是十分丰富的，耐久跑这一技术动作相对比较乏味，但是学生在这样的教学方式下却练得不亦乐乎。D 教师在访谈中提出"初中孩子有一定的自我意识，这个阶段你想要上好他们的课、保持好整堂课的秩序，就得从教学方式上面多下功夫，不然如果是平淡无奇的课堂，孩子们自然就觉得没意思，整节课死气沉沉。我很久以前刚任教的时候就切身感受到了这一点，所以经过不断摸索这个年龄段孩子的心理特征后，总结了一点就是要不断丰富和优化自己的教学形式，让学生觉得这个老师的课很有意思，那这时候一些课堂秩序什么的就慢慢不用老师去强调了，学生会自然而然地去配合你"。由此可见，D 教师的课堂有着丰富的形式。

无独有偶，W 教师在 WN3 一课中，为了解决后滚翻中翻掌推肩、快速推手、在滚翻的过程中学生没有空间感这些难点，通过语言和音乐来设置教学情境，让学生团身成"装载机"练习。W 教师整节课的语言表征充分与小学低年级阶段的学生相匹配，在这种语言的引导下，学生很容易被带到一种情境之中，不知不觉中就学会了。W 教师在访谈中也提到"低年级的学生因为身心都还比较稚嫩，这决定了我所讲的话就不能跟对初高中的学生一样，你想想怎么去讲话他们才会比较愿意去听，愿意去跟你互动，那当然是那种符合他们这个阶段的、比较活泼高调的、丰富有趣的方式他们会比较喜欢了，所以我也经常跟我的徒弟讲说要懂得用丰富的语言来引导学生，这个一开始确实有点难度，但是越到后面你越会发现上起课来愈发轻松，孩子上课态度的明显转变就是最好的证明"。由此可见，W 教师具备丰富多样的教学表征。

（三）知识要素联系合理，整体课堂节奏顺畅

优秀教师能够合理衔接策略知识、内容知识及学生知识，确保教学决策的合理性，保证课堂节奏有条不紊。

如 G 教师在 GN1 一课中，为了让学生熟练掌握足球脚内侧踢球的动作要点，首先讲解示范无球模仿动作并结合口诀"撑、摆、踢"，加深学生对于动作的理解；而后带领学生练习无球模仿动作，体验脚内侧踢球的协调发力感，激发学生的学习兴趣；之后教师与体委示范踢固定球动作，将球固定至标志碟，两人相向进行踢固定球练习；练习形式为先带领学生两人一组练习踢固定球的动作，之后学生两人一组练习脚内侧踢球传球动作，学生根据自身能力逐步拉开距离，最后进行学习竞赛。整个过程教师都在细心观察每个学生的练习情况，确保每个学生能够熟练掌握当前练习再进入下一个练习，充分体现了 G 教师教学三要素之间的联系水平。G 教师在访谈中提出"不管在上什么课，在教的过程当中我始终处于一种认真观察学生的状态，因为你教完了这部分不代表就完成任务了，你还要看学生的表现怎么样，然后根据他们的表现去调整一些东西，如果学生的表现让我觉得这个练习很难，那我就安排做退阶练习，再巩固一下。如果学生表现得很好，超出预期效果，那我就提前一些进度，进入下一个练习，所以，你可以看到整节课应该是一个动态的过程"。由此不难看出 G 教师的教学水平和理念让整节课的安排处于动态，教师能够牢牢地把握课堂教学节奏。

值得一提的是，Z 教师在 Z3 一课中，在体能练习部分在场地四周设置站点、学生分组根据站点进行循环练习的方式让人眼前一亮，练习手段根据站点的不同分为跳栏架、跑绳梯、组合跳绳和平衡抛接球，四组学生跟随音乐经过一段时间的练习之后进行轮换练习，教师仅用了极短的时间进行讲解和示范，其余时间都交由学生自主练习，教师则在一旁巡回指导，练习全程给人最直观的感受是学生一刻没闲着，一直在练习，整个课堂的节奏把握得非常好，这都归功于 Z 教师自身独到的考量。Z 教师在访谈中也提到"这么设置的目的是让学生都动起来，因为只有学生动起来了，整节课才能看上去像是体育课，不然老师一直在讲，学生都不懂，这节课就看起来死气沉沉，体育课的节奏就被打乱了。所以我上课的时候大部分学生是在练的，这样才

是一节合格的体育课"。可见 Z 教师通过精简讲解、增加学生运动频率的方式来保持整个课堂的教学节奏，这也是 Z 教师的课堂教学特点之一。

（四）给予学生课堂自主权，启发学生积极思考

优秀教师的突出特点之一是能够给予学生一定的自主空间，巩固学生的主体地位，确保每个学生能发挥其主观能动性，培养学生思维习惯的养成。

最典型的莫过于在 L 教师 LG1 一课中，学生就充分感受到了自主权。为了提高学生的灵敏素质、教会学生如何进行自主锻炼的方法和结合运动项目的专项灵敏素质练习方法，L 教师在教学过程中通过视频演示、教师讲解和纠错、分组分层练习、自主创编活动、小组展示比赛，让学生获得动作体验，掌握练习方法，达成教学任务。学生通过分组自主练习，在小组长的带领下自主运用成绩登记表、秒表、平板电脑等多样器具，充分体现了学生的主体地位。之后，每组通过组员交流讨论，创编一套属于自己的练习动作，讲明创作意图，最后进行小组展示，学生们在全身心投入锻炼的同时又乐在其中。L 教师在访谈中提出："在我的课上每个学生都可以是小老师，我会尽量去提供一些可供他们发挥主观能动性的舞台，这个年级的学生就喜欢这样，爱表现，那我就给他这个空间，学生练得开心，还能启发他们思维发展，何乐不为？"由此可见，L 教师善于启发学生开动脑筋思考，把体育和思维结合起来，这也是学生喜欢上 L 教师的课的重要原因之一。

但是，除了看到优秀体育教师们的优点，也应看到个别优秀体育教师也存在一些不足之处，如动作技能示范存在瑕疵；练习密度安排不到位；教学方式教条，缺乏创新；课堂教学节奏及时间把控不稳定。

第三节　优秀体育教师 PE-PCK 影响因素

经过前面对优秀体育教师宣称 PE-PCK 和使用 PE-PCK 的分析，以下我们对优秀体育教师 PE-PCK 的影响因素进行分析。

一　优秀体育教师 PE-PCK 影响因素相关分析

通过相关性分析获知影响因素与教师 PE-PCK 是否相关，并确保回归分

析结果不受干扰（见表7-22）。

表7-22 优秀体育教师 PE-PCK 影响因素的相关性分析

因素		内容知识	策略知识	学生知识	背景知识	PE-PCK（总）
个人动机	相关系数	0.860**	0.756**	0.464**	0.455**	0.789**
	p 值	0	0	0	0	0
	样本量	120	120	120	120	120
自我效能	相关系数	0.528**	0.419**	0.858**	0.841**	0.700**
	p 值	0	0	0	0	0
	样本量	120	120	120	120	120
学习准备度	相关系数	0.707**	0.671**	0.759**	0.686**	0.804**
	p 值	0	0	0	0	0
	样本量	120	120	120	120	120
专业培训	相关系数	0.918**	0.807**	0.586**	0.560**	0.876**
	p 值	0	0	0	0	0
	样本量	120	120	120	120	120
学校组织	相关系数	0.737**	0.672**	0.490**	0.492**	0.723**
	p 值	0	0	0	0	0
	样本量	120	120	120	120	120
人为因素	相关系数	0.451**	0.365**	0.848**	0.721**	0.623**
	p 值	0	0	0	0	0
	样本量	120	120	120	120	120
职业发展	相关系数	0.484**	0.407**	0.764**	0.732**	0.636**
	p 值	0	0	0	0	0
	样本量	120	120	120	120	120
政策制度	相关系数	0.459**	0.395**	0.676**	0.672**	0.592**
	p 值	0	0	0	0	0
	样本量	120	120	120	120	120

*p<0.05, **p<0.01。

利用相关分析去研究内容知识、策略知识、学生知识、背景知识、PE-PCK总水平分别和个人动机、自我效能、学习准备度、专业培训、学校组织、人为因素、职业发展、政策制度8个影响因素之间的相关性，使用皮尔逊相关系数表示关系的强弱情况。

内容知识与 8 个影响因素之间全部呈现显著性，相关系数值分别是 0.860、0.528、0.707、0.918、0.737、0.451、0.484、0.459，并且相关系数值均大于 0，意味着内容知识与这 8 个因素之间有着正相关关系。

策略知识与 8 个影响因素之间全部呈现显著性，相关系数值分别是 0.756、0.419、0.671、0.807、0.672、0.365、0.407、0.395，并且相关系数值均大于 0，意味着策略知识与这 8 个因素之间有着正相关关系。

学生知识与 8 个影响因素之间全部呈现显著性，相关系数值分别是 0.464、0.858、0.759、0.586、0.490、0.848、0.764、0.676，并且相关系数值均大于 0，意味着学生知识与这 8 个因素之间有着正相关关系。

背景知识与 8 个影响因素之间全部呈现显著性，相关系数值分别是 0.455、0.841、0.686、0.560、0.492、0.721、0.732、0.672，并且相关系数值均大于 0，意味着背景知识与这 8 个因素之间有着正相关关系。

PE-PCK 总水平与 8 个影响因素之间全部呈现显著性，相关系数值分别是 0.789、0.700、0.804、0.876、0.723、0.623、0.636、0.592，并且相关系数值均大于 0，意味着 PE-PCK 总水平与这 8 个因素之间有着正相关关系。

二　优秀体育教师 PE-PCK 影响因素的逐步回归分析

基于已有的研究，为了解中小学优秀体育教师 PE-PCK 的影响因素情况，笔者分别以个人动机、自我效能、学习准备度、专业培训、学校组织、人为因素、职业发展、政策制度为自变量，以 PE-PCK 总体及各维度为因变量进行多元线性回归分析。

（一）内容知识回归分析

从表 7-23 可知，将 8 个影响因素作为自变量，而将内容知识作为因变量进行逐步回归分析（具体回归方式为逐步 stepwise 法），经过模型自动识别，最终余下个人动机、自我效能、专业培训、学校组织、职业发展 5 项在模型中，R^2 值为 0.899，意味着这 5 项可以解释内容知识 89.9%的变化原因，此外，模型通过 F 检验（$F = 203.362$，$p = 0.000 < 0.05$），证明模型有效。模型公式为：内容知识 = 2.683 + 2.004×个人动机 + 1.120×自我效能 +

3.107×专业培训+0.706×学校组织−0.483×职业发展。另外，针对模型的多重共线性进行检验发现，模型中 VIF 值全部小于 5，意味着不存在共线性问题；并且 D−W 值在数字 2 附近，因而说明模型不存在自相关性，样本数据之间并没有关联关系，模型较好。

表 7−23　内容知识的回归分析结果

	非标准化系数		标准化系数	t	p	共线性检验	
	B	标准误	Beta			VIF	容忍度
常数	2.683	1.033	—	2.596	0.011 *	—	—
个人动机	2.004	0.325	0.321	6.160	0.000 **	3.067	0.326
自我效能	1.120	0.292	0.175	3.837	0.000 **	2.353	0.425
专业培训	3.107	0.391	0.513	7.953	0.000 **	4.699	0.213
学校组织	0.706	0.247	0.149	2.858	0.005 **	3.064	0.326
职业发展	−0.483	0.241	−0.102	−1.999	0.048 *	2.929	0.341
R^2	0.899						
调整 R^2	0.895						
F	$F_{(5, 114)} = 203.362, p = 0.000$						
D−W 值	1.974						

个人动机的回归系数值为 2.004（t=6.160，p=0.000<0.01），这表明个人动机与内容知识之间存在显著的正向关系。在访谈过程中 H 教师提到，教师强烈的个人动机可以推动教师去更深入地研究和掌握教学内容，从而提升课堂的教学质量。这是因为教师的个人动机能够激发他们对教学的热情和投入，促使他们不断更新和丰富自己的教学内容和教学方法。

自我效能的回归系数值为 1.120（t=3.837，p=0.000<0.01），这表明自我效能与内容知识之间存在显著的正向关系。自我效能影响教师的行动和决策，教师的自我效能在教学活动开始之前就发挥作用，影响着他们对教学内容的理解及教学任务的选择。具有高自我效能感的教师更愿意挖掘更加丰富的教学内容，承担有挑战性的工作任务，设立更高的教学目标，并在教学活动中更加投入。

专业培训的回归系数值为 3.107（t=7.953，p=0.000<0.01），意味着专业培训会对内容知识产生显著的正向影响。专业培训对教师的内容知识有

显著的提升作用。首先，培训可以帮助教师了解并掌握学科的前沿研究。其次，培训能加深教师对教育理论知识的理解，如教育学基本理论、心理学基本理论等，并提升教师的专业实践能力和综合素质。此外，专业培训还能激发教师的学习兴趣和创新潜力。同时，培训关注教师的思维方式，及时对其进行调整，以最大限度地发挥教师的教学能力。综上，专业培训能够全方位地提升教师的知识储备和教学技能，从而提高教学质量，满足学生的学习需求。

学校组织的回归系数值为 0.706（$t = 2.858$，$p = 0.005 < 0.01$），意味着学校组织会对内容知识产生显著的正向影响。学校组织的支持对教师培养内容知识起着至关重要的作用。学校可以通过提供各种培训机会帮助教师提升教学技能和拓宽职业发展渠道。例如，学校可以组织各类教育培训活动，让教师了解新的教育理念和教学方法。此外，学校还可以通过加强教师培训能力建设，建立健全教师培训支持服务体系，以提高教师的内容知识储备。

职业发展的回归系数值为 -0.483（$t = -1.999$，$p = 0.048 < 0.05$），意味着职业发展会对内容知识产生显著的负向影响。对于这个结果研究者根据访谈内容进行合理推断，虽然上级为体育教师的专业发展制定了许多政策，但是经访谈发现，地方教育机构并没有很好地去落实这些政策，以至于这些有利于教师职业发展的政策机制并没有有效促进体育教师的 PE-PCK 成长。

（二）策略知识回归分析

从表 7-24 可知，将 8 个影响因素作为自变量，而将策略知识作为因变量进行逐步回归分析，经过模型自动识别，最终余下个人动机、学习准备度、专业培训 3 项在模型中，R^2 值为 0.696，意味着这 3 项可以解释策略知识 69.6% 的变化原因。模型通过 F 检验（$F = 88.654$，$p = 0.000 < 0.05$），说明模型有效。模型公式为：策略知识 $= 4.383 + 1.126 \times$ 个人动机 $+ 0.750 \times$ 学习准备度 $+ 2.231 \times$ 专业培训。与上述内容知识分析步骤一致，同样没有发现共线性问题。

表 7-24　策略知识的回归分析结果

	非标准化系数		标准化系数	t	p	共线性检验	
	B	标准误	$Beta$			VIF	容忍度
常数	4.383	1.150	—	3.813	0.000**	—	—

	非标准化系数		标准化系数	t	p	共线性检验	
	B	标准误	$Beta$			VIF	容忍度
个人动机	1.126	0.423	0.241	2.665	0.009 **	3.136	0.319
学习准备度	0.750	0.316	0.173	2.375	0.019 *	2.016	0.496
专业培训	2.231	0.419	0.493	5.321	0.000 **	3.281	0.305
R^2	0.696						
调整 R^2	0.688						
F	$F_{(3, 116)} = 88.654, p = 0.000$						
D-W 值	1.950						

个人动机的回归系数值为 1.126（t = 2.665，p = 0.009<0.01），这表明个人动机与策略知识之间存在显著的正向关系。教师的个人动机可以驱动教师更深入地掌握所教学科的价值，进而理解并掌握学科教学的各种方法。例如，受自身内部动机驱动的教师往往会不断更新自己的教学方法，给予学生更大的自主权，更少地对学生进行控制，更倾向于引导学生自我学习，而受外部动机驱动的教师则可能会对学生进行更多的控制。

学习准备度的回归系数值为 0.750（t = 2.375，p = 0.019<0.05），意味着学习准备度会对策略知识产生显著的正向影响。教师的学习准备度对其教学水平具有显著影响。这主要体现在以下几个方面。首先，学习准备度高的教师更可能对教学内容有深入的理解，并能有效地将学科知识转化为学生可以理解和接受的形式。他们能够更好地掌握所教课程的重点和难点，并确定学生应该理解和掌握的知识。其次，具备高学习准备度的教师通常能更好地预测学生在学习过程中可能遇到的困难，从而有针对性地进行教学调整，确保教学的有效性。最后，他们也能更好地评估自己的教学方法是否有效，以及如何改进自己的教学方法。

专业培训的回归系数值为 2.231（t = 5.321，p = 0.000<0.01），意味着专业培训会对策略知识产生显著的正向影响。专业培训可以帮助教师深化和拓展他们的教育理论知识，提升专业实践能力和综合素质。如通过系统、有针对性的培训，教师可以提升自己的终身学习意识和能力，掌握先进的教育

理念和现代信息技术，借助人工智能改进教育教学。专业培训也有助于教师更好地理解和掌握专业发展的规律和特征，并通过学习和实践不断提高自身的专业水平。此外，专业培训还需要注重"内容精准"，即根据受培训对象的特点及需求来明确培训最重要、最有价值的内容，解决培训内容内部之间的逻辑关系和设计安排问题。

（三）学生知识回归分析

从表 7-25 可知，将 8 个影响因素作为自变量，而将学生知识作为因变量进行逐步回归分析，经过模型自动识别，最终余下自我效能、学习准备度、专业培训、人为因素 4 项在模型中，R^2 值为 0.869，意味着自我效能、学习准备度、专业培训、人为因素可以解释学生知识 86.9% 的变化原因。模型通过 F 检验（F = 190.013，p = 0.000<0.05），说明模型有效。模型公式为：学生知识=0.354+1.088×自我效能+0.501×学习准备度+0.276×专业培训+1.059×人为因素。与上述策略知识分析步骤一致，同样没有发现共线性问题。

表 7-25 学生知识的回归分析结果

	非标准化系数		标准化系数	t	p	共线性检验	
	B	标准误	$Beta$			VIF	容忍度
常数	0.354	0.524	—	0.675	0.501	—	—
自我效能	1.088	0.181	0.359	6.012	0.000**	3.122	0.320
学习准备度	0.501	0.162	0.182	3.095	0.002**	3.012	0.332
专业培训	0.276	0.134	0.096	2.064	0.041*	1.904	0.525
人为因素	1.059	0.126	0.432	8.440	0.000**	2.290	0.437
R^2	0.869						
调整 R^2	0.864						
F	$F_{(4, 115)}$ = 190.013，p = 0.000						
D-W 值	1.632						

自我效能的回归系数值为 1.088（t = 6.012，p = 0.000<0.01），这表明自我效能与学生知识间存在显著的正向关系。首先，高自我效能感的体育教师更可能对学生的学习需求有深入的理解，并能有效地设计和实施适合学生的教学方法。他们相信通过自己的努力可以改变学生的学习状况，因此更愿

意投入时间和精力去了解每个学生的特点和需求。其次，自我效能感强的体育教师在面对学生学习困难时，更能保持积极的态度，寻找解决问题的方法。他们相信自己有能力帮助学生克服困难，提高学习成绩。

学习准备度的回归系数值为 0.501 （t = 3.095，p = 0.002 < 0.01），意味着学习准备度会对学生知识产生显著的正向影响。通过课前了解学生的需求和特点，做足充分的准备，教师可以对授课对象有进一步了解，如了解其技能基础、生理特征及心理特征等，并根据学生的实际情况进行个性化教学，帮助学生克服学习困难，提高学习效果。

专业培训的回归系数值为 0.276 （t = 2.064，p = 0.041 < 0.05），意味着专业培训会对学生知识产生显著的正向影响。首先，专业培训可以帮助教师更深入地理解教育规划纲要和教育改革发展的中心任务，从而更好地服务于学生的全面发展。其次，专业培训也有助于教师更好地理解和适应新时期的教育要求。例如，随着教育信息化的发展，学生可以通过多种渠道获得信息，这就要求教师能够适应这一变化，从传统的知识传授者转变为引导者和协助者。最后，专业培训还可以帮助教师更好地了解和满足学生的学习需求。例如，培训可以提供针对不同学段学生的有效的教学策略和方法，帮助教师设计和实施适合不同类型学生的教学方法。同时，通过专业培训，教师可以学习如何评估和反馈学生的学习进度，以便及时调整教学策略。

人为因素的回归系数值为 1.059 （t = 8.440，p = 0.000 < 0.01），意味着人为因素会对学生知识产生显著的正向影响。人为因素是推动教师了解学生情况、扩充学生知识储备的外部动力，若学校领导要求教师必须了解学生的状况（包括身心发展状况、技能状况等），则能够进一步督促教师增加对学生的关注度，从而提升其学生知识储备。

（四）背景知识回归分析

从表 7-26 可知，将 8 个影响因素作为自变量，而将背景知识作为因变量进行逐步回归分析，经过模型自动识别，最终余下自我效能、学校组织、政策制度 3 项在模型中，R^2 值为 0.762，意味着自我效能、学校组织、政策制度可以解释背景知识 76.2% 的变化原因。模型通过 F 检验（F = 123.791，p = 0.000 < 0.05），说明模型有效。模型公式为：背景知识 = 0.640 + 2.110 × 自

我效能+0.346×学校组织+0.358×政策制度。与上述学生知识分析步骤一致，同样没有发现共线性问题。

表 7-26　背景知识的回归分析结果

	非标准化系数		标准化系数	t	p	共线性诊断	
	B	标准误	Beta			VIF	容忍度
常数	0.640	0.690	—	0.928	0.355	—	—
自我效能	2.110	0.178	0.682	11.886	0.000**	1.604	0.624
学校组织	0.346	0.125	0.151	2.767	0.007**	1.448	0.691
政策制度	0.358	0.135	0.170	2.648	0.009**	2.017	0.496
R^2	0.762						
调整 R^2	0.756						
F	F (3, 116) = 123.791, p=0.000						
D-W 值	1.957						

自我效能的回归系数值为 2.110（t=11.886，p=0.000<0.01），这表明自我效能与背景知识间存在显著的正向关系。自我效能感强的教师在着力提高自身策略知识水平的同时也在一定程度上提高了其背景知识的水平，他们在教学过程中善于发现并挖掘教育资源，因势利导，将课堂教学的实际情境或突发事件转化为有利于课堂教学的资源，这就是教师背景知识水平的体现。

学校组织的回归系数值为 0.346（t=2.767，p=0.007<0.01），意味着学校组织会对背景知识产生显著的正向影响。通过学校给予教师一定软硬件支持及教学自主权，教师能够对整个教学环境有更加深刻的把握，更加善于发现并利用课堂教学情境中的各种因素，因势利导，将其转化为有利于课堂教学的教学资源，进一步提高教学效果。

政策制度的回归系数值为 0.358（t=2.648，p=0.009<0.01），同样意味着一些跟体育教师有关、有利于提高其教学水平的政策制度和体育教师的背景知识之间存在显著的正向关系。

（五）优秀体育教师显著影响因素汇总分析

从表 7-27 可知，将 8 个因素作为自变量，而将 PE-PCK 总水平作为因变量进行逐步回归分析，经过模型自动识别，最终余下个人动机、自我效能、学习准备度、专业培训、学校组织 5 项在模型中，R^2 值为 0.899，意味着个人动机、自我效能、学习准备度、专业培训、学校组织可以解释 PE-PCK（总）89.9%的变化原因，模型通过 F 检验（F=202.671，p=0.000<0.05），说明模型有效。模型公式为：PE-PCK 总水平=8.579+2.979×个人动机+4.597×自我效能+1.612×学习准备度+5.409×专业培训+1.584×学校组织。与上述背景知识分析步骤一致，同样没有发现共线性问题。

表 7-27　优秀体育教师显著影响因素汇总

	非标准化系数		标准化系数	t	p	共线性诊断	
	B	标准误	$Beta$			VIF	容忍度
常数	8.579	2.471	—	3.472	0.001**	—	—
个人动机	2.979	0.799	0.202	3.727	0.000**	3.305	0.303
自我效能	4.597	0.668	0.304	6.885	0.000**	2.199	0.455
学习准备度	1.612	0.756	0.117	2.134	0.035*	3.402	0.294
专业培训	5.409	0.931	0.378	5.808	0.000**	4.768	0.210
学校组织	1.584	0.515	0.141	3.077	0.003**	2.374	0.421
R^2	0.899						
调整 R^2	0.894						
F	F (5, 114) = 202.671, p=0.000						
D-W 值	2.091						

个人动机的回归系数值为 2.979（t=3.727，p=0.000<0.01），这表明个人动机与 PE-PCK 总水平之间存在显著的正向关系。教师的个人动机是推动他们提升 PE-PCK 的重要驱动力。如果教师真心热爱教育事业，他们就会积极投入教学活动，用心去掌握精深的学科知识和灵活的教育教学知识，并持续提升自己的专业素质和智慧。例如，他们会主动参加各种教育培训、学术研讨活动，以不断提升自己的教学水平和教育理论知识。而个人动机的不足对于教师 PE-PCK 的发展则会起到阻碍作用，如贾晶晶经过研究调查发现，教师的个人动机对教师 PE-PCK 发展呈现显著影响。[①]

---

① 贾晶晶：《富平县农村中学体育教师专业发展现状及影响因素研究》，延安大学硕士学位论文，2023，第 53 页。

自我效能的回归系数值为 4. 597（t = 6. 885，p = 0. 000 < 0. 01），这表明自我效能与 PE-PCK 总水平之间存在显著的正向关系。梁振斌研究发现，自我效能感是教师提升 PE-PCK 的重要推动力。通过提高自我效能感，教师可以更好地调整自己的情绪，更有信心地面对有挑战性的教学任务，进一步提高教学质量和效率，由此提高教师的 PE-PCK 水平。[①]

学习准备度的回归系数值为 1. 612（t = 2. 134，p = 0. 035 < 0. 05），意味着学习准备度会对 PE-PCK 总水平产生显著的正向影响。这是因为当教师的学习准备度高时，他们能更好地掌握和理解学科知识，并有效地将其转化为教学内容。同时，他们也更容易理解和应用教育学知识，以提升教学效果。

专业培训的回归系数值为 5. 409（t = 5. 808，p = 0. 000 < 0. 01），意味着专业培训会对 PE-PCK 总水平产生显著的正向影响。赵海洋研究后发现，是否经常参加专业培训使体育教师在 PE-PCK 的水平上存在显著性差异，他认为参加专业培训是教师提升 PE-PCK 的重要途径。它不仅可以帮助教师提升教学技能和理论水平，还可以深化他们对学科知识的理解。[②]

学校组织的回归系数值为 1. 584（t = 3. 077，p = 0. 003 < 0. 01），意味着学校组织会对 PE-PCK 总水平产生显著的正向影响。教师的专业发展是一个持续的过程，他们需要通过不断的学习和实践来提升专业知识和能力。丁珊珊经研究后指出，学校环境及其提供的条件是影响体育教师专业成长的关键因素，其中不仅包括学校文化、同事间的支持与合作，还涉及学校对教师继续教育的重视程度以及提供的资源和机会。此外，学校内部的政策和制度，如教师评价体系、激励机制以及职业发展路径的规划，也在很大程度上塑造了体育教师的成长环境和专业提升的动力。这些因素共同构成了一个促进或抑制体育教师专业技能提升和教学实践创新的复杂系统。[③]

[①] 梁振斌：《高中体育教师 PCK 影响因素模型构建》，辽宁师范大学硕士学位论文，2021，第74 页。

[②] 赵海洋：《基于 TPACK 视角下影响西宁市城区初中体育教师专业发展的因素及策略研究》，青海师范大学硕士学位论文，2023，第59 页。

[③] 丁珊珊：《中小学体育教师专业发展困境及影响因素研究》，成都体育学院硕士学位论文，2023，第 51~52 页。

第八章　不同成长阶段体育教师
PE-PCK 的比较研究

第一节　不同成长阶段体育教师宣称 PE-PCK 的
差异分析

一　不同成长阶段体育教师宣称 PE-PCK 的总体对比

表8-1对不同成长阶段的体育教师在各维度上所得平均分进行描述统计。整体上，学生知识、内容知识和背景知识的得分略有差异。体育教师队伍 PE-PCK 整体处于中等偏上的水平。从具体数据可以看出新手教师、熟手教师与经验教师 PE-PCK 得分为3.5~4.0，而优秀教师得分为4.3~4.6，因此可以将新手、熟手、经验教师与优秀教师视为两个不同水平的群体展开分析，再通过差异分析了解不同水平教师的状况。值得注意的是，新手体育教师的背景知识得分最低，在3.5分以下；优秀教师的策略知识得分最高，高于4.5分。产生这一现象的原因是本章要探究的内容，基于此，以下采用数理统计法对所得数据展开分析。需要指出的是，本部分主要分析不同群体教师间的"宣称水平"，分析过程也主要围绕教师自身"信奉"的理论，能够侧面反映体育教师的 PE-PCK 水平，但并不能直接表示教师的实际水平，需要与使用 PE-PCK 结合才能够最客观地反映不同群体教师的真实 PE-PCK 水平。

表 8-1 不同成长阶段体育教师 PE-PCK 在各维度上的差异对比

维度	成长阶段				平均值
	新手教师	熟手教师	经验教师	优秀教师	
学生知识	3.757	3.623	3.681	4.425	3.871
策略知识	3.704	3.675	3.895	4.525	3.950
内容知识	3.654	3.724	3.750	4.507	3.909
背景知识	3.498	3.724	3.585	4.372	3.794

通过单因素方差分析不同成长阶段体育教师在背景知识、学生知识、教学知识、内容知识四个维度上的差异性，结果如表 8-2 所示。可以看出，不同成长阶段教师的背景知识、学生知识、策略知识、内容知识均呈现显著性差异（p<0.01）。

表 8-2 方差分析结果

维度	成长阶段（平均值±标准差）				F	p
	新手教师（n=273）	熟手教师（n=221）	经验教师（n=243）	优秀教师（n=100）		
背景知识	3.50±0.83	3.72±0.91	3.59±0.59	4.37±0.61	38.936	0.000**
学生知识	3.76±0.81	3.62±1.04	3.68±0.45	4.42±0.60	31.938	0.000**
策略知识	3.70±0.74	3.68±0.73	3.90±0.43	4.53±0.56	54.400	0.000**
内容知识	3.65±0.61	3.72±0.65	3.75±0.48	4.51±0.54	67.416	0.000**

* p<0.05，** p<0.01。

二 不同成长阶段体育教师宣称 PE-PCK 的差异分析

通过多重检验、两两比较处于不同成长阶段的体育教师在四个维度上的差异性，即新手与熟手、新手与优秀、新手与经验、经验与优秀、经验与熟手、熟手与优秀之间的差异，结果如表 8-3 所示。新手教师、熟手教师、经验教师的 PE-PCK 的四个维度与优秀教师均有显著性差异，此外，从不同群体教师的特征上看，优秀体育教师在教龄上大于新手和熟手体育教师，这就导致了在教学实践与教学经验方面，新手和熟手教师不如优秀教师，从而使他们的宣称 PE-PCK 水平整体低于优秀教师。而经验教师与优秀教师在教龄上并无差别，是什么因素导致了经验教师只有策略知识优于新手与熟手教师，为什么他们与优秀教师所有维度均存在差异？以下将针对以上问题进行具体分析。

表 8-3　事后多重比较结果

	（I）名称	（J）名称	（I）平均值	（J）平均值	差值（I-J）	p
背景知识	优秀教师	新手教师	4.372	3.498	0.874	0.000**
	优秀教师	熟手教师	4.372	3.724	0.648	0.000**
	优秀教师	经验教师	4.372	3.585	0.787	0.000**
	新手教师	熟手教师	3.498	3.724	−0.226	0.001**
	新手教师	经验教师	3.498	3.585	−0.087	0.203
	熟手教师	经验教师	3.724	3.585	0.139	0.054
学生知识	优秀教师	新手教师	4.425	3.757	0.668	0.000**
	优秀教师	熟手教师	4.425	3.623	0.802	0.000**
	优秀教师	经验教师	4.425	3.681	0.744	0.000**
	新手教师	熟手教师	3.757	3.623	0.134	0.056
	新手教师	经验教师	3.757	3.681	0.076	0.272
	熟手教师	经验教师	3.623	3.681	−0.058	0.425
策略知识	优秀教师	新手教师	4.525	3.704	0.821	0.000**
	优秀教师	熟手教师	4.525	3.675	0.850	0.000**
	优秀教师	经验教师	4.525	3.895	0.630	0.000**
	新手教师	熟手教师	3.704	3.675	0.029	0.619
	新手教师	经验教师	3.704	3.895	−0.191	0.001**
	熟手教师	经验教师	3.675	3.895	−0.220	0.000**
内容知识	优秀教师	新手教师	4.507	3.654	0.854	0.000**
	优秀教师	熟手教师	4.507	3.724	0.783	0.000**
	优秀教师	经验教师	4.507	3.750	0.757	0.000**
	新手教师	熟手教师	3.654	3.724	−0.070	0.178
	新手教师	经验教师	3.654	3.750	−0.097	0.060
	熟手教师	经验教师	3.724	3.750	−0.026	0.625

* $p<0.05$, ** $p<0.01$。

1.10 年以下教龄教师与 10 年以上教龄教师的宣称 PE-PCK 差异分析

通过独立样本 t 检验可以看出优秀体育教师的背景知识、学生知识、策略知识、内容知识水平均显著高于新手、熟手和经验教师。

相关研究指出，新手教师在不同学科主题内容的课堂教学中注重以教师为主的教学行为，且几乎所有课堂时间均用于以教师为主的教学行为，而优秀教师在课堂教学中以学生为主的教学行为频次所占比重比较大，且在不同学科主题内容上表现相对比较稳定。[①]

新手教师策略知识水平低于优秀教师并不奇怪，因为对于新手教师来说，确实很多方面都是新的知识。但是熟手教师也全方位自认为其 PE-PCK 的各个方面均低于优秀体育教师，确实有点意外。虽然相关研究指出熟手教师相比新手教师拥有更多的教学实践经验，但其与经验教师与优秀专家相比又存在不足。[②] 这一解释在笔者看来是合理的，因为 PE-PCK 本质上是实践的知识，教学实践的积累在一定程度上必然影响体育教师的 PE-PCK 水平，但这一观点又该如何解释同处于 10 年教龄以上的经验教师呈现的宣称 PE-PCK 水平？

在上述调查中，最值得关注的是教龄 10 年以上的经验教师与其他群体教师间的差异。有研究指出，教师的发展可以分为 10 年以上的成熟阶段与 10 年以下的发展阶段。相比新手与熟手教师，经验与优秀教师在教学内容上具备更为深刻的"个人理解"，他们在教学实践中已经深入了解了不同年龄学生的学习风格、运动技能基础差异等，这使他们能够根据学生实际面临的情境及时做出选择和决策，更善于设置合宜的教学环境，更娴熟地把握学生个体。笔者不否认体育教师 PE-PCK 成长过程中"教学实践"的重要作用，但正如上文所述，这一观点无法解释教龄也处于 10 年以上的经验教师与新手和熟手教师只存在教学策略上的差异，这可能与教师自身的"宣称水平"有关，即经验教师认为自身对学生知识和内容知识了解不足，这也能够侧面

---

①　袁绪富：《新手-熟手-专家化学教师不同学科内容主题课堂教学行为特征及比较研究》，东北师范大学硕士学位论文，2020，第 290~292 页。

②　岳亚平：《不同专业发展阶段幼儿教师知识结构的特征比较》，《学前教育研究》2011 年第 9 期。

反映教学实践并不是影响体育教师 PE-PCK 成长的主要因素，教学年限与体育教师 PE-PCK 成长之间并没有直接关系，相同教龄教师区别为"经验"与"优秀"、熟手与新手教师在某些程度上优于经验教师的情况表明，体育教师 PE-PCK 成长一定还存在更为重要的影响因素，而这或许是"经验教师为何不是优秀教师"的主要原因。

综上所述，本书明确了不同水平体育教师 PE-PCK 的差异，而产生差异的原因也是需要探讨的内容。PE-PCK 作为一种根植于实践的知识，教学实践过程必然影响体育教师 PE-PCK 的发展，随着教师教学实践的不断增加，他们能够接触更多的学生，更深入地理解教材，从而能更好地设计教学策略，更娴熟地适应教学环境，进而促进了其 PE-PCK 的提升，因此，对教师的培养仍然要立足教学实践，立足以校为本。同时，本书认为教学实践不足以构成教师 PE-PCK 成长的唯一性影响因素。这一结论在张冠群的研究中也有体现。[①] 那产生这一现象的原因是什么？多数学者对此也有研究，得出了类似教师培训[②]、学校组织的研修活动[③]等众多因素对教师知识成长产生影响的结论，但从生态学视角分析，这些因素对同一生态圈内教师的影响应该是相同的，它们可能会导致新手教师与经验教师和优秀教师的差异，但无法解释熟手教师某些维度高于经验教师的情况，也无法解释为何在相同年限内部分教师成为"经验教师"，而部分教师成为"优秀教师"，因此这一问题逐渐引起了笔者的关注，在后续调查中，我们将持续关注这一问题并期待能够找到答案。

2. 新手体育教师与熟手体育教师的差异分析

通过独立样本 t 检验分析新手体育教师与熟手体育教师在背景知识、学生知识、策略知识、内容知识四个维度的差异性可以看出，新手体育教师与熟手体育教师仅在背景知识上呈现显著性差异。本研究认为新手体育教师群

---

① 张冠群：《小学英语阅读教学中教师的学科教学知识表现及其影响因素研究》，东北师范大学博士学位论文，2019，第 199~201 页。

② 田丽杰、李佳、姜春明：《教师培训如何调节知识与信念对教学实践的影响——基于 31 个省（自治区、直辖市）小学科学教师调研》，《教师教育研究》2023 年第 4 期。

③ 李方：《深化精准培训改革：教师培训提质增效的专业化之路》，《中国教育学刊》2022 年第 9 期。

体有"特殊性",由于入职时间较短,加之需要融入新环境,在对场地器材设施的使用、课堂如何管理等方面均要做到"融入"。研究者认为,教育生态系统由人—教育—环境构成①,是一个充满适应与发展的特殊生态系统,该理论可以很好地解释这一调查结果。从生态学的角度而言,若将新手体育教师视为生态系统中的"生物",那么他从高校进入校园任教则是从一个"生态环境"跨入另一个"生态环境",可被定义为"外来物种"。相比之下,熟手教师入职时间较新手教师长,已经"适应"了校园的生态环境,因此从结果上看,熟手体育教师的背景知识水平显然要高于新手体育教师。

　　基于此,新手体育教师的主要问题来自"生态环境"的跨度以及跨入后作为"外来物种"如何生存,其中"生态环境"的跨度主要来自身份的转化,这一过程不仅是从"学生"到"教师"的角色转变,更是社会身份的转化。相比"学生","教师"所承担的社会责任更多。② 因此,新手体育教师应当学会正确认识教师角色,做好身份转化的准备,这一过程需要树立一定的教师威望,并有目的地拉近与学生的距离。③ 另外,"外来物种"也可以被理解为该生态圈内孤立的个体,那么这一过程中最重要的就是"适应与融入",因此学校的支持是至关重要的,学校方面可以搭建新手体育教师的支持体系,保证新手体育教师更好地融入,如当前的"岗前培训""老带新教学模式"就是非常好的案例。

　　新手体育教师与熟手体育教师在内容知识、学生知识和策略知识上未呈现显著性差异的原因可能源于 PCK 的相对一致性以及教学"质"与"量"积累。教师在教学成长过程中会遇到很多问题,而解决所遇到的困难是教师成长的关键。有相关研究指出工作 5 年内的教师遇到的问题主要是知识、技术类的问题,这类问题是相对容易解决的。④ 在学科专业发展初期,新手体

①　刘沛雪:《生态学视阈下的大学语文教育研究》,西南大学博士学位论文,2016,第 17 页。

②　王若昕:《顶尖综合性大学非师范毕业教师身份认同的叙事研究》,华东师范大学硕士学位论文,2022,第 58、63、75 页。

③　李臣之、郑涵:《权变理论视角下新手教师的期望落差及其消解》,《中国教育科学(中英文)》2022 年第 5 期。

④　钟祖荣、张莉娜:《教师专业发展阶段的调查研究及其对职后教师教育的启示》,《教师教育研究》2012 年第 6 期。

育教师会接受全面的培训。在内容知识方面，体育学科的基础知识如体育运动规则、技能要素和健康理论等在初期教育教学专业培训中会被广泛传授，新手和熟手体育教师在这方面是相对一致的，因此，其对于一般内容知识的掌握可能呈现相对一致的水平。从 PE-PCK 的特征分析，首先，体育教师的宣称 PE-PCK 是反思与实践的知识，不可避免地受教学年限影响，熟手教师在教学实践与反思过程中累积的"量"要大于新手教师，但影响其 PE-PCK 发展的瓶颈问题单靠时间的磨砺和经验的累积是难以突破的[1]，熟手体育教师关于教学"量"的累计可能不足以引起一个"质"的变化。其次，PE-PCK 是和内容相关的，PE-PCK 是教师关于如何将自己所知道的学科内容以学生易于理解的方式加工、转化、表达与教授给学生的知识。因此，虽不同于学科内容，但其指向于特定学科及其内容的加工、转化、表达与传授，与特定主题（如单手肩上投篮、行进间运球等）紧密联系，所以，它与学科内容息息相关。[2]

综上，熟手体育教师受 PE-PCK 的相对一致性以及教学"质"与"量"积累的影响，在宣称 PE-PCK 的呈现上与新手体育教师并无太大的结果差异。新手与熟手体育教师 PE-PCK 从量变到质变的过程可以参考优秀体育教师的成长路径，因为优秀体育教师同样经过了新手与熟手教师的阶段。相关研究指出学生的学习兴趣和主动性会促进教师教学效能的提升[3]，这种"双向正反馈"不仅能够促进教师加快教学"量"的积累，又间接提升了教师的"内驱力"，促使教师形成自身教学风格，进而促进其教学"质"的提高。

3. 经验体育教师与优秀体育教师的差异分析

通过多重检验探讨经验体育教师与优秀体育教师在背景知识、学生知识、策略知识、内容知识 4 个维度上的差异性，结果显示，他们在各个维度

---

① 钟祖荣、张莉娜：《教师专业发展阶段的调查研究及其对职后教师教育的启示》，《教师教育研究》2012 年第 6 期。

② 杨彩霞：《教师学科教学知识：本质、特征与结构》，《教育科学》2006 年第 1 期。

③ 邵思源：《英语教师自我效能感研究：以教学行为和教学效果为例》，《外语学刊》2017 年第 5 期。

上均呈现显著性差异。

本书所界定的优秀教师均须获得一个或多个荣誉这不仅是对其专业水平的认可，也反映出其在教学技能和创新方面的卓越表现。这种荣誉的获得可能促使优秀体育教师更加注重教学方法和策略的精进，对深刻理解和应用教学知识起到推动作用。他们的教学效能会高于经验教师，受其专业地位的影响，优秀教师具备更多途径获得现代化的教育教学技术，提高教学质量的途径更加有效，更偏向"研究型"的教师。

综上所述，经验体育教师与优秀体育教师的对比结果能够很好地回答新手和熟手与经验和优秀教师对比研究时的问题同一生态圈下，教师的培训机会、进修机会、技能大赛等资源是有限的，这就涉及一个选拔的过程，被选拔出的教师往往是同一群体内更为"优秀"的教师。何为优秀？在生态视角下可以理解为同一群体内吸收更多"物质能量"、成长更快的个体，这类教师往往具备更大的"自我驱动力"，这是本书认为除教学实践外导致不同水平教师间差异的另一重要因素。相关研究指出，教师专业发展的根本动力源于自身努力，这种"自我驱动"是促进教师成长的关键因素，成为卓越教师往往是这种个人努力下的成果。[1] 因此经验教师若想成长为优秀教师，提升"自我内驱力"可能是一条很好的路径。

第二节　不同成长阶段体育教师使用 PE-PCK 的差异分析

一　不同成长阶段体育教师教学设计呈现的使用 PE-PCK 对比

以下对不同成长阶段体育教师教学设计呈现的使用 PE-PCK 进行统计，结果如表 8-4 所示。

---

[1]　周春良:《卓越教师的个性特征与成长机制研究》，华东师范大学博士学位论文，2014，第203~205 页。

表 8-4　不同成长阶段体育教师使用 PE-PCK 的教学设计得分

水平	教师	维度		
		CK	SK	TK
优秀教师	Z 教师	2.8	3	2.5
	W 教师	3	3	2.3
	H 教师	2.8	3	2.3
	G 教师	2.4	3	3
	D 教师	2.4	3	2.2
	L 教师	2.8	2.67	2.67
经验教师	C 教师	2.4	2.67	2.17
	T 教师	2.2	2.67	1.3
	L 教师	2	2	2
	G 教师	2.2	3	2.33
	J 教师	2.6	3	2.33
	X 教师	1.8	2.33	2
熟手教师	J 教师	2.4	3	1.83
	N 教师	2.8	3	2.83
	L 教师	3	3	2
	T 教师	2	2.67	1.33
	W 教师	2.8	3	3
	Z 教师	2.8	2.33	1.67
	Y 教师	2	2.67	2
新手教师	G 教师	2.6	2.3	1.8
	Z 教师	2.4	1.67	2.1
	H 教师	2.6	3	1.9
	X 教师	1.8	1.67	1.5
	L 教师	2	1.67	1.7
	S 教师	2.2	2.3	1.7
	U 教师	2.2	2.7	1.5

在调查的 26 名体育教师中，优秀体育教师教学设计呈现的使用 PE-PCK 水平明显高于其他教师，其得分情况以高水平为主，新手体育教师的使用 PE-PCK 水平最低，内部差异较大，整体稳定性较差。反观经验教师与熟

手教师则不相同，经验教师与熟手教师的使用 PE-PCK 相对稳定，经验教师呈现以中上为主的使用 PE-PCK 水平，熟手教师则呈现较高的使用 PE-PCK 水平。

将各教师在教学设计部分的得分情况进行均值统计，得到表 8-5。

表 8-5　不同成长阶段体育教师使用 PE-PCK 教学设计均值统计

优秀教师		经验教师		熟手教师		新手教师	
Z 教师	2.77	C 教师	2.41	L 教师	2.41	G 教师	2.23
W 教师	2.77	T 教师	2.06	N 教师	2.88	Z 教师	2.06
H 教师	2.7	L 教师	2	Z 教师	2.7	H 教师	2.5
G 教师	2.8	G 教师	2.51	T 教师	2	X 教师	1.66
D 教师	2.53	L 教师	2.64	W 教师	2.93	L 教师	1.79
L 教师	2.71	X 教师	2.05	M 教师	2.27	S 教师	2.07
				Y 教师	2.22	U 教师	2.13

如表 8-5 所示，优秀体育教师使用 PE-PCK 的均值高，6 名教师均能达到高水平；经验体育教师与熟手体育教师以中上水平为主，部分教师能够达到高水平；新手体育教师的水平参差不齐，其中 H 教师能够达到高水平，而 X 教师与 L 教师水平较低，其余四人均呈现中上水平。

将不同水平教师各维度水平进行统计，得到表 8-6。

表 8-6　不同成长阶段体育教师使用 PE-PCK 各维度均值统计

	CK	SK	TK	均值
优秀教师	2.7	2.95	2.5	2.72
经验教师	2.2	2.61	2.02	2.28
熟手教师	2.54	2.81	2.09	2.48
新手教师	2.26	2.19	1.74	2.06
均值	2.40	2.65	2.15	2.40

从表 8-6 可知,优秀体育教师各维度均能达到高水平,均值为 2.72,在所有教师群体中处于最高水平;其次是熟手教师,均值为 2.48;再次是经验教师;最后是新手教师。

在内容知识(CK)方面,优秀教师>熟手教师>新手教师>经验教师;在学生知识(SK)方面,优秀教师>熟手教师>经验教师>新手教师,且优秀教师、经验教师、熟手教师都能较高水平地掌握学生知识,而新手教师处于中上水平;在策略知识(TK)方面,优秀教师>熟手教师>经验教师>新手教师。整体而言,不同水平教师使用 PE-PCK 要素水平表现为:优秀教师>熟手教师>经验教师>新手教师。

优秀体育教师的使用 PE-PCK 要素水平最高且较为稳定,以高水平为主;经验教师与熟手教师的水平较为稳定;新手教师的水平最低,且稳定性最差。产生这一现象的主要原因可以被理解为优秀教师是本次调查教师群体中的"顶点",其余水平的教师更像是优秀教师成长的"起点"和"过程",因此优秀体育教师水平最高相对来说是"实然"的结果。

综上,作为不同群体教师"顶点"的优秀教师,在 PE-PCK 进一步提升的同时,也应该注重知识的共享,去引导处于"起点"和"过程"的教师。其中,新手与熟手教师应该立足于提升教学"量",更多参考"顶点"教师的"教学经验"是如何积累的,如何更快地形成教学风格、更好地熟悉学生、更娴熟地进行教学尝试,尤其新手教师应吸收优秀教师如何由"新"到"稳"过渡,逐渐适应教学,在此基础上进行"质"的提升。而经验体育教师则相反,这一群体教师"稳定性"高,但受各因素影响面临效能感低的问题。他们积累的"量"是足够的,进一步说明教龄与教师 PE-PCK 成长并不直接联系,应更注重"质"的提高,提高自身教学效能及自我内驱力。

二 不同成长阶段体育教师教学实施呈现的使用 PE-PCK 差异分析

以下对使用 PE-PCK 各要素间联系展开分析,得到表 8-7。

对学生身心发展的关注度较高，在设计教学难点时往往会考虑到不同学生间水平。

四个群体教师的 TC 课堂呈现结果较为理想，其中优秀教师该维度掌握程度最高，且仅有优秀教师在该维度处于高水平，表明优秀教师对教学重点的把握较其他类型的教师要好，且能够更好地围绕重点设计课堂，进行准确的讲解示范，安排适宜的教学方法。通过对比优秀教师与其他类型教师的课堂可知，优秀教师能够更好地围绕教材的重点对学生进行思政教育，因此也促进了其在该维度的水平更高。

相对而言，本次调查的体育教师群体均呈现对 SC 的把握不足。通过课堂观察可知，不同水平的教师均能够指出学生的动作错误，但就学生为何产生错误的理解还存在不足。

在 TSC 过程性评价部分，四类教师的课堂呈现结果均较为理想，其中优秀教师水平最高，处于高水平，其余教师均处于中上水平，但新手教师十分接近高水平。本书认为产生该情况的主要原因有二：其一为新手体育教师入职时间短，且多数新手体育教师是由高校毕业进入学校，其教学任务的安排、教学的组织与场地的布置等方面知识较为新颖；其二是本书的课堂观察量表主要围绕 PE-PCK 的各个具体维度中与 2022 年《新课标》关联度较大的内容设计，而新手体育教师在大学学习、教师招聘和入职培训中均有较多的机会学习《新课标》，从而使新手体育教师在教学的设计与实践过程中对《新课标》的理解更加充分，并得分很高。

在 TSC 结果性评价中，四类教师均能够达到较高的水平，其中优秀教师的水平最高，新手教师水平最低，虽然新手教师也处于中上水平，但仍存在某一环节脱离教学内容的情况，虽然学习《新课标》的机会更多，但"深度"不足；虽然具备一定学科基本素养，但运用程度不足，课堂虚化现象较严重。

第三节 不同成长阶段体育教师宣称与使用 PE-PCK 的比较分析

上文明确了各阶段教师宣称与使用 PE-PCK 的具体水平，本节将针对不

表 8-7　不同成长阶段体育教师使用 PE-PCK 课堂观察得分统计

水平	教师	维度				
		TS	TC	SC	TSC（过程）	TSC（结果）
优秀教师	Z 教师	3	3	3	3	3
	W 教师	2.75	2.67	3	2.5	2.33
	H 教师	3	3	1.5	2.83	2.17
	G 教师	2.5	2.33	2.5	2.33	2.17
	D 教师	3	3	2	2.83	2.17
	L 教师	2.5	2.67	2.5	2	1.83
经验教师	C 教师	2.75	1.67	2	2.16	2.33
	T 教师	2.75	2.67	3	2	1.83
	L 教师	2.25	2.33	1.5	2.83	1.67
	G 教师	2.5	2.33	2	2.16	2.5
	J 教师	3	3	1.5	2.83	3
	X 教师	2	1.67	1.5	1.33	1.67
熟手教师	L 教师	2.75	2.67	2.5	3	2.17
	N 教师	3	2	1	2.5	2
	Z 教师	2.75	3	2.5	2.33	2.67
	T 教师	2.5	2.33	2.5	2.16	1.67
	W 教师	2.25	2	1.5	2.83	2.33
	M 教师	2.25	1.33	0.5	1.33	1.67
	Y 教师	2.5	1.67	2	2	2.17
新手教师	G 教师	2.3	2	2.5	2.5	2.3
	Z 教师	2.8	2.3	2.5	2.2	1.5
	H 教师	3	3	3	2.5	2.7
	X 教师	2	2.3	1.5	2.3	1.8
	L 教师	2	1	0.5	2.3	1.5
	S 教师	2.3	2.6	1.5	3	2.2
	U 教师	2.3	3	1.5	2.5	2.2

从表 8-7 可知，优秀教师群体中，虽然大部分教师的指标能够达到高水平，但是其课堂实施过程得分要略低于教学设计得分，教学实施过程中部分

教师存在某一维度缺失的情况。经验教师的课堂实施整体呈现中等水平，但部分教师的某些维度知识缺失较严重，不同维度间水平不一。熟手教师的课堂呈现情况较为理想，表现为以中上和高水平为主，但也存在部分维度缺失的情况。新手体育教师的课堂呈现结果相对于教学设计要好，其课堂实施的得分情况以中上水平为主，部分教师能够达到高水平，但也存在部分教师维度缺失严重的情况。

为了更清晰地对不同水平教师展开描述，以下将每名教师的得分情况取平均值，得到表 8-8。

表 8-8　不同成长阶段体育教师使用 PE-PCK 课堂观察均值统计

优秀教师		经验教师		熟手教师		新手教师	
Z 教师	3	C 教师	2.18	L 教师	2.62	G 教师	2.32
W 教师	2.65	T 教师	2.45	N 教师	2.1	Z 教师	2.26
H 教师	2.5	L 教师	2.12	Z 教师	2.65	H 教师	2.84
G 教师	2.37	G 教师	2.3	T 教师	2.23	X 教师	1.98
D 教师	2.6	J 教师	2.67	W 教师	2.18	L 教师	1.46
L 教师	2.3	X 教师	1.63	M 教师	1.41	S 教师	2.36
				Y 教师	2.07	U 教师	2.3

从表 8-8 可知，优秀教师的整体课堂表现最好，其中大部分人能够达到高水平，其余均处于中上水平。经验教师的课堂表现与熟手和新手教师相差不多，但没有处于低水平的教师。熟手教师与新手教师存在水平参差不齐的情况，部分教师能够处于较高水平，而部分教师则表现出严重缺失。

为进一步分析不同水平教师各维度间的水平差异，以下将各维度联系水平进行统计，得到表 8-9。

表 8-9　不同成长阶段体育教师使用 PE-PCK 联系水平均值统计

水平	TS	TC	SC	TSC（过程）	TSC（结果）	均值
优秀教师	2.79	2.78	2.41	2.58	2.28	2.57
经验教师	2.54	2.28	1.91	2.22	2.17	2.22

续表

水平	TS	TC	SC	TSC（过程）	TSC（结果）	均值
熟手教师	2.57	2.14	1.79	2.31	2.1	2.18
新手教师	2.39	2.31	1.86	2.47	2.02	2.21
均值	2.57	2.38	1.99	2.4	2.14	2.3

从表 8-9 可知，优秀教师的 TS 水平最高，新手教师最低，优秀教师>手教师>经验教师>新手教师。

优秀教师的 TC 水平最高，且除优秀教师外，其他水平教师均无法达高水平，优秀教师>新手教师>经验教师>熟手教师。

优秀教师的 SC 水平最高，熟手教师水平最低，且相对于其他维度，类教师在该维度的呈现水平均不理想，优秀教师>经验教师>新手教师>熟教师。

在 TSC 过程性评价中，优秀教师的评价结果最优，经验教师最差，优教师>新手教师>熟手教师>经验教师。

在 TSC 结果性评价中，优秀教师的评价结果最优，新手教师最差，优教师>经验教师>熟手教师>新手教师。

通过最终的结果分析可知，不同水平教师课堂观察的使用 PE-PCK 要间联系水平与教学设计的使用 PE-PCK 要素水平存在排名不同的情况，优秀教师仍然为四类教师中的最高水平。

四个群体教师均存在对某些维度掌握不足的情况，其中优秀教师的最理想，评分最高，经验教师虽然与优秀教师教龄相近，但课堂呈现水熟手、新手教师类似，存在某些维度的缺失。相关研究也曾指出，该阶师会呈现内容知识不足、职业倦怠等问题①，从而导致了其使用 PE-PC展缓慢、教学能力下降，进一步影响了经验教师课堂的呈现水平。

四个群体教师的 TS 表现均较好，其中优秀教师的水平最高，新手虽然水平最低，但也处于中上水平。结合上述教学设计可知，体育教师

---

① 么婷婷:《小学数学熟手教师学科教学知识个案研究》，聊城大学硕士学位论文，20 39~41 页。

同群体教师的宣称与使用水平进行比较分析。需要指出的是，本书的使用
PE-PCK 调查包含教师教学设计与教学实施的分析，其中教学实施过程的分
析主要是探讨 PE-PCK 各个维度之间的联系，在分析体育教师 PE-PCK 宣称
与使用水平的差异时，教学实施部分调查的使用 PE-PCK 维度与宣称 PE-
PCK 维度不统一，但不可否认教师在教学实践过程中呈现的使用 PE-PCK 水
平是更加多元的。基于以上情况，以下采用以教学设计为主、教学实施为辅
的方法对不同水平教师的宣称与使用 PE-PCK 进行比较分析。

一　新手体育教师宣称 PE-PCK 与使用 PE-PCK 的比较分析

依据表 8-1 可知，新手体育教师的内容知识平均值为 3.654 分，占总分
的 73.08%；策略知识平均分为 3.704，占总分的 74.08%；学生知识平均分
为 3.757，占总分的 75.14%；背景知识平均分为 3.498，占总分的 69.96%。
可以看出，新手体育教师宣称 PE-PCK 处于中上水平。在对比使用 PE-PCK
时，本书发现新手教师 PE-PCK 存在"知行不一"的情况；且在不同群体
宣称与使用 PE-PCK 的调查中，仅有新手教师"高估"了自身的 PE-PCK
水平，本书认为这一现象的产生主要源于 PE-PCK 是一种"转化"的知识。
就新手教师而言，他们由高校进入校园，自然具备对技术动作的讲解能力，
其在高校中也会较为系统地学习教学方法与适当的教学组织形式，但 PE-
PCK 是将自身知识"转化"为学生易于理解形式的一种知识，因此 PE-PCK
的水平高低本质上是与学生的学习成果相联系的，也需要围绕在某一特定主
题下学生会存在哪些学习困难、学生对该动作的理解情况展开设计，而由于
新手教师教学实践不足，这方面是他们缺乏的。[①] 这就使得他们在"转化"
的过程中存在不足，进而影响了其 PE-PCK 的呈现，但他们本身又具备部分
教学知识，因而导致出现"知行不一"的情况。

二　熟手体育教师宣称 PE-PCK 与使用 PE-PCK 的比较分析

依据表 8-1 可知，熟手体育教师的内容知识平均值为 3.724（占 74.8%），

[①]　余淞发、邓峰、陈灵灵：《新手化学教师 NOS-PCK 的调查研究》，《化学教育（中英文）》
2021 年第 13 期。

策略知识平均值为 3.675（占 73.5%），学生知识平均值为 3.623（占 72.46%），背景知识平均值为 3.724（占 74.8%）。可以看出，熟手体育教师的宣称 PE-PCK 处于中上水平。在对比使用 PE-PCK 时，本书发现熟手教师存在"知行不一"的情况，其在一定程度上"低估"了自身的 PE-PCK 水平。这一结论验证了本书在调查熟手教师宣称 PE-PCK 时的困惑，即熟手教师 PE-PCK 水平确实全面低于优秀教师。结合课堂观察的数据结果分析，熟手教师虽然已经对教材有了一定的认识和理解，但是对教学决策的合理使用与环境适应力还存在不足，未完成从"把握教材"到"理解教材"的过渡，他们更像是处于知识建构的"后期"。熟手教师更多停留在掌握教材、形成风格、关注学生上，缺乏"深入"和"理解"的过程，虽具备一定的知识广度，但对知识理解的深度不足。如对比新手、熟手、经验教师的课堂呈现结果可知，熟手教师相较于新手教师更加稳定，但他们对学生动作错误的纠正能力停留在表面，接近一半的教师不会思考学生为什么会产生这个错误动作。与新手教师相比，熟手教师已经度过了环境的"适应期"，教学结果更加"稳定"，同时他们还未进入经验教师所处的"教学衰退期"，在设计与组织教学时，他们较新手教师更有"经验"，较经验教师"思考更多"。因此熟手教师的使用 PE-PCK 更加接近其实际水平，而宣称与使用的差异可能主要源自熟手教师对自身的认知不足。

三 经验体育教师宣称 PE-PCK 与使用 PE-PCK 的比较分析

依据表 8-1 可知，经验体育教师的内容知识平均值为 3.750 分，占总分的 75%；策略知识平均分为 3.895，占总分的 77.9%；学生知识平均分为 3.681，占总分的 73.62%；背景知识平均分为 3.585，占总分的 71.7%。可以看出，经验体育教师宣称 PE-PCK 处于中上水平。在对比使用 PE-PCK 时，本书发现经验教师存在"知行不一"的情况。从宣称上看，经验教师认为自己不太了解学生，但其使用 PE-PCK 的学生知识却处于高水平。为了解这一情况的产生原因，本书继续深入经验教师的课堂，在观察其课堂呈现结果时发现了经验教师的两类特征：一是经验教师的课堂设计较为合理，他们往往能较为准确地定义教学难点，能够根据学生的身心特征设计教学，当然这部分内容是新手和熟手教师也能够做到的，但不同之处在于经验教师的课堂教学能够更好地促进学生学习，促进学生学习思维、习惯的发展，而这方面熟手教师的掌握程度不如经验教师，新手教师更是存在较大缺失，这就说明了经验教师足够了解学生，那他们所认为的自己不了解学生的原因是什么？二是在观察经验教师纠错时发现其对纠错停留在表面。以纠错为指标进行分析，是因为体育教学过程必然要遵守运动技能的形成规律，即学生学习技能会经历动作的分化、泛化，最后形成自动化。这是体育教学区别于其他学科的重要指标，教师如何一步步引导学生形成正确的技术动作就涉及教师的纠错过程。经验教师在这部分的处理不足，甚至低于新手教师。大部分经验教师能较好地做到引导学生思考这个动作"为什么错"，但他们很少这样做。相较于优秀教师，他们的纠错更像是为了"完成教学"而不是"教会学生"。那么产生这一情况的原因是什么？

基于上述两个问题，本书认为这能够进一步说明经验教师"自我内驱力"不足。教学本质上是教师与学生通过课堂这一情境进行交互的过程，在这一过程中双方必然会相互影响。如果教师产生倦怠心理，学生的反馈必然也是不理想的，而学生的负面反馈又进而促成了教师倦怠心理，使其教学效能逐渐降低，最终导致在经验教师看来他们不了解学生。但实际上，经验教师足够了解学生，是他们"不求有功但求无过"的态度导致了课堂的低效，根本原因仍源于自我效能感的匮乏、自我驱动力的不足。

四　优秀体育教师宣称 PE-PCK 与使用 PE-PCK 的比较分析

依据表 8-1，通过比较总分与各分项的平均得分，以及平均分占总分的比例，我们注意到内容知识的平均分占到了总分的 90%，策略知识平均分占总分的 90.6%，学生知识平均分占总分的 88.6%，背景知识平均分占总分的 87.4%。整体而言，平均分占总分的比例为 89.46%。这表明参与调查的优秀体育教师的 PE-PCK 普遍表现较好。

同时，通过表 8-6 可知，优秀教师使用 PE-PCK 中教学设计的各维度联系水平得分均处于高水平，教学实施结果高于 2.5，并在所有群体教师中水平最高，说明优秀体育教师不存在"知行不一"的情况。

第四节　不同成长阶段体育教师 PE-PCK 建构的 影响因素差异分析

一　不同成长阶段体育教师 PE-PCK 建构的影响因素的总体对比

通过方差分析探讨政策制度、职业发展、人为因素、学校组织、专业培训、学习准备度、自我效能、个人动机 8 个方面对不同成长阶段体育教师 PE-PCK 的影响，得出表 8-10。

表 8-10　不同成长阶段体育教师影响因素对比

维度	成长阶段（平均值±标准差）				F	p
	优秀教师（n=120）	新手教师（n=273）	熟手教师（n=221）	经验教师（n=233）		
政策制度	4.07±0.87	3.10±1.04	3.09±1.03	3.28±0.96	30.522	0.000**
职业发展	4.18±0.80	3.12±0.92	3.08±0.94	3.36±0.92	44.974	0.000**
人为因素	4.33±0.73	3.10±1.03	3.05±1.04	3.17±1.10	50.792	0.000**
学校组织	4.26±0.79	3.08±1.03	3.01±1.04	3.25±0.98	48.229	0.000**
专业培训	4.43±0.62	3.20±0.92	3.17±0.90	3.21±0.88	69.517	0.000**
学习准备度	4.36±0.65	3.10±1.08	3.03±0.98	3.29±1.00	56.316	0.000**
自我效能	4.52±0.59	3.01±0.97	3.01±0.95	3.27±0.92	90.244	0.000**
个人动机	4.52±0.60	3.00±1.00	2.96±1.00	3.34±0.96	85.866	0.000**

* p<0.05，** p<0.01。

从表 8-10 可以看出，不同成长阶段体育教师在 8 个维度对其 PE-PCK 影响的评价上均呈现显著性差异（p<0.05）。下文采用 LSD 方法对不同成长阶段教师的影响因素进行两两对比分析，进一步揭示教师成长过程中的关键因素。

二　不同成长阶段体育教师 PE-PCK 建构的影响因素差异分析

采用 LSD 方法对不同成长阶段的教师进行两两对比的结果如表 8-11

所示。

由表 8-11 可知，新手与熟手在影响因素的 8 个维度中均没有呈现差异性。这一结果进一步验证了上文的观点，即影响教师 PE-PCK 发展的瓶颈单靠时间的磨砺和经验的累积是难以突破的，且熟手体育教师单凭教学"量"的累积可能不足以引起"质"的变化。

表 8-11 不同成长阶段体育教师 PE-PCK 建构的影响因素的事后多重比较结果

	（I）名称	（J）名称	（I）平均值	（J）平均值	差值（I-J）	p
政策制度	优秀教师	新手教师	4.067	3.104	0.963	0.000 **
	优秀教师	熟手教师	4.067	3.090	0.976	0.000 **
	优秀教师	经验教师	4.067	3.278	0.789	0.000 **
	新手教师	熟手教师	3.104	3.090	0.013	0.883
	新手教师	经验教师	3.104	3.278	-0.174	0.051
	熟手教师	经验教师	3.090	3.278	-0.187	0.046 *
职业发展	优秀教师	新手教师	4.177	3.125	1.052	0.000 **
	优秀教师	熟手教师	4.177	3.083	1.093	0.000 **
	优秀教师	经验教师	4.177	3.362	0.814	0.000 **
	新手教师	熟手教师	3.125	3.083	0.041	0.615
	新手教师	经验教师	3.125	3.362	-0.238	0.003 **
	熟手教师	经验教师	3.083	3.362	-0.279	0.001 **
人为因素	优秀教师	新手教师	4.333	3.095	1.238	0.000 **
	优秀教师	熟手教师	4.333	3.047	1.287	0.000 **
	优秀教师	经验教师	4.333	3.173	1.160	0.000 **
	新手教师	熟手教师	3.095	3.047	0.048	0.598
	新手教师	经验教师	3.095	3.173	-0.078	0.390
	熟手教师	经验教师	3.047	3.173	-0.126	0.186
学校组织	优秀教师	新手教师	4.256	3.084	1.172	0.000 **
	优秀教师	熟手教师	4.256	3.010	1.246	0.000 **
	优秀教师	经验教师	4.256	3.254	1.002	0.000 **
	新手教师	熟手教师	3.084	3.010	0.074	0.407
	新手教师	经验教师	3.084	3.254	-0.170	0.054
	熟手教师	经验教师	3.010	3.254	-0.244	0.009 **

续表

	(I) 名称	(J) 名称	(I) 平均值	(J) 平均值	差值 (I-J)	p
专业培训	优秀教师	新手教师	4.428	3.204	1.224	0.000**
	优秀教师	熟手教师	4.428	3.169	1.259	0.000**
	优秀教师	经验教师	4.428	3.212	1.216	0.000**
	新手教师	熟手教师	3.204	3.169	0.035	0.655
	新手教师	经验教师	3.204	3.212	-0.008	0.915
	熟手教师	经验教师	3.169	3.212	-0.043	0.594
学习准备度	优秀教师	新手教师	4.364	3.101	1.263	0.000**
	优秀教师	熟手教师	4.364	3.030	1.334	0.000**
	优秀教师	经验教师	4.364	3.295	1.069	0.000**
	新手教师	熟手教师	3.101	3.030	0.071	0.423
	新手教师	经验教师	3.101	3.295	-0.193	0.027*
	熟手教师	经验教师	3.030	3.295	-0.265	0.004**
自我效能	优秀教师	新手教师	4.523	3.007	1.517	0.000**
	优秀教师	熟手教师	4.523	3.014	1.510	0.000**
	优秀教师	经验教师	4.523	3.275	1.249	0.000**
	新手教师	熟手教师	3.007	3.014	-0.007	0.932
	新手教师	经验教师	3.007	3.275	-0.268	0.001**
	熟手教师	经验教师	3.014	3.275	-0.261	0.002**
个人动机	优秀教师	新手教师	4.519	3.000	1.519	0.000**
	优秀教师	熟手教师	4.519	2.965	1.554	0.000**
	优秀教师	经验教师	4.519	3.343	1.175	0.000**
	新手教师	熟手教师	3.000	2.965	0.035	0.681
	新手教师	经验教师	3.000	3.343	-0.343	0.000**
	熟手教师	经验教师	2.965	3.343	-0.378	0.000**

* $p < 0.05$，** $p < 0.01$。

在对比新手与经验体育教师的影响因素差异性时，我们发现个人动机、自我效能、学习准备度、职业发展 4 项呈现差异性，而专业培训、学校组织、人为因素、政策制度没有呈现显著性差异。这亦同样论证了本书在调查不同水平体育教师宣称 PE-PCK 间差异时得出的结论。

在 8 个影响因素中，优秀体育教师与其他三类体育教师均呈现显著性差异，同时通过对比平均值可以发现优秀教师的平均分均为最高。本书认为原因有二。其一为外部因素：从教育生态的角度分析，这属于教育环境中的一种"顶端优势"[1]，有研究指出植物的顶端生长较侧芽更快，在生长过程中占有"顶端优势"，原因在于顶芽的代谢旺盛，它们所需的"养分"更多，同时对"养分"有优先享用的权利[2]。这促使了受外部因素如政策制度、专业培训等的影响，优秀体育教师能够在其中吸收更多的"养分"，同时"优先级"更高。其二是内部环境：上文指出，优秀体育教师在相同的内部环境中有更多提升途径，且途径更加有效，从而使其在 8 个影响因素维度得分均高于新手、熟手、经验体育教师。

本书认为新手与熟手教师作为"接受者"，在生态环境影响下其发展的程度主要基于他们对"养分"的吸收程度，这是这一群体教师成长的关键。从此出发，对新手与熟手教师的培训不能仅停留在"经验"的传输，更应该如教授学生一般，要从"以新手与熟手教师如何学会"的角度去设计培训；但熟手与新手教师又存在不同，教学年限上熟手教师更接近优秀教师，因此关于"质"的提高也是至关重要的。经验教师突破瓶颈的关键则在于脱离"舒适圈"、提升自我，因此他们应更加主动积极地思考、准备，提升自己的教学动机、效能，规划自己未来如何发展或许能够成为他们成长为优秀教师的关键一步。同时，优秀教师的知识共享也是同一生态圈内不同群体教师成长的重要因素，他们如何一步步成为"研究型教师"、在这一过程中知识如何构建等，对新手、熟手乃至经验教师都有重要的启发。

---

[1]　石门等主编《生物的结构与生活》，远方出版社，2005，第 276 页。
[2]　中国大百科全书总编辑委员会《生物学》编辑委员会编《中国大百科全书——生物学》，中国大百科全书出版社，2002，第 260~261 页。

结　语

综合本课题的研究内容，本书主要结论如下。

第一，本研究通过文献探讨确定了体育教师 PE-PCK 的理论框架和具体内容，并基于生态学理论和建构主义理论从逻辑上建构了体育教师 PE-PCK 的建构过程和转化机制，能够引导 PE-PCK 理论研究深入进行。

第二，确定了体育教师 PE-PCK 课堂观察测评框架，并据此研制了体育教师 PE-PCK 课堂呈现测查指标和评价标准。通过多次的访谈调查和课堂实测研制了《体育教师 PE-PCK 课堂观察分析量表》，并运用该量表对中小学体育教师 PE-PCK 的课堂呈现进行测评。本研究将体育教师分为新手教师、熟手教师、经验教师、优秀教师四个成长阶段，采用张晓玲编制的《体育教师学科教学知识（PE-PCK）调查问卷》、自编的《体育教师学科教学知识（PE-PCK）教学呈现测评工具》分别测评了四个成长阶段的体育教师，分析了每个阶段教师 PE-PCK 的建构现状及特点，总结其 PE-PCK 的优势与不足，可以为不同阶段体育教师在职培训和职前教师课程设置优化提供新的思路。

第三，本研究发现优秀体育教师的 PE-PCK 要素水平最高且水平较为稳定，以高水平为主，但也有少数优秀教师"名不副实"。需要注意的是经验教师，虽然问卷调查结果显示他们的 PE-PCK 水平尚可，但是通过课堂观察发现，经验体育教师对运动项目的理解和掌握并不理想，有些维度表现水平甚至不如新手体育教师。研究还发现这一类教师水平差异较大，有的经验教师水平很高，高到可以比肩优秀教师；而有相当部分教师处于"躺平"状态。熟手教师的 PE-PCK 水平相比新手教师并没有显著性差异，很多熟手教师专业发展"停滞不前"。令人惊喜的是，相当比例的新手教师 PE-PCK 水平较高，部分维度甚至与优秀教师相差无几，其中内容知识掌握情况最为理想。但整体分析新手教师，其 PE-PCK 平均水平在四类教师中还是最低，特别是对学生运动基础和体能基础了解较少，熟悉的内容上课上得非常好，不太熟悉的内容则课堂呈现较弱，课堂教学水平表现稳定性最差。

第四，研究发现，在影响因素的八个维度中，优秀教师与其他三类教师相比均呈现显著性差异，说明优秀教师不仅自身有较强的提升 PE-PCK 水平的意愿，同时也得到了更多的学校支持和社会政策制度的保障，这些因素综合发力促使他们成长为同行中的佼佼者。熟手教师除了学生知识得分较高之外，其他方面与新手教师基本相同，说明影响体育教师突破 PE-PCK 发展的瓶颈单靠时间和经验的累积是不够的，还需要来自外部的助力。与新手教师和熟手教师相比，经验教师的个人动机、自我效能、学习准备度、职业发展四个影响因素得分较高，说明他们有较高的专业发展的内在需求和较好的职业环境，然而，由于他们与优秀教师教龄相当，专业培训、学校组织、人为因素、政策制度等学校资源和社会资源向优秀教师倾斜较大，无形中压缩了他们的生存空间。经验教师突破瓶颈的关键在于脱离"舒适圈"，更加主动积极地寻求外部支持，这是决定他们在专业发展上更上一层楼的关键环节。同时，优秀教师的知识共享也是影响同一生态圈内不同群体教师成长的重要因素，他们如何一步步成为"优秀教师"、这一过程中 PE-PCK 是如何构建的、如何积极寻求学校和社会支持等，对新手教师、熟手教师和经验教师快速成长有重要启发。

本研究将 PE-PCK 建构的宏观与微观、理论与实践内在地结合起来，探索当代中国不同阶段体育教师 PE-PCK 的特点，纠正实践中偏差，助力有关部门更快找到一条适合当代中国国情的不同阶段体育教师 PE-PCK 提升的新路径，具有积极的实践价值。

虽然 PE-PCK 的发展对于体育教师的专业成长具有非常重要的意义，但是它始终是一个比较复杂的课题。尽管本研究已经取得了一些成果，但是受限于自身水平，本次研究还是存在些许不足。例如，研究仅针对福建省的中小学体育教师进行了调研，未能进一步扩大被试范围，未能抽取到更多样本。课堂观察数量较多，持续较长时间，而出于数据分析严谨性的要求，参与人员要全程参与，中途不能退出，因此最终只有 3 位专家全程参与课堂实录分析，虽然达到了数据分析的人数要求，但分析人员的普及性不够。这些都需要在未来的研究中进一步完善。

参考文献

中文文献

1. 尤传豹、高亮：《新时代体育教师队伍建设》，《体育学研究》2021 年第 6 期。

2. 王琪、项鑫：《中小学体育教师学科教学知识对教学投入的影响机制：有调节的中介模型》，《北京体育大学学报》2022 年第 8 期。

3. 唐泽静、陈旭远：《"学科教学知识"研究的发展及其对职前教师教育的启示》，《外国教育研究》2010 年第 10 期。

4. 季浏：《使命与光荣：我国基础教育阶段体育与健康课程改革 20 年回顾》，《首都体育学院学报》2021 年第 6 期。

5. 季浏：《为核心素养而教——〈教育体育与健康课程标准（2022 年版）〉简析》，《中国学校体育》2022 年第 6 期。

6. 尹志华、刘皓晖、闫铭卓等：《有效教学的知识基础：体育教师应掌握什么样的知识？——美国国家体育科学院院士 Phillip Ward 教授学术访谈录》，《体育与科学》2023 年第 3 期。

7. 靳玉乐、殷世东：《生态取向教师专业发展的理念与策略》，《教师教育学报》2014 年第 1 期。

8. 李贵希、刘花雨：《建构主义知识观及其对我国学前教育评价的启示》，《教育理论与实践》2009 年第 30 期。

9. 王庆节：《知识与怀疑——当代英美哲学关于知识本性的讨论探析》，《中国社会科学》2002 年第 4 期。

10. 季诚钧：《从知识观的演变看高等学校教学过程》，《中国大学教学》2002 年第 3 期。

11. 谢登斌：《现代知识性质的解构与后现代课程知识的抉择》，《学术论坛》2003 年第 2 期。

12. 姜勇、阎水金：《西方知识观的转变及其对当前课程改革的启示》，《比较教育研究》2004 年第 1 期。

13. 潘洪建：《当代知识观及其对基础教育课程改革的启示》，《课程·教材·教法》2003 年第 8 期。

14. 郭秀艳：《内隐学习和缄默知识》，《教育研究》2003 年第 12 期。

15. 袁维新：《从授受到建构——论知识观的转变与科学教学范式的重建》，《全球教育展望》2005 年第 2 期。

16. 黄友初：《欧美教师知识演变评析》，《高教探索》2018 年第 11 期。

17. 刘清华：《教师知识研究的问题与建构路向》，《教育理论与实践》2005 年第 11 期。

18. 廖冬发、周鸿、陈素苹：《关于中小学教师学科教学知识来源的调查与分析》，《教育探索》2009 年第 12 期。

19. 石中英：《当代知识的状况与教师角色的转换》，《高等师范教育研究》1998 年第 6 期。

20. 陈向明：《实践性知识：教师专业发展的知识基础》，《北京大学教育评论》2003 年第 1 期。

21. 张立昌：《"教师个人知识"：涵义、特征及其自我更新的构想》，《教育理论与实践》2002 年第 10 期。

23. 白益民：《学科教学知识初探》，《现代教育论丛》2000 年第 4 期。

24. 解书、马云鹏、李秀玲：《国外学科教学知识内涵研究的分析与思考》，《外国教育研究》2013 年第 6 期。

25. 赵明仁、黄显华、袁晓峰：《场域-习性理论视角下影响教师教学反思的因素分析》，《课程·教材·教法》2009 年第 6 期。

26. 应国良、袁维新：《论教师的学科教学知识及其建构》，《教育发展研究》

2006 年第 19 期。

27. 李鹏飞：《专业语境中的学科教学知识：行动机制与建构路径》，《当代教育科学》2019 年第 11 期。

28. 但武刚、万灿娟：《学科教学知识转化：内涵、过程及路径》，《外国中小学教育》2019 年第 3 期。

29. 金心红、徐学福：《教师学科教学知识生成的内在机制》，《教育科学》2019 年第 2 期。

30. 王燕荣、韩龙淑：《职前教师学科教学知识的现状及提升路径研究》，《教育理论与实践》2018 年第 22 期。

31. 翟俊卿、王习、廖梁：《教师学科教学知识（PCK）的新视界——与范德瑞尔教授的对话》，《教师教育研究》2015 年第 4 期。

32. 李硕、刘丽艳：《国外学科教学知识（PCK）测评工具评析》，《比较教育学报》2021 年第 6 期。

33. 杜明荣、冯加根：《教师学科教学知识的测评探析》，《课程·教材·教法》2020 年第 1 期。

34. 黄家红、黄致新：《科学课程教师 PCK 的测量方法评析》，《物理教学探讨》2019 年第 4 期。

35. 肖焕禹、方立：《高校体育教师的知识结构与能力结构》，《体育科学》1992 年第 2 期。

36. 王维群、钱铭佳、廖玉光等：《未来中学体育教师的知识结构》，《体育学刊》2001 年第 3 期。

37. 杨健科、赵冠明、陈昆云：《体育教师实践性知识的特征、建构与传承》，《体育学刊》2009 年第 6 期。

38. 贺昆：《国内外 PCK 概念在体育教育领域中的演绎》，《体育科学研究》2020 年第 6 期。

39. 颜贝珊、阙月清：《体育教学内容知识相关研究之文献回顾》，《大专体育学术专刊》，2003。

40. 柴娇、郑风家、李林鹏等：《学科教学知识对培养体育教师专业化途径的研究》，《西安体育学院学报》2011 年第 3 期。

41. 申建芳：《职前体育教师学科教学知识发展策略》，《洛阳师范学院学报》2012 年第 11 期。

42. 刘峥、唐炎、崔康丽：《基于体育教师知识结构的体育教育专业主干课程重构》，《西南师范大学学报》（自然科学版）2014 年第 6 期。

43. 张磊、董国永、吴蓉蓉：《专业化视角下的体育教师 PCK：概念模型与特征》，《体育科学研究》2017 年第 1 期。

44. 阚月清：《体育初任教师学科教学知识之研究》，《台湾教育学报》2003 年第 35 期。

45. 张晓玲、张庆文：《PE-PCK：提升职前体育教师教学技能的基石》，《上海体育学院学报》2016 年第 1 期。

46. 姜勇：《论教师的个人知识：教师专业发展的新转向》，《教育理论与实践》2004 年第 11 期。

47. 陈振华：《解读教师个人教育知识》，《教育理论与实践》2003 年第 21 期。

48. 张琳：《教师专业发展阶段理论研究述评》，《创新创业理论研究与实践》2018 年第 22 期。

49. 崔杨、蒋亦华：《中小学教师专业成长的阶段划分及相应标准建构》，《湖南师范大学教育科学学报》2020 年第 3 期。

50. 连榕：《教师教学专长发展的心理历程》，《教育研究》2008 年第 2 期。

51. 孟繁胜、曲正伟、王芳：《不同阶段中小学教师发展需求比较分析》，《东北师大学报》（哲学社会科学版）2017 年第 3 期。

52 徐碧美：《如何开展案例研究》，《教育发展研究》2004 年第 2 期。

53. 施澜、郑新华：《职初教师和经验型教师应用元认知教学策略的比较研究》，《上海教育科研》2020 年第 7 期。

54. 辛晓玲：《教学经验的知识属性及其表征与转化——基于波兰尼的个人知识理论》，《教育理论与实践》2023 年第 28 期。

55. 杨鲁新、张宁：《英语经验教师专业发展研究：回顾与展望》，《外语教学》2020 年第 2 期。

56. 连榕、孟迎芳：《专家——新手型教师研究述评》，《福建省社会主义学院学报》2001 年第 4 期。

57. 张小菊、王祖浩：《能手与熟手教师学科教学知识差异研究》，《教学与管理》2016 年第 30 期。

58. 周登嵩：《论体育名师标准》，《中国学校体育》1999 年第 9 期。

59. 胡定荣：《影响优秀教师成长的因素——对特级教师人生经历的样本分析》，《教师教育研究》2006 年第 4 期。

60. 周登嵩：《我国优秀体育教师成才的阶段性规律与促进因素的研究》，《体育科学》1994 年第 6 期

61. 吴毅、吴刚、马颂歌：《扎根理论的起源、流派与应用方法述评——基于工作场所学习的案例分析》，《远程教育杂志》2016 年第 3 期。

62. 冯鸿艺、邓峰、欧阳欣仪：《新手-熟手高中化学教师 PCK 个案比较研究——以"氧化还原反应"主题为例》，《化学教育》2021 年第 9 期。

63. 钟祖荣、张莉娜：《教师专业发展阶段的调查研究及其对职后教师教育的启示》，《教师教育研究》2012 年第 6 期。

64. 李艳灵、郭雅丽、阮北：《高中化学新手教师 PCK 水平调查研究》，《化学教育》2021 年第 13 期。

65. 陈小满、樊小冬：《"非升即走"制度下高校青年教师学术社会化的困境研究》，《现代大学教育》2022 年第 2 期

66. 张瑞林、梁枢、汪昀骏：《我国乡镇体育教师职后培训质量、自我效能感与职业认同关系的实证研究》，《沈阳体育学院学报》2023 年第 6 期。

67. 郭佩佩、高凯、姜茂敏：《高校教师焦虑状况及其与工作-家庭冲突和领悟社会支持的关系》，《中国心理卫生杂志》2023 年第 7 期。

68. 周东：《中学新手教师专业发展的场域资本困境及对策》，《教育与教学研究》2023 年第 12 期。

69. 张春华、胡婷玉、杨会彦：《教师基于信息技术开展精准教学的过程及影响因素》，《电化教育研究》2022 年第 4 期。

70. 邵思源：《英语教师自我效能感研究：以教学行为和教学效果为例》，《外语学刊》2017 年第 5 期。

71. 陈霜叶、荣佳妮、郭少阳：《如何让学生在学校感到幸福——校长教学

领导力作用机制探索》，《教育研究》2023 年第 2 期。

72. 辛晓玲：《教学经验的知识属性及其表征与转化——基于波兰尼的个人知识理论》，《教育理论与实践》2023 年第 28 期。

73. 古雅辉：《PCK 视域下职前体育教师教育的反思与探究》，《北京体育大学学报》2018 年第 11 期。

74. 谭顶良：《学习风格与教学策略》，《教育研究》1995 年第 5 期。

75. 祖晶：《体育教学中师生关系的嬗变》，《北京体育大学学报》2009 年第 2 期。

76. 张毅：《新手、熟手、专家型职校教师专业发展中职业倦怠实证研究》，《职业教育研究》2011 年第 12 期。

77. 陈雁飞：《中小学体育教师职业压力及压力源的调查研究》，《西安体育学院学报》2005 年第 4 期。

78. 王守恒：《体育教师职业倦怠的成因及其消解策略探析》，《北京体育大学学报》2005 年第 10 期。

79. 黄钰晨：《中学体育教师教学价值取向研究——基于社会性别理论的思考》，《湖南师范大学自然科学学报》2020 年第 4 期。

80. 岳亚平：《不同专业发展阶段幼儿教师知识结构的特征比较》，《学前教育研究》2011 年第 9 期。

81. 田丽杰、李佳、姜春明：《教师培训如何调节知识与信念对教学实践的影响——基于 31 个省（自治区、直辖市）小学科学教师调研》，《教师教育研究》2023 年第 4 期。

82. 李方：《深化精准培训改革：教师培训提质增效的专业化之路》，《中国教育学刊》2022 年第 9 期。

83. 李臣之、郑涵：《权变理论视角下新手教师的期望落差及其消解》，《中国教育科学》2022 年第 5 期。

84. 杨彩霞：《教师学科教学知识：本质、特征与结构》，《教育科学》2006 年第 1 期。

85. 傅树京：《构建与教师专业发展阶段相适应的培训模式》，《教育理论与实践》2003 年第 6 期。

86. 胡洪强、刘丽书、陈旭远：《中小学教师职业倦怠现状及影响因素的研究》，《东北师大学报》（哲学社会科学版）2015年第3期。

87. 张晓玲：《中小学体育教师PCK研究》，上海体育学院博士学位论文，2018。

88. 李顺才：《基于知识经济的知识存量与流量的测度研究》，华中科技大学博士学位论文，2002。

89. 刘国武：《时间序列知识资本蚀耗价值研究》，华中科技大学博士学位论文，2002。

90. 尤玉平：《知识贸易机理研究》，华南农业大学博士学位论文，2002。

91. 靖国平：《教育的智慧性格——兼论当代知识教育的变革》，华中师范大学博士学位论文，2002。

92. 张永祥：《知识观视野下的我国当前基础教育改革研究》，西北师范大学博士学位论文，2009。

93. 张冠群：《小学英语阅读教学中教师的学科教学知识表现及其影响因素研究》，东北师范大学博士学位论文，2019。

94. 张惠昭：《高中英文教师教学专业知识之探究》，台湾师范大学硕士学位论文，1996。

95. 黄桂妮：《国中数学教师的数学教学知识之分析——关于文字符号的使用》，台湾高雄师范大学硕士学位论文，1997。

96. 刘清华：《教师知识的模型建构研究》，西南师范大学博士学位论文，2004

97. 何耀慧：《我国体育教师学科内容知识（CK）测评工具研制及其运用研究》，华东师范大学博士学位论文，2018。

98. 高成：《中学化学教师学科教学知识（PCK）建构研究》，西南大学博士学位论文，2019。

99. 孙兴华：《小学数学教师学科教学知识建构表现的研究》，东北师范大学博士学位论文，2015。

100. 谷晓沛：《小学数学教师学科教学知识建构模式研究》，东北师范大学博士学位论文，2018。

101. 肖海波:《普通高校体育教师个人知识管理的理论探索》,湖南大学硕士学位论文,2010。

102. 徐燕霞:《职前体育教师学科教学知识测评量表的编制及应用》,广州大学硕士学位论文,2022。

103. 张洪伟:《体育教师整合技术的学科教学知识（TPACK）提升策略研究》,天津体育学院硕士学位论文,2022。

104. 林静萍:《体育师资生学科教学知识之研究》,台湾师范大学博士学位论文,2002。

105. 张禄纯:《中等学校体育教师学科教学知识与教学反思关系之研究》,台湾体育大学博士学位论文,2016。

106. 袁广锋:《中学体育教师教学知识发展研究》,福建师范大学博士学位论文,2007。

107. 张磊:《基于P-PE-PCK发展的术科教学改革研究：从理论到实践》,华东师范大学博士学位论文,2016。

108. 苏晓林:《高中新手-熟手型物理教师课堂教学行为差异研究》,苏州大学硕士学位论文,2006。

109. 潘振华:《新手,熟手,专家型中学数学教师教学策略的比较》,福建师范大学硕士学位论文,2007。

110. 李蔷:《国际中文教育初任教师和经验教师教学行为比较研究》,东北师范大学博士学位论文,2023。

111. 张建平:《小学初任教师入职支持体系建设研究》,南京师范大学博士学位论文,2014。

112. 李延春:《农村小学教师课堂教学组织能力的现状与对策研究——以重庆S县为例》,重庆师范大学硕士学位论文,2018。

113. 陈岚:《基于学生认知水平的平塘县地理研学课程资源开发研究》,贵州师范大学硕士学位论文,2021。

114. 张誉元:《中学教师智慧教学胜任力模型构建及影响因素研究》,东北师范大学博士学位论文,2023。

115. 贾晶晶:《富平县农村中学体育教师专业发展现状及影响因素研究》,

延安大学硕士学位论文，2023。

116. 赵海洋：《基于 TPACK 视角下影响西宁市城区初中体育教师专业发展的因素及策略研究》，青海师范大学硕士学位论文，2023。

117. 程嘉恒：《初任体育教师与经验体育教师学科教学知识（PCK）比较研究》，广州大学硕士学位论文，2018。

118. 尹瑶芳：《小学数学教师 MPCK 影响因素的模型建构研究》，东北师范大学博士学位论文，2017。

119. 张泽琦：《徐州市中小学体育教师 PCK 研究》，中国矿业大学硕士学位论文，2020。

120. 刘桂宏：《初中数学教师学科教学知识的发展及其影响因素研究》，东北师范大学博士学位论文，2023。

121. 梁振斌：《高中体育教师 PCK 影响因素模型构建》，辽宁师范大学硕士学位学位论文，2021。

122. 丁珊珊：《中小学体育教师专业发展困境及影响因素研究》，成都体育学院硕士学位论文，2023。

123. 袁绪富：《新手-熟手-专家化学教师不同学科内容主题课堂教学行为特征及比较研究》，东北师范大学硕士学位论文，2020。

124. 王若昕：《顶尖综合性大学非师范毕业教师身份认同的叙事研究》，华东师范大学硕士学位论文，2022。

125. 周春良：《卓越教师的个性特征与成长机制研究》，华东师范大学博士学位论文，2014。

126. 刘万帅：《小学教师教学发展的研究》，华东师范大学博士学位论文，2019。

127. 么婷婷：《小学数学熟手教师学科教学知识个案研究》，聊城大学硕士学位论文，2020。

128. 中华人民共和国教育部：《义务教育体育与健康课程标准》，北京师范大学出版社，2022。

129. 范良火：《教师教学知识发展研究》，华东师范大学出版社，2013。

130. 尹志华：《体育学科核心素养的解构与阐释》，华东师范大学出版社，2021。

131. 石中英：《知识转型与教育改革》，教育科学出版社，2001。

132. 李京文：《知识经济：21世纪的新经济形态》，社会科学文献出版社，1998。

133. 皮连生：《智育心理学》，人民教育出版社，1996。

134. 刘捷：《专业化：挑战21世纪的教师》，教育科学出版社，2002。

135. 教育部师范教育司：《教师专业化的理论与实践》，人民教育出版社，2003。

136. 申继亮、辛涛：《教师素质论纲》，华艺出版社，2001。

137. 叶澜、白益民等：《教师角色与教师发展新探》，教育科学出版社，2001。

138. 朱益明、秦卫东、张俐蓉编著《中小学教师素质及其评价》，广西教育出版社，2000。

139. 转引自柳笛《高中数学教师学科教学知识研究：对新手教师与经验教师的深度分析》，科学出版社，2019。

140. 〔美〕马立平：《小学数学的掌握和教学》，李士琦等译，华东师范大学出版社，2011。

141. 阙月清：《初任体育教师学科教学知识与角色知觉之相关研究》，汉文书店，2003。

142. 吴鼎福、诸文蔚主编《教育生态学》，江苏教育出版社，1990。

143. 乌美娜主编《教学设计》，高等教育出版社，1994。

144. 陈旭远主编《课程与教学论》，高等教育出版社，2012。

145. 中国大百科全书总编辑委员会《生物学》编辑委员会编《中国大百科全书——生物学》，中国大百科全书出版社，2002。

英文文献

1. L. S. Shulman. Those who understand knowledge growth in teaching. *Education Researcher*, 1986, 15（2），pp. 4–14.

2. L. S. Shulman. Knowledge and teaching: Foundations of the new reform. *Harvard Educational Review*, 1987, 57（1），pp. 1–22.

3. J. Hiebert, R. Gallimore, , J. W. Stigler. A knowledge base for the teaching profession. *Educational Researcher*, 2002, pp. 3-15.

4. S. Park, , J. S. Oliver. Revisiting the conceptualisation of pedagogical content knowledge (PCK): PCK as a conceptual tool to understand teachers as professional. *Research in Science Education*, 2008, 38, pp. 261-284.

5. D. L. Ball, M. H. Thames, G. Phelps. Content knowledge for teaching: what makes it special? *Journal of Teacher Education*, 2008, 59 (5), pp. 389-407.

6. K. Cochran, J. DeRuiter, R. King. Pedagogical content knowledge: An integrative model for teacher preparation. *Journal of Teacher Education*, 1993, 44 (4), pp. 263-272.

7. W. R. Veal. Pedagogical content knowledge taxonomies. *Electronic Journal of Science Education*, 1999, p. 3.

8. S. Liepertz, A. Borowski. Testing the consensus model: Relationships among physics teachers' professional knowledge, interconnectedness of content structure and student achievement. *International Journal of Science Education*, 2019, 41 (7), pp. 890-910.

9. S. Park, J. Suh, K. Seo. Development and validation of measures of secondary science teachers' PCK for teaching photosynthesis. *Research in Science Education*, 2018, 48 (3), pp. 549-573.

10. S. Park, Y. C. Chen. Mapping out the integration of the components of pedagogical content knowledge (PCK): Examples from high school biology classrooms. *Journal of Research in Science Teaching*, 2012, 49 (7), pp. 922-941.

11. P. Ward. Pedagogical content knowledge: Conceptions and findings in physical education. *Journal of Teaching in Physical Education*, 2016, 35 (3), pp. 194-207.

12. I. C. Rovegno. Learning to teach in a field-based methods course: The development of pedagogical content knowledge. *Teaching and Teacher Education*, 1992, 8 (1), pp. 69-82.

13. I. Rovegno, W. Chen, J. Todorovich. Accomplished teachers' pedagogical content knowledge of teaching dribbling to third grade children. *Journal of Teaching in Physical Education*, 2003, 22 (4), pp. 426-449.

14. I. Rovegno. Theoretical perspectives on knowledge and learning and a student teacher's pedagogical content knowledge of dividing and sequencing subject matter. *Journal of Teaching in Physical Education*, 1995, 14 (3), pp. 284-304.

15. C. Amade-Escot. The contribution of two research programs on teaching content: "Pedagogical content knowledge" and "didactics of physical education". *Journal of Teaching in Physical Education*, 2000, 20 (1), pp. 78-101.

16. C. Amade-Escot. The critical didactic incidents as a qualitative method of research to analyze the content taught. *Journal of Teaching in Physical Education*, 2005, 24 (1), pp. 127-148.

17. P. Ward, I. Kim, B. Ko, et al. Effects of improving teachers' content knowledge on teaching and student learning in physical education. *Research Quarterly for Exercise and Sport*, 2015, 86 (2), p. 131.

18. P. Ward, S. Ayvazo, H. Lehwald. Using knowledge packets in teacher education to develop pedagogical content knowledge. *Journal of Physical Education, Recreation and Dance*, 2014, 85 (6), pp. 38-43.

19. I. Kim, P. Ward, O. Sinelnikov, B. Ko, M. D. Curtner-Smith. The influence of content knowledge on pedagogical content knowledge: An evidence-based practice for physical education. *Journal of Teaching in Physical Education*, 2018, 37 (2), pp. 133-143.

20. S. Ayvazo, P. Ward. Pedagogical content knowledge of experienced teachers in physical education: Functional analysis of adaptations. *Research Quarterly for Exercise and Sport*, 2011, 82 (4), pp. 675-684.

21. K. C. Graber. The influence of teacher education programs on the beliefs of student teachers: General pedagogical knowledge, pedagogical content knowledge, and teacher education course work. *Journal of Teaching inPhysical Edu-*

cation, 1995, 14, pp. 157-178.

22. W. Chen. Learning the skill theme approach: Salient and problematic aspects of pedagogical content knowledge. *Education*, 2004, 125 (2), pp. 194-212.

23. J. M. Jenkins, M. L. Veal. Perspective teachers' PCK development during peer coaching. *Journal of Teaching in Physical Education*, 2002, 22, pp. 49-68.

24. P. Ward. The role of content knowledge in conceptions of teaching effectiveness in physical education. *Research Quarterly for Exercise and Sport*, 2013, 84, pp. 431-440.

25. R. S. Brandt. On the expert teacher: A conversation with David Berliner. *Educational Leadership*, 1986, 44 (2), pp. 4-9.

26. C. Fornell, D. F. Larcker. Evaluating structural equation models with unobservable variables and measurement error. *Journal of Marketing Research*, 1981, 18 (1), pp. 39-50.

27. J. Hair, B. Babin, R. Anderson, W. Black. *Multivariate Data Analysis* (5th ed.), Cengage India, 1998.

28. J. P. Silva, G. P. White, R. K. Yoshida. The direct effects of principal-student discussions on eighth grade students' gains in reading achievement: An experimental Study. *Educational Administration Quarterly*, 2011, 47 (5), pp. 772-793.

29. K. A. Renn. Space to grow: Creating an ecology model of bi-and multiracial identity development in college students. *Cognitive Development*, 1999, p. 38.

30. S. Magnusson, J. Krajcik, H. Borko. Nature sources and development of pedagogical content knowledge for science teaching, in J. Gess-Newsome, N. Lederman (eds.), *Examining Pedagogical Content Knowledge: The Construct and Its Implications for Science Education*. Dordrecht: Springer, 1999, pp. 95-132.

31. J. Gess-Newsome. A model of teacher professional knowledge and skill including PCK: Results of the thinking from the PCK Summit, in A. Berry, P. Friedrichsen, J. Loughran (eds.), *Re-examining Pedagogical Content Knowledge in*

Science Education. New York：Routledge，2015，pp. 28-42.

32. S. Park，J. Suh. From portraying toward assessing PCK：Drivers，dilemmas，and directions for future research，in A. Berry，P. Friedrichsen，J. Loughran（eds.），*Re-examining Pedagogical Content Knowledge in Science Education.* New York：Routledge，2015，pp. 104-119.

33. M. Huberman，C. Thompson，S. Weiland. Perspectives on the teaching career，in B. Biddle，T. TGood，I. Goodson（eds.），*International Handbook of Teachers and Teaching.* Springer，1997，pp. 11-78.

34. D. Berliner. *The Development of Expertise in Pedagogy.* AACTE Publications，1995.

后 记

历时五年，终于收尾，满满的记忆、感恩与感动，此时向所有给予我支持和帮助的领导、同事以及课题组成员致以最诚挚的谢意。

感谢福建师范大学提供良好的科研平台和丰富的学术资源，感谢福建师范大学体育科学学院各位领导的高度重视和大力支持，感谢福建师范大学体育科学学院强大的同事团队。正是得益于学校的科学管理、学院领导的无私奉献和同事的鼎力相助，课题组才能排除一切困难持续探索体育教师专业成长过程中遇到的各种问题。

感谢俄亥俄州立大学人体科学系菲利普·沃德（Phillip Ward）教授、华东师范大学体育与健康学院尹志华教授、河南大学体育学院院长周珂教授、福建省普通教育教学研究室陈明祥主任、华东师范大学体育与健康学院何耀慧副教授、陕西师范大学体育学院杨小帆教授。得益于你们渊博的学识、严谨的治学态度和丰富的科研经验，我在课题设计、数据分析以及书稿撰写等各个环节都获得了悉心的指导和无私的帮助。与你们的交流与合作，不仅使我在学术上受益匪浅，更让我深刻体会到了团队合作的重要性。

感谢我的四名研究生姚俊清、翟成玉、李艺贤和林友。你们在研究设计、数据收集与整理、部分章节内容的撰写等方面都付出了艰辛的努力，你们的工作热情和活跃思维为本研究增添了宝贵的视角和数据，你们认真的工作态度和出色的执行力为课题的顺利完成奠定了坚实的基础。大家一起在体综楼日夜奋斗的日子我将铭记在心。

最后，感谢所有对本课题给予关注和支持的专家、学者以及同行，你们的建议和意见拓宽了研究思路，提高了研究水平，你们的支持和鼓励让我能够克服困难完成这项工作。

袁广锋

2024 年 12 月

图书在版编目（CIP）数据

不同成长阶段体育教师学科教学知识研究／袁广锋
著 . --北京：社会科学文献出版社，2024. 12. --ISBN
978-7-5228-4209-7

Ⅰ. G807. 01

中国国家版本馆 CIP 数据核字第 20242BJ617 号

不同成长阶段体育教师学科教学知识研究

著　　者／袁广锋

出 版 人／冀祥德
责任编辑／仇　扬
责任印制／王京美

出　　版／社会科学文献出版社·文化传媒分社（010）59367004
　　　　　地址：北京市北三环中路甲 29 号院华龙大厦　邮编：100029
　　　　　网址：www. ssap. com. cn
发　　行／社会科学文献出版社（010）59367028
印　　装／三河市龙林印务有限公司

规　　格／开　本：787mm×1092mm　1/16
　　　　　印　张：23.75　字　数：375 千字
版　　次／2024 年 12 月第 1 版　2024 年 12 月第 1 次印刷
书　　号／ISBN 978-7-5228-4209-7
定　　价／168.00 元

读者服务电话：4008918866